改訂新版

[魂の目的]ソウルナビゲーション

ダン・ミルマン＝著
東川恭子＝訳

あなたは何をするために生まれてきたのか――

The Life You Were Born To Live

徳間書店

謝　辞

私が初めて運命システムの基本的な概念や、第四部で紹介している精神法則について、ある人から教わったのは１９８４年のことだった。その人物――戦士僧侶と呼ぶことにしよう――は、私の人生とライフワークに多大なる影響を与えた。数十年前に書かれた当初の原稿を読み、感想をくれた親愛なる友人・同僚各位、初版を出してくれた古い友人ハル&リンダ・クレーマー、そして私の著書を支援し続け、改訂版の出版に尽力してくれたニューワールドライブラリーチームに、心からの感謝の気持ちを捧げたい。長い間編集に携わってくれているフリー編集者のナンシー・カールトンには、初版時と今回の25周年記念版の両方において、卓越した編集・校正作業に当たっていただいた。

そしていつでも鋭い直感とサポートにより私の著作と人生を導き、豊かにしてくれる、愛する妻ジョーイにも変わらぬ愛と感謝を捧げたい。

序　文——改訂新版によせて

私の行く手にあるものや、過去に残してきたものは、
いま自分の内にあるものと比べればほんの些細なことに過ぎない。
自分の内にあるものを、世の中に送り出したとき
奇跡は起こる。

ヘンリー・デイビッド・ソロー

私たちは皆、本能的に人生の意味や目指す方向、目的を探し求めています。その欲求は、肉体が生きるために食物を必要とするのと同様に、精神の成長には欠かせない欲求です。しかしながら自らの人生の使命を知らないどころか、その存在にすら気づかない人がほとんどです。

気づいていてもいなくても、運命からの呼び声は夢や直感、心から湧き出る欲求といった形で私たちにメッセージを送ってきます。この内なる声は私たちの人格や天職、人間関係を形成し、人生の質や目指す方向に影響を及ぼします。自分に与えられた人生の目的を理解し、それに従って生きるようになるまで、私たちの人生は、さながら未完成のパズルのように足りないピースを感じながら、それが何なのか摑めないまま過ごすことになるでしょう。

女優リリー・トムリンがこんなことを言いました。「私はいつも誰か別の人になりたいと思っていたけれど、もっと具体的に考えるべきだったわ」。

どうなりたいのか、具体的なイメージを欠いたまま私たちは働いては休み、食べては眠り、お金を稼いでは使っています。喜びと困難を繰り返す日々の中で、人生の目的は謎のベールに包まれたままです。

私はこれまで『やすらぎの戦士の生き方』（やすらぎの戦士シリーズ・邦題『癒しの旅』『聖なる旅』）についていくつかの書籍を著し、勇気と愛、崇高な知恵を武器に内面の葛藤を克服していく人生の素晴らしさを説いてきました。本書で紹介する運命システムは、こうした一連の主張を完成させるものです。このシステムは、私たち一人ひとりの人生の目的を明らかにし、それを達成するための手引き――つまり、あなたがこれから登るべき人生の山の、登山口と頂上への最短ルートを示す地図なのです。

運命システムは、あなた自身にとどまらず友人、愛する人、クライアント、同僚など周囲の人々の人生の目的についてより深く理解するための道具です。また本書が示す洞察やガイダンスは、心理療法士、医療従事者、理学療法士、整体治療師、ソーシャルワーカー、管理職、教師、コーチなど、人に奉仕する方々の日常の仕事の質を向上し、より慈愛と洞察に満ちたワークへと進化させるための手引きとなるでしょう。

１９８５年以来、私は世界中の何千という人々にこのシステムを試し、改良を繰り返してきました。このシステムの強みはシンプルでストレートであること、そしてその正確さが長きにわたり支持されてきたことにあります。世界各地から寄せられた熱狂的な反応を受け、私は本書を執筆し、加筆・改訂を重ねてきました。

人格の分類法には主に心理学的アプローチと、精神世界的アプローチの二種類があります。自己分析が変化への衝動を生み出すのに対し、運命システムは人生を生きる手段を示唆し、私たちの健康や人間関係、職業など生活のあらゆる局面に変化をもたらす法則を明らかにします。

初版以来、初めて大がかりな加筆を行った〝25周年記念版（改訂新版）〟となる本書では、20世紀と21世紀に生まれたすべての人々を網羅するべく、新しい誕生数の解説を加えました。初版時には20世紀生まれの人全員に当てはまる37通りの運命の道について解説しましたが、改訂新版では合計45通りの運命の道について書いています。

また、２０００年以降に登場し始めた一桁の誕生数が示す意味についても解説を加えました。さらにこのシステムの起源や、どうしてこれを多くの方々と共有するに至ったかについても記しました。そのほか、この25年の間、私が何千という方々に運命システムをご紹介してきた実体験から得られた知識も随所に加えられています。改訂前の本書の愛読者にとっても新しい情報が見つかるでしょう。

運命システムは、これまで私を含む多くの人々の人生をより深いレベルで明らかにし、慈愛の心をもって進むための明確な指針を与えてきました。私はこのシステムが、あなたに新たな感謝と共感をもたらし、身近な友人や家族を助け、地球をよりよい場所にするための原動力となると信じています。本書があなたに与えられた人生、つまりこの世であなたがたどる運命を全うするための一助となりますように。

２０１８年夏、ニューヨーク州ブルックリンにて

ダン・ミルマン

●本書の読み方

本書は、最初から最後まで読み通す必要はありません。本書の約半分を占めている第三部には、１７５０年から現在、そして予測し得る未来に誕生した人の全45種類の人生に関する解説が書かれています。そこを中心に、あなたに関連する部分を以下の順序で読み進めることをお勧めします。

1. 目次を読み、全体の構成を把握する。
2. 第一部であなたの誕生数を知り、システムの重要なポイントを理解する。
3. 第二部では、あなたの誕生数を構成する数字が示唆する意味を知る。
4. 第三部では、あなたの誕生数の項を読む。
5. 第四部では、あなたの人生の鍵となる5～6種類の精神法則について理解する。時間があれば、その他の精神法則も読んでみる。
6. もし興味があれば、第五部を読み、人間関係と人生の周期をつかさどるエネルギーについて考える。
7. 「終わりに」を読む。

友人や恋人、家族などの人生について調べるには同様に該当《がいとう》セクションを参照してください。

目次

改訂新版［魂の目的］ソウルナビゲーション

謝辞 1
序文――改訂新版によせて 2
本書の読み方 5

第一部 運命システム

第一部のはじめに 運命システムの原点 17
誕生数の決定 24
誕生数の決定方法① 25
誕生数の決定方法② 27
あなたの登るべき山 運命づけられた道 33
基本数の概要 38
運命システムのポイント 42

第二部 数字が示す運命の種

第二部のはじめに より深い理解のために 59
基本数 1 安心⇩創造 60

基本数 2 バランス⇩協力 68
基本数 3 感性⇩表現力 76
基本数 4 プロセス⇩安定 84
基本数 5 訓練⇩自由 94
基本数 6 受容⇩理想 104
基本数 7 開放⇩信頼 113
基本数 8 権威⇩影響力 122
基本数 9 知恵⇩高潔さ 131
基本数 0 霊的素質 141

第三部　誕生数が明かす運命の道

第三部のはじめに　運命の道 147
最終数 1 安心⇩創造 149
10／1 150
19／10 156
28／10 163
37／10 170
46／10 177

最終数 11 ダブルの創造 183
29／11 184
38／11 191
47／11 197
最終数 2 バランス⇩協力 204
11／2 205
20／2 211
最終数 12 創造的協力 218
39／12 219
48／12 226
最終数 3 感性⇩表現力 232
30／3 233
21／3と12／3 240
最終数 4 プロセス⇩安定 247
4 248
40／4 254
22／4 260
31／4と13／4 267
最終数 5 訓練⇩自由 274
5 275

32／5と23／5　282
41／5と14／5　291

最終数 6
受容⇩理想　297
6　298
15／6　304
24／6と42／6　310
33／6　318

最終数 7
開放⇩信頼　326
7　327
16／7　333
25／7　339
34／7と43／7　346

最終数 8
権威⇩影響力　353
8　354
17／8　360
26／8　366
35／8　373
44／8　380

最終数 9
知恵⇩高潔さ　387
9　388

18／9　395
27／9　402
36／9　409
45／9　417

第四部　人生を変える法則

第四部のはじめに　精神法則　427
柔軟性の法則　433
選択の法則　438
責任の法則　447
バランスの法則　453
プロセスの法則　459
パターンの法則　463
訓練の法則　469
完全性の法則　474
現在の瞬間の法則　479
非審判の法則　483
信頼の法則　488

予想の法則 494
誠実の法則 499
大いなる意志の法則 504
直感の法則 508
行動の法則 514
循環の法則 520

第五部 知恵の実践

第五部のはじめに 人間関係と人生のリズム 527
人間関係のエネルギー 529
人間関係によって合成されるエネルギー数の計算 530
九年周期 549
今年は九年周期のどの年に当たるかを算出する 553
あなたの人生の「九年周期」をみる 559
終わりに 561

カバーデザイン／坂川栄治＋鳴田小夜子
（坂川事務所）
本文デザイン／浅田恵理子

第一部

運命システム

もし、僕らがどこの港に
向かっているのか知らなければ、
どの風を待っているのかさえわからない。

セネカ

第一部のはじめに

運命システムの原点

角を曲がると
そこにあるのは、
新しい道。
あるいは
秘密の扉かもしれない。

J・R・R・トールキン

何百年も前から私たちの祖先は、人間はどのようにして個性を形成するのかを解明しようと研究を続けてきました。さまざまな時代や文明の中で、人間の心理への考察、また神秘的な手法による考察が無数に語られてきました。これらの考察、そして「意識の地図」とも呼べるこれらの産物は、私たちの住む宇宙、そして人間の精神は偶然の産物ではなく、しっかりとした構造と秩序をもっているということを立証しようとしている人々の主張を裏付けるものです。

本書で紹介する「運命システム」も、こうした試みの一つです。このシステムは、人間一人ひとりが人生に与えられた使命、つまり人生の目的を明確に、そして客観的に解き明かします。

このシステムが確立された時代と場所は謎に包まれていますが、源流をたどれば、おそらく古代ギリシャのピタゴラス派に行き着くと思われます。

　ピタゴラスは、数学者、特に幾何学《きかがく》の創始者の一人として有名です。『世界書籍百科事典』（“World Book Encyclopedia”）には、「ピタゴラスは、数字が万物の根本であると教え、数々の美徳や色を始めとしたさまざまな観念と、数字の神秘的な相関関係を見出した。人間の魂は不滅だという主張は、彼自身の東洋旅行で得たものだと言われている。ピタゴラス学派、ピタゴラス教団の創設者でもある」とあり、ブリタニカ百科事典には、「ピタゴラス教団は本来、宗教集団だが、さまざまな原理の公式化でも知られ、プラトンやアリストテレスの思想にも影響を与えた。ピタゴラス派には、さまざまな知的伝統が伝えられたが、ピタゴラス本人の主な業績は神秘的な知恵にあった」と記されています。


　現在、物理学は、神秘主義者、哲学者、神学者らの研究領域に踏み込まざるを得ない状況にありますが、ピタゴラスはそのはるか昔、現代物理学者がようやく気づきつつある事実をもとに、人間の意識を捉えていました。彼は、人間が誕生するずっと前から存在する周期、パターン、エネルギーの波動を語り、人生を支配する偉大な永遠の法則を明らかにしました。しかし、この法則がどこから来たのか、何のために存在するのかは、今なお神秘のベールに隠されたままです。またピタゴラスは、形態と波動の原理について研究し、それまでまったく無関係と思われていた、精神と物質の間に関連性を見出しました。こうして彼は、精神の秘密の扉を開ける、隠された数字のパターンを発見したのです。

　多くの数秘術家は、自分たちの用いている

分析システムはピタゴラスに起源をもつと主張します。本書の「運命システム」は、数字から重要な情報を引き出す点では数秘術に似ていますが、私の研究した限りでは、どんな数秘術の技術よりも明快で正確な、実用的なシステムです。

それでは私がこのシステムとどのように出合ったかについてお話ししましょう。

「運命システム」の始まり

これまで私は数十年にわたり人の精神や伝統的洞察、現実の形而上学モデルなどの探求をしてきましたが、心の中では依然として経験論者です。客観的な実験により仮説を検証する科学的手法は、迷信ばかりの暗黒時代から人類を救い出しました。私は魔法的思考や未検証の概念に出合うと、批判的・懐疑的思考に照らして検証します。しかし意識とはパラシュートのようなもの、開いてこそ機能するものです。

人には人知を超える使命や運命があるということを、私は1984年にある人と出会うまで考えもしませんでした。ある人とは、謝辞の中で触れた〝戦士僧侶〟のことで、私は彼の弟子となり、同僚、友人となりました。彼は私の処女作『やすらぎの戦士』を読み、私たちはお互いの経験や考えについて語り合い、時には彼独自の理論を教えてくれました。

出会ってまだ間もない頃、この戦士僧侶は私に1時間の運勢鑑定をしてくれました。彼は私の過去、現在、起こり得る未来について詳細かつ深淵なる情報を示し、それらは驚くほど正確に真実を言い当てていました。それはさながら、彼の言葉がそれまでベールがかかって見えなかった〝私が生きることになっている人生〟の姿を明らかにしてくれたようでした。

私の人生に彼がそれほど大きな衝撃を与えたことに驚きつつ、そんな情報を彼がどこから入手したのかについてはまったく分かりませんでした。たとえるなら霊能者によってコールドリーディング（訳注：外観や何気ない会話から相手のことを言い当てる話術）をされたようなものでした。しかし戦士僧侶には霊能力があるわけではなく、ただどこを見れば分かるのかを訓練されただけだと言うのです。その時はそれ以上のことを教えてくれませんでした。

それからの数カ月、私はそれまでよりも開かれた平和な心で、以前にはぼんやりしていたことがはっきりと見えてきたかのような明晰さをもって自らの運命の道を歩みはじめました。自分がなぜ生まれてきたのかを理解した私は、その道を実践しました。私が「やすらぎの戦士のやり方」と呼ぶ方法に従ってこれまでの生き方を改めると、私の家族の経済状態が改善していきました。

その頃の私はまだ戦士僧侶が見せてくれた鑑定に心酔していました。尋常ではない洞察を人々にもたらす彼が悟りを得るに至った基本的な要素について、ハワイで上級訓練コースを実施すると聞いた時、私は真っ先に参加しました。その時の私は、彼が私にしたのと同様、私も多くの人々に影響を与えるようになるとは夢にも思いませんでした。

20名ほどの参加者の前で、彼は神秘的な鑑定法についての講義を始めました。彼は初めに人の生年月日を単純に足していく方法、そしてそこから各人の人生に意味をもたらす洞察を引き出す方法についての指導をしました。

　ここまで聞いて私はがっかりしました。ちょうど手先の器用な手品師が鏡を使った陳腐なトリックを見せた時のような気分でした。だいたい生年月日を扱うのは数秘術で、私は神秘主義の類にまったく興味がありませんでした。人の生年月日を構成する数字をただ足しただけで、その人の人生の中核となる性質を引き出すなんてあり得ないと思ったのです。

　戦士僧侶が言うには、この手法は何世紀にもわたり世界各地の文化で伝承されてきたが、焦点の当て方や正確さにばらつきがあるということでした。そして彼は「このやり方を覚えたら、その正確さがどれほどのものか自分で判断してもらいたい」と付け加えました。それからの数日間、彼はこの方法の基本的な情報、つまりそれぞれの運命の道に組み込まれた潜在的動機、困難、そして才能など、ほとんどの人がまったく、あるいはおぼろげにしか自覚していない資質についての説明をしました。

　私は戦士僧侶の講義ノートを入念に取り、この運命システムの基本情報を網羅したノートは約20ページに及びました。帰宅した私はすぐに、講義ノートを頼りに家族や友人に向けた無料の〝運命鑑定〟を始めました。2、3週間もすると、私は内容をすっかり暗記し、ノートに頼らなくても鑑定ができるようになりました。こうして数百人の鑑定をしてその記録を取り、当時は「スピリチュアルの法則」と呼んでいた鑑定法に対する私の洞察は広く深く進展していきました。

　8年後、私はセラピストや療法家、ライフコーチなどを集め、「運命システム」と呼ぶことになった方法について少人数制の指導を始めました。そして本書の初版である『「魂の目的」ソウルナビゲーション』を執筆しました。

私はこの「運命システム」が、いわゆる科学的根拠、あるいは何らかの論理に基づいていると主張するつもりはありません。暦の中に一見無秩序にばらまかれた人間の誕生日がなぜ人生の目的について正確で信頼のおける情報を与えてくれるのか、合理的な説明はつかないからです。ただ、私は長年の経験から、このシステムが実際に効力を発揮し、人生の明確な道しるべとなることを確信しています。

「運命システム」はタロットや易経、ルーンといった、誰にでも当てはまるような象徴的なイメージや詩的な一般論などを使って読者自身が自分の状況に照らして意味を引き出す、伝統的な予言の類とは明らかに異なります。もちろん本書でも、ページをランダムに開き、そこに書かれたメッセージを汲《く》み取るといった使い方ができないわけではありません。しかし「運命システム」に書かれているものは占いではなく、曖昧で概括化された情報でもありません。それぞれの運命の道にまつわる課題やテーマについての具体的で明快な洞察です。自分の運命の道、そしてほかの人々のたどるべき道について探求するうちに、あなたの洞察、理解、慈愛の力をパワーアップする力、そしてそれらを軽妙に捉えるユーモアが、このシステムに内在していることに気づき、より深く味わえるようになっていくでしょう。

「運命システム」の正確さは、恐らくこのような宇宙のホログラフィック（全図的／統一体系的）な性質に根ざしているのでしょう。「運命システム」は、あなたの人生を宇宙という大きな視点で眺めるレンズです。そして複雑な変数の中から本質的なパターンを紡《つむ》ぎ出す過程で、背後から人格に働きかける力が明らかになるのです。

「運命システム」の基本は、誕生数です。第一部では、誕生数を決定する方法と、解釈の基礎を理解しましょう。

誕生数の決定

人は誕生した時、両親から名前をもらい、宇宙からは数字、または波動を授かる。

「運命システム」とは、誕生年月日をもとに一つ、二つ、三つ、あるいは四つの数字からなる誕生数を決定し、人生の目的を読み取るシステムです。誕生数が示す情報や精神世界での意味を知ることで、新たな人生に足を踏み出すことができるでしょう。

誕生数を決定する方法は二つあり、どちらを選んでも構いません。

一つはウェブサイトを利用する方法で、より早く正確です。もう一つは、それでは単純な足し算をして決定する方法です。それでは実際にやってみましょう。

誕生数の決定方法①
ウェブサイトの誕生数計算機を利用する

1、ダン・ミルマンのウェブサイト（peacefulwarrior.com.）に行く（英文ページですが、わかりやすいです）。

2、トップページに、「Life Purpose Calculator」（誕生数計算機）という文字が出ているので、クリックしてそのページに行く。

3、「Discover Your Life Path」（あなたの誕生数を見つける）のすぐ下で、あなたの誕生日、誕生月、誕生年を選ぶ（▼をクリックすると数字、英語表記の月、年号が出てくるので、それから選ぶ）。

生年月日を入れると、あなたの誕生数と解説が表示されるので、その数字をメモして、解説については本書の第三部や該当箇所を読んでください。

誕生数の決定方法①　ウェブサイトを利用する

1. ダン・ミルマンのウェブサイト（peacefulwarrior.com.）に行く（英文のサイトですが、難しくありません）。

2. トップページに、「Life Purpose Calculator」（誕生数計算機）と出ているので、クリックしてそのページに行く。

（トップページ）

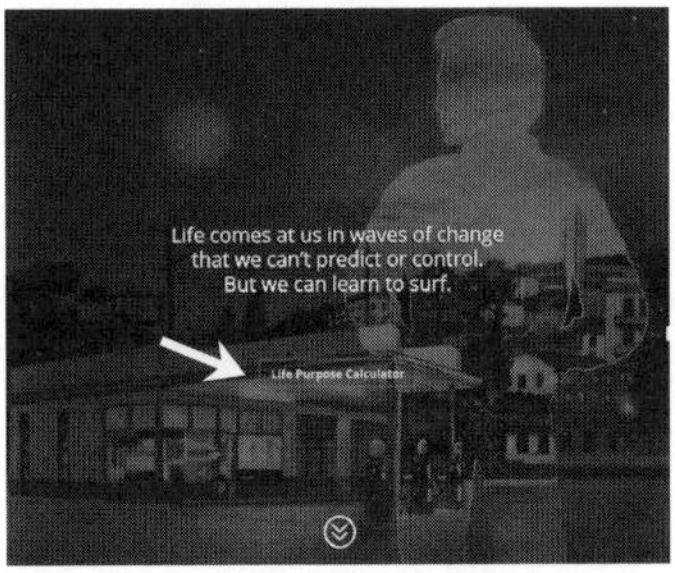

3. 「Discover Your Life Path」（あなたの誕生数を見つける）のすぐ下で、あなたの誕生日（Day）、誕生月（Month）、誕生年（Year）を選ぶ（▼をクリックすると数字、英語表記の月、年号が出てくるので、それから選ぶ）。

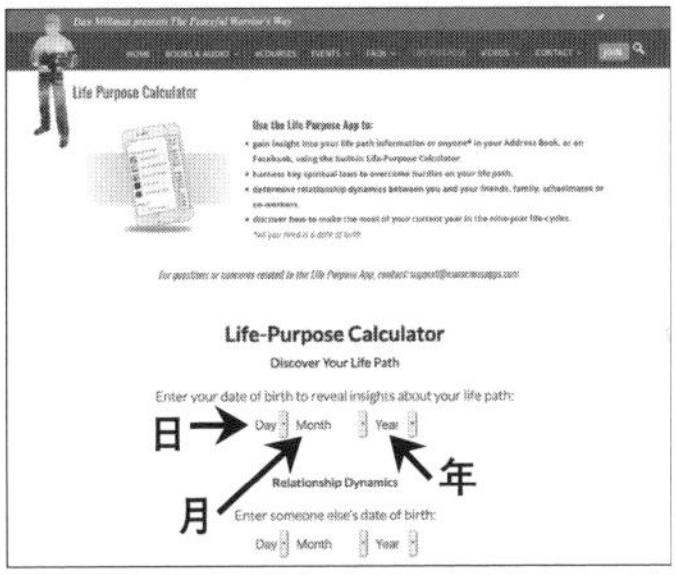

＊誕生月の英文

January	—1月	July	—7月
February	—2月	August	—8月
March	—3月	September	—9月
April	—4月	October	—10月
May	—5月	November	—11月
June	—6月	December	—12月

上で生年月日を入れると、すぐ下にあなたの誕生数が表示されます。その数字をメモして、本書の第三部や該当箇所を読んでください。

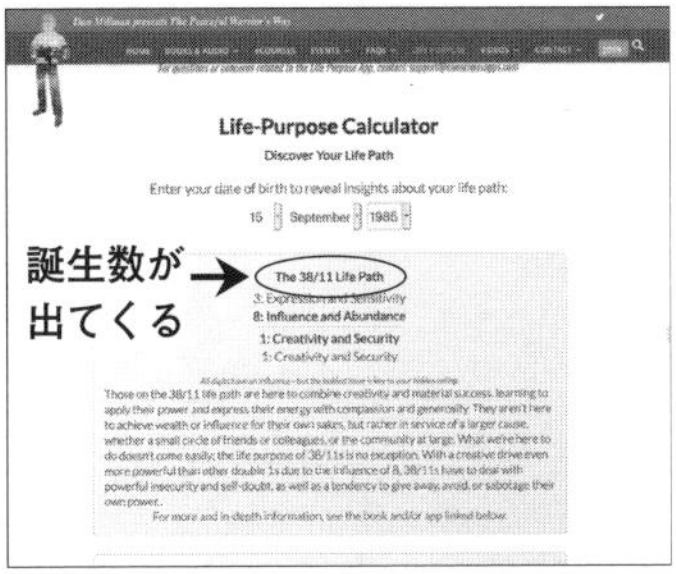

誕生数の決定方法②
足し算をして決定する

方法はいたって簡単です。２＋１＋４＋５といった単純な足し算ができれば、すぐに誕生数を決定することができます。それでは次の六つのステップに従ってやってみましょう。

1、自分の正確な誕生年月日を確認してください。

・私の誕生年月日、１９４６年２月22日を例に、誕生数を決定してみましょう。

2、誕生年月日を数字で書いてみましょう。

・本来、順番はどうでもよいのですが、混乱を避けるため、年、月、日の順に書いてください。私の場合、１９４６－２－22となります。

・数字の間は、／（スラッシュ）ではなく、－（ハイフン）で区切ってください。

3、それぞれの数字の間に＋の記号を書いてください。0も省いてはいけません。その後、各数字を合計してください（最初の合計）。

・１９４６－２－22の場合、
１＋９＋４＋６＋２＋２＋２＝26

4、合計して得られた二桁《ふたけた》の数字をもう一度足《た》して、最終的な合計を出します。

・例では、26＝２＋６＝８となります。

・最初の合計の数字の一桁の数が0だった場合、たとえば20、30、40の場合も、同様に足します。たとえば、20＝２＋０＝２

・１９００年代に生まれた人なら、最終的な合計は、２、３、４、５、６、７、８、９、10、11、12のいずれかになるはずです。

・２０００年以降に生まれた人の中には、最初の合計で一桁の４、５、６、７、８、９や10（10／1）、11（11／1）となる人がいます。それが誕生数。

5、まず、最初の合計を紙に書き、／（スラッシュ）のあとに続けて、最終的な合計を書きます。これが誕生数です。

・私の例では、最初の合計が26、最終の合計が８なので、誕生数は、26／8となります。

・本書で下側数、あるいは最終数という時、／の下側の数字を意味します。たとえば26／8の場合は８、39／12の場合は12です。

6、もう一度、計算が合っているか確かめましょう。

誕生数の決定方法②（足し算で決定する）

1. 自分や友人の正確な誕生年月日を確認する。

2. 誕生年月日を数字で書き出す。

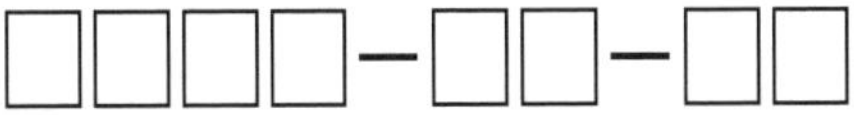

・年（西暦）、月、日の順に書いてください（西暦は略さず4桁のまま）。
・数字の間は－（ハイフン）で区切ってください。
例・1946年2月22日生まれの場合……1946-2-22

3. それぞれの数字の間に＋の記号を書いて、各数字を合計する……（上側数へ）

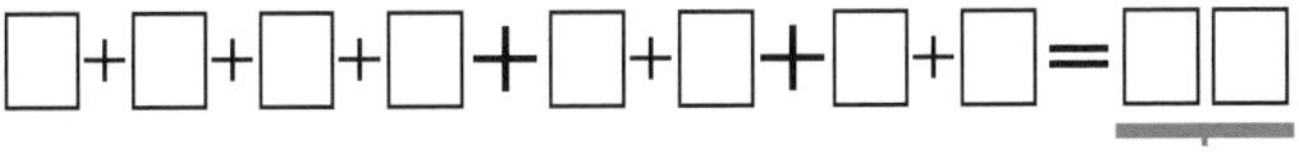

・0もほかの数字と同様に扱う
例・1946-2-22の場合……1＋9＋4＋6＋2＋2＋2＝26

4. 上で得られた二桁の数字をもう一度足して、最終的な合計を出す……（下側数へ）

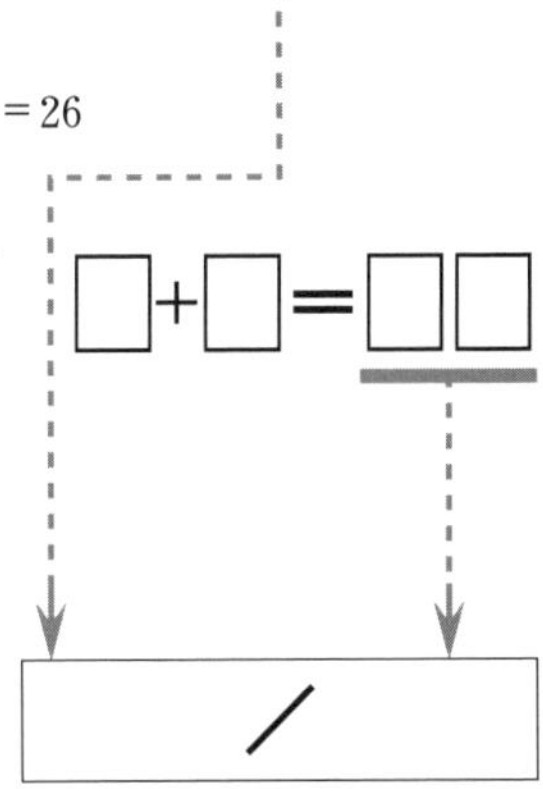

例・26……2＋6＝8
・0が入った20、30、40、の場合も、同様に足して、2、3、4となる。
※2000年以降に生まれた人の中には、最初の合計で一桁の数字となる人がいます。それが誕生数となります。

5. まず、3で出した合計を書き、／（スラッシュ）に続けて、4で出した最終的な合計を書く。これが誕生数となる。

例・最初の合計が26、最終の合計が8の場合……誕生数は26／8

6. もう一度、計算が合っているか確かめましょう。

※／（スラッシュ）の左側が上側数、右側が下側数［最終数］です。
※誕生数の数字はすべて、意味とエネルギーをもっています。なかでも、下側数は人生の目的に関してより強い影響力をもっています。

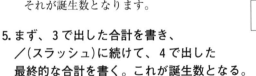

重要なポイント

・誕生年月日の合計を計算する時、0もほかの数字と同じように扱ってください。

たとえば、誕生年月日が、1946－2－20の場合でも、すべての数字の間に、＋記号を書き入れてください……1＋9＋4＋6＋2＋2＋0

・誕生年月日によって、誕生数は一つから四つの数字で構成されます。

たとえば、三つの数字からなる誕生数……21／3、27／9、30／3、32／5

四つの数字からなる誕生数……28／10、29／11、38／11、48／12

・／の上側が上側数、下側が下側数です。

・誕生数の数字はすべて、意味とエネルギーをもっていますが、下側数は、人生の目的に関してより強い影響力をもっています。

深夜0時ちょうどに生まれた場合

日付のちょうど狭間《はざま》に誕生するというのはレアケー

〔西暦早見表〕

1940年	昭和15年	1959年	昭和34年	1978年	昭和53年	1997年	平成９年
1941年	昭和16年	1960年	昭和35年	1979年	昭和54年	1998年	平成10年
1942年	昭和17年	1961年	昭和36年	1980年	昭和55年	1999年	平成11年
1943年	昭和18年	1962年	昭和37年	1981年	昭和56年	2000年	平成12年
1944年	昭和19年	1963年	昭和38年	1982年	昭和57年	2001年	平成13年
1945年	昭和20年	1964年	昭和39年	1983年	昭和58年	2002年	平成14年
1946年	昭和21年	1965年	昭和40年	1984年	昭和59年	2003年	平成15年
1947年	昭和22年	1966年	昭和41年	1985年	昭和60年	2004年	平成16年
1948年	昭和23年	1967年	昭和42年	1986年	昭和61年	2005年	平成17年
1949年	昭和24年	1968年	昭和43年	1987年	昭和62年	2006年	平成18年
1950年	昭和25年	1969年	昭和44年	1988年	昭和63年	2007年	平成19年
1951年	昭和26年	1970年	昭和45年	1989年	昭和64年（平成元年）	2008年	平成20年
1952年	昭和27年	1971年	昭和46年	1990年	平成２年	2009年	平成21年
1953年	昭和28年	1972年	昭和47年	1991年	平成３年	2010年	平成22年
1954年	昭和29年	1973年	昭和48年	1992年	平成４年	2011年	平成23年
1955年	昭和30年	1974年	昭和49年	1993年	平成５年	2012年	平成24年
1956年	昭和31年	1975年	昭和50年	1994年	平成６年	2013年	平成25年
1957年	昭和32年	1976年	昭和51年	1995年	平成７年	2014年	平成26年
1958年	昭和33年	1977年	昭和52年	1996年	平成８年	2015年	平成27年

スです。大体において日付の境目の数秒、あるいは数分前か後になるのですが、記録はいつでも正しいわけではありません。一部の双子の場合、一人が真夜中の数分前に生まれ、もう一人は日付が変わってから生まれることもあるでしょう。

もし正午頃に生まれた場合——午前11時から午後2時の間——、あなたは純粋にその誕生数の影響を深く刻まれて誕生していることになります。しかし、もしあなたが午前0時の数分か数時間の間に生まれた場合、あなたは前日（または翌日）の誕生数との共鳴を感じるかもしれません。第2候補の誕生数も、参考にしてください。

たとえば、１９８２年2月20日生まれの誕生数は（24／6）ですが、前日の１９８２年2月19日生まれとなると（32／5）が示唆する特徴が働きます。真夜中になる前に生まれた人は、同じ原則が適用されます。これらの人は、翌日に生まれた人とも共鳴する傾向もあるのです。

占星術とは対照的に、誕生地はまったく関係がありません。このためグリニッジ標準時（ＧＭＴ）に照らす必要はありません。単純に母子手帳に書かれた時刻と日付が（それが正確であるという前提で）誕生数の基礎となります。

誕生数に優劣の差はない

誕生数に優劣の差はありません。よいとか悪いとかでなく、どれをとってもほかの誕生数と明確に異なる課題があるだけです。私たち一人ひとりに、そしてどの人間関係にも強さ、弱さ、潜在的課題があります。人の人生や人間関係は数字のエネルギーや、用意された課題だけによって決まるものではなく、私たちやかかわる相手の人生に起きるさまざまな経験にどのように（プラスに、あるいはマイナスになど）対応するかにかかっているのです。

人生のどこかで私たちは、こんなハードル（あるいはパートナー）に遭遇した運命を呪いたい、と思う瞬間があるでしょう。しかしそれはいわゆる「他人の芝生は青い」という現象にすぎません。どの人にももれなく登るべき険しい高嶺《たかね》が用意されているのです。もしあなたが輪廻転生を信じるなら、こんな風に考えてください。あなたは幾多の転生を繰り返しながら、最終的にすべての誕生数が示唆する課題に取り組むことになるのです。こうして一つの人生で一つの課題に取り組みながら、ほかの誕生数の課題に取り組む人々に対する理解と慈愛の精神を育んでいるのです。

私たちの誕生数はそれぞれ特別なチャレンジ、そして潜在能力と可能性を示しています。たとえば誕生数の1は創造エネルギーとその使い方がテーマです。私は26／8の道を歩んでいるので、1は含まれていません。しかし私は小説を書くなど、大変創造力豊かです。創造力を示す誕生数がないからと言って、私には創造力がないという意味ではありません。1がないということは、私の人生において創造力をめぐる困難なハードルはなく、29／11、19／10、38／11などの（1が二つ含まれる＝創造エネルギーの課題とそれに伴う不安が2倍）誕生数をもつ人々のように究極的な創造力を使う機会は訪れないということです。

本書でも強調してきた通り、私たちが生まれてきた理由、目的は、簡単にクリアできるものではなく、むしろ辛い登り坂の果てにようやく享受できる才能にたどり着くことにあります。従って誕生数に1が一つ以上ある人が、生まれながらに創造力に恵まれていることはありません。創造に伴う不安と闘い、そのリスクを背負う覚悟を決めて前進する姿勢を身につけて、初めて豊かな創造力が開花するのです。

私たちの進化の旅路としての山登りには常に困難が待ち受けています。しかし登るうちに私たちはたくましさや賢さを身につけ、より深い人間性を磨いていくのです。山頂に近づくにつれ、景色はどんどん美しく開けていきます。高度を増すにつれ私たちは高い視点から自らの人生を俯瞰し、人としての多様な経験のパノラマを鑑賞できるようになります。そしてついに頂上に着いた時、ようやく物事の全貌を見渡すことができ、神々の尊顔を拝めるのです。

二十世紀に生まれた人の誕生数

誕生数は、何世紀に生まれたかによって変わります。二十世紀に生まれた人の誕生数は、次に挙げた37通りのうちのいずれかです。

12／3、13／4、14／5、15／6、16／7、17／8、18／9、19／10、
20／2、21／3、22／4、23／5、24／6、25／7、

26／8、27／9、28／10、29／11、
30／3、31／4、32／5、33／6、34／7、35／8、
36／9、37／10、38／11、39／12、
40／4、41／5、42／6、43／7、44／8、45／9、
46／10、47／11、48／12

同じ誕生数は、同一の期間に集中して現れる傾向があります。右のリストの真ん中あたりの誕生数（28／10、29／11、30／3など）は、かなり頻繁に見られます。

一方、リストの最初と最後に近づくほど、現れる頻度は小さくなります。一番最初の12／3の誕生数をもつ人は、1900年1月10日に生まれた人だけで、最後の48／12は、1999年9月29日まで現れません。

二十一世紀に生まれた人の誕生数

あなたが二十一世紀に生まれ、あなた自身が一桁の数字をもっているか（またはもっている人を知っているか）どうかにかかわらず、次の情報はすべての誕生数とその人生に新しい光を当てます。

2000年以降に生まれたほとんどの人は、二十世紀に生まれた人々と同じ誕生数と人生の特徴をもっています。

しかし、2000年を境に新たな波動が出現しました。何世紀かぶりに、一桁の誕生数（4、5、6、7、8、9）をもつ子供たちが生まれるようになったのです。

この一桁の誕生数はまれですが、これらの人が三つや四つの数字からなる誕生数より優れている（または劣っている）ということではありません。

これらの誕生数は人生の目的となるエネルギーと課題を三つ、あるいは四つに分散させるのではなく、すべてのエネルギーをたった一つの誕生数とその課題に集中的に取り組むという違いがあるだけです。

1000年1月1日生まれの人の誕生数は、存在しうる最も小さい数である3でした。それ以降、一桁はしばらく現れませんでした。2000年以降の生まれの場合、存在しうる最も小さい誕生数は4となります。

2000年1月1日（10日）＝4
2001年1月1日（10日）＝5
2002年1月1日（10日）＝6

2003年1月1日（10日）＝7
2004年1月1日（10日）＝8
2005年1月1日（10日）＝9

一桁ではありませんが、2000年以降に二つの新しい誕生数10／1と11／2が現れました。11／2の後は、12／3、13／4、14／5と、すでに20世紀の誕生数に含まれているほかの三つの数字の桁の誕生数が現れています。これらの新しい番号については以下の章で詳しく説明します。

レッテルの落とし穴

運命システムの真価を認め、参考にすれば、その人の可能性や人生の傾向について十分に理解することができるでしょう。

しかし言葉にして表現する時、私たちはよく複雑な考えや人格を簡略化してしまうことがあります。それはちょうど「メニュー」を言うだけで、「実際の料理に関するすべて」が伝わると勘違《かんちが》いすることに似ています。たとえば「私はアリシア」「僕はロベルト」と言うのと同じ意味で「僕は26／8」「私は30／3」と考えるのは間違いです。

誕生数は私たちの主要な課題や潜在能力に光を当てるものだということを心にとどめ、誕生数をその人のレッテルとして判断することはできません。数字は人格全体を表すものではないのです。

誕生数の限界を知った上で利用しないと、大きな誤解につながります。

ホセ、ベティーナ、ヒロコ、ヨハンの誕生数は同じかもしれませんが、そのほかの要素、たとえば性別、文化、役割、遺伝子、両親、育った環境、体型、容姿、価値観、信仰、興味などによって、一人ひとりの人生は異なった様相を示すのです。誕生数が表すのは、あくまで一般的な傾向にすぎません。

本書では、論点を分かりやすくするために、誕生数をレッテルとして扱う場面もあります。しかし私たち一人ひとりの中には、数字だけでは測ることのできない、素晴らしい個性と人格があることを決して忘れないでください。

あなたの登るべき山

運命づけられた道

我々は人生においてしばしば、さまざまな姿に変装した自分の分身と出会う。

カール・ユング

誕生数は、多様なエネルギーを何種類かずつブレンドして、一人ひとりの人生の道を純粋に数値化したものです。この道は私たちをただ前に水平移動させるのではなく、目の前にそびえる山を教え、その頂上へと導きます。

誕生数の最終数、すなわち下側数は、山の頂上、つまりその人がこの世に生まれた理由――本来の人生の目的を表します。頂上に到達し、自分に与えられた使命を達成するには、まず上側数に内在する障害を克服し、エネルギーを成熟に導くことから始めなくてはなりません。

人生の旅を平坦な道ではなく、山の頂上を目指す旅と捉え直すと、人生の目的――私たちに与えられた使命――はそう簡単に達成できるものではないことに気づくでしょう。自己実現の〝山道〟では、誕生数に内在する障害に対して創造力を発揮して果敢に戦わなければなりません。より崇高な高みへと登り続けるには、勇気と責任感と、目標にまっすぐ向けられた努力が必要です。登り続けるという行為は同じでも、あらかじめどんな山を目指しているのか知っていれば、困難も和《やわ》らぐというものです。もちろん無駄な苦労をする必要はありませんが、試練と挑戦から逃れることはできません。この重要な真理については、これからも何度も繰り返して述べることになるでしょう。

最初から頂上に立てる人は一人もいません。誰でも必ず、ふもとから一歩一歩登っていきます。私たちは、子供時代、青春時代、成年時代、つまり準備期間、見習い期間、修行期間を経験しながら、さまざまな試練と立ち向かい、自分たちの弱点を知り、強化に努《つと》め、与えられた力を見極めていきます。人生が険《けわ》しい山道だとしても、がっかりしないでください。人生とは、いろんなチャレンジの繰り返し。立ち向かう努力は炎を作り、それが人を鍛え、精神を強めていくのです。

人生の道は、冒険と危険、喜びと苦難に満ちています。見通しがよく、まっすぐに延びていると思えた道が、突然思いがけない方向へ曲がることもしばしばです。旅の途中で道は枝分かれし、後の人生に影響を与える選択をしなくてはなりません。岐路《きろ》に立つあなたは、このまま道を登り続けるか、いったん下山するか、その場所にとどまるかを選ぶことになるでしょう。どの道にもチャレンジが待っています。どのチャレンジにも学ぶべき課題が含まれています。そしてすべての課題は、私たちを運命の山の頂上へ、つまり与えられた目的へと導きます。道の険しさにひるむこともあるかもしれません。でも高く登れば登るほど、見晴らしはどんどんよくなります。

人生の目的を山の頂上とするなら、誕生数はその道しるべといえるでしょう。私たちに与えられた天分をどう使うかは、私たち自身に委《ゆだ》ねられています。私たちの潜在能力をどこまで生かせるかは、道の途中で待ち受けている試練とどう取り組むかで決まります。歩みをゆるめ、あるいは立ち止まって、力や知恵を蓄える時もあるでしょう。自信を失って、登ることを断念する人もいるかもしれません。進もうとやめようと、その人の自由であり、どちらを選ぶ権利ももっています。しかし、やめてしまえば結局振り出しに戻ってしまいます。

どんな道を選んでも、「道を踏み外す」ということはありません。どこに足を踏み出そうと、道は常に足の下にあります。ジグザグに進もうとカーブを曲がろうと、歩み続ける限り、道は必ず頂上へとつながっています。

古代から人類はある謎に頭を悩ませてきました。人間は自由意志で生きているのか？　それとも運命に支配されているのか？　という謎です。しかし山道のたとえを考えれば、答えは明らかです。私たちは、この世に生まれると同時に登るべき山を与えられますが、どの道を通るか、どれほど時間をかけて登るかは、その人次第《しだい》。つまり、山の種類は運命によって決まりますが、どう登るかは各自の自由、というわけです。たとえていうなら遊ぶ場所を与えられ、遊び方は私たち自身で決めるようなものです。私たちには選択力、自制心、責任感、忍耐力などが備わっています。どちらの道がラッキーかとか、登り易いかという違いはありません。ただ人によってやさしいと感じたり、非常に難しいと感じたりといった受け止め方の違いがあるだけなのです。

行く手を阻《はば》む課題と取り組む友人を助け、導くことはあなた自身が前進する時に大変役立ちます。私たちはみな、そのことを無意識に知っています。このため私たちがその職業などを通じて他人を導いている課題こそが、あなたが人生で学ぶべき最大の課題であることが多いのです。

道を登りつめ、ついに頂上に立った時、私たちはそこが旅の終点ではないという素晴らしい事実に気づくでしょう。私たちは与えられた目的を達成するためだけに生まれたのではありません。頂上に着いたら、そこからさらなる高みを目指し、上昇を続けるのです。

数字が表す意味

「運命システム」という未知のシステムを完全に理解するには、少し時間がかかるかもしれません。手始めにまず誕生数を構成する、基本数が示す課題から簡単に見ていきましょう。

●人生の目的　基本数が表す性質と課題

1……安心⇩創造
2……バランス⇩協力
3……感性⇩表現力
4……プロセス⇩安定
5……訓練⇩自由
6……受容⇩理想
7……開放⇩信頼
8……権威⇩影響力
9……知恵⇩高潔さ
0……霊的素質

本書で［1タイプ］、［2タイプ］、［3タイプ］……という時は、最終数あるいは下側数（本来の人生の目的）にそれぞれ1、2、3……を持つ人（一桁の誕生数の人には唯一の数字）を指します。自分の誕生数が何であれ、私たちは多かれ少なかれ1から9までの基本数が示す課題すべてに直面します。しかし最も強い影響を受けるのが自分の運命数です。

改訂前の本書をお読みいただいた方はお気づきのことと思いますが、この改訂新版では運命数1の二つ目のキーワード「自信」を「安心」に変え、8の二つのキーワード「豊かさと力」を「権威⇒影響力」に変えました。1と8の運命の道について熟慮したところ、新しいキーワードのほうがこれらの運命をよりよく表していると考えたからです。

改訂前の本書では、基本数が内包する目的、潜在能力、課題などを要約する二つのキーワードはすべて「○○と××」と書かれていて、二つは等しく重要であるとみなしていました。ある意味これが正しいことに今も変わりはありません。しかし最近私が得たインスピレーションにより、二つを並列させる代わりに、「××⇒○○」にすることで二つのキーワードの位置関係を変更するべきだと思うに至りました。つまり、改訂前の一つ目のキーワード○○はこの基本数の最終目的、二つ目のキーワード××はそのカギとなる性質で、この数字に取り組む人が××に成熟してくると○○が開花するという位置づけです。各誕生数の項でより詳しい解説をしていきます。

数字の影響の度合い

誕生数を構成する一つひとつの数字は、それぞれ独自の意味を持っています。色彩の一つひとつが、一枚の絵画を形成し、楽器の一つひとつがオーケストラの音響を構成しているのと同じように、各数のエネルギーのすべてがその人の人生を織りなすのです。そして、人生のキャンバスの中で目立つ色、また人生の交響楽の中でひときわ美しく響く楽器は人によって違います。

1から9までの各数字は、それぞれ異なった色合いを持ち、数字の組み合わせが変わると、全体の色調も変わります。全体の色調に支配的な影響を与えているのは、上側数です。誕生数の中の0（霊的素質を表す）は無色ですが、他の数字のエネルギーを強めます。20世紀と21世紀に誕生したすべての人々の誕生数の色調、つまり人生の道は全部で45種類です。

このシステムにおいて誕生数の各数字の影響力は、位置や順番によって強さが異なります。一般的に／（スラッシュ）の上側の数字よりも下側の数字のほうが人生に強い影響を及ぼします。ほとんどの人は上側の数が示す課題を克服しなければ、下側の数が示す潜在能力を発揮できません。たとえば24／6の誕生数を持つ人は2のギブアンドテイクのバランスを習得し、4のプロセスを学ばなければ、6の現実に即した理想にたどり着けません。

誕生数が表す課題、障害、そして機会

誕生数は、課題と潜在能力を表します。潜在能力を花開かせるにはまず課題を克服しなければなりません。人生の目的を達成するというチャレンジにおいて、「1タイプ」の人の多くが最初に直面するのは、創造性を発揮することに不安をもっています。

「2タイプ」は自己犠牲的な協力に疲れ、心を閉ざします。

「3タイプ」は、自己不信のため感情を表すことができません。

「4タイプ」は、プロセスを無視するため、安定しません。

「5タイプ」は、集中力が足りないために自由になれません。

「6タイプ」は、完璧主義の厳しい目で他人を批判し、自分もまた批判を恐れます。

「7タイプ」は、自分が信頼できないため、他人にも心を開けません。

「8タイプ」は、豊かさについて混乱しているため、行動できません。

「9タイプ」は、賢明でない行動や不道徳な言動がどんな結果を招くかに気づきません。

もちろん私たちには、あらゆる才能が与えられます。特定の数字のタイプが、特質を独占することはありません。たとえば「1タイプ」だけが創造力をもつというわけではなく、「3タイプ」だけに表現力が集中することでもありません。「8タイプ」だけが豊かさと力をもつこともありません。実際、誕生数にそれらの数字をもたない人の方が、その特質に対する障害が少

ないため、目立った活躍をすることもあるでしょう。

しかし誕生数は確かにその人の人生において、ある種の約束をしているのです。誕生数はその人が与えられた目的を全うしたいという心の奥深くに根ざした衝動を起こさせるからです。誕生数の定めた道に従おうとする衝動の陰には、その能力を発揮して成功することへの恐れ、与えられた才能を乱用するのではないかという恐れが潜《ひそ》んでいるのです。この運命へ向かおうとする衝動と恐れとが繰り広げるダイナミックな綱引きが、人生のドラマを作ります。

人生の目的を達成し、頂上に到達するため、私たちはみな、山を登らなくてはなりません。しかし目標を達成した時、私たちは誕生数が示すエネルギーを非常に強く、崇高な力として発信し始めるのです。私たちは誕生の時に目指すべき山を与えられますが、同時にそれを登り切る力も与えられます。最初はぬかるみに沈む沼地から旅を始めることになるかもしれません。しかし頂上を目指す歩みを続ければ、やがて天上に到達することができるのです。

基本数の概要

各数字のエネルギーと課題、意味を考える時に忘れてはならないのは、数字から生じる衝動や能力は、すでにその人の特質としてはっきり現れている場合もあれば、まだ現れていない場合もあるということです。人生のどの時点で、またどのような形で生来のエネルギーが表面化するかは家系、個人的習慣、価値観などによって変化します。

では、基本数の概要を説明しましょう。

1　安心⇩創造

本来の流れに任せれば、エネルギーは創造的な活動に集まります。［1タイプ］は、エネルギッシュで、何をやっても創造的な結果を引き出します。ただし創造エネルギーには、川の奔流《ほんりゅう》のような強い衝動や表現への渇望《かつぼう》がありますから、正しく導いていかないと、薬物や飲酒などの自己破滅的な悪癖として噴出する恐れがあります。［1タイプ］は、不安を解消できれば創造的なリスクを恐れません。

2　バランス⇩協力

［2タイプ］は、心身が強く、協調性に優れた縁《えん》の下の力持ちです。このタイプはまず最初に自分の能力の限界や、自分と他人がそれぞれ負うべき責任の境界をはっきりさせなければなりません。さもないと、過剰な奉仕に疲れ、突然すべてに背を向けて自分の殻《から》に閉じこもることになります。闇雲な奉仕を続けていると不満と反抗心が増幅していきます。［2タイプ］には、助け合える関係の構築が役立ちます。

3　感性⇩表現力

［3タイプ］の人生の目的は、建設的な感情表現を世界に発信し、自分の感情や考えをストレートに、そして前向きに表現することです。しかし誤った表現は大きな破壊力につながるため、よりよい状況を創出するための表現力を心がけなくてはいけません。［3タイプ］の繊細さは、最終的に自身の表現力を豊かにしてくれるでしょう。

4　プロセス⇩安定

［4タイプ］は、まず安定した基礎を築いてから一歩一歩忍耐強く着実に目標を実現させていくプロセスを学ばなければなりません。強さと柔軟さ、分析力と直感のバランスがとれるようになれば、どのような目標も達成できます。［4タイプ］は、プロセス熟達することで人生の確かな基盤を築けるでしょう。

5　訓練⇩自由

［5タイプ］は、好奇心にあふれ、直接的、間接的経験を通して自由を追求します。時々熱中しすぎることもありますが、［5タイプ］の人生の目的は集中力を養い、じっくりと経験を積むことにあります。精神の自由を見つけるまで、依存と自立の両極端を振り子のように揺れ動く傾向があります。

6　受容⇩理想

［6タイプ］は、本来美しく純粋な理想をもっています。しかし、ややもすると、完全主義の基準から自分や他人、世界を判断しがちです。［6タイプ］の人生の目的は、万物は完璧な姿をしていることを知り、現在のあるがままの自分と他人を受け入れて、より高い理想を目指すことです。［6タイプ］は、あるがまま

を受け入れられるようになると、理想がさらに広がっていきます。

7 開放⇩信頼

［7タイプ］は、ものごとの裏を読み取る鋭敏な知性をもち、大地、海、花、風、空などの自然を好みます。［7タイプ］の人生の目的は、自分の内に潜む知恵と愛、つまり「大いなる魂《たましい》」を信頼して広く世の中の人々と分かち合うことです。［7タイプ］は、自分の希望や価値観を他人に話せるようになると信頼関係が築けるでしょう。

8 権威⇩影響力

［8タイプ］は、野心的に富、力、管理、権威、名声を求めるか、逆にそれらを極端に嫌います。富と力が、このタイプの最大の関心事であり、また恐れでもあります。自分のためでなく、より高い目的に役立てることにより豊かさと力をコントロールすることが、［8タイプ］の使命です。

9 知恵⇩高潔さ

［9タイプ］の人生の目的は、高潔な人格の追求です。［9タイプ］の使命は、崇高な人生を歩んで、他人の手本となることです。生まれつき人徳とカリスマ性に恵まれているため、多くは指導者として活躍します。ただし高潔な人格、バランス感覚、知恵を開花させる人がいる一方、まったく逆に、こうした特質の欠如を露呈する人もいます。若いうちは現実がわからず抽象論に迷うこともありますが、地道に学んだ［9タイプ］はその経験値を生かして高潔さの模範となるでしょう。

0 霊的素質

感性、強靭さ、表現力、直感といった霊的素質は、本来誰でももち得るものです。しかし、誕生数に0をもつ人［19／10、28／10、37／10、46／10、20／2、30／3、40／4］は、これらの霊的素質をより豊かに発揮する才能、あるいは可能性に恵まれています。霊的素質が彼らの人生の目的を達成するためのエネルギーを増幅させるのです。

たとえば、30／3の場合、誕生数の中の0によって、

3のもつ表現力と感性のエネルギーが強められます。

しかし、使命の達成が容易になるわけではありません。0をもつ人もやはり、0が象徴する才能が成熟するまで、この分野でのさまざまな課題を乗り越えなくてはなりません。もう一つ例を挙げると、37／10場合、霊的素質を解禁するには信頼を勝ち取り、不安を解消しなくてはなりません。

運命システムのポイント

私たち一人ひとりは、独自の存在である。独自の人格をもち、独自の行動をするべくこの世に生を受けたのだ。

ウィリアム・エラリー・チャニング

ここまで、0を含む基本数の1から9のエネルギーと課題についてふれましたが、ここでもう一つ、重要なポイントをあげましょう。

基本数が表すエネルギーと特質には、それぞれプラス（建設的な）面とマイナス（破壊的な）面があります。誕生数が同じでも、まったく対照的な人生を歩む場合があるのは、このためなのです。

たとえば、26／8タイプの中には、他人とうまく協力関係を築けず（2のマイナス面）、完全主義の理想と現実のはざまで行きづまり、苛立ち、落胆し（6のマイナス面）、富と力に対する潜在的な恐れと不信感から、貧困にあえぐ人もいます（8のマイナス面）。その一方で、他人と上手につき合い（2のプラス面）、高い理想を生かして優れた仕事を成し遂げ（6のプラス面）、豊かな富と力を手に入れる場合もあります（8のプラス面）。

もちろんこれは極端な例ですが、私たちの多くは誕生数のプラス面と、それよりも多いマイナス面とに直面しています。このため誕生数が同じでも、人生にはバラエティーが生じるのです。

本来、誕生数と人生の目的の間に幸運や不運、優劣の差はありません。それぞれが独自の強さと課題をもっています。重要なのはどの山に登るかではなく、どのように登るかです。つまり大事なポイントは、人生の目的をプラスに開花させるか、マイナスに終わらせるかということなのです。

次ページの表は、各基本数の中心的課題の、プラス

基本数のプラス面とマイナス面

人生の目的	プラス面	マイナス面
1 安心 ⇒ 創造	高いエネルギーとインスピレーションを生かし、創造力と奉仕力を発揮する。自分を心地よく受け止め、自信をもつ。	行きづまり、苛立ち、劣等感、病気、無気力、不安、自己流の治療。
2 バランス ⇒ 協力	自分と他人の境界を明確に保つ。自分と他人を同等に尊重しながら奉仕する。	相手に圧倒されるように感じ、反抗的で受け身がち。最初は過剰に奉仕し、突然自分の殻に閉じこもる。
3 感性 ⇒ 表現力	心のこもった温かい感情表現を行なう。インスピレーション、感性、喜びを素直に表現する。	失望感と落胆に沈む。過敏。心にはいつも不満や他人の批判を感じ、自分を信じることができない。
4 プロセス ⇒ 安定	十分な準備を行ない、着実に前進する。辛抱強く最後まで仕事を成し遂げる。論理と感情を調和させることができる。	欲しいものは全部、すぐに手に入れたがり、手順を省く。強欲、せっかち、無秩序。安定性に欠け、最後までやりとげることができない。
5 訓練 ⇒ 自由	多方面の才能をもち、方向性を維持しながらそれらの才能を生かす。自分を律することで独立を果たす。	過度の依存と自立の間を揺れ動く。たくさんのことに手を出すが、集中力がなく、興味が散漫になる。はったりと見栄で自分とは違う人格の振りをする。
6 受容 ⇒ 理想	大きな視野をもち、寛容で忍耐強い。完全主義に陥ることなく、優れた仕事を成し遂げる。あるがままの自分と他人を受け入れる度量をもつ。	極端な完璧主義で自分と他人を厳しく評価する。細部にこだわり、大局を見ることができない。
7 開放 ⇒ 信頼	心の奥底にある感情を信じ、他人を信頼して心を開く。心のバリアをなくし、素直に他人と感情を分かち合う。	不機嫌で、卑屈。細部にこだわる。自分の殻に閉じこもり、自分や他人を信用しない。陰謀を企てる。
8 権威 ⇒ 影響力	活動的、戦略的。乱用することなく影響力を発揮する。寛大かつ賢明に豊かさを分かち合う。	金、力、支配、権威に疑念を抱きつつ執着する。自己破壊的傾向。
9 知恵 ⇒ 高潔さ	崇高な信条に従って生き、自らの人生を手本として人を導く。人徳、カリスマ性、知恵を体現する。	崇高な目標を見失い、孤独感、疎外感に苦しむ。自分の殻に閉じこもる。直感や心の声を聞くことができない。
0 霊的素質	感性、強さ、表現力、直感を生かして他人に奉仕し、より崇高な目的を目指す。	過敏、神経質、頑固、皮肉で辛辣。内面の感情、直感がマイナス面に働き、理性を混乱させる。

面とマイナス面をまとめたものです。

特定の可能性や障害が、一定の数字に集中することはありませんが、一般的な傾向は表のようにまとめられます。誕生数の中に含まれる数字が示唆するものはすべて、その人の人生に影響を及ぼしますが、中でも大きな影響を与えるのが、人生の目的でもある下側数です。

エネルギーの進化――短所を長所に変える

各基本数に内在する障害を克服すれば、生来の特質をマイナスの性癖からプラスの長所に変えることができます。

・［1タイプ］は、不安や依存症を克服し、創造と自信を開花させる。
・［2タイプ］は、共依存と反抗を、バランスのとれた外向性に進化させる。
・［3タイプ］は、絶望感と他者操作を止め、豊かな表現力と直感を信じて生きる。
・［4タイプ］は、不安定と優柔不断を克服し、信頼性と組織力を強化する。
・［5タイプ］は、情緒不安定と依頼心を絶ち、機敏さと自立の精神を育てる。
・［6タイプ］は、失望感と批判主義を、広大な視野と寛容性により克服する。
・［7タイプ］は、人間不信と孤独を克服し、洞察力と開放性に進化させる。
・［8タイプ］は、自己欺瞞《ぎまん》と日和見《ひよりみ》主義を、豊かさと寛大さに進化させる。
・［9タイプ］は、偽善と狂信を、高潔さと知恵に進化させる。
・0を誕生数にもつ人は、内心の恐れと感覚過敏を、調和と奉仕に進化させる。

人格の仮面、ペルソナを読み解く

私たちは心の奥の衝動や欲望、恐れなど、心に感じるすべてを表《おもて》に見せることはありません。ほとんどの人々は内心とは非常に異なった、しばしば正反対の

「ペルソナ」と呼ばれる表面的人格、つまり社会的仮面を発達させ、心の内面を隠します。このような仮面は人格の判断を誤らせ、人と人との心の交流の妨《さまた》げとなるだけでなく、その人の健康や人間関係、仕事にも大きな影響を及ぼします。

それぞれの基本数はその人の人生の特徴を構成しますが、ペルソナは私たちの内面の真実とまったく異なる人格を表します。

［1タイプ］は、内心の自己不信を隠すために、穏やかで自信に満ちた、時に超然とした仮面をかぶることがあり、劣等感を隠すために競争を好むように振る舞うこともあります。自信をもって行動しているように見えても、内心は「自分一人では、やり遂げられないのではないか」と恐れています。

［2タイプ］は、バランスのとれた、分析力に富む人物に見えるかもしれません。嫌な頼まれごとにはきっぱりノーと言えるように見えますが、内実はイエスと言いたいプレッシャーとの精神的な葛藤から生じるストレスに苦しんでいます。このタイプは相手に対する過剰な責任感に圧倒され、相手を批判することでバランスをとろうとします。

［3タイプ］は、自信にあふれた、快活な人物に見えます。しかしそれは、自己不信と憂鬱《ゆううつ》をおおう仮面です。内面の感情的な衝動を隠すため、論理的で知性的に振る舞う時もあります。

［4タイプ］は、確信に満ちた、冷静な分析家のように見えます。しかし内心は、混乱と論理性の欠如から、衝動的な決断をしがちな自分と闘っています。

［5タイプ］は、自立しているように見えますが、それは、依存心を隠す仮面です。明確な目的をもって行動しているようでも、内心は散漫になりがちな意識を集中させるのに必死です。退屈を恐れ、多くの経験を求めるため、奥深い知識ではなく広く浅い知識の持ち主になります。

［6タイプ］は、とても人当たりのよい人物です。冷静でにこやかで、善良で、思いやりにあふれ、的確な行動をします。しかしそれは、異常ともいえる完璧主義を隠す仮面です。心のなかでは世界中にあふれる不正や不完全さに対する怒りと失望がうず巻いています。

［7タイプ］は、自信に満ちているように見えます。他人に相談することなく、てきぱきと判断を下します。しかし確信に満ちた態度は自信のなさのカムフラージ

ュ。内面の自己不信を隠し、自分のプライバシーと内面を守る仮面なのです。

「8タイプ」は、権力に関心を示さず、むしろ避けるような行動を取りますが、内心では、ひそかに権力を握る機会をうかがっています。彼らが周囲に送るメッセージは複雑です。このタイプが権力や名誉、勢力、成功への衝動と欲望を抑圧する時、しばしば消極的に振る舞います。

「9タイプ」は、立派な人格者で、常に確信に満ち、魅力とカリスマ性にあふれています。しかし内心は、自分の正しさに自信がもてず、他人の意見に左右されがちです。指導者的立場に立つことが多いのですが、自分の内にある高潔さに気づかず、外部にそれを捜す限り、理想とする崇高な生き方を貫くことはできません。

以上は、大まかな傾向で、すべての人に当てはまるわけではありません。しかしペルソナは私たちの心の奥深く、ほとんど表面化することのない不安や恐れなども含む人格の対極として存在し、隠された人物像に光を当てるのです。

障害を克服し、与えられた課題をプラスに進化させるには、まず自分の心の隅々までを探り、それと正面から向き合わなくてはなりません。社会的な仮面をかぶれば、確かに〝一番よい〟自分が装《よそお》えるでしょう。しかし人格のもつ根源的な欲求を満たし、豊かな人間性を育《はぐく》み、周囲の人々と嘘《うそ》のない心の絆《きずな》を築くには、仮面に隠された、まだ未熟でひ弱な自分自身を認めることから始めなくてはなりません。

本当の自分が成長するにつれ、性格のすべてを受け入れ、一つの人格として統合できるようになります。人生はプラスかマイナスかではなく、プラスとマイナスの要素が混在しています。勇気と賢明さをもってこのことが理解できるようになれば、ものごとに対する反応や反動として行動するのではなく、自らの選択により、世界にプラスの要素をもたらす行動ができるようになるでしょう。

成長とともに誕生数の影響は変わる

誕生数の中でも人生に究極的な意味をもつのが、下側数です。しかし下側数が常に人生を支配するわけではありません。私たちの成長に従い、上側数から下側数へと重要性は移動し、性格もマイナスからプラスへと成熟していきます。子供時代、つまり人生の山を登り始めたばかりの私たちは、一般的に上側数から大きな影響を受けています。誕生数の下側数を山の頂上とすれば、上側数は、頂上の手前に横たわる小さな丘です。たとえば26／8の人が、豊かさと称賛を獲得できるようになるには（8）、まず自分と他人の正しい協力関係を築き（2）、完全主義と自尊心のなさ（6）を克服しなくてはなりません。同様に29／11の人が、ダブル1の創造性をくみ出すには、まず2と9の課題を克服しなくてはなりません。

　ほとんどの子供は、それぞれの課題のプラス面を経験する前に、課題のマイナス面や粗削《あらけず》りな面と向き合います。誕生数が33／6の聖マタイの課題は、表現力と完全主義です。子供の頃の彼は不満が多く（3のマイナス面）、批判的な性格（6のマイナス面）でしたが、成長すると、表現力をプラスの宗教情熱に進化させ、自分と他人を受け入れられるようになりました。しかしマイナスをプラスに転化するまでには、たくさんの経験と長い時間がかかりました。

　上側数の示唆する課題をどこまで克服するかで、下側数をプラスに転化できる程度も決まります。人生の目的を達成するまでに何年もかかるかもしれません。それどころか一生かかる場合もあるでしょう。しかしいくら時間がかかろうと、もって生まれた可能性を精一杯発揮することが、私たちに与えられた使命なのです。

一桁の誕生数の内面

一桁の誕生数というユニークな運命は、25周年記念版（改訂新版）のテーマの一つです。これらの新しい一桁誕生数（に加えて２０００年以降に現れた10／1、11／2）を理解する鍵《かぎ》は、それがどんな意味をもつか、またもたないかを知ることにあります。

例として26／8という三つの数字で構成される誕生数で解説していきましょう。すでに書いてきた通り、各数字にはそれぞれ異なる長所と短所が含まれています。26／8が示す基本的な意味を要約すると、ギブ・アンド・テイクのバランスを示す2、理想と完璧主義の6、そして最も重要な下側数、豊かさにまつわる課題を克服して影響力を獲得したいという欲求を示す8となります。

では26／8に含まれない基本数、つまり1、3、4、5、7、9（そして0）について見てみましょう。26／8に取り組む人にとって、誕生数に含まれない数字はどんな意味をもつでしょうか？　各数字にはそれぞれ異なる長所と短所が内在していることを心にとどめておいてください。私たちの誕生数には意欲や動機といった潜在的な長所だけでなく、人生の随所に訪れる難関や弱点も指摘しています。つまり自分の誕生数にない数字が示す難関は用意されていないということです。たとえば26／8には1（創造力を巡る要素）が含まれていません。だからといって26／8（に加えて1を含まないすべての誕生数）が創造力をもたないということではありません。誕生数に1がない時、その人の人生には克服するべき創造に伴う不安や、自己実現欲求といった課題がないということです。つまり26／8（と1を含まないすべての誕生数）が幸福を手に入れるために、1が示す課題の山に登る必要はありません。1の山にはケーブルで登れるし、登らずに別の山を目指しても一向に構いません。ただし、誕生数に1がある人にとって、この山を自力で登る以外の選択肢はありません。

同様に26／8には表現力に関わる3がありません。しかし26／8が芸術やその他の分野で表現力を持つことは十分あるし、時には自己不信に陥ることもあるでしょう。ただしその困難の度合いは誕生数に3や33をもつ人々に比べれば足元にも及ばないでしょう。

ここで一桁の誕生数の意味について改めて考えてみましょう。一桁の誕生数をもつ人々は、三つや四つの数字からなる誕生数をもつ人々が直面する複合的欲求も、連山のような難題ももちません。それをお手玉にたとえると、三つや四つの数字の人々が複数のボールを宙に投げてゲームをする一方で、一桁の人々はボール一つに意識を集中させればよいのです。

三つや四つの数字がそれぞれに示す才能、資質、傾向、動機、長所や短所などが織りなす課題が各人の人生の途上にのしかかっている中、4、5、6、7、8、9という一桁の人生にはすべてのエネルギーの質量が一つの数字に凝縮されているのです。このため一桁の誕生数をもつ人々の人生は、ある程度テーマの集中が見られます。三つや四つの数字同士の矛盾や複雑さがない分、一桁には心の内面の葛藤や混乱が少なく、不安や不信も起こりにくいのです。

一桁の誕生数をもつ人々はユニークではありますが、それが地球外の特殊な能力や、一部の人々によって理想化された、いわゆるインディゴチルドレンの資質を示すものではありません。誕生数やそれが指し示す人生の道に関わりなく、私たち全員がそれぞれにユニークな人生の道を持っていて、いくつかの共有するパターンをもちながらそれぞれの目指す山を登っているのです。

マスターナンバーを理解する

改訂される前の本書では、数秘術の最も明解で信頼のおける内容に限定して解説してきました。分かりやすさを重視したため、運命システムではこれまで、いわゆるマスターナンバーという概念を扱って来ませんでした。マスターナンバーとは11／2、22／4、33／6、44／8、これに今回10／1、20／2、30／3、40／4を加えた二つ以下の数字の誕生数のことです。この改訂新版でマスターナンバーについて解説を加える理由は、一桁の誕生数がもつユニークな性質（とその要点）への洞察、そして誕生数に含まれない数字が示す複雑な難関からの自由といった特徴があることが、マスターナンバーと呼ぶに値するからです。

簡単に言うと、ほとんどの誕生数には三つや四つの数字が含まれていて、それぞれの数字が示す複雑な課題があり、相互作用が起こります。しかし11／2、22／4、33／6、44／8には二つの数字しかありません。しかも同じ数字がダブルになっているため、その数字の象意が増強されています。これらの誕生数を構成する数字は2つしかないため、残りの7つの数字が不在で、つまり7通りの困難の形を免れています（10／1、20／2、30／3、40／4の場合、は霊的素質を表すため、数字は一つしかなく、8つの数字が示す困難の形を免れています）。

まとめると、二つ（一つ）の数字の誕生数の人々は関わる数字のエネルギーが増強されていること、そして7通り（8通り）の難関を免除されていることからマスターナンバーと呼ばれます。三つや四つの数字の誕生数を持つ人々に比べると難関に足をすくわれる機会が少ないため、環境や経験的要因にもよりますが、マスターナンバーの持ち主はより効率よく自己実現や目標達成が可能だと考えられています。

4、5、6、7、8、9といった一桁の誕生数については、近年になってから誕生し始めたため年齢が若く、十分なデータが集まっていません。一桁の誕生数のみをマスターナンバーと呼ぶべきかを含め、今後の研究を待ちたいと思います。

宇宙はいつでも必要なものを与えてくれる

私たちが何か学ぶ必要があれば、人生は必ず最高の訓練の場を与えます。人生の目的についてもこれは同様です。たとえば、ヒーリングを学ぶべく生まれた［1タイプ］が、自分に自信がもてず、可能性を開花できない時、人生は病気を与え、さまざまなヒーリングを実践する機会を与えるかもしれません。また自分に甘い［5タイプ］に軽い肉体的障害を与え、より大きな自由と行動力を得るためには、いかに訓練が大切かを学ばせるかもしれません。私は、さまざまなハンディキャップをもつ人や障害をもって生まれた［6タイプ］の人を何人か知っています。この人たちは不自由な身体を通して完全主義的な性向を見直し、大いなる視野を手に入れました。［8タイプ］や［9タイプ］の中には、法廷の裁きを受けて正直さ（8）と誠実さ（9）についての貴重な経験を得る人もいるはずです。

厄介《やっかい》だと思われる問題でもよくよく考えると、その人にとって最も必要な経験なのだということがわかってくると、人生の浮き沈みも自然に受け止め、感謝すらできるようになるでしょう。これまでのあなたの人生を振り返ってみれば、あなたがさまざまな出来事をきちんと受け止められるように、宇宙が貴重な経験をさせてくれていると思い当たることがあるはずです。

職業と誕生数

**才能は誰にでもある。
しかし才能の導きに従う勇気をもつ人は
滅多にいない。**

作者不詳

私たちは誰もが豊かな才能を与えられていますが、そのすべてが表面に現れるわけではありません。レンガ職人の中には素晴らしいピアニストの才能が潜んでいるかもしれないし、主婦の心の中ではセラピストの才能が出番を待っているかもしれません。

また私たちは同じ職業についていても、誕生数によって異なった仕事ぶりを見せます。たとえば、「1タイプ」の俳優は、非常に創造的な役作りをするでしょうし、「3タイプ」の俳優は、感情表現が見事です。「6タイプ」の俳優は、完璧な演技力を披露し、「7タイプ」なら自分の気持ちを役の中に率直に反映させるでしょう。

また誕生数が同じであっても、人が選ぶ職業は千差万別です。各誕生数の項に、その誕生数の有名人を記してありますから、参照してください。

たとえば、カーク・ダグラス、クロード・ドビュッシー、ハリー・フーディニー、ヘンリー・キッシンジャー、ブッカー・T・ワシントン、シャーリー・テンプル、ラマクリシュナ、エドガー・アラン・ポー、ウォルフガング・アマデウス・モーツァルトはみな29／11です。

映画の配役を決める時も、誕生数は大変参考になります。ゲリー・ビュシー（35／8）は、同じ誕生数をもつバディー・ホリー役を強烈に演じ、人々を驚かせました。同様にデンゼル・ワシントンは鬼気迫る演技で、自分と同じ32／5のマルコムXの役を演じました。

同一の誕生数の人は、一定の職業を選ぶ傾向があります。「2タイプ」と「4タイプ」は福祉関係の仕事に就く傾向があり、「7タイプ」と「9タイプ」は研究職や学者によく見られます。職業の決定には、その他の要素が複雑に関わっていますから、誰がどのような職業に就くかという予想は難しく、またどの職業が望ましいと言うこともできません。

人は自分のイメージや能力、社会経済的背景、収入、学歴、注目度、影響力、信仰、価値観その他さまざまな要素に基づいて職業を選びます。より多くの収入に惹《ひ》かれ、あるいは人に勧められて、本当に好きな仕事を断念する場合もあるでしょう。

理想を言えば、このような現実的な必要性と同様に、心の奥に根ざす直感と価値観も重視して職業を選ぶべきでしょう。実際、誕生数で示される生来の衝動や才能が、職業の選択に一定の方向性を与えていることは確かです。

そもそも私たちにとって唯一の完全な職業などというものはありません。私たちはさまざまな環境の中で、あるいはさまざまな職業を通して自分を育てる力をもっています。たとえば、「3タイプ」の場合、夫婦間、友人や同僚との関係で表現力を生かす人もいれば、演劇、歌、政治、あるいは教育の分野で活躍する人もいるでしょう。「8タイプ」の獲得する名声は、世界的、あるいは全国的に、またはある地域に限られていたり、何人かの友人や同僚の間での評判かもしれません。どのような仕事や職業についても、世の中のためになる方法で、自分の本質的な欲求と才能を最大に生かすことが、私たちに与えられた責任です。

職業に満足し、成功できるかどうかは、仕事の種類とはあまり関係ありません。むしろ、障害を克服できるか、誕生数に基づく精神の法則に従って行動できるか、生来のエネルギーをプラスに転化できるかどうかにかかっていると言えましょう。

「第三部　誕生数が明らかにする運命の道」では、各誕生数の特質と才能に適した職業と仕事のタイプをいくつか挙げました。これは一般的な傾向を述べたもので、その誕生数をもつ人すべてが、その職業に適しているわけではなく、記載した職業以外は向いていないという意味では決してありません。

誕生数が同じでも人の職業は多種多様で、同一の職業に就いている人の誕生数もさまざまです。第三部に挙げた職業は、誕生数のエネルギーを生かす最も基本的な方法にすぎません。どのような職業に就こうと私たちは、誕生数の課題に自分なりに取り組む仕事ぶりを見せるのです。

しっくりこないと思ったら

運命システムをもとに、これまでの経験を振り返って見ると、自分や知人の人生が明快に説明できることに気づくでしょう。しかし時には誕生数の示す特徴のすべて、あるいは一部が「当たっていない」と感じる場合があります。運命システムは、各誕生数がもつ傾向と欲求を、おおまかに述べるものですから、すべての人に同じ方法で当てはめることはできません。このシステムを解釈する鍵は、大局的な視点をもつことです。細部ではなく全体的なパターンに目を向けるよう心がけてみてください。そうすれば有益な情報をたくさん手に入れることができるはずです。

このシステムを初めから鵜呑《うの》みにすることや、当たっていないと即座に否定することもお勧めできません。なぜならこのシステムの本当の価値に気づくまで、しばらく時間がかかる場合があるからです。

私は１９８６年来、世界中の人々に、運命システムのテープを送付してきましたが、その一人、ケンはテープを初めて聞いた時「まったくでたらめだ」と感じました。彼はその後、精神療法を受け、いくつかの自己啓発セミナーに出席して、自分を見直す訓練を積みました。そして1年ほど経った頃、たまたまテープを聞いて、友達にこう言ったそうです。「信じられないよ。このテープには僕がこの半年間受けてきた精神療法のすべてが含まれているんだ！」私のもとには、このような事例がたくさん報告されています。

もし、知人が、このシステムと一致しない人生を歩んでいるように見えたら、本人に質問してみるとよいでしょう。たとえば、誕生数では不安感が示されているのに、どう見ても自信にあふれている人がいたら、不安に思うことがあるか訊《たず》ねてみてください。おそらく内心の不安感を聞かせてくれるはずです。誕生数と人生の目的システムは、人の外面ではなく、心の内側にある真実を物語るのです。

それでも誕生数の特質が、自分と一致しないように思える場合は、次のような問題が考えられます。

1、日付が変わる午前0時前後に生まれた場合など、生年月日が正確でない。
2、解釈の相違。たとえば、もし私が木を指して「これは木です」と言えば、誰も異論はないでしょう。しかし「美しい木です」と言ったとすれば、その解釈に反対する人がいるかもしれません。
3、本書に記したマイナス面を、あなたはすでに克服している。
4、本書に記したプラス面が、まだあなたに現れていない。
5、誕生数の計算を間違えている（計算アプリを使っていない）。
6、まだ真の課題に出合っていない。まだ上側数の特質の開発に取り組んでいる途中であれば、真の課題（下側数）は表面に出てきません。
7、自分の課題に直面する準備ができていないため、避けている。課題に取り組む準備が整うまで、無理をする必要はありません。
8、このシステムがあなたに合っていない。完璧なシステムは存在せず、当てはまらないケースがあっても不思議ではありません。

内面で向き合わなかった問題は、いずれ運命として出合うことになる。

カール・ユング

運命システムから得られる情報は、私たちの人としての成長を促進し、困難な問題の一部を取り除くだけではありません。私たちが孤独な旅人ではなく、共通の目的を目指す友がいることを思い起こさせてくれます。いずれにしても、人生の旅の途中で出合うさまざまな体験や発見に心を開放し、先を目指しましょう。

もし、情報が自分に当てはまらないと感じたら、次のように自問してください。

「確かに、このシステムは私に当てはまらないかもしれない。しかし、もし、当てはまるとすれば、これこそが自分が真に歩むべき道だったとすれば、自分の人生はどのように変化していくだろうか？」と。

そして、いったん本書を閉じ、しばらくしてからもう一度読み直してみてください。2回、3回と読み返すうちに、感じ方が変わってくるはずです。

時の流れの中で、私たちはみな子供時代に置き去りにした古い自分を取り戻す瞬間があります。それは遠い昔に捨て去った精神や欲求、特徴――つまり、精神の「影」の部分です。それらを認め、再統合する時、エネルギーを妨げていた覆《おお》いが取り除かれ、新しい力と創造性に近づくことができるのです。

運命システムは、ありのままの自分を受け入れることを教えてくれます。もっとも、あせりは禁物。あふれるような情報を一度に処理することはできません。過剰な詰め込みから精神を守ろうとするのは、健康な精神のメカニズムです。誕生数に基づいて自分を見直すたび、私たちは「新しい」自分を発見するでしょう。

現在の環境、人間関係のもつれや試練は、あなたの真実を映す正直な鏡です。運命システムを通して、日常の自分をもう一度見直す時、私たちは本当の自分に近づくことができるのです。

基本象意と後付けの意味

本書に書かれた1から9、そして0までの数字が示す内容は、古代の叡智から現代の解釈までが編纂・洗練されてできたものです。しかし読者の中には本書の運命システムとは無関係の、数字のパターンに意味を見つけたり、創出したりする人々が存在します。人は間断なく根拠のないものに意味を見出していくものです。たとえば家の住所の番地が11―11、日付が11月11日、誕生日が２００２年2月22日など、また家族の二人以上が同じ誕生数で同じ運命をもつなど。それらの偶然について考えをめぐらすことは楽しいものの、それらは本書の意図や範疇を超えるものです。

第二部 数字が示す運命の種

もし人生をもう一度やり直すなら、
もう少ししっかりと目を開け、
今と同じ人生を送るだろう。

ジュール・ルナール

第二部のはじめに

より深い理解のために

互いに許し合えるように
なるには
まず
互いを理解しなくては
ならない。

エマ・ゴールドマン

第二部は全十章で構成されています。九章までが、1から9までの基本数の示す課題とエネルギー、最後の第十章が霊的素質である0についての解説です。

私たちはみな、1から9までの基本数と、霊的素質0のすべてから影響を受けています。しかし自分の人生に最大の意味をもつ本質的な欲求、信念、恐れ、障害、才能、可能性は、誕生数を構成する数字によって決定されます。

第二部では、人生の道を構成する各数字のエネルギーについて、詳《くわ》しく解説していきます。9つの基本数と0の意味を十分に理解すれば、自分自身も知らなかった人生の秘密のドアを開けることができるでしょう。そして、正確な生年月日さえ分かれば、他人の人生を読み解くこともできるのです。

1 安心⇩創造

波のように打ち寄せる、
創造のエネルギー。
慈《いつく》しみの陽の光、稲妻の閃光。
エネルギーを吸い込み、
その力を感じよう。
創造と慈しみと破壊の威力を。
力をせき止めて停滞させるか、
よどみなく流れる道をつけるか、
正の力として開花させるか、
負の力として朽《く》ちさせるか、
すべてはあなたの選択次第。
確信をもって創造力を解き放てば、
人生は素晴らしい展開を見せるだろう。

自分が見つけられない、と言う人がいる。
しかし自分自身とは見つけるものではなく
創造するものなのだ。

トーマス・サズ

人生の目的

「1タイプ」の人の人生の目的は、建設的な創造エネルギーを世に送り出すことです。しかし、与えられた使命を達成するには、不安やそれにまつわる傾向を解消し、抑圧したエネルギーのはけ口をアルコールや薬物依存などに求める誘惑を克服《こくふく》しなくてはなりません。

創造的エネルギーが豊かな「1タイプ」は、古典的な芸術――音楽、演劇、舞踊、著作、絵画、彫刻、工芸などのほか、医術、ビジネス、ガーデニング、コンサルティング、デザイン、建築、スポーツ、出産と育児など、さまざまな創造表現の場面で豊かな才能を発揮します。

「1タイプ」(10／1、19／10、28／10、37／10、46／10、29／11、38／11、47／11、そして39／12、48／12)と、誕生数のいずれかに1をもつ人が、天性の創造性を生かす最大のポイントは、不安の克服です。自分に自信をもつことができれば、リスクを恐れることなく伸び伸びと独自の表現方法を切り開いていけるからです。

安心⇩創造とは

宇宙はエネルギーから組成されています。そして万物《ばんぶつ》はエネルギーの塊《かたまり》です。石ころですら、内部にエネルギーを蓄えているのです。しかしエネルギーの神秘的な火花が散らせるのは、植物や動物、人間などの生物だけです。このため生物だけが動き、生殖し、反応し、成長することができるのです。

人間は誰でも、あふれんばかりの生命エネルギーをもっていますが、なかでも、「1タイプ」のもつエネルギーは強力です。生命エネルギーに始まり性的エネルギー、創造エネルギー、人を惹《ひ》き付けるエネルギーなど、エネルギーの力学はその質に関わりなく表現と解放を求めて猛《たけ》り狂います。このエネルギーを上手に操作できないと、抑圧と閉塞感があなたを苦しめます。

創造的エネルギーは両刃《もろは》の剣です。障害物を押し流す川の奔流《ほんりゅう》のように、古い壁と価値観を押しのけて、ぐいぐいと新しい土地を切り開く勢いをもつ反面、いったんコントロールを失うと、誰にもせき止めることができません。建設的な方向へ導いてやらないと、すべてを破壊しつくしてしまいます。

精神的な安定に満ちた人格の中で、創造力は最も美しい花を咲かせます。不安がなければ心を解放でき、間違いを恐れずに行動できます。たとえ社会からはみ出そうと、常識外れだと非難されようとも、未開の領域に足を踏み出せるでしょう。「1タイプ」にとって最大のハードルは不安感なので、これを克服することは人生の高みを極め、幸福を手に入れるための鍵となります。

人生のハードル

［1タイプ］が創造性のエネルギーを実り豊かに発揮するには、創造と自信に関する問題と障害を解決しなくてはなりません。

まず最初の課題は、エネルギーを表現し、解放する手段を見つけることです。訓練と努力によって、建設的な方向、つまりプラスの方向に導かなければ、エネルギーはおとなしく収まっていることはなく、確実に破壊的な方向に噴出します。このため［1タイプ］は、エネルギーをコントロールする責任と選択について、慎重に考えなくてはいけません（選択の法則　438ページ参照）。

プラスの創造性が、人生のさまざまな分野で、オリジナリティーや革新性を発揮するように、マイナスの創造性もオリジナリティーを発揮しますが、多くの場合、本人や他人に問題を引き起こします。極端な例を挙げると、創造的な精神が銀行強盗を計画したり、創造的な手がスリを犯したりするということもあるのです。誕生数に1をもたない人にも、もちろん創造力はあります。しかし、創造性に関する障害や問題が［1タイプ］に比べて少なく、情熱も希薄です。上側に1をもつ人々は特に、創造エネルギーの表現方法が見つけられず、苦労するでしょう。この人々が創造と自信という課題を克服するまで、無気力、病気、不満、停滞に悩まされ、「数字の痛み」にとらわれるのです。

不安や他人に認められたいという欲求などから、この人々は創造エネルギーを押し殺します。そして気がつくと抑えがたいほどのエネルギーが蓄積され、その抑圧されたエネルギーは、アルコール、たばこ、薬物、美食、セックスなどにはけ口を求め、噴出します。エネルギーが鬱積《うっせき》すると誰でも、欲求不満に陥《おちい》りますが、強烈なエネルギーをもつ［1タイプ］の場合、問題は深刻です。

創造エネルギーが、完全に抑圧されると――つまり、全く発散できないと――エネルギーは内側に向かい、その結果精神的、身体的変調として現れます。［1タイプ］は一般に精力旺盛ですから（創造力と性的エネルギーは密接に関係しています）、肉体面では下腹部、腰が敏感です。エネルギーが鬱積すると、排泄《はいせつ》不良になり、便秘や腰の痛みなどの症状を引き起こします。

慢性的に、あるいは繰り返しこうした症状が現れる場合、まずエネルギーの抑圧を疑うべきでしょう。

創造性と革新性を発揮するには、常に先端的で、独創的でなくてはなりません。つまり他人とは異なった行動をする視点が不可欠なのです。多くの「1タイプ」は本質的に独創的で、ユニークな観点をもっています。子供時代からこの特質を発揮する人もいるし、中年になってから目覚める人もいます。

ところが、自分のユニークさに気づいた時、多くの人は、一種の疎外感、孤立感、劣等感に襲われ、不安になります。弱点を認めたがらないのが人の習いですが、「1タイプ」も大抵は、自信にあふれた仮面を装うことで、不安を隠します。必死に競争を避けたり、逆に極端に競争的に振る舞うのは、失敗したり馬鹿にされまいとする自己防衛行動です。当意即妙《とういそくみょう》な論評を加えたり、辛辣《しんらつ》な批評をして会話をリードしようとするのも、また、何かを証明する必要に迫られているかのように喧嘩腰に振る舞うのも、不安感の裏返しです。自己不信は創造的なエネルギーを弱め、殺してしまいます。自信を喪失した作家が創作意欲を失うのは、そのよい例です。

不安感は、生計を支えていけるかという不安として、金銭的な執着心に化《ば》ける場合もあるし、自分の能力に確信をもてないことから他人への依頼心として現れることもあります。しかし本来、一匹狼的な特質をもつこのタイプにとって、このような依頼心は、内面の葛藤《かっとう》を引き起こすだけです。

大切なのは不安を取り除くことではなく、不安とうまくつき合う方法を考えることだ。

エーリッヒ・フロム

自分の中にある不安を認め、向き合うことによって自らの不安感を乗り越え、「行動の法則」（514ページ）が自然に実行できるようになったら、抱えていた不安がいかに実体のないものかに気づくでしょう。これまで自分を悩ませていたものが、ただの幻影と知った時、人生に明るい光が差し込むはずです。

その他の特質と課題

私たちは皆、子供っぽい部分をもっていますが、「1タイプ」の場合は、それが表面に出やすい特徴をもっています。人生の喜びや楽しさを素直に表す一方で、罪の意識、怒り、苛立ちを隠そうとしません。感情は常に極端で、ひどく落ち込むか、過度に敏感になるか、極端に強引に振る舞うかといった具合で、中間的な感情はありません。

このタイプは潜在意識が敏感なので、すぐに暗示にかかります。この特質をうまく利用すれば、望ましい状況や理想、それに至るために必要な行動を明確にイメージし、潜在意識に直接働きかけるだけで、体調を整え、活動エネルギーを引き出すことができるでしょう。

このタイプの人が潜在能力を発揮するには、まず「創造性」と「技術」の違いを知ることです。「創造性」とは、ものごとを新しい視点で見るということ――オリジナリティーとは、従来の価値観を打ち壊し、新しい領域を切り開くことです。「1タイプ」の人がこの天賦《てんぷ》の才能を全開にすると、思い立つとすぐに素晴らしく独創的な考えが泉のように湧《わ》いてきます。

創造力とは異なり、「技術」の習得には長い時間と地道な努力が必要です。工芸であれ、料理であれ、絵画であれ、楽器演奏であれ、習い初めの技術が未熟なうちは、誰しもよい結果を出すことができません。ところが自分に自信のない「1タイプ」はそれで大きく落ち込み、ただ技術が未熟なだけなのに、全く才能がないものとあきらめてしまうのです。こうして才能がまだつぼみのうちに摘み取ってしまう人が、このタイプには少なくないのです。

しかし、自信を失わず、失敗や困難、挫折にもくじけずに努力を続ければ、時とともに腕前は上達し、持ち前の創造力を最大限に発揮できるようになります。しっかりとした技術を手に入れた時、あなた方はその対象が純粋芸術や映画の制作から家庭で使うランチョンマット作りまで、あらゆる創造的活動のプロセスを心から楽しみ、多くの場合、素晴らしい結果を生み出します。

健康面について見てみましょう。

「1タイプ」はたんぱく質や脂肪の多い栄養価の高い

食べ物を好みますが、肥満は、精神的孤立感を引き起こし、創造的エネルギーを遮断《しゃだん》しますから、注意が必要です。また逆にエネルギーを鬱積させ、苛立ち、自信を失った時――特に運動をしていない［1タイプ］の場合は、てきめんに太りだします。

何年か前、極度に肥満し、ひどく自信を喪失したドッティーという［1タイプ］の女性が私のところへ相談に訪れました。彼女は検査官として国税庁に勤めていましたが、あまり創造性が発揮できる仕事ではなさそうでした。そこで私たちは転職について話し合いました。医療関係の仕事について話が及んだ時、彼女の目がきらりと輝きました。一年後、偶然再会した時、ドッティーは45キロもスリムになり、新たな自信に輝いていました。マッサージ治療師として成功している、ということです。ドッティーはリスクを恐れずに前進するための自信を見つけ、自分の信じる道に踏み出しました。その結果、創造的エネルギーを好きな仕事に生かし、他人の役に立つ喜びと、高収入を手に入れたのです。

一般的に、菜食主義は健康によいとされますが、［1タイプ］の人は、果物と野菜と穀物だけの純粋な菜食をとっていると頭がぼんやりとしてしまいます。バランスを中心に考えた食事法で、自分に向いたものを探さなくてはなりません。

また、エネルギーに対する感受性が強いので、体調を崩した時は、エネルギーに作用する治療法がとても効果的です。もちろん医師や医療機関の治療を否定するわけではありませんが、鍼灸《しんきゅう》療法や指圧、食餌《しょくじ》療法やビタミン療法、マッサージ療法、潜在意識に働きかける心理療法などの代替《だいたい》医療は、大きな効果が期待できます。

［1タイプ］の多くは自然、つまり動物や樹木、花など生命との交わりを好みます。公園や庭園、並木道の散歩は、気持ちを清め、癒《いや》し、慈しむ効果があります。

また、「器からエネルギーがあふれ出る」［1タイプ］は――エネルギーが完全に遮断されている場合は別として――一般の人よりも多くの運動量が必要です。運動は健康やフィットネスに効果があるだけでなく、エネルギーを整える働きがあるのです。生殖器と排泄器官に滞ったエネルギーを解放して身体的症状を抑え、薬物などの依存癖を遠ざけます。

［1タイプ］の性的エネルギーは旺盛です。しかし、

罪の意識や自己不信によってエネルギーの解放が妨げられている場合、あるいは性的エネルギーを創造的活動に発散している場合は、性行動が盛んな時期と、禁欲的な時期を繰り返します。

　あなた方が、人生の山道を登る時、自己不信、不安、努力不足という障害にぶつかります。しかし、持ち前の魅力や存在感、威厳に加え、思いやりと温厚な人柄を武器に歩めば、道はずっと容易になるはずです。しかし他の人を力づけるようになる前に、あなた方は自らの創造力を外に出すための自信を養う必要があるのです。

頂上にて　可能性と運命

「1タイプ」の多くは、まだ自分の可能性に気づいていません。心の奥底でしぶきをあげて流れる創造的な考え、プロジェクト、エネルギーの水脈は、他人の承認ではなく、自分の内面から湧き出す自信を手に入れた時初めて解き放たれます。そして、いったん解放された創造性とインスピレーションの流れは、もはや誰にもとどめることはできません。

　あなたが心の不安を解消し、仕事に興味をもちはじめると、睡眠時間を最小限に削ってエネルギッシュに働きます。たとえ外見はひ弱でも、身体の内には、あふれんばかりのエネルギーを秘め、容色の美醜《びしゅう》を超えた、人を惹き付ける生き生きとした魅力をもっています。

　頂上に達した「1タイプ」は、喜びと情熱と自信に裏打ちされた、力と創造性を魔法のように発揮し、創造力を世の中に送り出す道具になりきります。古典的な芸術ばかりでなく、ヒーリングその他、あらゆる創造的な作業で、秀《ひい》でた才能を発揮し、部屋の飾りつけ、物語の読み聞かせ、ケーキ作りから交響楽の作曲に至るまで、独自のスタイルと視点で素晴らしい結果を生み出します。

行動チェックリスト

次の行動は［1タイプ］の人生を向上させるでしょう。

・人生の途上に横たわるハードルは、あなたが乗り越えるためにあるということを理解して、自己不信に立ち向かい、乗り越えよう。
・仕事や趣味で、エネルギーを創造的に生かす方法を見つけよう。
・運動を日課として鬱積《うっせき》したエネルギーを解放し、薬物やアルコールを遠ざけよう。
・世の中に貢献できる方法を作り出すように心がけよう。

安心⇩創造に近づくには

1、映画、文学、歴史上の人物、あるいは直接知っている人物の中で、創造と自信にあふれた人を思い浮かべよう。

2、才能に自信をもち、リスクを恐れない、創造性に満ちた、その人物になった自分をイメージしてみよう。それらの特質を実践し、創造力を一層発揮するには、どうすればよいか具体的に考えてみよう。

2 バランス⇩協力

ここに二つの手がある。
片方の手は、手のひらを開き、
相手を受け入れようとしているが、
もう片方は握り拳をつくり、
抵抗している。
あなたが差し出すのは、どちらの手？
両方を均等に差し出しているだろうか？
あなたは、一方的に与えすぎて
いないだろうか？
無理な手助けをして、
自分を苦しめていないだろうか？
自分と他人の責任を、
きちんと区別しているだろうか？
バランスのとれた人生を、
もう見つけただろうか？

友達を作るには、
まず自分自身と友達にならなくてはいけない。
エレノア・ルーズベルト

人生の目的

［2タイプ］の人の人生の目的は、自分と他人の境界線を明確にし、全体的な調和とバランス、そしてギブ・アンド・テイクを考えながら、他人と協力し合うことです。しかし運命からの挑戦は、容易に克服できるものではありません。［2タイプ］（20／2、39／12、48／12）と、誕生数に2をもつ人は、他人に対する非常に強い責任感と義務感をもっています。この人々は、この義務感と、自分の要求とのバランスを見つけなくてはいけません。

バランスは、［2タイプ］最大の課題です。奉仕することとされること、イエスとノーの使い分け、理性と感情、自分のニーズと他人のニーズなど、［2タイプ］がバランスをとるべき対象はたくさんあります。そしてそのためにはまず、内面の葛藤《かっとう》、矛盾《むじゅん》、不一致を解決しなくてはなりません。

［2タイプ］にとって、心の内面で調和することは、とりわけ困難な課題です。それはさながら心という湖の真ん中に浮かぶボートに、二人の人間が乗っているようなものです。一人は、金持ちで民主党派で、のっぽのデブで快楽主義者でお人好し。もう一人は、貧乏で共和党派で、ちびのやせっぽちで潔癖主義者で凝《こ》り性。もし二人が岸に上がろうとするなら、価値観、信仰、意見、政治観の違いを乗り越え、互いの共通点を見つけて理解し合い、協力してボートをこがなくてはいけないのです。

バランス⇩協力とは

もし世の中に協力関係がなければどうなるか、想像できますか？　いくら天才でも、たった一人で作業をするなら、実質的な成果は何一つ生み出せません。一つのビルを建てるだけでも、建築家、エンジニア、建設業者、事務関係者など、それぞれの専門家の協力が欠かせません。互いに力を合わせて共通のゴールを目指す、人間同士の協力があって初めて文明は成立するのです。

ところが未熟な［2タイプ］（2に共鳴する［4タイプ］同様）は、過大な責任を背負い込む傾向があります。本当の協力が何かを知るには、いったん手助けを控え、他人により多くの仕事を任せてみるとよいでしょう。自分自身の能力や強さ、責任の範囲を知るにはそれが一番よいのです。

たとえば、ヒロコは以前、三人の幼い子供を育てながら、パートタイムで働き、ボランティアで町内会の副会長と秘書と会計をやっていました。一人で、町内会の仕事を抱え込み、回覧板を書き、講演会を催し、町会の集まりの計画から料理の手配までの一切合切を引き受けていたのです。何かの情報や手助けが必要になれば、誰もがヒロコに頼り、彼女はそれを断ることができません。どんどん仕事を背負い込み続けるヒロコは、［2タイプ］的過剰協力の典型です。ところがある週末のことです。たまたま子供が二人病気に倒れたところに、あちらこちらからの頼まれごとが重なり、ついに我慢の糸が切れました。自分がいかにアンバランスな状況に置かれていたかがようやく分かったのです。彼女は上の子供に、二、三日妹と弟の看病を手伝うように頼み（自分がこのような頼みごとをするとは、思ってもいませんでした）、近所の人に来てもらって、仕事の分担を依頼しました。そして、自分に頼ってきた人たち全員を呼び、思いきって「助力はできない」と断りました。ところが……ヒロコが驚いたことに、すべてはばらばらになるどころか世の中も、町内会もこれまで通りに機能していたのです。「宇宙の総監督」を辞任したヒロコは、バランスを発見し健康を取り戻しただけではありません。これまで何かと頼っていた人々に、責任の正当な割当を「返してあげる」ことで、結果的に他人のためにもなったのです。

人生のハードル

「2タイプ」は社会にとても役立つ特質をもっています。しかし、その特質がマイナスに働くと、自分自身を破滅に追い込みます。人の役に立とうとするあまり、自分よりも他人の要求を優先させ続け、ついに適度な自己犠牲と利他主義の範囲を超えて、隷属《れいぞく》状態に陥《おちい》ってしまうのです。自分のニーズを無視、あるいは過小評価して、自分はどうすべきか、という考えを常に優先させます。

未熟な「2タイプ」は、過度に協力的です。他人の幸せ、生活のすべてが自分の責任であるかのように思い込み、頼まれごとを断れず、無理な約束をしてしまいます。自分の限界を顧《かえり》みず、手に余る仕事を抱え込んだあげく、最後には反抗的な殻に引きこもってしまうのです。こうした共依存的傾向をもつ人は他にもいますが、「2タイプ」、ことに責任の境界と限界を確立していない「2タイプ」は桁外れに共依存的です。「責任の法則」（447ページ）に従えば、無理のない手助けの中にこそ、本当の平和と喜びがあることに気づくでしょう。

「〜べき」、つまり義務感が、「2タイプ」の人生を支配する法則です。このタイプは、自分が「するべき」こと、他人が「するべきこと」「あるべき」状況という観点ですべてを考えます。周りの人の要求やニーズをかなえてあげたいという責任感に圧倒されて、しばしば客観的な「正しさ」を見失いがちです。「私はどうしたらいいでしょう?」という種類の質問をするのも、このタイプの特徴です。

自分の感情に率直に行動しない限り、過剰奉仕の人生は続きます。そして無理な奉仕を続けていると、協調性は最後には葛藤に変わります。どんなに温厚な「2タイプ」でも、ついに我慢の限界に達し、反抗心をあらわにします。徹底的に相手に譲歩し続けた挙げ句、ぎりぎりの状態に追いつめられて、本能的な防衛反応に出るのです。安易に仕事を引き受けた自分と、協力を求めてきた人々に対して、怒りを爆発させ、感情的に閉じこもります。こうなると、頑《がん》として自分中心に振る舞い、何一つ譲歩しようとしません。実際、人生の大半を自己犠牲的な奉仕に費《つい》やした人には、晩年、非常にわがままになる例がよく見られます。

友人や親しい人々は、突然わがままで頑固になったあなたの豹変《ひょうへん》に驚き、どうしたのかといぶかります。しかしその頑固さの裏には、絶望感と他人に支配されることへの恐れがあります。少しでも譲歩すれば、相手はずかずかと図々しく踏み込んでくると信じているのです。そして実際にあなたを利用しようとする人も中にはいるのです。

エマは「2タイプ」の女子大生です。彼女は毎朝、自分とルームメイトのベッドメーキングを引き受けていました。その習慣は、ルームメイトがボーイフレンドとベッドを共にした翌朝も変わりません。2メートル足らずの距離で、セックスが行なわれている間、エマはひたすら息をこらし、眠りにつこうと努めていました。エマはこのみじめな状況に一切文句を言わず、恋人同士の邪魔にならないように、自分は他の場所で寝ようか、と申し出さえしました。明らかな過剰奉仕の例です

最終的には、エマは部屋を別にするよう要求しました。非常に賢明な提案ですが、何よりも大きな変化は、自分の感情を主張し、プライバシーを侵さずにロマンスを育む責任をルームメイトに思い出させたことです。自分と相手の境界を明確にしていなかったことが、ドアマットのように踏みつけにされてきた原因でした。エマは、自分の要求を抑えることで、知らず知らずの内に、相手に自分を軽《かろ》んじることを許していたのです。

協力と隷属の境界線を知ることが、「2タイプ」の人

の課題なのです。

要求が通ると知れば、際限なく要求を強めてしまうのが人間の常というもの。［2タイプ］のパートナーとなった人は、反撃に転じざるを得ないところまで、あなたを徹底的に追い込んでしまいます。あなたは怒りを爆発させた後も、これまで通り、夕食の準備やゴミ出しを引き受けるかもしれません。しかし周囲に対して二度と心を開こうとはしません。

こうなると、「もう何も与えるまい」という気持ちが潜在意識にも影響します。セックス面では、女性は不感症、男性はインポテンツの症状を示します。

未熟な［2タイプ］は、相手との健全な境界線を保つよう心がけ、身体的、感情的、セクシャルハラスメントには特に気をつける必要があります。相手が自分に対してよくないことをしていると感じた時は、相手の年齢や立場、状況にかかわらずいつでも、自分の感情を正直に主張し、強い態度に出る覚悟が必要です。

その他の特質と課題

［2タイプ］は、よく「あいつの責任だ！」という主張をします。そのため、しばしば批判的だと思われますが、あなた方は単に、「私の責任ではない！」と主張しているだけです。洪水から地震にいたるまで自分の責任だと思い込んでいる［2タイプ］の、一種のストレス発散法と言えましょう。

人間関係の軋轢《あつれき》を解決し、バランスのとれた協力関係を確立するには、内面の葛藤を解決しなくてはなりません。ところが［2タイプ］は常に、過大な責任感と過剰分析、そして義務感に突き動かされ、さまざまなことを考え、気を回した挙げ句、自分でも収集がつかなくなって天を仰ぎます。「ああ神様、どうすればいいのでしょう！」

精神と感情を落ち着かせることは、［2タイプ］にとっては難しい挑戦となるでしょう。とりわけ対立するものを並べられた時、どれを優先させるべきかうまく判断がつきません。迷いに迷い、心が乱れるのです。

私たちは誰でも、潜在的に対立する信念、価値観、欲望をもっています。ベッドから起き出すかもう一度ベッドにもぐり込むか、結婚して子供をもつか独身にとどまり子供ももたないか、など。ほとんどの人は、こうした無数の対立観念をうまく共存させていますが、［2タイプ］にとって対立する選択肢はどちらも自動車の助手席に座りたがって譲らない二人の子供のようなものです。どちらも喜ばせてやりたい、という思いが先だち、ますます内面の葛藤が激しくなるのです。

しかし、他人の人生ではなく、自分の人生に責任がもてるようになると、人に責任を押しつけて批判することはなくなります。責任と義務の健全な限界を確立すれば、喜んでできることと、そうでないことの境界を見つけ、ものごとを引き受ける時と、断るべき時も分かるでしょう。こうして精神のバランスを見出すと、内面の葛藤も、次第に収束《しゅうそく》していきます。

精神的な葛藤は、感情のストレスを生みます。［2タイプ］はもともとコントロール不能になることを恐れ、変化を嫌います。しかしものごとは常に変化しているため、しょっちゅう精神的葛藤と、感情面のストレス、肉体的には緊張を感じています。ストレスは全身の筋肉を緊張させ、体内のリンパ系と免疫《めんえき》システムを狂わせます。もともと身体が丈夫なのでめったに病気はしませんが、ストレスが長引くとアレルギー症状を引き起こす恐れがあります。

このタイプは、体格に関係なく、つまり痩《や》せていても、太っていても、筋肉質でも、身体と精神が頑健で忍耐強く、活力に満ちています。しかしこの強さがマイナスに作用すると、頑固さや厳格さ、緊張となって現れます。こうした傾向を和《やわ》らげるには、舞踏やヨガ、太極拳《たいきょくけん》などで瞑想《めいそう》の訓練をするとよいでしょう。瞑想によって心と身体をリラックスさせれば、変化にも柔軟に対応できるようになります。

過剰奉仕に陥らないためには、大局を眺める視点とバランス感覚が必要です。「バランスの法則」（453ページ）は、［2タイプ］に非常に有効です。

頂上にて　可能性と運命

［2タイプ］は、社会を支える力です。偉大な事業や業績を成功に導く縁《えん》の下の力持ち——世の中の向上を

助ける影のヒーロー、ヒロインです。

「2タイプ」のもつエネルギーは、非常に強い奉仕エネルギーです。このタイプは生まれつき、奉仕や人助け、指導、支援に身を捧げたいという衝動をもっています。このエネルギーがプラスに働いた場合、包容力のある人物として、周囲の信頼を集め、誠実で慈愛に満ちた相談相手として敬愛されることでしょう。

あなた方は、天性の身体的、精神的強さを生かし、世の中のために一生懸命働きます。明確なゴールが見えれば、周りと協力してそれを目指します。本来野心的で、あらゆる分野で指導者となり得る力をもっていますが、多くの場合、人の上に立つよりも、サポート能力を生かして、遠大な目的の達成を陰で支える役に徹します。あなたが一番の充実感を覚えるのは、人のために働く時。奉仕こそが、あなたに与えられた使命だからです。もっとも、奉仕エネルギーはいつでも隷属的地位を意味するというわけではありません。奉仕は人生の役割ではなく、態度です。「2タイプ」は、企業の社長や、一国の総理大臣となる力をもっており、実際にこうした指導的立場で活躍している人もたくさんいます。

最高レベルに達した「2タイプ」は、自分対他人という「協力」の概念を超越し、他人を「大いなる自己」の一部と捉《とら》えるようになります。このように捉えられるようになると、かたくなな気持ちを解放し、自分の人生に責任をもち、自分も他人も同程度に尊敬できるようになるのです。そしてこの人々は豊かな奉仕の心を社会にひろげる、愛情の泉となるでしょう。

行動チェックリスト

次の行動は「2タイプ」の人生を向上させるでしょう。

- 人助けと隷属の違いを知り、「イエス」と言うべき時と、上手な「ノー」の言い方を覚えよう。
- 柔軟性をもち、周囲の変化に身を任せ、自分の責任の外のことには目をつぶろう。
- ストレッチや瞑想を日課として、心身をリラックスさせるよう心がけよう。
- 行動の計画を立てる時は、理性だけで決めず、心の声を尊重しよう。

バランス⇩協力に近づくには

1、映画、文学、歴史上の人物、あるいは直接知っている人物の中で、バランスのとれた協力を実践し、自分も他人も同等に尊重している人を思い浮かべよう。

2、精神の調和を保ち、自分に責任をもって他人に奉仕し、明確な責任の範囲で、周囲と協力しつつゴールを目指す、その人物になった自分をイメージしてみよう。それらの特質を生かし、より高次のバランスを手に入れるには、どうすればよいか具体的に考えてみよう。

3 感性⇩表現力

思い浮かべてみよう。
情熱的な感覚を包んだまま、
固く閉じたバラのつぼみを。
バラの本当の美しさが輝き出るのは、
はなびらが開いた時――
でも、自分を信じることのできないつぼみは、開こうとしない。
自己不信が、あなたの人生に、
どのような影響を与えているだろうか？
あなたは、自分の感覚を表現することができるだろうか？
それともバラのつぼみの中に、
いつまでも隠しておくつもり？

偉大な発見を成し遂げるのは、
思考よりも感覚を重視する者たちだ。
C・H・パークハースト

人生の目的

［3タイプ］の人の人生の目的は、感受性をプラスに生かし、心から湧き出す表現を世の中に送り込むことです。3タイプ（12／3、21／3、30／3）と、誕生数のいずれかに3をもつ人は、表現への強い衝動をもっています。しかし、運命からの挑戦は容易に乗り越えられるものではありません。この人々が天性の表現力を十分に開花させるには、感受性に関する課題――自己不信、表現への恐れ、感情を歪曲《わいきょく》する傾向――を、克服しなくてはなりません。

表現には、必ず「相手」が必要です。この意味で、3のエネルギーは、強い社会性をもっています。演説であろうと、絵画、歌、彫刻、演劇、作家活動であろうと、「3タイプ」はまず目の前にいる一人に対する表現から始め、才能に自信をつけるにつれ、次第に対象を広げていきます。最終的にどこまで対象を広げるか、つまり家族内、友人間といった身近なコミュニティーで活躍するか、もっと大きな社会で活躍するかは、人によってさまざまです。

感性⇩表現力とは

人間の表現には、人を向上させ、導き、奮《ふる》い立たせるプラスの表現と、人を打ちのめし、堕落させ、破滅させるマイナスの表現があります。またその方法にも、言語によるもの、ボディー・ランゲージ、まなざしやため息から、全身全霊を込めた説教まで、さまざまな形があります。芸術、建築、音楽、パントマイムも表現の重要なかたちです。

表現手段の中でも、もっとも多く用いられるのが、会話です。3のエネルギーは社会性が強くインタラクティブなものです。表現が成立するには、それを受け止める相手と、相手の興味と必要に合わせて、コミュニケーションの波長を整え、自分の主張を正しく伝える感性が必要です。

表現は、いわゆるコミュニケーションと、少し異なります。「コミュニケーション」は、普通、情報交換を指しますが、「表現」は、相手の感性を揺り動かし、相手の表現力を目覚めさせることを意味します。どのような形であれ、表現を生み出すのは感情です。そして「3タイプ」の使命は、感情による自己表現、つまり心の奥底の感情をストレートに表現し、聞く人の感性を揺るがせて、感情表現を促すことです。

人生のハードル

「自分の表現法」を確立する以前の「3タイプ」は、人前で話したり、感情を表すことを極端に嫌うか、恐れる傾向があります。人生の目的の達成には障害がつきものですから、この人々は皆、多かれ少なかれ、自己表現の悩みを抱えています。言語障害、内気な性格はむろん、第二外国語の習得に苦しむのも、感動を与える演説ができないのも、いずれも表現上の障害です。多くの「3タイプ」は、一見物静かですが、いったん口を開くと、とめどない表現エネルギーがあふれ出ます。

「1タイプ」の創造エネルギーが、よかれ悪しかれ必ず噴出するのと同様に、「3タイプ」の表現エネルギーも、プラスに生かされなければ、マイナスの方向にあふれます。「選択の法則」（438ページ）を参考にして、エネルギーを建設的、あるいは破壊的に使うという選択に責任をもたなくてはなりません。

プラスの表現で最も一般的なのが、情熱的、建設的、創造的、感動的な会話です。しかし会話の質に満足できない場合、あなた方は量で補おうとします（いわゆる「おしゃべり」がこれにあたります！）。

表現エネルギーがマイナスに働くと、愚痴《ぐち》、不平、悪口、批判となります。このような傾向は主に子供時代、青春時代に顕著《けんちょ》ですが、ものごとのプラス側面を認める訓練を積むことで、克服できます。

人生の課題は時に非常に困難なハードルを用意します。「3タイプ」の中には、一切の表現を拒否する人や、会話を恐れて口を開こうとしない人、生まれつき言語障害をもつ人もいます。また、感情や意志を正確に伝える「言葉」の選択に苦しむのもこのタイプの特徴です。

しかし、いったんあなたが話し出せば、尽きぬ話題と、あふれるような会話のエネルギーがほとばしります。無尽蔵《むじんぞう》に湧き出す「1タイプ」の創造エネルギーと同様に、「3タイプ」の思考と感情の表現エネルギーは、誰もせき止めることはできません。

またこのタイプは、鋭い感受性をもち、感情によって自分と他人を育みます。「1タイプ」が肉体エネルギーの広大な領域をもつように、「3タイプ」には感情エネルギーの広大な領域があります。エネルギーの「アンテナ」を周囲に張り巡らせ、周りの感情を過敏なまでに感じ取る、いわば拡張された感情神経システムです。この能力は、傍目《はため》に分かる場合もあるし、分からない場合もあります。近くの人が動揺したり有頂天《ちょうてん》になると、「3タイプ」はそれを自分の中で湧き起こる感情のように感じ取ります。同様にあなた自身が動揺したり、霊感を感じる時、その感情パワーは、周りの人に伝わります。

感受性の鋭いあなた方は、他人の狼狽《ろうばい》や否定的な感情を吸い取ります。そこで自己防衛手段として、ものごとに動じない、理性的なペルソナ、つまり仮面をかぶる人もいますが、内面の泉からは、感情がこんこんと湧き出し続けます。職業や役割に関わりなく、［3タイプ］は表現したい衝動に駆られると周りの人が気持ちを素直に表すよう、励ますこともあるでしょう。

批判に対して過敏に反応し、しばしば誤解されたと思い込むのも、このタイプの特徴です。ほんの穏やかな批評にさえ、鈍器《どんき》で頭を殴られ、ナイフで心臓を突き刺されたように傷つくのです。

この傾向を克服するには、批判は思いやりに端《たん》を発しているということに気づかなくてはなりません。人は、相手が憎くて批判するわけではないのです。相手を傷つけ、怒らせるかもしれないし、逆に反論されるかもしれない、というリスクを承知の上で、あえて諫《かん》言《げん》を呈しているのです。「批判は、相手のことを思っているからこそできる行為なのだ」と考えれば、それを素直に受け入れ、厳しい言葉の中にも、愛の種を見つけられるようになるでしょう。

［3タイプ］のもう一つの大きな障害は、自己不信です。［1タイプ］の不安は、劣等感と不平等感から生じますが、このタイプの自己不信は、能力への不信から生まれます。エネルギーが鬱積した場合、［1タイプ］が悪癖に染まりやすく、［2タイプ］が共依存的になりやすいように、［3タイプ］は、躁鬱《そううつ》症状を起こします。スランプに陥って、深刻な自己不信に苦しんでいるかと思うと、やたらにはしゃぎまわって鬱積したエネルギーを発散し、その後、反動で深く落ち込みます。教育活動、執筆活動（日記など）のほか、肉体的運動は、パワフルな感情に表現の場を与え、不安定なエネルギーを落ち着けます。

かつて大統領選に出馬した際のヒラリー・クリントンは、その両極端を示す好例でした。自信に満ち溢れた態度を見せる一方で、強い不安から何度も練習した通りのスピーチをして、無難な発言に終始しました。心の不安をあえて隠さず素の自分を見せていたら、観衆は彼女本来の姿に好感をもち、もっと多くの支持を得られたことでしょう。実際ヒラリーが心の鎧を外すたびに、彼女の好感度は上がっていました。

あなた方は、しばしば「何だってできる！」という自信過剰と、「どうしてできるなんて思ったんだろう？」という自己不信を繰り返します。これまでの自信が嘘《うそ》のように消えて、奈落《ならく》の底に突き落とされたように落ち込むこともしばしばです。自己不信は、ある課題に取り組むだけの資格をもっていない、準備不足、あるいは何をやってもだめだ、などさまざまな形で現れます。たとえば、専攻を変えながらいつまでも勉強し、より高い学位を目指し続ける永遠の学生もいます。彼らは実社会に飛び出たことはありません。失敗が怖くて、踏み切れないのです。このタイプが人生につまずく原因は大抵、自己不信ですから、「行動の法則」(514ページ)に従って、不安を克服する必要があります。

鋭い感性をもつ「3タイプ」に特徴的な、表現上の障害の一つに、自分自身の感情と要求をストレートに表現できずに誤解を招く、思わせぶりな態度があります。「もし本当に自分を気にかけてくれているなら、こちらの気持ちが分かるはずだ」とばかりに、まなざしやため息に要求をにじませ、気づいてくれる人を待ち続けるのです。また、感性が鋭いこのタイプは、他人の「ほのめかし」を過敏に察知して、逆に混乱させられることもあります。

「3タイプ」に最も当てはまる「誠実の法則」(499ページ)は、ストレートで、誠実なコミュニケーションの大切さを示し、劇的に毎日を楽にしてくれるでしょう。他人は、自分ほど感受性が鋭くないことに気づくと、意見や感情、要求などをはっきり主張しなくてはいけない、と分かるはずです。

エネルギーをプラスに開花させた「3タイプ」は、演劇、教育活動、人材管理などの分野に喜びを見出し、仕事や職業を通して、あふれるような社会奉仕エネルギーと、愛に満ちた感情表現を世の中に送り込みます。相手の感情に波長を合わせる能力に優れているため、教師やカウンセラーとしても素晴らしい力を発揮します。この能力を磨き、超能力のレベルにまで高めると、時空を超えたさまざまなエネルギーを感じ取る霊能力も開発することができるでしょう。

その他の特質と課題

感情に引き込まれやすい「3タイプ」は、他人への同情に溺《おぼ》れないよう気をつけなくてはいけません。大切なのは共感です。同情とは、「底なし穴」から助けを求める人の側に飛び込み、苦しみを一緒に経験することですが、共感とは、自分は外に残って、穴の中に梯子《はしご》を投げ入れることです。もっとも「梯子が欲しいんじゃない！　ここに飛び込んできてほしいんだ！」と、頼まれることもあるでしょう。しかし共感という立場を保っていれば、こう答えることができます。「ここにいた方が、うまく手助けをしてあげられるんだ。こちらができることはしたよ。梯子を登るか、まだ暗闇の中にとどまるかは君の自由だ」と。共感と同情の違いを常にわきまえておくことが、効果的に他人と自分を助けるポイントです。

「1タイプ」と同様、強大なエネルギーをもつ「3タイプ」は、怒りと攻撃のエネルギーを鬱積させず、建設的に発散する方法を学ばなくてはいけません。武道、舞踏など、意識を集中させる運動は、エネルギーの解放に役立ちます。この解放感に大きな喜びを感じる人は少なくないでしょう。

性的関係を見てみましょう。セックスを権力獲得の手段とする「8タイプ」や、エネルギーのはけ口とする「1タイプ」とは違って、一時の感情に流されて不節操な性関係を結び、後に「何が起こったのだろう?」「どうしてこんなことをしてしまったのだろう?」といぶかるのが「3タイプ」の特徴です。また自己不信から、性エネルギーを抑制してしまうこともあります。

この人々の場合、集団の前で話す機会をもつと、自分に自信をもつよいきっかけとなります。話し方講座やスピーチクラブなどは、表現技術と自信を手に入れるよい練習になるでしょう。

健康面では、胃腸が弱く、ストレスを感じると、下痢や胃けいれんを起こしやすい傾向があります。

人はたいてい経済的な問題を抱えています。しかし「3タイプ」に限り、経済的なハードルを生まれつきもっている人はいません。自己不信さえ克服すれば、ほとんど努力しなくても、自然と富が流れ込みます。

頂上にて　可能性と運命

人生の道を極《きわ》めた「3タイプ」の、珠玉《しゅぎょく》のような感性豊かな表現は、人々の涙や笑いを誘い、さらには感情を揺り動かして世の中を変革するさまざまな行動に駆り立てます。

偉大な文明には必ず、言葉の感覚に優れた指導者がいました。長期にわたり統治や支配をものにした軍人や指導者は皆、聴衆の心を揺り動かす表現力をもっていました。ペンは剣よりも強し、ということわざは真実です。聖書にもあるように「光より前に言葉（音あるいは波動）は存在した」のです。

「3タイプ」が目指す山の頂上には、慈愛に満ちた感性に裏付けられたパワフルな表現力が待っています。頂上を間近に控えた「3タイプ」は、自分の感情のすべてを受け入れ、情熱と愛、色とりどりの感情がきらめく広大な感情領域に人々を誘い、人間の本質、精神の可能性を思い出させます。そして、感性を全開にする喜び、つまり人間性のすべてを目覚めさせる素晴らしさを世の中に伝えるのです。

このタイプは、周囲の人々と、強い感情のつながりをもち、彼ら自身はもちろん周囲の人々のエネルギーも増幅させせます。そして豊かな感性の海の中で、イルカのように自由に泳ぎ回ります。感性を通して伝わる表現エネルギーは、周囲の人を勇気づけ、向上させます。最高レベルに達した「3タイプ」は、世の中に無尽蔵の愛情エネルギーを送り出し、人々に喜びと霊感を与える輝きとなるでしょう。

行動チェックリスト

次の行動は、3タイプの人生を向上させるでしょう。

- 「今、自分は何を感じているのだろうか？　自分には、何が必要なのだろうか？」と常に自問する習慣をつけよう。そして、自分の感情とニーズを、ストレートに表現するよう心がけよう。
- 人前で話をする機会、また演劇、芸術、舞踏などの活動を通して、自己表現をする機会を見つけよう。
- 武道、ダンベル体操、エアロビクスなど、自信と解放感を感じられる運動をしよう。
- 自己不信に陥った時は、正面から向き合って克服するよう、心がけよう。

感性⇩表現力に近づくには

1、映画、文学、歴史上の人物、あるいは直接知っている人物の中で、常に感性のアンテナを張り巡らし、相手の波長に合わせながら、自分自身をはっきりと明確に、誠実に表現している人を思い浮かべよう。

2、才能に自信をもち、自分の感情のすべてを解放し、豊かな感性で自分自身を巧みに表現する、自信と表現力に恵まれた、その人物になった自分自身をイメージしよう。それらの特質を生かし、表現力を一層発揮するには、どうすればよいか具体的に考えてみよう。

4 プロセス⇩安定

ここに今、
建築が始まったばかりの家がある。
しっかりとした基礎工事が完了し、
骨組が作られ、
着実に積み上げられていく。
家の建築とあなたの人生を、
比べてみよう。
ゴールを目指す方法として、
何か学ぶ点はないだろうか？
しっかりとした基礎を築いただろうか？
少しずつ着実に、
人生を組み立てているだろうか？

もし、空中に宮殿を建ててしまったとしても、
何もあきらめる必要はない。
宮殿の下に基礎を築けばよいのだから。

ヘンリー・デイビッド・ソロー

人生の目的

［4タイプ］の人の人生の目的は、崇高なゴールを目指し、忍耐強く着実に歩みを続けることにより、安定した安全な人生を手に入れることです。しっかりとした基礎をもとに、安定した人生を送ることは誰にとっても大切ですが、［4タイプ］の場合は、これが人生の中心的な目的を形成します。しかし運命の挑戦は、容易には克服できませんから、［4タイプ］（4、13／4、31／4、22／4、40／4）と、誕生数に4をもつ人たちは、安定、忍耐力、遂行力、着実性に欠け、困難で遅々としたプロセスに耐えてゴールを目指すことが苦

手です。

安定した人生を送るには、まず内面の安定性、つまり肉体、感情、精神の安定を手に入れ、自分という土台をしっかりと踏み固めなくてはなりません。準備がよければ、よい結果が得られます。準備にはさまざまな要素があります。幼い頃、人格の形成に影響を与えた両親や家族との行き違いを解決することや、現在の人間関係、住居、職業について考え直すこともあるでしょう。どちらにしろ、いったん歩みを止めて、じっくりと自分を見直す必要があります。木だって、しっかりと大地に深く根を張らなければ、花を咲かせることはできません。ところが未熟な［4タイプ］は、先に進みたがる傾向が強く、基礎を固めることが苦手なのです。

プロセス⇓安定とは

いくら創造性や、協調性、表現力といった行動面での力をもっていても、その主体の安定と進む方向づけがなければ、何も実を結ばないでしょう。［4タイプ］の使命は、与えられた能力に安定的な基礎を与え、目に見える成果を上げることです。

人間は、何百年と業績を積み上げ、文明を作り上げてきました。私たちが、この世で何らかの足跡を残したいと思うのは当然です。しかし、物質的な成功であれ、愛情であれ、高度な教育であれ、人道的奉仕であれ、精神の悟《さと》りであれ、何か確実な業績を残したいのなら、まずしっかりとした土台を作り、運命の導きに従って一歩一歩進んでいかねばなりません。

何か目標を達成するには、明確な意志をもち、長い時間をかけて努力を続ける必要があります。自分のいる場所を見極め、目標に達するには何が必要かを理解して計画を立て、辛抱強く障害と課題に取り組んでいかなくてはならないのです。

たとえば、家を建てるにはまずさまざまな準備作業、そして設計図が必要です。それから、土地を深く掘り、コンクリートを流し込んで、しっかりと基礎工事をします。実際の建築を始めるのは、この工程が完了し、コンクリートが乾燥してからです。いくら急いでいても、きちんとした手順を踏まなくては元も子もありません。

多くの［4タイプ］は、二つの全く異なる傾向をもっています。ステップを省《はぶ》いて先に進みたがる傾向と、一つのステップで行き詰まり、失速してしまう傾向です。このような状況に陥らないためには、一つひとつのステップを、流動的でダイナミックな一連のプロセスの一部と捉える見方が必要です。つまり次の一歩を踏み出す前に目の前の一歩をきちんと完了しなければならないということ。重要なステップをおろそかにすると、結局最初からやり直すことになってしまいます。同時に各ステップをしっかり踏みしめながら、前に進むことも忘れてはなりません。

強固な基礎さえ築けば、あなたはいくらでも高い家を建てることができるのです。しかし、基礎をおろそかにすると、たった一度の地震か嵐で、家は無残にも崩壊してしまいます。土台は、決して人目につきませんが、土台なくして家は一日と建っていられないのです。

安定した基礎さえ築けば、［4タイプ］はもてる才能を存分に発揮することができます。土台のエネルギーはあなたの生まれ育った家族や自分で作った家族のほか、富、ビジネス、経済、体力、活力にも影響します。あなたがしっかりと築いた基礎の上にしか、あなたが願ってやまない安定は訪れません。

人生のハードル

［4タイプ］の人生の課題は、安定した基礎を築き、そこから生じる力を用いて世の中に奉仕することです。このため人生の途上で、あなたの基礎を揺るがすような出来事――運命からの挑戦が少なからず起きるでしょう。これに早く気づき、立ち向かう態勢を整えないと、運命はやがてあなたに大きな代償を払わせるでしょう。また基礎を築くといっても、ただ強ければよい、というわけではありません。最も安定性のある基礎は、強靭さと柔軟性を兼ね備えています。耐震性のビルディングはそのよい例です。ところが生来［4タイプ］は、肉体的、精神的な柔軟さに欠ける傾向があります。精神的な頑固さは、自己欺瞞《ぎまん》や視野の狭さとなって現れます。周りを見る余裕がなく、他人の反応やアドバイスに耳を貸さず、きちんとした手順を踏まなくても「成り行きに任せればうまくいく」と信じ込んで馬車《ばしゃ》

馬《うま》のように突き進み、結局は壁に打ち当たります。このタイプの人々は大体において高い理想をもっていますが、挫折すると、そこで初めて自分の足元に目を向け、理想に見合った基盤作りという仕切り直しをするのです。

しっかりとした基礎を築くには、慎重なプロセスが必要です。しかし、概して「4タイプ」は着実な過程を疎《うと》んじ、おろそかにし、あるいは一つのステップにこだわって、次に進むことができません。その点、スポーツや、工芸、楽器演奏などを長年続けていた人は、地道な努力を積み上げることの大切さを身体で知っています。スポーツ選手として活躍した「4タイプ」が、しばしば後にビジネスその他の分野で成功をおさめるのも、プロセスに耐える経験を積んでいるからです。

あなた方は一般的にせっかちで、何事もすぐに完成を求めます。ちょっとずつ忍耐強くじっくり進むというプロセスを考えただけで気が狂いそうになる人もいるでしょう。その一方で、プロセスの一つにこだわり、その先があることさえ考えられないという視野の狭さをもって生まれている人もいるでしょう。生来のせっかちさゆえ、しばしば、シンデレラのような、魔法の人生を夢みます。私の友人ミゲルは、昔、映画のシナリオを書いたことがありました。ある時、彼が私に語った話です。「俺、飛行機でロサンゼルスに向かってたんだ。すると何が起きたと思う? たまたま隣の席にいた奴が、ハリウッドの撮影所所長のいとこだったんだ。驚きだろ! 俺のシナリオを所長に見せてくれるっていうから、もう、やったー! って感じでさ。さっそく名刺を渡したよ」。ミゲルの頭の中では、シナリオは売れたも同然だったのです。この種の「魔法」――宝くじに当たったり、著名人から「発見」されたり、幸運を引き当てるといった「大当たり」を夢みるのは、準備と、訓練、ゴールに至るまでの経験プロセスの大切さを学ぶ前の、未熟な「4タイプ」によく見られる傾向です。

短期的に見れば、もちろんステップを省いた方が速く進みます。しかし最後は結局、失敗に終わります。人生の山の途中、あるいはほとんど登った所からでも、転げ落ちてしまうのです。

「4タイプ」のゴールを目指す意欲の強さは、人一倍です。しかし、思っていたほどスムーズに結果が手に入れられないと分かるとすぐに落胆し「何のためになるんだ?」「もうやめてしまおう」とあきらめてしまいます。

「4タイプ」の強さと忍耐力の習得には、あなた方の言動の頑固さや強い思い込みが関連しています。「4タイプ」の基本姿勢として、自分や他人、物事は「○○でなければならない」という考えがあり、それが周囲との軋轢を生むのです。デイビッド・ロスの「僕に指図するな。僕も君にしないから」という言葉を心にとどめておきましょう。

人間関係においても同じで、早急に友達になりたがり、すぐに親密になりたがります。「僕たちは、きっとお互いに昔から求め合っていたんだ!」「前世できっと友人だったんだよ!」。しかし何か問題が起こると「もう、お互いに必要でなくなった」とばかり、あっさりと友情を捨て去ってしまいます。

だからといって、生来的に不誠実だとか、移り気だというわけではありません。プラスの「4タイプ」は、非常に誠実で信頼がおけます。しかし「プロセスの法則」(459ページ)を修得する以前は困難に挫《くじ》けやすく、すぐに結果を求めがちです。

あなた方は自分のエネルギーをしっかり大地に根ざす必要があります。そうでないと、いつまでもきりなく仕事を変え、人間関係を変え、家を変え続け、人生の方向を見つけた時に初めて起こる、本当の魔法に出合うことができません。本当の強さが発揮できるのは、長いプロセスを堪え忍べるようになった時なのです。

もう一つ、「4タイプ」に特徴的な問題に、家庭問題があります。一概に家庭問題といっても、大家族の中で自分の影の薄さに悩むケースや、転居が多く精神的に落ち着けないケース、また、アルコール依存症や薬物依存症の親に悩んだり、若い頃、親に生別または死別したり、両親、兄弟との不仲に苦しむケースなどさまざまです。また強権的な両親から言葉の虐待《ぎゃくたい》を受けたり、感情的、肉体的、性的虐待を受けた場合もあるでしょう。どのような形であれ、多くの「4タイプ」はこうした家族にまつわる問題を抱えています。

なかには、傍目からはほんの些細《ささい》な問題もありますが、人生に与える影響はやはり重大です。人生の基礎ともいえる子供時代の成長過程で起こったいざこざを解決しなければ、安定した土台を築くことはできません。

もちろん、他のタイプにも、家族問題を抱える人はいます。しかし、人生に与える影響という点では、

［4タイプ］ほど深刻ではありません。このタイプの人々にとって家庭は人生の基礎といえるもの。あなた方はまず、家族の問題から逃げることなく正面から取り組み、両親と新たな関係を築かなくてはなりません。といっても、必ずしも親に自分を認めてもらう必要はありません。互いの誤解を解き、自分の立場を明確にし、本音《ほんね》を打ち明け合って、新しい足場で家族環境を築き直すことに意味があるのです。もし両親の片方、あるいは双方がすでに亡くなっている場合は、心の中で会話をしてください。そしてどのような親であってほしかったか、どのような言葉をかけてほしかったかを話しかけ、自分の本当の気持ちを語るのです。そうすることで、わだかまった気持ちを癒し、封印されていたエネルギーを解放することができます。

健全な子供時代を過ごせなかったなら、自分自身が築く家庭で理想的な親となり、子供を幸せに育てることで、幼年時代をやり直すこともできます。生来的に家庭を重視する［4タイプ］は、大抵よい親（常に理想的な親でいるというわけではありません）になり、結婚生活が破綻《はたん》した場合でも、子供とは親密な関係を維持します。子育てはどのタイプにも必要な経験ではありませんが、［4タイプ］は子育てに大きな喜びを見出します。自分自身の子供であっても、養育している他人の子供であってもそれは同じです。

安定した基礎と慎重なプロセスは、あらゆる社会を支える力となります。そして［2タイプ］と同様、［4タイプ］は、内面的な力、活力、忍耐力を発揮する才能に恵まれています。しかし昔の関係、失敗、過《あやま》ちが忘れられず、過去にこだわり続けていると、内面的な力は、しばしば頑固さや抵抗に形を変えます。頑迷な［4タイプ］は、巨大な力で、周りの人たちをなぎ倒します。こういう時は、「柔軟性の法則」（433ページ）が有効です。そして呼吸を整えリラックスできる運動、たとえば舞踏、ヨガ、太極拳などを行なうと、より大きな視点で人生を眺められるようになるでしょう。

あなた方は健康面、金銭面での安定を求めます。といっても銀行に100万ドルの預金がなくてはいけない、というわけではなく、ローンが払えて、食卓に十分な食べ物が並べばそれで満足です。また、不測の事態に備えて貯金をする慎重さももっています。

外見上でどんな基盤を築いたとしても、肉体と精神、そして感情の三要素のバランスをとるという内面の基礎が整っていなければ仕方がありません。これらのバランスがとれていると、それはあなたの人生の強力な足場となります。これができている「4タイプ」は、どんな時でもこの人なら何とかしてくれる、とばかりに頼られる存在になるでしょう。

「4タイプ」は、責任感をもっと大きく成長します。責任に伴う負担と義務感がおもりとなって、安定性を与えてくれるからです。しかし、「2タイプ」と同じく、過剰な責任を引き受け、押しつぶされてしまわないよう気をつけなくてはなりません。

マイナスの「4タイプ」は、過剰な責任感に駆り立てられて、宇宙の総監督のように度を超えたお節介をやくか、あるいは極端に無責任に振る舞うかのどちらかで、時には、両者の間を揺れ動く場合もあります。健全な責任感を確立するまでには長い時間と、試行錯誤のプロセスが必要ですから、周りの人たちも、忍耐強く成長を見守ってあげなくてはなりません。また、この人々は一方的に奉仕するのではなく、自分たちも経済的、精神的に支えられることを必要としています。

孤立感に襲われると深刻なスランプに陥り、自分の中に存在する学習と成長のプロセスが不可欠だと悟るまで、立ち直ることができません。

4タイプは、「何をすべきか」をはっきりと示してもらうことを求めています。大人であれ子供であれ、あなたには「ガイドラインと限界」が必要です。明確な「ルール」を与えてもらわないと、混乱に陥ってしまうのです。

理性と感情をうまく調和させられないのも、このタイプの特徴です。エネルギーがプラスに開花すると、持ち前の分析力は非常にパワフルな威力を発揮しますが、マイナス面に働くと、思考の迷宮に迷い込みます。あらゆる問題を考え、あらゆる側面を考え、利点、欠点を勘案している内に、思考が堂々巡りをして、決断できなくなってしまうのです。

ほとんど取りつかれたような過剰分析と混乱の間を行き来する「4タイプ」の傾向は、衝動的な行動につながります。熱しやすくさめやすい人間関係、衝動買い、その他脈略のない決定はすべて、思考の混乱から生じるものです。

「3タイプ」が躁鬱症的傾向をもつなら、「4タイプ」は「優勝確実なチャンピオンの不安」を抱えているといえましょう。冷静な態度を保っていても、内心は「絶体絶命だ！」「何てことだ、いったいどうしたらいいんだ！」とパニック状態。「4タイプ」の中には沈着冷静さとヒステリー（ひどい場合は神経衰弱的症状）を交互に示す人もいますが、本来精神が頑健《がんけん》なので、あまり深刻な症状に陥ることはありません。

「4タイプ」の中には、次のステップを見極められず、混乱して立ち往生してしまう人がいます。そのような時には、自分は実際に混乱しているのではなく、そのような気がするだけだと信じることが大切です。何か決定する時は、頭の中だけであれこれ考えず、紙によい点と悪い点をすべて書き出し、直感に従って決定するとうまくいきます。もし壁に打ち当たってゴールが見えなくなったら、大きなステップを小さなステップに分解してみてください。一度では歯が立たない課題は、少しずつ攻略していくのです。一歩ずつ進むことで、歩みはずっと楽になります。

重要なのは、進歩は遅くても、しっかりと道をたどりさえすれば、必ずゴールに到達できるという見通しを失わないことです。考え込む傾向を改め、心の声を信頼し、明晰《めいせき》な視点を保つと生来の内面の強さが発揮できるようになります。そうなると、ねばり強くゴールを目指す力が生まれ、あなた方は世の中を動かす原動力となるでしょう。

その他の特質と課題

プラスの「4タイプ」は、構成力と、分析能力に長《た》けているので、不動産業や、ビジネス界で卓越した意思決定力を発揮するか、優秀なアドバイザーとして活躍します。また秘書、アシスタント、カウンセラーなど補助的な職業でも素晴らしい業績をあげることでしょう。

しかし補助的立場にいるからといって、従属的立場に甘んじるわけではありません。ローマ教皇パウロ1世やグローバー・クリーブランド大統領はどちらも「4タイプ」ですが、それぞれの役割の中で世の人々を支援しました。

彼らの最大の欠点は、ステップを省略する癖です。これを克服しなければ、何度も同じ間違いでつまずき、失敗します。三回も四回も結婚を繰り返したり、五度も六度も「禁煙」を試みるのがそのよい例です。「プロセスの法則」（459ページ）に従えば、その癖を矯正することができます。「パターンの法則」（463ページ）は、分析能力を用いて過ちのパターンを読み取り、行動の方向を変える必要性を教えてくれます。

プラスの「4タイプ」は、どっしりとして信頼がおけますが、マイナスの「4タイプ」は、頼りなく、ものごとを最後までやり遂《と》げることができません。ただし何かの方法で人の役に立ちたいと思い、努力することはあります。また「私を捨てないで！」とすがりつくように助力を求めますが、着実に交友関係を育《はぐく》むことを知りません。そのため情熱が冷めると、さっさと関係を断ってしまいます。

一般的にみると、このタイプのセックスは活発で本能的です。しかし「2タイプ」同様、エネルギーが反抗心につながると、他人や環境に責任を押しつけて、人間関係の中で孤立する傾向があります。

ものごとをやり遂げる責任を学ばなければ、何でも中途半端で終わってしまいます。しかし、人生を安定させ、明確なゴールをもち、一歩一歩着実に、辛抱強くプロセスを進みさえすれば、素晴らしい能力を発揮できるでしょう。

頂上にて　可能性と運命

「4タイプ」独特の大きな志《こころざし》、強靭さ、忍耐強さは、人生の目的を達成する大きな力となります。明確な計画をもち、プロセスを着実にこなしていけば、達成できないゴールはありません。しかし成功していると周囲に印象づけたいと願ったり、ゴールを焦《あせ》るあまり、大切なステップを省いてしまうと、必ず失敗します。

目標が低ければ、必要なステップは少なく、プロセスも単純です。しかし目標が大きく、崇高《すうこう》になれば必要なステップは増え、実現に至るプロセスも厳しくなります。しかし、「4タイプ」は自分のいる場所から、目指す場所へ至る道を分析し、歩きやすい小さなステップに組み立て直す力をもっています。そして、いったんゴールに到達すれば、今度は、巧みに人の歩みを助けるでしょう。

不動産のディーラーや製造業、サービス業など、世の中の基礎を支える会社や企業の創業者や実力者として活躍し、多くの人を支えます。

最高レベルに達した「4タイプ」は、慎重なプロセスと信念によって築き上げた、安定した基礎をもち、そこから明晰な思考と忍耐力を無限にくみ出します。そして、大いなる魂を信頼し、自分の人生に満足し、プロセスに従ってベストを尽くし、時間を気にせず、着実なペースでゴールを目指していきます。

行動チェックリスト

次の行動は、「4タイプ」の人生を向上させるでしょう。

・大きなゴールや目標に至る過程を小さなステップに分解し、一つひとつ征服していこう。
・強さと、肉体的、精神的な柔軟性のバランスをとるようにしよう。
・何をするにも十分な準備を行ない、責任をもって、最後までやり遂げよう。
・何かを決定する時は、自分の直感を信じよう。

プロセス⇩安定に近づくには

1、映画、文学、歴史上の人物、あるいは直接知っている人物の中で、十分な準備を行ない、ゴールに向かうプロセスを重視することにより、安定した人生を送っている人を思い浮かべよう。
2、安定し、しっかりとした基礎をもち、明確な判断を下し、着実にステップを歩み、時間さえかければ何ごとも達成できることを知っている、その人物になった自分をイメージしてみよう。それらの特質を生かし、安定性を一層発揮するには、どうすればよいか具体的に考えてみよう。

5 訓練⇩自由

空高く舞い上がる鳥は、
この上なく自由な姿を見せてくれる。
しかし、人生のすべてを知るには、
地上に舞い降り
巣作りという困難な仕事を
しなくてはならない。
このような訓練を通して、
人生の核心を知った時、
もう一つの自由が手に入るのだ。
君にとって自由とは何だろう？
君に不自由を感じさせるのは何だろう？
人生の核心に迫り、
そこに隠された自由を勝ち取る勇気が
あるだろうか？

冒険を外に求めるのは間違いだ。
それは自分の内にある。

デビッド・グレイスン

人生の目的

［5タイプ］の人の人生の目的は、明確な目的を定めた訓練と経験を通して、内面の自由を見つけることです。しかし、運命からの挑戦には苦労がつきものですから、［5タイプ］（5、14／5、41／5、23／5、32／5）と、誕生数に5をもつ人は、自由と訓練に関するさまざまな障害に出合います。彼らは真の自立を求めつつも、独立と依存の間を揺れ動きます。時には思い立って、ほとんどドラマチックにやる気を出し、努力をすることもありますが長続きせず、本当の自由を手に入れるために必要な訓練ができません。

このタイプがエネルギーを開花させる最大の鍵は、

内面の自由の獲得です。精神的に自立していれば、どんな状況にあっても自由を感じることができます。しかし未熟な「5タイプ」は、どんな環境にあってもそこを牢獄《ろうごく》のように感じ、自由と独立を探しあぐねて精神面、状況面での極端な依存とその反動としての独立を繰り返したり、無意識に自分で束縛される状況を作り出したりします。しかし訓練と明確な目標意識により内面の自由を手に入れれば、自分に責任をもち、一切のしがらみから逃れ、自立して生きられるでしょう。

　このタイプの人々が自由と独立を目指す時、幅広い経験を求めがちですが、あなた方に必要なのは経験の幅広さよりも、むしろ深さです。自由の真髄《しんずい》を体験するため、訓練と明確な目標意識は避けて通れない道なのです。

訓練⇩自由とは

　人によって、愛についての考え方、感じ方が違うように、自由の捉え方もさまざまです。たとえば、自由を完全な放埒《ほうらつ》、つまり好きな時に何をしても自分の勝手、と捉えれば、つらい訓練を行なう余地は全くありません。しかし本当の意味で自由を手に入れるには、集中的な訓練を積み、自己修養《しゅうよう》を行なって、一つの分野を極めることから始めなければなりません。

　自由に飢えた「5タイプ」は、しゃにむに幅広い経験を求めます。独立傾向にある人なら、肉体的、感情的、精神的、社会的、性的、経済的に自由を謳歌《おうか》しようと、自ら世界に飛び出しますし、依存傾向の強い人なら、本、映画、テレビを通して擬似《ぎじ》的な冒険を追求します。経験する分野が多ければ多いほど、束縛感を忘れることができるからです。

　このタイプは、歴史に残る数々の自由の戦士、たとえば恐慌政治に立ち向かった英雄や、不法に投獄された民衆のヒーロー、奴隷制度と戦った人などに強い共感を覚えます。現実の人生において、あなた方は自由といっても束縛だらけの環境にあるささやかな自由から、無限の選択肢にとまどうほどの自由な環境まで、さまざまなレベルがあると感じるでしょう。

　究極的な自由とは、人生のしがらみや幻想から自由になることはもとより、肉体的制限、つまり物質界の束縛からも解放され、精神世界の領域に入ることです。

集中力と責任感、束縛感を克服する内面の強さは訓練によって手に入ります。このタイプが人生の目的を達成するための鍵は、「訓練」です。［5タイプ］の日常的な人間関係、仕事、経済状態は、彼らがどの程度自由を獲得しているかによって決まります。

人生のハードル

マイナスの自由の代表は、歯止めのない放埒です。つまり、他人のことを顧みず、傍若無人《ぼうじゃくぶじん》に気の向くまま、勝手放題に行動するという極端な行動です。しかし、このような恣意的「自由」は［5タイプ］の本来の人生ではありません。彼らは、目的意識をもった訓練によって、内面の自由、そして真の自由を手に入れ、『その男ゾルバ』のような情熱と冒険の人生を送るべく生まれたのです。

「僕を縛るな！　閉じこめるな！」というのが、このタイプのスローガンです。彼らは身の回りの不当な弾圧や束縛と戦う自由の戦士たちとすぐに共感し、さまざまな自由の戦いに自ら飛び込んでいきます。あなた方の人生はドラマチックです。そして、毎日の生活でドラマに出合わなければ、人間関係か職場の中でドラマを作り出します。恋愛関係や新しいことを始めるとき、このタイプは束縛を恐れるあまり踏み切れないことがあります。

しかし皮肉なことに、ほとんどすべての［5タイプ］はパートナーを選ぶ際、無意識に、自分から拘束される状況に入り込みます。これは、自由に関する教訓を学ばせるために運命があなたに与えた試練なのです。真の独立を求めて、極端な依存と孤立を揺れ動くあなたのパターンが相手にも浸透し、未熟な［8タイプ］のように、パートナーにすべてを預けて依存関係に入るのです。

極端な依存状態から抜け出し、独立と自由を手に入れた例をお話ししましょう。初老の女性ソフィアは、夫のジョージオに、ほとんどすべてを頼り切って生活していました。自由と冒険に対する衝動を押し殺し、一日中家にいて、ジョージオの帰宅を待っていました。家事をし、メロドラマで冒険心を満たし、夫の食事を作るだけで毎日が過ぎていきます。車の運転免許をもっていなかったので、ジョージオがいなければスーパーや店にも行けません。家庭生活にエネルギーを集中することが悪いわけではありませんが、ソフィアの場合は、依存の程度がひどすぎました。そして彼女はとうとう、鬱積したエネルギーをジョージオにぶつけるようになりました。彼が自分を「陥れた」と反発し、できるなら夫から独立したいと思いつめるようになったのです。

ところが最近、ソフィアに転機が訪れました。65歳にして、新しい訓練——車の運転を始めたのです。ソフィアは実質的に夫から独立しました。公園にドライブへ行き、買い物をし、映画にも行くようになりました。彼女にとっては素晴らしい冒険です。私たちは人生をやり直すのに、遅すぎることはありません。ソフィアは今、大いなる自由に足を踏み出したのです。

次は、極端な独立の例です。コーデルは理髪店に行く金がないわけでもないのに、人に頼りたくない一心から、自分で散髪します。同様に、車の整備、配管の修理、電気配線も全部、自分でこなします。互いに頼り合う関係を嫌い、ほとんどの時間を一人で過ごしています。一見、コーデルは、独立しているようですが、これは真の独立ではなく、「5タイプ」が取り組むべき人生でもありません。彼はただ、依存を怖がっているだけで、この恐怖心は彼にとって牢獄のようなものです。

真の自由を獲得するには、人生に対する責任の自覚が必要であるように、真の独立を得るには、目的のある訓練が必要です。自由を謳歌するか、束縛に苦しむかは、私たちの選択次第《しだい》なのです。拘束されていると感じたなら、自分の責任で、つき合う人と状況を変えればよいのです。人生の主演者は自分です。監督も脚本家も自分自身です。未熟な「5タイプ」は、必ずしも幸福とは言えないでしょう。しかしそれは、自分から「選んで」そうしているのです。

ほかのタイプの人にとっては、人生の目標を一つ、二つに絞ることはそう難しいことではありません。しかし「5タイプ」はエネルギーがあらゆる方向に向かい、興味の対象を絞り込むことができません。「やりたいことは山ほどあるんだけど、時間がなくて」というのが、あなた方の口癖《くちぐせ》です。その結果何一つとして究めることができず、「何でもそこそこできるが、取り立てた能力はない」という器用貧乏に終わりがちです。

現実の冒険に飛び出す勇気のない［5タイプ］は、本、テレビ、映画などのメディアを通して好奇心を満たします。メロドラマや演劇は、自分では経験できない世界をのぞかせてくれます。しかし、こうした人でも、実際に経験する喜びを知ると、本来の衝動が目を覚まします。次々と冒険に繰り出し、退屈から逃れるためなら危険もいとわず、興味本位から薬物に手を染めることさえあるでしょう。

しかし、このような冒険マニア的傾向は、［5タイプ］の本来の姿ではありません。［8タイプ］がどれほどお金持ちになっても空《むな》しい気持ちをぬぐえないのと同様です。運命システムの特徴は、それぞれの課題となっている事柄に多く触れることでも抑制することでもありません。それと向き合い、自分の中で変化させることにあるのです。［5タイプ］に置き換えれば、自分に甘すぎて他人に依存しすぎないように気を配る反面、自分の欲求を無視して過度に孤立することも慎むべきだということです。精神が自由であれば、変化のない毎日を過ごしていても満ち足りた人生を送れるでしょう。しかし毎日同じことを繰り返しているとすぐに退屈し、冒険やドラマを作り始める［5タイプ］にとって、内面の自由の確立は大きな課題となるでしょう。

目的を絞った訓練を始める前の［5タイプ］は、数多くの分野である程度の技術を獲得しますが、ずば抜けた才能を示すことはありません。幅広く手を伸ばし、その表面をすくい取りますが、奥深くに手をさしのべないからです。

必要なのは、幅広い経験ではなく、奥の深い経験です。私たちの住む宇宙はホログラフィーのような構造をもっていて、世界の多様な叡智《えいち》の根底には精神世界の法則が脈々と流れています。つまり何か一つの知識を究めれば、そこから全体的な知識に到達できるのです。自立と自由、幅広い知恵を得るには、まず一つの分野をどこまでも深く追究し、すべての分野に共通する知恵の基盤に至らなくてはいけません。100個の井戸を掘っても、掘り方が中途半端だと、一つとして水脈には行き当たりません。しかし、一つの井戸を深く掘り下げれば、のどを潤《うるお》すことができます。退屈して別のことを始めたくなる気持ちを抑え、経験という井戸を掘り続けるなら、人生の奥底に眠る真の自由を見つけることができるでしょう。

［5タイプ］は生来、好奇心旺盛で、幅広い興味をもち、多才で、活動的で、鋭敏です。しかしエネルギーがマイナスに作用すると、執拗《しつよう》に一つのことにこだわったり、逆に興味が散漫になって本来の自分を見失います。チャンスに貪欲なため、膨大な仕事を引き受け、過剰なストレスと、過労で健康を害すかもしれません。一度にすべてを抱え込まず、優先順位を決めてものごとを処理していくことが、文字通りの「命拾い」につながります。また、興味の対象を拡大しすぎると神経にもストレスを与えます。

世の中の人々を苦しめる束縛はさまざまです。飢えや貧困という鎖に繋がれる人、政治的弾圧を受けたり、身体障害や環境によって制約される人、実際に牢獄に閉じこめられる人もいるでしょう。しかし、現実的な拘束を受けていても、内面の自由を感じる人もいれば、完全に自由な環境にいても束縛されていると感じる人もいます。束縛を感じるかどうかは、自分の心の受け止め方次第なのです。［4タイプ］は主に外面的な試練と取り組みますが、［5タイプ］の障害は主に内面にあります。あなた方が乗り越えなくてはならないのは、恐れや疑いで自分を束縛することをやめること、そして人との絆《きずな》を感じ、平和な心を手に入れることです。

［5タイプ］が、ものごとの優先順位を決め、目標を絞って経験を積めば、真の自由と独立を獲得することができます。「訓練の法則」（469ページ）は、自らに訓練を課する大切さを教えてくれます。80代にしてなお強靭な身体を誇るフィットネスのパイオニア、32／5のジャック・ラランの、「エクササイズは嫌いだが、その成果は大好きだ」という言葉は、訓練がもたらす可能性をよく示しています。

訓練を習慣づけるには、肉体的トレーニングが有効です。もっともこの人々の場合、連日同じ運動場を同じペースで6周するより、運動にバリエーションを与え、変化をもたせた訓練が効果的です。

その他の特質と課題

一部の［5タイプ］は、無意識に自分に足かせをはめています。パートナーや配偶者にべったりと頼り切ってみたり、怪我、経済的問題その他、精神的、現実的な拘束状況を作り出して、自分を檻《おり》に閉じこめます。しかし外面的にはいくら束縛される状況になっても、内面世界と想像力の自由は残されています。

このタイプが自己不信に陥り、単調な毎日に退屈すると、本来の自分より立派に見えるよう振る舞うことがあります。平凡な自分から逃れるために、より優れた人格の仮面をかぶるのです。そして取るに足りない本来の自分を隠す盾《たて》として使います。こうした［5タイプ］の典型が、トニー・カーティスが演じた、映画"The Great Imposter"（偉大なる山師）の主人公（実在の人物）です。彼は、刑務所長と司祭になりすまし、さらには船医と偽って船に乗り込み、盲腸炎の緊急手術まで行ないました。

こうしてハッタリの自分のイメージで生きているうちに、あなた方は自らの罠《わな》にはまっていきます。たとえば治療の知識も経験もないのに、それらしい衣装を着込み、それらしく振る舞って似非《えせ》治療師を気取る人もいるでしょう。仮面の陰に隠れるのは、自分の素《す》の人格や感情を過小評価していることから来ています。しかしこうした行動は、自分のアイデンティティーへの自信をさらに失わせるだけです。この人たちは、しばらく一つの役割を演じるとあっさり捨て去り、他の人間関係を築き、別の人生を演じ始め、常にドラマチックに展開します。このように、どこかに橋をかけては燃やすことを繰り返し、より大きな自由を求め、より大きな家族関係、人間関係、家庭を求め続けるのです。

しかし［5タイプ］が、目的を絞った訓練を重ね、経験を深めることの大切さを学ぶと、こうした傾向はなくなります。そして、アイデンティティーを失うことなく、外科医、法律家、作家、武道のインストラクター、エンジニア、教師など、さまざまな道を究めることができるでしょう。

内面の自由を理解した時、「裸の自分」の価値に気づきます。これまで演じていた役柄よりも、あるがままの自分の方がずっと素晴らしいこと、そして舞台で一番輝くのは、役柄ではなく、それを演じる役者本人だと知るのです。

感情的表現と取り組む［3タイプ］と同様に、翼をもつ使者、メルクリウスのエネルギーと共鳴し合う［5タイプ］は、頭の回転が速く、幅広い分野に興味をもちます。知識が広く豊富で、多角的な視点をもつため、販売員として素晴らしい成績をあげることでしょう。もっとも、即興とひらめきで論理を展開するので、人からの質問に当意即妙に答えた後、「どうしてこんな説明ができたのだろう?」と、自分で首を傾げる場合もあるかもしれません。

多くの［5タイプ］は生まれつき手先が器用で、縫い物や楽器演奏がうまく、ちょっとした機械をいじったり、物を修理するのも得意です。機転がきき学習が速いため、何でも一、二度の練習で、それなりにこなしてしまいます。反面、何事にも飽きやすく、まだ学習に取りかかったばかりのうちから退屈し始めます。

その他の分野でも彼らは、たいした苦労もせずに、驚くほどの成果を勝ち取ります。機転をきかせ、即興で取り繕《つくろ》い、危険をうまく回避して、勘で人生を切り抜けることもできます。しかし「誠実の法則」（499ページ）に従って正直に生きる時、結局はずっと豊かな人生を送ることができるでしょう。

経済面を見てみましょう。［5タイプ］は金銭に執着せず、先の収入をあてにして、散財する傾向があります。貯金もすべて冒険にそそぎ込んでしまうので、借金を増やさないように気をつけなければ、すでに十分ドラマチックな人生が、ますます波乱に富むことになります。金銭問題は神経的なストレスを与えます。また食事についても自分に対する甘さから不節制な食事を続けていると、循環器系に支障をきたすかもしれません。

このタイプは、一般的に直感的な即断力と視覚エネルギーに優れ、中には千里眼的な力を発揮する人もいます。他の人々が身体や感覚で感じることを映像で感じるので、自分の心から湧き出す視的イマジネーションに気づき、意味を見出せるようになると、素晴らしい人生の羅針盤が手に入ります。宇宙は［5タイプ］にこうメッセージを送ります。「（兆候を）求めよ。さらば与えられん」

頂上にて　可能性と運命

［5タイプ］は、真の自由を発見するために生まれた探求者、そして冒険者です。あなたの運命が与えた課題はエネルギーを一つのことに集中し、訓練によって

人生の奥深さを学ぶことです。

機転がきき、活発なあなた方は多方面に精通しているため、他の人の自由の発見をも手伝います。人が干渉し合う人間社会に住む限り、外的な自由は常に相対的で、制約されます。しかし、内面の自由は決して傷つけられることはありません。なぜなら精神は神聖不可侵であり、自分を最終的に管理するのは自分自身だからです。

「5タイプ」の言葉には、深い経験に基づく権威があります。厳しい訓練によって優れた才能を開花させ、独立と自由を手に入れ、人生への責任を自覚している者だけが語れる説得力のある言葉です。

最高レベルに達した「5タイプ」は、完全で完璧な内面の自由を手に入れ、自分はこれまで常に自由であったこと、これまで経験した依存と束縛はすべて、自分を磨き、育てる最良の糧《かて》だったことを理解しています。

行動チェックリスト

次の行動は「5タイプ」の人生を向上させるでしょう。

- **忍耐力を養う訓練のため、単純な仕事を日課として始めよう。ただしその中に変化を取り入れよう。**
- **特定の目標や活動と時間をかけて取り組み、退屈したからといって決してやめてしまわないこと。**
- **過度の孤立、あるいは過度の依存関係に陥らないよう、常に自分の中でバランスをとろう。**
- **自分が欲しいものと必要なものをはっきり言うように心がけよう。**

訓練⇩自由に近づくには

1、映画、文学、歴史上の人物、あるいは直接知っている人物の中で、地道な訓練を続け、自由と、深い経験を手に入れた人を思い浮かべよう。

2、責任ある仕事をしつつ、目的と自由を感じられる、そのような人物になった自分をイメージしてみよう。それらの特質を生かし、より大きな自由と訓練を手に入れるには、どうすればよいか具体的に考えてみよう。

6 受容⇩理想

完璧に釣り合っている、
正義と平等の天秤《てんびん》がここにある。
天秤は、公正さと高き理想を体現している。
理想は本来、あなたの人生を導く光。
でも、現実との接点を失うと、
完璧主義の罠に陥《おちい》る。
理想を実現するには
どうすればよいだろう？
あなたは自分や他人を
ありのままに受け入れているだろうか？
それとも厳しい完璧主義の天秤にかけて
いるだろうか？
あなたは、人生に隠された美しさに
気づいているだろうか？
そして不完全の中にある完全性に。

受容とは、
あらゆる出来事と
それに対する自分たちの反応を受け入れ、
それらすべてが、
最高の目標を目指す糧となり、
学習を与える経験だ、と認めることである。

作者不詳

人生の目的

［6タイプ］の人の人生の目的は、生来の高い理想と現実との接点を見つけ、人生そのものがもつ完全性を認めて、自分自身、世の中、現実を受容することです。［6タイプ］（6、15／6、24／6、33／6、42／6）と、誕生数に6をもつ人は、細部にとらわれず、大きな視点をもつ大切さを学び、完全主義的傾向を克服しなくてはなりません。しかし、運命からの挑戦はさま

ざまな障害をもたらします。［6タイプ］は、理想主義と完全主義にとらわれて、自分自身と他人の中にある生来的な美しさに気づくことができません。

［6タイプ］の心の中には、人間がいずれ到達するはずの理想郷が燦然《さんぜん》と輝いています。彼らは、まばゆく燃える理想主義の炎を内に秘め、自分と他人に完璧な行動を求める夢想家です。このタイプの抱く理想は、人間を宿命論、ニヒリズム、即物主義から救いますが、一方であるがままの現実を受け入れる寛容さに欠け、遊離しがちです。未熟な［6タイプ］は、完全主義の罠にとらわれ、高すぎる基準で自分と世の中を判断し、希望を失います。このタイプに最も重要な法則は、「柔軟性の法則」（433ページ）と、「完全性の法則」（474ページ）です。

受容⇒理想とは

理想とは、人間の意識が自分と世界に対して求める、最高の形態です。正義の理想、形態の理想、人間関係の理想、精神の理想……さまざまな理想が、人間を堕《だ》落《らく》から救い、進歩、向上させます。H・G・ウェルズ（33／6）のような作家や、イメージを織り上げる現代の空想家は、さまざまな理想を描き出し、私たちに希望と夢、向かうべき方向を示します。理想なくして、人間の存続と発展はありえません。

［6タイプ］は、美しい理想と希望を抱いて人生を歩みます。SF作家のH・G・ウェルズ（33／6）やアイザック・アシモフ、理想を歌い上げたジョン・デンバー、イス・キャロル、『鏡の国のアリス』を書いたルイス・キャロル、先進的な発明で世の中に変化をもたらしたトマス・エジソン、ラルフ・ワルド・エマソン、ガリレオ、ニーチェ、ルソー、J・R・R・トールキンをはじめ、マイケル・ジャクソンやスヌーピーの生みの親であるチャールズ・シュルツ（以上24／6）はすべて［6タイプ］です。彼らは皆、自分なりの方法で、世の中を向上させました。

私たちは誰でも、理想と希望をもっていますが、［6タイプ］は、人並みはずれて理想に敏感で、それが実現しなかった時の失望と苦悩も格別です。彼らが人生の目的を達成し、理想によって人々を導き、夢を与えられるようになるには、まず現実に足を降ろし、いまここにあるすべての環境のもつ「完璧さ」を学ばねばなりません。

受容は、「6タイプ」の人生が喜びに満ちたものになるための鍵です。すべてをありのままに受け入れると実際的な形で世の中に貢献することができ、実り多い人生が送れるようになります。理想という観点から判断すると、現実への失望が募《つの》るのは当たり前です。しかし、人生に内在する完全性、つまりすべては完璧なタイミングで、完璧な人やものと出会っているということを認めた瞬間、あなた方には気高《けだか》い理想を世の中の人と分かち合う思いやりと忍耐力が手に入ります。そして、自分と世の中が理想を実現する過程を、自分のペースで進めるのではなく、神の定めた完璧なペースに委ねることができるでしょう。

人生のハードル

両極端を行ったり来たりする「2タイプ」や「5タイプ」と同様に、「6タイプ」は世の中や人々を完璧か、欠点だらけかに分ける傾向があります。あなた方はしばしば、会ったばかりの人にバラ色に輝く理想像を重ねます。「あいつは僕にぴったりの奴だよ」、「彼って最高なの」。あまりに理想化するため、その後には必ず失望がやってきます。出会った頃の熱が冷め、次第に欠点が見えてくると、とたんに失望し、別れてしまうのです。あなた方は出会った人やものの長所を愛し、その不完全さのもつ長所を認めることができません。そしてそれこそがあなたの人生の最大の課題なのです。

「6タイプ」と一緒に生活する人は楽ではありません。「6タイプ」のめがねにかなう人などいないからです。しかし「6タイプ」は、外向きには自分の完全主義を押し隠し、こう言います。「僕は人を評価したりはしないよ。人は人、自分は自分だからね」と。しかし彼らは、完全主義を克服したのではなく、「理想的な人物は他人を批評しない」という「理想」に縛られているだけです。こうしてこの人たちは自分の、すぐに理想と比較する傾向を抑制し、「自分の傾向とまっすぐ向き合い、精神法則に照らして変化させる」という人生の目的を無視するのです。

このタイプは、感情も理想に合わせてコントロールします。しかし、「こう感じなくてはいけない」、「ああ感じなくてはいけない」と考え、自分の感情を否定し、抑制していると、そのうち「どう感じていいのか」分からなくなってきます。こういう傾向の強い「6タイプ」は、理性で作った偽の感情ではなく、心から湧いてくる本当の感情を取り戻すよう意識することが大切です。心理臨床士やカウンセラーを訪ね、感情を理性でコントロールする習慣を直す治療を受けてもよいでしょう。

完全を求める「6タイプ」は、理想を汚すほんの小さな傷も許せません。重箱《じゅうばこ》の隅をつつくように、細部に神経質になるのです。いくら曲全体が美しくても、一音でも演奏にミスがあると、曲全体に嫌気がさします。20回成功して一回失敗したとすれば、その一回のミスに落胆します。どんなに素晴らしい映画を見ても、たった一言の気の利《き》かないセリフが気になって仕方がありません。美術館に行けば、一枚の駄作に腹が立ちます。たとえ試験に合格しても、一つの間違いをくよくよと悔やみます。

「6タイプ」の口癖は、「○○さえ××ならね」です。新しい家を見れば、こう言うでしょう。「やあ、なんて素敵な家なんだ。ただほかの色で塗装がしてあればね（あるいは、あの木さえなければね／噴水さえあればね）」など。

私の友人、ロジャーは、大きな会議の企画運営を一手に引き受けていました。講演者の依頼から、警備、食事、広告までのすべてを一人で手配するという、気の遠くなるほど大変な仕事です。苦労の甲斐があって、会議は滞《とどこお》りなく終わりました。しかし、後片付けの時、私は彼のつぶやきを耳にしました。「ちくしょう、とんでもないヘマをやっちゃったよ」。不思議に思った私は、何をしくじったのかを尋ねました。「実はね。講演者の机に水差しが置いてあればよかったって言ってきた人がいるんだ。水差しのことさえ思いついていれば完璧だったのにさ！」

完全主義者は、決して満足することはありません。コップに半分水が入っていれば、半分残っていることを喜ばず、半分なくなっていることを悔やみます。彼らは完璧という基準で他人を評価し、さらに評価を下した自分について評価します。常に最高であろうとするため、プレッシャーは大きく、失敗を恐れて行動を取りやめることもしばしばです。ギターを習い始めた

「6タイプ」に、誰かが「君は一流のギタリストになるには、指が短いね」と言えば、彼はこう答えるでしょう。「じゃあ、ギターはやめた。セゴビア（訳注、スペインのギタリスト）級になれないなら、もうやめさ」「柔軟性の法則」（433ページ）と「完全性の法則」（474ページ）を実践すれば、肩にのしかかる完全主義から解放されます。その時、自然の流れに身を任せ、リラックスして楽しく生きる人生こそが、本当の意味で「完全な人生」なのだと気づくでしょう。

多くの「6タイプ」は、自らの掲げる高い理想から人を批判する、内面のプレッシャーに苦しみます。彼らは他人に理想を求める反面、自分にも同じ期待がかけられているように感じます。子供時代は、世界全体が、彼の学校成績に期待しているかのように感じ、その重圧が喘息《ぜんそく》や胸の痛みとなって現れます。また自分の能力に失望すると、両親や教師から見限られたように思いこみ、「何もしなければ、失敗することはないさ」と、すべてのやる気をなくしてしまいます。

また、すぐに自分と周囲を比較するのも、このタイプの大きな障害です。せっかく興味をもって何かを習い始めても、そのうち周りの人、特に上達の速い人と自分を比べ、自分の高い理想通りに上達できないことに落胆して、絶望してしまいます。このタイプに役立つのは、「比較とは苦しみ（または不満）の一形態である」という仏教の言葉です。この世にはいつでも自分（のもの）より望ましい（望ましくない）人やものが存在します。自分をほかと比較する行為は、今の自分に対する敬意を著しく欠くものです。サー・ウォルター・ライリーは、「私はシェイクスピアに匹敵する作品は書けないが、自分の本なら書ける」と言いました。

このタイプは自分に厳しい分、他人から受ける評価にも敏感です。比較をやめるだけで、このタイプの人生は大きく変わります。「直感の法則」（508ページ）を実践すれば、人生をもっと気楽に楽しめるようになります。

理想でがんじがらめになった「6タイプ」は、超然として冷たい人物に見えます。感情の大切さに気づかず、外部に現れるシナリオばかり重視するからです。セックス面でも、彼らは「正しく」「理想的なセックス・パートナー」であることに一生懸命で、心から湧き上がる快楽と喜びを感じることも、くつろぎ、時にはおろかに見られる心地よさに浸ることもありません。

しかし、誰一人として完全な人間はなく、完全である必要もないことを知り、その人がどんな行動をするかやどんな知識をもっているかよりも、その人自身の方がずっと重要だと理解した時、彼らの人生は大きく変わることでしょう。他人の目の前でつまずいて転び、起き上がりざまに飲み物をこぼしたとしても、誰が気にするでしょう? 他人《ひと》は細かい部分など気にしません。私たち全体を愛し、気にかけてくれているのです。

私は彼らに、よくこうアドバイスします。イタリアンレストランでデートしてみなさい。そして完璧なマナーをかなぐり捨てて、スパゲッティーを手づかみで食べてごらんなさい、と。プラスの「6タイプ」は、持ち前の高い理想から生じる純粋な輝きで周りを照らします。あなた方は、理想に拘束されるためではなく、理想で世の中を導くために生を受けたのです。

「6タイプ」が成熟するにつれ、自分や他人が完全さに向かっているプロセスの中にあることを知ります。私たちはそれぞれに未完成ではありますが、今というプロセスの中ではベストの状態を生きています。このパラドックスを理解した上で、私たちは究極の完全性へ向けて、常に成長し続けているのです。

自分についても完璧を目指す彼らは、心の奥底に「善良な人でありたい」「正しいことをしたい」という欲求をもっています。正しいことをするのはもちろんよいことですが、時には、周囲の人がその欲求を利用し、自分勝手な「正しさ」をあなた方に押しつけて操ろうとする場合がありますから、注意が必要です。

理想が低ければ、満足を得るのも簡単ですが、理想が高すぎると、身動きが取れなくなります。あなた方は、少なくとも手の届くところまで理想水準を引き下げる必要があります。そして「私は完全ではないかもしれない。でも今のところはこれで十分だし、他の人も、世の中もこれでいいんだ」と考えれば気が楽になるでしょう。

このタイプは、しばしば人から不当な評価をされたり、批判されたように感じて憤《いきどお》ります。しかし実は、そういう人々を招き寄せたのはあなた方自身です。評価や批判を受けた側の立場を体験し、考え直す方法を学ぶために、両親、友人、恋人に、自分が自分に与えている評価を投げかけるよう、無意識のうちに仕向けているのです。その証拠に、自己評価をやめたとたん、他人の「冷たい態度」は嘘《うそ》のように消え去ります。

世の中には完全なものなどありません。人にできるのは、長い時間と訓練によって、より優秀になり卓越することだけです。

このタイプは、「4タイプ」よりは着実にものごとをこなすことが得意ですが、せっかちで、完成を急ぎ、すぐに結果を得たがります。読み終えるために本を読み、食べ終えるために食事をする、という具合です。ボールを打つことだけに熱心なゴルファーのように、スイングの間にグリーンを散歩する楽しさを味わう余裕がありません。「プロセスの法則」（459ページ）は、プロセスの大切さを教えてくれます。

また、「柔軟性の法則」（433ページ）や、過去も未来もなく、ただ現在という時だけが存在することを教える「現在の瞬間の法則」（479ページ）も有効です。太極拳のように動きの遅い武道は、忍耐力を養い、永遠の現在を楽しむことを教えてくれます。

自己評価の問題と完全主義的傾向を克服した時、持ち前の理想が本当の意味で発揮されます。その時「6タイプ」は、あらゆる分野で素晴らしい業績を上げることでしょう。

その他の特質と課題

「6タイプ」の金銭面での成功を妨げる障害は二つあります。一つは、自分の理想に見合うものが作り出せるまで、世の中に発表したがらない傾向です。しかし、あなたの高い理想に合うものを作ることなど、永久に不可能です。ベーブ・ルースは当時のホームラン王であると同時に三振王でしたが、自分の失敗がなくなるのを待っていたなら、永遠にダグアウトから出て来れなかったでしょう。二つ目は、自分を厳しく比較、評価するあまり、伸び伸びと才能を発揮できない傾向です。この二つさえ克服すれば、じきに成功と名声を手に入れることができます。

何か困難にぶつかった時は、人生の試練は精神のウエイトリフティングであり、試練という重量と向き合い、もち上げれば、精神を鍛《きた》えることができる、と考えて取り組みましょう。またこのタイプには、「完全性の法則」（474ページ）も大切です。

「完璧な」ソウルメイトや仕事を求め、永遠にさまよい続けるのが、このタイプによく見られるパターンです。しかし本当の完全性は、自分の現在の状況、自分の本質、自分の友人、現在の仕事をそのまま認めた時に、見つかるものなのです。

自分の内面の完璧さに気づくと、世の中の完璧さにも気づき、より高度な意味での理想を目指して世の中に貢献できるようになります。また、プラスの［6タイプ］は、他の人の完全性の発見を手伝います。彼らはこのような手助けを通して、世の中全体に輝きを放つ完全性を見出していくのです。

頂上にて　可能性と運命

最高レベルに達した［6タイプ］は、世の中を向上させる道を指し示す、地に足がついた理想家となります。完全主義を捨て去った時、彼らの描く理想に無限の可能性が加わります。プラスの［6タイプ］は、世の中の人々に万物に内在する完全性を教え、人生の障害は、成長のために必要な、人生からの贈り物であることを伝えます。

忍耐力と現実性と柔軟性を学び、理想一辺倒の評価をやめた時、あなた方の目には、以前描いた理想よりもっと大きな世界が広がっていることに気づくでしょう。そして細部が気にならなくなり、仕事の業績は自然に上がり、シンプルライフを心から楽しめるようになり、ストレスもなくなります。自己評価をやめると、他人の評価からも解放され、人間の温かさを改めて見出すことになるでしょう。

もっとがんばらなくては、と自らを駆り立てる終わりのない自己開発プログラムから解放された時、彼らは伸び伸びと学びながら、自然な成長を楽しみます。世の中のものはすべて、生来の可能性に向かって、着実に発展していきます。万物に内在するこうした素朴な完全性に気づく時、人生はより楽しいものとなるでしょう。

最高レベルに達した［6タイプ］は、世界のあらゆる場所――街中の雑踏にさえ――神聖な完全性を見出します。さらに存在するすべてのものには理由があり、人生の障害と困難もまた、本当の自分を発見し、本来あるべき姿へと育てる、完璧な道具であることを理解するのです。

行動チェックリスト

次の行動は［6タイプ］の人生を向上させるでしょう。

・自分の完全主義的傾向を感じたら、「私は（これは）今のままで十分素晴らしい」と、言い聞かせよう。
・大切なのは何をしたかではなく、どうあるかだ、ということを心に銘じよう。
・あらゆる出来事を認め、最大限に活用しよう。そして自分の感情はすべて受け入れよう。
・理想を努力目標として掲げ、今ここにある人生を楽しもう。

受容⇩理想に近づくには

1、映画、文学、歴史上の人物、あるいは直接知っている人物の中で、自分と他人を認め、高い理想を掲げながら、明確な展望をもち続けている人を思い浮かべよう。

2、自分、他人、世界に満足し、万物の生来的な正義と完全性を認めているその人物になった自分をイメージしよう。それらの特質を生かし、より大きな受容性を手に入れるには、どうすればよいか、具体的に考えてみよう。

7 開放⇒信頼

目の前に暗い洞窟がある。
暗闇の中にぽっかりと、
大輪の美しい花が咲いている。
そして花からあふれでる内面の知恵……。
でも、自分の美しさを知らない花は、
洞窟に身を隠したまま。
明るい外に出れば、しおれてしまう
のではないかと恐れているのだ。
あなたは、この花に
似ていないだろうか？
他人を自分の場所に導き入れることが
できるだろうか？
自分と他人を信頼し、洞窟から出て、
美しい内面の輝きを、分け与えることが
できるだろうか？

のびのびと人生を送れるかどうかは、
世の中を信頼できるかどうかで決まる。

作者不詳

人生の目的

［7タイプ］の人生の目的は、自分と他人、人生のプロセスと魂を信頼し、おおらかに心を開いて内面の美しさを世の中に分け与えることです。しかし、運命の挑戦は簡単に克服できません。［7タイプ］（7、16／7、25／7、34／7、43／7）と、誕生数に7をもつ人は、世の中を信頼し、自分を開放することが苦手です。

7エネルギーは、強い内向性をもっています。このタイプは、外部に現れる業績よりも精神的なプロセスを大切にします。［8タイプ］が仕事上の業績を第一に考えるのに対し、［7タイプ］は、より深い自己探求の手段として仕事を考え、無意識に仕事やお金儲《もう》けよりも大切なものがあることを知っています。精神的興味を追求する資金を得るために働く、という人も珍しくありません。いずれにしてもこのタイプの活動の大半は、その心の中で起こります。

多くの「7タイプ」は一人になれる時間や場所を求めます。自立心が強く、孤立する場合もしばしばです。社交的に見えても、精神的に傷つくことを恐れ、めったに内面を明かそうとしません。中には無防備な人もいますが、いずれは裏切りと、誤解の辛《つら》さを知るでしょう。

開放⇩信頼とは

一般の人の考える信頼とは、誰も自分を傷つけず、嘲《あざけ》らず、欺《あざむ》かないと信じることです。しかし、「7タイプ」の求める信頼は、こんな表面的なものではありません。一人ひとりの人間の魂を結びつける、大いなる魂を確信した時に生まれる、自分自身と世の中、宇宙に対する根元的な信頼です。この自覚が生まれると深い安心感に包まれ、恐れは融解し、宇宙との一体感を経験します。その神秘的な世界観は、インドの聖人、ラマクリシュナのように、世の中のあらゆるもの、たとえば道に落ちた鳥の糞《ふん》を見ても、そこに大いなる魂を感じ、宇宙とのつながりを体験することにつながります。

「7タイプ」が、自分の感情、思考、本能、直感を信頼し、普遍的に存在する「大いなる魂」を信じることができた時、どんな苦しい状況にあっても、自分と他人の内に働く精神的な愛、知恵、正義を感じられるようになります。信頼とは、無防備に素《す》の自分をさらすことではありません。内面の光を隠さずに開放し、外に輝かせることです。本当の信頼を手に入れれば、あなた方は持ち前の洞察力を生かし、人々を導くことができるでしょう。

人生のハードル

信頼の第一歩は、自分を信頼することです。しかし運命からの挑戦は「7タイプ」に、自分を信頼することを何よりも難しくしているのです。もしかしたらあなたは自分を信じていると思っているかもしれません。でもあなたが信じているのは、理論や発想など、頭に蓄《たくわ》えられた他人の知識の集積です。

自分に自信のないこのタイプは、他人の意見や考えを求めます。そして理性を通して――つまり本、セミナー、教師、専門家を通して外部から知識を得ようとします。さまざまな食事法を試し、色々な栄養補助食品、フィットネス、ヒーリングに首をつっこみ、指導者を代え、さまざまな精神修養法講座に入門し、もっとよい理論や方法はないかと探し続けます。もちろん、このような知識と体験は無駄になるわけではなく、今後のさまざまな経験のベースとなります。しかし、他人の考えばかりを信頼して自分の直感を見失ってはいけません。本当に自分を信頼することとは、知識ではなく、自分の肉体、感情、精神、魂を信じること――自分の「内面から湧き出す知恵」、つまり直感的な知恵を信じることなのです。

「7タイプ」の中には、自信たっぷりに振る舞い、他人の意見に耳を貸そうとしない人もいます。しかし、それは他人に左右されることを恐れて、世の中をシャットアウトしているにすぎません。

あなた方は、専門家の指導、本、方法論をそのまま鵜呑《うの》みにするのではなく、自分の直感や本能、心の奥から湧《わ》き出す感覚できちんと評価し直す能力を潜在的にもっているのです。

それを発揮するにはまず、自分の直感、つまり身体の知恵を信頼することが大切です。ダンスや武道、音楽や演技など肉体の活動は、自分の身体を信じる喜びを教えてくれます。もし、運動や、食事法、異性関係で悩むことがあっても、専門家や指導者の意見を仰《あお》ぐ前に、まず自分自身に相談してみましょう。専門家は特定の分野についてはは膨大な知識をもっていますが、自分の身体と人生について一番知っているのは自分自身なのですから。

本当の自己信頼とは、頭の戸棚にしまい込んだ他人の意見を信頼することではありません。自分のもつ、DNAに組み込まれた「無意識の知恵」を認めることです。本で読み、教えられた知識以上のことを、私たちの潜在意識は知っています。専門家の教えを請う前に、まず自分に内在する知恵を見つけましょう。

しかしこのタイプは、いつでも理性を優先させるため、直感や感情を信頼することが苦手です。また、本当の感情を打ち明けるほど相手を信頼し、心を許すことはめったにありません。

自分や他人への信頼を築くには、心の奥にある、常に他人から裏切られるのではないか、という恐れをなくさなくてはなりません。未熟な「7タイプ」は、傷つけられ、嘲られるのではないかと脅え、人とあまり交わろうとしません。孤独な仕事に時間を費やし、他人といる時も、目に見えない精神や言葉の壁をつくって、距離を置きます。

しかし、恐れていることほど、現実に出合うもの。ですから大抵の「7タイプ」は、人に深く傷つけられた経験をもっています。漫画『ピーナッツ』のルーシーは、フットボールをもってチャーリー・ブラウンにこう言います。「さあ、蹴って！ ボールを急にどけたりしないからさ！」チャーリー・ブラウンは、無防備に相手を信頼しきって、走り出します。そして……。「7タイプ」は、多かれ少なかれ、自分がチャーリーに似た経験をしているからこそ、根深い人間不信をもっているのです。

しかし、自分の中の弱点を認め、克服した時、それまで想像もしなかった新しい人生が始まります。本当の信頼と開放感に支えられた人生を手に入れるには、人間関係の恐れと向き合わなくなりません。

潜在的な不安感を取り除くには、「予想の法則」（494ページ）が有効です。この法則は、裏切りの予想が実際の裏切りを呼び寄せることを教え、自分や他人、大いなる宇宙に対する絶対的な信頼に基づいた、プラスの期待をもつ術《すべ》を教えてくれます。どうしても相手への不信が取り除けない時は、疑いをオープンにするのもよい方法です。「すみません。最近どうも、以前ほどあなたが信頼できないのですが、何か心当たりがありますか？」という風に。どの程度信頼できる人かが分かれば、勝手な想像で他人を誤解することなく、明確な境界を設けた上でつき合うことができます。「7タイプ」が自分自身と、自分の心、他人の心を信頼できれば、もう何も恐れるものはありません。

彼らは、仕事、人間関係、その他人生のさまざまな出来事を通して、私たちの魂が属する大いなる宇宙を信頼する術を学んでいきます。なかには「私は大丈夫。もうちゃんと信頼関係を築いているから」と言う人もいるでしょう。でも、もう一度考え直してみてください。たとえ、自分は開放的、社交的で、自信にあふれていると思っていても、実は、その信頼と開放は、理性に基づいたもので、心の奥底には、裏切りへの恐れと、ガラスのように壊れやすい自己信頼があるだけかもしれません。「信頼の法則」（488ページ）は、[7タイプ]にとって非常に重要です。

[7タイプ]は、さまざまな試行錯誤や経験という直接的体験から、自分を信頼することを学びます。知性からではなく、身体で学んでいくのです。人間関係、人生の目標、その他諸々《もろもろ》の日常は、ものごとの本質を深く理解するための教材と言えましょう。より深い真実を求め続ければ、いつの日か、頭の知識と心の知恵は一つに融合します。

内面の自由と知恵を信頼する以前の[7タイプ]は、未知のものを恐れます。自分の感情についても同様で、思いがけない内面の力や衝動に揺すぶられると、不安、混乱、苛立ちに苛《さいな》まれます。このような動揺は、神経質なエネルギーを生み、集中力の散漫や、落ち着きのなさにつながります。会話の相手から目を逸らそうとするのも、視線の発するエネルギーに不安を感じているからです。

[7タイプ]の中には、現実の不安から逃れようとするあまり、現実や日常の責任に背を向ける人もいます。こうして精神世界や、難解な哲学の研究に没頭し、仙人《せんにん》のように髭と髪を長く伸ばし、リュックを背に精神修養に励むのです。しかし本当に必要なのは、天の霊性や美しい想像の中をさまようことではありません。地上に足を降ろす練習です。自分自身とのつながりを見つめ直し、内面の知恵を認める訓練です。彼らが探し求めているものはすべて神でさえも――最初から、自分の内に備わっているということに気づくまで、永遠の放浪は続きます。

このタイプの中には、日常生活をそつなく過ごしているように装いながら、他人には決して心を許さず、孤独な生活を送っている人もいます。あまりに信頼について厳しい考えをもっているため、周囲の人からも「信頼できない人」のレッテルを貼られてしまうのです。

[7タイプ]が自分の精神の深みを知った時、世界の本当の奥深さに気づきます。すると、現実世界にとどまりつつ、私たちの生命の神秘に関する洞察（普通の人には少し難しいかもしれませんが）から得たインス

ピレーションで、人々を啓発できるようになります。自分への深い信頼を基盤として、7エネルギーはそうやって開花し、論理や理論をはるかに超えた人類の叡智をくみ出します。

こうして知識の束縛から逃れた時、知識は逆にどんどん増えていきます。鍛え上げられた知性は、人生の奥底に根を伸ばし、存在という織物を織り上げる糸を発見し、生命の神秘を世の中に伝える重要な道具となります。洞窟や森、砂漠、山中、海辺で、物思いに沈む［7タイプ］は、自分の中に満ちる光と力を再発見しようとしているのかもしれません。

自然と共感するのも、このタイプの特徴です。一部の［7タイプ］が、森や洞窟に住みたがるのは、人間関係の恐怖に脅え、ビクビクすることなく、安心して生活できるからです。この人たちの被害妄想ぶりはほとんど芸術の域に達しています。しかし自分の心の奥で輝く大いなる魂を知るにつれ、それが人間に共通する魂だということも分かってきます。するとこれまで他人との間に設けてきた壁は崩れ落ち、自然な、健全な境界だけが残るのです。

人間関係について見てみましょう。多くの［7タイプ］は、自分の人生に完成と調和、バランスを与えてくれる仲間を求めます。しかし本当の友達関係を築くには、心を開き、信頼し合わなくてはなりません。しかし、互いに頼り合い、気遣い合う関係になれば、いつか裏切りに遭うかもしれません。彼らは友人を前に戸惑います、親しくなりたいような、なりたくないような……。仲間が欲しいくせに、冷淡でよそよそしい態度を取ってしまうのは、自分が安心できる、強固な壁をもつプライベートな世界をどうしても捨てられないからです。自分と他人の間に不厚い障壁をもつ限り、［7タイプ］の人間関係は、交渉段階にとどまります。この壁を打ち破るには、まず、自分自身と内面の魂との間に、愛すべき信頼関係を築かねばなりません。自分に内在する完全性を信じられるようになると、他人を通して完全性を求める必要はなくなります。それどころか、自分の完全性を他人に分け与えられるようになるでしょう。

行動への情熱に目覚めると、このタイプはハイキング、スキー、社交ダンス、あるいは武道などで優れた能力を発揮します。25／7のモハメッド・アリ、ブルース・リーなどがその好例です。武道、スポーツ、楽器などの熟達に努めるうちに、自分のトレーニングの仕方や考え方、直感や進化のスタイルについて、より深く自分を信頼できるようになっていきます。

使命を達成した「7タイプ」の信頼と開放、自然との共感には、神々《こうごう》しいほどの美しさがあります（もちろん、狭義の宗教性はありません）。彼らは、人間と精神を心の底から信頼することで「大いなる魂」と直接融合し、宇宙との会話をくみ出すのです。多くの「7タイプ」は、自然界の生命や魂と心を通わせます。自然の美しさを楽しみ、アメリカインディアンの素朴な文明に、感応します。より広い経験を積むにつれ、ワシや小川、木々をわたる風の声が聞こえるようになります。彼らの本当の願いは、心の底から信頼できる「大いなる魂」に抱かれること。「魂」の存在を強く感じるようになると、心の中で静かな声が聞こえはじめます。「これでやっと自分の家を見つけることができる」と。

その他の特質と課題

「7タイプ」は、一般的に鋭い知性と洞察力をもっています。世界に通用する思想家、作家、神秘家、研究者として活躍する才能を備え、人間や生命の働きを探る研究調査、学問、哲学、数学、物理、宗教、形而《けいじ》上《じょう》学、心理学といった知的学問に関心をもちます。しかし成熟のある時点で、彼らは自分の中に秘められた驚くべき知恵に気づきます。学習によって身につけることのできる知恵をはるかにしのぐ深淵な知恵です。

哲学なんかには興味がない、と言う「7タイプ」も多いでしょう。精神性など無意味だと、鼻で笑うかもしれません。しかし自分に合った方法で、人生を探求することが、このタイプに与えられた使命です。いずれ、彼らも自分をじっくりと見直さざるを得ない時が来ます。その時、心の奥から本来の精神的な衝動が顔を覗《のぞ》かせるはずです。

このタイプは、一人で作業することを好み、定期的に一人になる時間を求めます。一見集団を好むように見えても、内面のプライバシーは、要塞のようにがっちりと守られています。このタイプには、作家、研究者、芸術家といった、孤独な作業をする職業が特に向いています。また俳優など、多くの人の目に触れる仕事をしていても、内面には、常にプライベートな場所をもっています。もっとも、実際の「7タイプ」の職業はさまざまです。ダンサー、歌手、音楽家、ビジネスマンなど。しかし、どんな仕事をしていても、世の中に奉仕する時、あなたは最高の充実感を感じるでしょう。また、銀行の頭取、大工、印刷工、教師など、哲学や崇高な学問とは一見無関係な仕事をしている「7タイプ」もたくさんいます。

「7タイプ」は子供と心を通わせることが得意です。心の奥底で神とつながる純粋さをもっているからです。あなた方は、自分の内に「大いなる魂」の一部が存在することを感謝し、大いなる存在とのつながりを感じるよう、常に心がけなくてはいけません。

頂上にて　可能性と運命

頂上に達し、恐れを克服した時、万物の中に深淵な知恵と秩序を発見します。裏切りや欺きで受けた心の傷も、貴重な訓練と思えるようになり、人生で出合う試練にも、感謝して向き合えるようになるでしょう。誤解が生じた時には、本心を打ち明け、相手と話し合いながら信頼関係を築いていきます。時には理解の橋が壊れ、その関係を絶って、新しい人間関係を築いた方がよい、と気づくこともあるかもしれません。しかしそれも成長の一つのステップです。

最高レベルに達した「7タイプ」は、宇宙全体にあまねく知恵と美を発見します。自然界の輝きや、聖なる場所だけでなく、雑踏にも、友人たちにも敵対者にも同様の美を見つけるのです。

彼らは、人間関係、仕事、経験、目標その他日常のあらゆる出来事を糧に、大いなる知恵を学びます。そして多くの失敗を繰り返しながら、自分自身と向き合い、自分の根源に立ち戻ることを学んでいきます。

「7タイプ」全員が精神世界に没頭するわけではありませんが、いつの日か必ず、深淵な信頼を手に入れ、自分自身を信じ「大いなる魂」の存在を確信できるでしょう。その時こそ、これまで経験したことのない幸せな人生を送ることができるのです。

行動チェックリスト

次の行動は「7タイプ」の人生を向上させるでしょう。

・疑問と出合った時「ひょっとして答えを知っているかもしれない」と考え、答えを自分の中から探してみよう。
・人間関係では、単に知識を交換するのでなく、本心を打ち明け、相手との信頼関係を築くようにしよう。
・プライバシーを大切にする一方で、できるだけ感情を相手に伝えよう。
・直感を信じよう。自分の人生の専門家は自分自身なのだから。

開放⇩信頼に近づくには

1、映画、文学、歴史上の人物、あるいは直接知っている人物の中で、自分と他人を信頼し、本当の意見や感情を、恐れることなくオープンにし、生まれながらに備わった直感的な知恵を信じている人を思い浮かべよう。
2、安心して他人とつき合い、自分をオープンにするその人物になった自分をイメージしてみよう。それらの特質を生かし、信頼と開放を一層発揮するには、どうすればよいか、具体的に考えてみよう。

8 権威⇩影響力

色とりどりの果物、宝石、
黄金があふれんばかりに盛られた
角杯がここにある。
勇気をもって旅立つ人は、
だれでもこの富を受け取ることができる。
あなたは、この杯を受け取り、
人生の荒海へ旅立つことが
できるだろうか？
それとも、もうすでに杯を
手にしているだろうか？

全財産を失った時、真の富と呼べるのは、
人間としての価値である。

作者不詳

人生の目的

［8タイプ］の人の人生の目的は、権威を身に着け、それを生かした行動により豊かさを創出し、最終的にその権威と影響力を使って高次の目標を満たすことです。しかし、運命の挑戦に打ち克つには障害がつきものです。［8タイプ］（8、17／8、26／8、35／8、44／8）と誕生数に8を持つ人は、権威、権力、影響力、金銭、支配に関する障害を乗り越えなくてはなりません。すべての［8タイプ］は物質的な成功への内的欲求とそれに相反する抵抗（そして怖れ）を融合させなくてはなりません。

［8タイプ］の中にはもっぱらお金の問題に終始する

人もありますが、そのほかの人は権威、権力、支配といった課題を持っています。運命の道を極める過程で［8タイプ］はこれらすべての課題について経験し、調和を図り、克服しなくてはなりません。内面での豊かさ、権力、そして他者を尊重することを習得してから外の世界へ向かうことが、あなた方に用意された運命の道です。

このタイプが経験する世俗的成功の規模は、さまざまです。世界的な有名人になる場合もあるし、国家的、地域的な名士になることもあります。また家族、友達といった身近な社会で、尊敬を集めるかもしれません。しかしながら成功の規模は問題ではありません。どのような形であれ、人生の目的を達成することが大切なのです。

豊かさに関する障害を克服する唯一の道は、内面の豊かさと力、尊敬を手に入れ、寛大さと知恵をもって、富を崇高な目的に捧げることです。この人たちの中には、富と権力を背景に輝かしい名声を手に入れる人から、ひたすら成功を避け、名もなく貧しい世捨て人に終わる人までさまざまです。もちろん手に入れた富と力の程度で、人生の目的の達成度が測られるわけではありません。しかし、富と力から逃げ続ける限り、人生の課題を乗り越えることはできません。成功に関する問題に踏み込み、向き合わないと、特質を開花させることはできないのです。

権威⇩影響力とは

一般の人々では、人生の目的と金銭は全く関係ありません。無一文でも、目標を達成し、世の中に奉仕し、内面の平和を見つけることは可能です。しかし、［8タイプ］の人生の中心的な目的である物質的成功には、必然的に金銭問題がからみます。しかしこの場合でも、金銭は究極的な目的ではなく、あなたのもつエネルギーの一つなのです。つまりあなたにとって金銭の蓄積は、そのエネルギーを測る体温計のようなものです。

あなた方は、財産を得るためだけにこの世に生まれたのではありません。人生の目的は、もっと大きな意味での「豊かさ」です。金は交換の手段として用いられる「もの」ですが、「豊かさ」は姿勢であり、心の内面にある感情や人間性の豊かさを意味します。財産は中程度でも、人生に感謝し、「豊かさ」に満足する人もいれば、億万長者でも、精神的な「豊かさ」に欠け、飽《あ》くなき欲望に駆り立てられて自滅する人もいるでしょう。

私たちの文明では、力は金銭として現れる場合がある一方で、支配力と権威として現れる場合もあります。権力がマイナスに現れると、他の人を支配したり抑圧する欲望となりますが、プラスに働くと、精神力や自己統制能力となります。内面の豊かさと力、名声を手に入れれば入れるほど、「8タイプ」の外面的な豊かさは増していきます。

人生のハードル

精神性を大切にする人は、自分の人生の目的に、金銭や権力、名声といった世俗的な一面があると知ってがっかりするかもしれません。でもご心配なく。物質的な成功は、精神面に生かすこともできるのです。豊かな報酬を得、自分も楽しみながら、他の人に奉仕する道はいくらでもあります。実際、26／8の私は、精神的なテーマを主題にした本を書き、セミナーで教えることで、ほかの人に奉仕し、仕事を楽しみながら、なおかつ十分な報酬を得ています。金銭と精神性は、相容《あいい》れない問題ではありません。両立させることは可能です。

このタイプは、金銭、権力、名声を求める強い衝動に突き動かされる一方で、強い恐れをもっています。自覚する、しないにかかわらず、この矛盾する感情が、彼らの中心的な障害です。「私は金が嫌いだ。でも金は神経を休めてくれる」という言葉は、いみじくもこの人々の心境を言い当てています。

26／8の私も、以前は財産について否定的な見方をしていました。当時、タイピストとして働いていた私は、家族を養う収入に事欠き、借金は膨らむ一方でした。ダウンタウンを歩いていた時、高級な服に身を包んだ若い女性が二人、ベンツのスポーツクーペに乗り込むのを見かけました。たぶん7万ドルはする車です。私の心には怒りが燃え上がり、憎しみを込めて金持ちの小娘たちをにらみつけました。その時です。私はまるで平手打ちを食らわされたように、ある事実に気づきました。ひょっとしたらあの女性たちは、親切で、知性にあふれた愛情深い人たちかもしれません！　それまでの私は、金持ちに見えるというだけで、彼らを嫌っていたのです。このような考え方をしていれば、収入に恵まれるわけはありません。このことに気づいた時、私の人生は大きく転換しました。しばらくして、経済状態は上向き始めました。

豊かさと権力に関する課題は、さまざまな形で現れます。ひたすら金持ちを毛嫌いし、「多すぎる」財産をもてば、不道徳的になると決め込み、かつかつの収入で生活している人もいます。また、裕福な家庭に生まれたにもかかわらず、自分の財産を恥じ、社交的なつき合いを拒否して孤立したり、逆に財産を増やすことに夢中になる場合もあります。一般的に裕福な「8タイプ」は、豊かな生活に安穏《あんのん》として、自分が財産ゆえに人に好かれているのかどうか知ろうともせず、自分を磨く努力をしようともしません。

このような人は、生活態度を改め、技術を磨き、人間的な自信を手に入れて、努力に見合った報酬という、調和のとれたエネルギー交換の必要性など、物質面の成功の法則を理解することが大切です。不道徳な方法で金儲けをしたり、財産を他の人のために役立てようとしないなら、いくら財産があっても、心は満たされません。

またバランスのとれた視点を保ちつつ、財産と権力を冷静に処理することも大切です。金儲けに夢中になる傾向がある人は、「意見の神」を「金銭の神」に置き換えて、「直感の法則」（５０８ページ）を読み直し、そこに概述した実践法を学ぶようにしましょう。

「誠実の法則」（４９９ページ）もまた、金銭や権力、名声、成功をあがめる愚《おろ》かしさを教えてくれます。よい仕事をし、世の中に役立てば、自然と富は流れ込んできます。もっとも「十分な収入」は、人によって随分違います。たとえば、大都市で大家族を養うには、地方で一人の人間が生活するよりも、ずっとたくさんの収入が必要です。

「4タイプ」は、トンネルの出口を見つけるのに苦労しますが、「8タイプ」は簡単に出口を見つけます。しかし出口にたどり着く努力を怠るのです。目的を達成した時のイメージをすでにもっているため、苦労を面倒に思い、人生に退屈するのです。彼らは、成功のイメージを現実にする努力を続けることが苦手です。刈り取るためには、まず種を蒔《ま》かなくてはなりません。

自分の代わりに種を蒔いてくれる人など、どこにもいないのですから。

成功の香りは甘美だが、必ず汗の匂いが混じっている。

作者不詳

［8タイプ］の中には、金銭ではなく、権力や名声を求める強い衝動をもつ人もいます。しかし運命からの挑戦は容易には克服できないので、こうした［8タイプ］は脚光を嫌い、名声を恐れます。しかし内輪でさりげなく目立ったり、他の方法で尊敬を集めたいという欲求をもっています。

この人々の心の中には、独裁君主のような絶対的権力を目指す欲望が燃えています。冷酷なまでのその衝動は、大抵は抑えられていますが、ふつふつと沸き上がる権力欲は他人を不安にさせます。表面上は親切で弱気なように振る舞っていても、内面からにじみ出る潜在的な力が人を脅えさせるのです。この人々は内面の衝動を恥じて、自分を「悪い人間」だと蔑《さげす》み、悩みます。権力をうまく生かせば、世界的なリーダーとなり、慈愛あふれる奉仕活動をすることもできるのに、それに気づかないのです。

こうした［8タイプ］は、権力への衝動と恐れの間で揺れ動きます。権力を振りかざし、高圧的に振る舞うかと思うと、別の場面では自虐《じぎゃく》的な立場を選びます。中には、傲慢《ごうまん》な友人とつき合って、奴隷のように従い続ける人もいます。自ら立ち上がり力を主張するまで、雇い主や両親、その他の人に軽んじられ、嘲られ続ける人も少なくありません。

権力は、金銭と同じく、プラスにもマイナスにも作用します。プラスの権力は、力を維持すべき時と、身を引くべき時をわきまえる力、つまり自制力として現れますが、使い方を誤ると、自分を破滅させます。力のバランスをとり、それを社会に還元する方法を学ぶ以前の［8タイプ］は、過大な権力と過小な権力、富豪と貧困、受動性と攻撃性の間を揺れ動きます。

多くの［8タイプ］は、受動攻撃性をもちます。この人たちは力を抑圧して、身勝手に振る舞ったり、間接的な支配を試みます。物静かで穏やかに見えても、内面は噴煙をあげる火山です。また支配欲が、支配される恐れとして現れると、臆病でおどおどと振る舞い、感情的、社会的争いから逃げ回ります。

また規則に従うよりも、規則を作りたがるのもあなた方の特徴です。自分は賢明で人より抜きんでているので、いかなる規制を受ける必要もないと思っているか、何らかの理由で自分は例外だと考えるのです。しかし宇宙をつかさどる精神法則に、当てはまらない人はいないということに、いつか気づくことになります。

［8タイプ］の人生はドラマチックです。そして学ぶべき課題も並大抵ではありません。金銭欲と権力欲に目がくらみ、不正な行為や無軌道な生活をいつまでも続けていると、手痛い教え——つまり、法の裁きという教えを受けることになるでしょう。だからこそ早い時期に自分に与えられた運命を知り、精神法則を取り入れることがあなたのためになるのです。

［8タイプ］は、潜在的に自分は悪い人間だから、金や権力や名声を悪用するのではないか、と恐れています。だから成功を目前にして、本能的に逃げ出してしまうこともあります。あと一歩で輝かしい成功や名声が手に入るというのに、さまざまな人生の落とし穴を自分から導き入れ、病気になったり、交通事故に遭ったり、離婚して多額の慰謝料を抱え込んだり、仕事のパートナーに資金を持ち逃げされたり、ギャンブルで全財産を失ったり、浪費してしまったりするのです。本人は「どうしてこんなことになってしまったのだろう？」と嘆き、首をひねるでしょう。でも心の奥底ではその答えを知っています。権力を悪用しない最高の手段は、権力を手に入れないことなのですから。

しかし［8タイプ］は、想像を超える方法で富や好機を引き寄せる力を持っています。「求めよ、さらば与えられん」を体現する運の持ち主で、膨大な豊かさが手に入れられるとしても、「ほんの少しでいい」と言えば、手に入るのはごくわずかです。

「誠実の法則」（499ページ）は、あなた方が豊かさから目を背けて拒絶すること、そしてずるをして金銭や権力を得ることから救ってくれるでしょう。もし成功をあせって、周囲の状況を考えず、他人を踏みにじれば、厳しいしっぺ返しをくらいます。金銭、権力、権威、名声に関する高潔さを保ち、成功を悪用しない努力が必要です。あなた方が不誠実な行動を起こすときは、意図的にするのではなく、自己欺瞞の形を取ります。つまり金と権力に目がくらみ、感覚が麻痺《まひ》していたり、何らかの理由をつけて正当化したりして、自分をだますのです。

［8タイプ］は、奉仕に見返りを求めます。しかし、その傾向が強い人ほど無私の奉仕活動の素晴らしさを知った時の変化は劇的です。自分の時間とエネルギー、財産を、一切の見返りを求めず他人のために捧げられるようになれば、自分を蔑《さげす》むことも、成功を避ける必要もなくなります。財産、エネルギー、知恵を惜しみなく与える時、つまり、金と権力を精神的な力と結びつける時、［8タイプ］は最良の形で、人生を歩むことができるでしょう。

「大いなる意志の法則」（504ページ）は、人生に大きな視野をもつことを思い出させ、物質的な成功を世の中に役立てる方法を教えてくれます。この法則に従えば、成功に対する恐れもなくなります。

その他の特質と課題

プラスの［8タイプ］は、内面の豊かさを素直に外に表します。あなた方は、時にラッキーに見えるかもしれませんが、これはあなた方が、大いなる魂から与えられた運命なのです。これはあなた方が他のタイプより楽をしてよいという意味ではありません。人生の途上では試練と葛藤に出合うほか、人生のエネルギーは常に補給し続けないと、いずれは干上《ひあ》がってしまいます。「求めよ、さらば与えられん」と言うように、豊かさの雨が際限なく降りしきっていても、てのひらで雨を受けていれば、てのひら分の恵みしか享受することはできません。

［8タイプ］が成熟すると、豊かな精神性を明確な形で世の中に示すことができます。自分に与えられた恵みは、すべて他人に分け与えることができます。プラスの［8タイプ］は、どのような収入レベルにあっても、惜しみなく自分の富を分け与え、周囲を豊かな友情、愛、平和で満たします。金銭や権力は人間の性質を増幅する単なるエネルギーであり、本質を左右するものではないと知っています。もし貪欲に振る舞えば、金や権力のエネルギーは人をいっそう貪欲にし、愛情深く振る舞うと、富とともに愛は大きく育ちます。

また［8タイプ］には、「ダブル4」の傾向もありますから、内面の基礎を築く過程で、家族問題にぶつかるかもしれません。たとえば自我形成の過程で親のアルコール依存症問題にぶつかるといったケースです。

人生の目的を達成するには、まず内面の豊かさ、内面の権力、内面の権威に気づかなくてはなりません。内なる富に気づいた時、自分の豊かさを自然に世の中に表すことができるのです。

頂上にて　可能性と運命

頂上に近づいた［8タイプ］は、大変な資産家になっているかもしれないし、つつましい生活を営んでいるかもしれません。大きな権力と影響力をもっていることもあれば、謙虚に生きているかもしれません。輝かしい名声と地位を手に入れているかもしれないし、友人や家族、同僚たちに慕《した》われる無名の人物かもしれません。しかしどちらにしろ、成熟した［8タイプ］は、外面の豊かさには執着《しゅうちゃく》せず、内面の豊かさと自然と集まる富と権力と名声を、世の中のために役立てます。

彼らは、自分の富を分け与えるばかりでなく、相手が欲するなら、その人に適した富、力、名声を手に入れる手助けをします。自らの殻を打ち破った時には、寛大な博愛主義者となり、自分の富を分け与えて他人を助けることに生き甲斐を見出すようになるでしょう。

最高レベルに達すると、人生、自然、聖なる魂の奥底に豊かさを感じ、それを多くの人と分かち合います。この人々にとって、人はみな家族です。複雑な知性と絡み合った人生の糸の中から姿を現す崇高《すうこう》な権威と権力に、自らの権威と権力を喜んで捧げ、世の中のために尽くすようになるでしょう。

行動チェックリスト

次の行動は「8タイプ」の人生を向上させるでしょう。

・武道などを通して、自分の力とエネルギーと向き合い、それを建設的に表現することを覚えよう。
・自分を振り返り、身の回りの豊かさ、そしてその逆はすべて自分の招いた結果だと考えよう。
・富と権力、地位について、自分の考えを見直してみよう。
・今の自分がもっているすべてのものに感謝し、その一部を他の人に分け与えよう。

権威⇩影響力に近づくには

1、映画、文学、歴史上の人物、あるいは直接知っている人物の中で、金銭の問題を乗り越え、必要な時には断固とした態度を取り、自分の豊かさをほかの人に寛大に分け与えている人を思い浮かべよう。

2、金銭に執着せず、真の豊かさをもち、内面の力をプラスに生かせるその人物になった自分をイメージしよう。それらの特質を生かし、より大きな豊かさを手に入れるには、どうすればよいか具体的に考えてみよう。

9 知恵⇩高潔さ

夜明け前の暗闇のなか、
一人歩く聖人がいる。
彼のもつランタンに導かれ、
多くの人々があとに続く。
衆生《しゅじょう》のために行く手を照らす聖人。
もし彼が道を踏み外せば、
他の人も同じ運命をたどる。
あなたも彼のように、
人々の見本となれるだろうか？
持ち前の高潔さで
人々を導くことができるだろうか？

私の人生が、私の教えだ。

マハトマ・ガンジー

人生の目的

［9タイプ］の人の人生の目的は、心からあふれる知恵に従い、誠実で高潔な人生を送り、他の人々を導く生きた手本となることです。しかし運命の挑戦は高いハードルを用意しますから、［9タイプ］（9、18／9、27／9、36／9、45／9）と、誕生数に9をもつ人は、自分に内在する高潔な精神と知恵に気づくまでには、さまざまな障害を乗り越えなくてはいけません。

［9タイプ］以外にもリーダーとして活躍する人はたくさんいますが、［9タイプ］は、自らの生き方により人々を啓発するという、もっとも純粋な形でのリーダーシップを発揮します。彼らは、生来のカリスマ性によって、人々を正しく導くかあるいは誤った道に引

き入れます。このタイプは、自分で好むと好まざるとにかかわらず、常に他人の手本となります。自らの不道徳な言動や不身持ちな行ない、不健康な習慣が人に与える影響を常に念頭におき、いつも身を正すよう心がけなくてはなりません。

自らの運命を全《まっと》うする旅には、厳しくつらい、運命が与える試練が待ちかまえています。「9タイプ」の場合は、高潔な精神法則に従って生きることができません。精神法則をねじ曲げ、宇宙の摂理《せつり》をあなどり、不用意な言動を行なっては周囲の人を迷わせます。

知恵⇩高潔さとは

「子供は親の言うことは聞かないが、親の行動を真似る」と言いますが、これは大人の世界にも当てはまります。言葉は私たちの意識に語りかけますが、行為は潜在意識に言葉よりずっと強く働きかけます。私たちはその師の真似をすることで学び、ものごとを体現することにより、指導します。「9タイプ」は、何をするにも人の手本となる使命を負っているのですから、常に自分の人間関係、仕事、子育て、友情、ライフスタイルを管理していなくてはいけません。そして「自分の人生は、他の人にどのような見本となっているのだろうか？　果たして自分は宇宙を包括する法則に従って、誠実な生き方をしているだろうか？」と、いつも自分に問い続けてください。

世の中には、非常に雄弁な人がいます。知性と威厳に富んだスピーチで崇高な理想を披露し、言葉によって他人を啓発します。しかし、言葉を自ら実践《じっせん》している人でなければ、聞く人の心の琴線《きんせん》に触れ、生き方を変えさせることはできません。主張することを自ら行動に移すことができて初めて精神世界の威厳を身につけることになるのです。「9タイプ」は努力なしに俗世間の上にある宇宙の法則を感じる能力があるのですが、ただ知識として知っているだけではなく、その知識を実行に移しているか、常に気を配る必要があるのです。プラスの「9タイプ」、マハトマ・ガンジーは、自分自身が砂糖を食べるのをやめられるまで、子供に砂糖を禁じることはできない、と語ったといいますが、「9タイプ」は皆、自分の言葉への責任をもたなくてはなりません。

他人に影響を与えるなら、プラスの影響を与えたいと考える［９タイプ］は、まず自分の感情面と取り組まなくてはなりません。理性に導かれる感情ではなく、自発的に起こる感情の領域には、あなたの感情の源となっている、大いなる知恵の泉があります。大いなる魂からのメッセージを手に入れるには、心の直感、つまり魂の言葉に耳を傾けなくてはなりません。ほとんどの［９タイプ］は、理性が命じるままの言動を行ない、感情領域にある魂の声がそれを否定しても、全く聞く耳をもちません。自分を高め、宇宙の倫理にあった言動をするには、これからは心の直感の命ずるところを常にチェックする習慣をつけてほしいものです。

精神法則は、社会通念や社会をコントロールする法則とは全く別次元のものです。マハトマ・ガンジーや思想家のデイビッド・ソローなど、歴史上に名を残した［９タイプ］は、当時の社会の規範にとらわれず、理想の人間社会にあるであろう崇高な精神法則に基づく行動を目指しました。あなた方が理性と感性、言葉と行動を一致させ、直感的な知恵からくみ出す精神法則に従って生きる時、本当の高潔さを示すことができるでしょう。

人生のハードル

人に与えられた使命はさまざまですが、［９タイプ］の使命は、精神法則の体現です。そしてあなた方の心の中には「罪と救済」「背信と悔悛《かいしゅん》」の原型が住んでいます。そして人生の苦しみから学ぶことから逃げて自殺を試みたり、他の人の生き方を尊重しなかったり、支配力を悪用したり、低俗な神をあがめたり、神の名を騙《かた》って演説したり（たとえば一部の低俗なテレビ伝道師など）というのが［９タイプ］に典型的な「精神的背信行為」です。

その昔「魂を救う」という理由で人々を十字架で焼き殺し、拷問台の上で惨殺したのは、心の声よりも理性を信頼した［９タイプ］でした。彼らは、「魂の声」に耳をふさぎ、歴史の中で迫害し、迫害される役柄を演じ続けたのでした。

［９タイプ］の中には、宗教や東洋の精神鍛錬に親しみ、その教えに従い、また伝道師となることで、慰めと赦《ゆる》し、霊感を得る人もいます。その一方でこのタイプの大半の人は宗教を避け、宗教と無縁の生活をして

います。しかしあなた方の中には生まれた時から、宇宙の法則に従って生き、それを他人への指針とするという運命に近づこうとする心の声が響いているはずです。

宗教や、精神世界のテーマはどうもよく分からないという［9タイプ］も多いのですが、心の奥深いところでは、崇高な真理を求め、時に道を踏みはずした古代、中世の聖人や聖女と同じ魂《たましい》が息づいているのです。

しかし、人生の目的は容易には達成できません。［9タイプ］の場合、探し求めている精神法則が、自分の内にあることになかなか気づきません。心の声に耳を傾ければ、どうすればよいかすぐに分かるのに、理性が邪魔をしてそれができないのです。

なかでも一番苦労するのは、原因と結果（行動と反応）の法則の修得です。彼らは他人のアドバイスに耳を貸さずに十代で親となって、子育ての重圧に押しつぶされたり、不健康な食事や運動不足、多量のたばこ、アルコール、無軌道なセックスのせいで身体を壊したりしても、結果を引き起こした原因が自分にあることに気づかず、突然「天罰」が下ったかのように感じるのです。

このような傾向は、［9タイプ］が失敗の経験から学び、成長し、他の人とこの経験を分かち合うために、人生が意図的に与えた試練です。あなた方はどんなことをしても、他の人の手本になる運命から逃れられないのです。

人生は［9タイプ］に、安楽な物質界の誘惑を克服し、精神法則の世界へ足を踏み入れるという厳しい使命を課しました。ですからあなた方が人生で遭遇する出来事はすべて、偉大な知恵と高潔さへ到達する足がかりとなるよう計画されています。そして、［9タイプ］は自分の崇高な使命を自覚する必要があります。

しかしすべての［9タイプ］が、教師や指導者となるわけではありません。実際にあなた方が就く職業は、家具職人、大工、音楽家、秘書、郵便配達人などさまざまです。しかしどのような環境にいても、あなた方はいつの間にか、リーダー的立場に立っています。

周りから、自然にリーダー的立場に押し上げられた［9タイプ］の女性、ゲルタの例をお話ししましょう。ゲルタは、ストレス解消にヨガをしようと思い、ヨガの本を買いました。図解を見て、ストレッチやポーズを練習し、リラックスするための瞑想も始めました。

その後、先生について習いたいと思うようになり、近くのコミュニティー・センターにヨガ教室を見つけました。最初の日、何気なく教室に入っていくと、十名ほどの生徒がすでにいて、先生を待っていました。ゲルタは準備運動をしようと、すみの方へ行って、二、三のポーズをしました。しかし先生は来ません。彼女は、もう二、三のポーズをしました。とうとう、生徒の一人が言いました。「ねえ、先生、来ないんじゃない？　もう、帰りましょうよ」

　すると他の人が、「でも、せっかく来たんだから、誰かが先生の代わりをすればいいじゃない」と言って、ゲルタの方を向きました。「すみません。あなた、お願いできないかしら？」

「私が？」ゲルタは答えました。「でも私、今日が初めてなのに。ヨガのことなんて全然知らないのよ」

「あら、あなたならできるわよ」と、彼女。「お願いするわ」

「とんでもない」と、ゲルタは言いました。「ただ、準備体操をしていただけだから……」

「でも、ちゃんと形になっていたもの。あなたなら大丈夫」

そういうわけで、ゲルタはヨガの先生の代役をつとめ、とてもうまく行きました。

　次の週、ゲルタのところに、ヨガの先生から電話がかかってきました。「生徒さんたちが、あなたの教え方がとてもよかったって言うの。ヨガ教室を手伝っていただけないかしら」。こういうわけで、ゲルタは気がつけばヨガ教室の先生となり、自分の手本で他の人を導くようになっていました。

　人生の目的に目覚めた「9タイプ」は、感性を通して、社会規範を超越した、心の奥底の崇高な人生の法則を見出します。しかし、まだ直感とふれあうことを知らない「9タイプ」は、自分で法則を作り出そうとします。

　未熟な「9タイプ」は、こうして自分で作った法則に見合う人生を送れないと、自分自身を責め、苦しみ、感性を疑います。このフラストレーションが内向化すると、罪の意識から、アルコールや薬物、その他の自虐的な行動に走ります。

　多くの「9タイプ」は、清く正しいモラリストと、モラルの破壊者という両極端を揺れ動きます。理性の枠《わく》から抜け出す以前の彼らは、魂の感性に従って行動する時の非論理性、感情、あいまいな目標に戸惑います。そして、自分に与えられた崇高な目的を理解し、感性の力を信頼した上で行動しない限りは、何をしようとも「理由なき反抗」に終わります。そして最後は、自分が向上を目指して闘っていた「人間の法則」、つまり法律によって断罪されることになるでしょう。法廷で裁かれる場合は、人間社会の法律から精神法則を学ぶことになります。

精神法則は、ものごとの正誤を超越した真実と、因果を教えてくれます。この法則に従って生きるには、愛と勇気、共感、知恵が必要です。感性とふれあうことができない人は、「大いなる意志の法則」（５０４ページ）を学びましょう。どのような人生の道を歩もうと、「9タイプ」の心には、いつも大いなる声が響いています。彼らの探求するものが富であろうと、名声であろうと、愛であろうと、人生の意味であろうと、耳さえすませば、魂の声が聞こえます。それが聞こえるようになると、あなたは羽が生えたように軽い足取りで進めるようになり、より深い喜びに満ちていくでしょう。

成熟し、大いなる魂との対話を取り戻した「9タイプ」は、暗闇を照らす光となります。霊的な奥深さと情熱に彩られた、生来のカリスマ性と存在感は、周囲の人々を深淵な愛と憐《あわ》れみ、知恵で導きます。

マイナスの「9タイプ」は、自分の考えを、宇宙の神のように信奉します。そして、理性と欲望を感性に優先させ、狂信的な思想をあみだして、他の人を誤った道に誘い込みます。感情の領域で異議を唱える、大いなる意志に気づき、それに従うようになるまで、悲劇的な結果が本人と道連れになった人々に訪れるでしょう。

プラスの形であれ、マイナスの形であれ、「9タイプ」は、必ず人を導く立場に立ちます。彼らが精神法則をねじ曲げると、人生はすぐに教訓を与え、方向を修正させます。もし、彼らが未熟であれば、人生は厳しい反省を迫り、本質的な法則、原理を分からせようとします。この現象はどのタイプにも見られますが、「9タイプ」に与えられる教訓は、特に直接的で強烈です。しかしそれは、心の中に潜む大いなる知恵に気づくための大切な経験なのです。

何も完璧な手本となる必要はありません。よい手本であればいいのです。精神法則を第一に考え、それを実現するよう全力を尽くし、仕事で、個人生活で、食事、運動、健康の場面で、常に心の中で「この場で適応するべき精神法則は何だろうか?」と、問い続ければよいのです。言いかえれば、「私が、勇気と愛情をもち、寛大で、共感と知恵に満ちあふれているなら、ここで何をするだろうか?」と自問するのです。理性はその瞬間の自分の欲望に即した近視眼的な答えを出すだけですが、直感的な感性は、長期的視野で、人類を家族と捉えた遠大な視点に基づく素晴らしい答えをささやいてくれます。

精神法則が、心の中に書き込まれているのなら、どうやってそれに近づけばよいのでしょう?「直感の法則」(508ページ)は、直感に従って、内面の知恵とふれあうことを教えてくれます。

不思議なことに、他人の意見に左右されがちな人ほど、いったん自分の意見をもつと、それが絶対的真実と信じ込みます。こうして自分の意見を狂信的に信じ込むと、生来の素晴らしい知恵と法則を見失ってしまいます。

大いなる知恵の泉を見つけた「9タイプ」は、現実により深く根ざした言動ができるようになり、他の人が、独自の道を歩むことも認められるようになります。心の中の知恵に導かれて生きるあなた方の人生は、高貴な輝きを放つでしょう。高潔さと知恵と共に生きることを学び、罪の意識から解放された時、豊かな力と意義に満ちた人生の中で、のびのびと翼を羽ばたかせることでしょう。

気づきがある段階に達すれば、他の人の気づきも助けられるようになります。そして、深淵な人格と知恵、高潔さによって、他人を啓発する光となるのです。

その他の特質と課題

「9タイプ」の人生は、傍目にはうらやましいものに見えるかもしれません。しかしあなた方は心ではどこか満たされない、言葉にできない感覚をぬぐうことができません。気づいている人も中にはいますが、このもやもやした、何か足りない感覚というのは、あなたの運命からの呼び声——人々ともっと深く結びつき、深淵な人生の法則を知り、それに従って生きたい、という欲求です。

このエネルギーが抑圧されたり、マイナスに現れると、慢性の病気や奇病、無気力、痛み、背骨の病気、重症の関節炎を引き起こすことがあります。こうした病気の原因は外部ではなく、精神面、つまり潜在意識の中の「罪」と「救済」にあります。

このタイプには、催眠療法や信仰療法など、潜在意識に働きかける療法が有効です。しかし人生をプラスに生きられるようになると、ほとんどの肉体的な病気は、自然に治っていきます。病気を天罰と考え、治すことばかり考えている間は、どんな治療法もほとんど効果は上がりません。しかし自分自身を許し、他人への奉仕に目を向け、自分の病気を認めた途端、快方へ向かいます。

「非審判の法則」（483ページ）は、大きな救いとなるはずです。この法則は、大いなる魂は私たちを裁かず、ただ人生のバランスをとり、学習する機会を与えるだけということを教えてくれます。「6タイプ」と同様、「9タイプ」は、理想のパターンに合致しているかどうかですべてを評価し、罪の意識で自分を苛みます。審判からの解放は、精神的な拘束を取り除き、精神的、肉体的な大きな癒しを与えるでしょう。「9タイプ」の場合、この法則は、「6タイプ」より深淵な効果があります。審判から自分を解放する、簡単な方法を紹介しましょう。まず、深呼吸をして、意識的に自分を束縛する評価を吐き出すのです。大きく息を吐き出すごとにこう心に言い聞かせてください。「私は、もう自分を裁《さば》かない。重荷を全部降ろすぞ」と。そして息を吸い込むごとに、赦しと癒しの光を身体に取り入れましょう。

心を解放し、自分を許せるようになった時、大いなる魂は、いつも自分と共にあったことに気づくでしょう。また、「信頼の法則」（488ページ）は、大いなる魂の知恵と神秘が、すぐそばにあること、そしていつでもアクセスできることを思い出させてくれます。

頂上にて　可能性と運命

高潔な精神と素晴らしい知恵を自分の内に見つけた時、あなた方は頂上に大きく近づきます。成熟した「9タイプ」が常に人を教える立場に立つとは限りませんが、常に霊感と手本で人を導きます。あなた方に従う人の数はさまざまですが、世の中を変化させる力に変わりはありません。偉大な法則を自ら体現する［9タイプ］の高潔な生き方は、人々の心を打ち、私たちの人生を導く光となります。

言葉で導く［9タイプ］の場合、その豊かな言葉には精神的な力があふれ、高潔な行動には揺るがぬ権威があります。また、あえて多くを語ろうとしない［9タイプ］の場合は、その人生そのものがみなの手本となるでしょう。ちょうどガンジーがそうであったように。こうした［9タイプ］の霊感は、高貴な愛の原理に触れ、その力に完全に屈服した時に生まれます。あなた方のエネルギーは人間性を動かし、その人生は、高潔さと知恵の生きた証明となるでしょう。

行動チェックリスト

次の行動は［9タイプ］の人生を向上させるでしょう。

- 自分の心の声に耳を傾けた上で、他人の意見と選択を尊重しよう。
- 重要な行動をしたり、決定をする前に「私の中にある高次の魂はどうするだろう？」と考えてみよう。
- 自分は、好むと好まざるとにかかわらず、何をするにも人の手本となっていることを常に心にとどめておこう。
- 自分が直感的に惹《ひ》かれるものを見つけ、それに従おう。

知恵⇩高潔さに近づくには

1、映画、文学、歴史上の人物、あるいは直接知っている人物の中で、高潔さ、知恵にあふれた人生を送り、生きた手本となっている人を思い浮かべよう。

2、崇高な原理に従って生き、気高い目的に喜んで奉仕する、その人物になった自分をイメージしよう。それらの特質を生かし、高貴な知恵と高潔な精神を手に入れるには、どうすればよいか、具体的に考えてみよう。

0 霊的素質

誰にも気づかれず、
ひっそりと湧き出す泉がある。
魂の奥底でこんこんと湧き出す
この泉を掘り当てた者は、
豊かで実り多い人生へのエネルギーを
無限にくみ出すことができる。
あなたは、
この泉を知っているだろうか？
あなたの心の奥には、
どのような資源が、
そしてどのような才能が
眠っているだろう？
内面の泉をくみ出すには、
どんな人生を送ればよいのだろうか？

我々の命は皆、神からの贈り物。
自分の生をどう生かすか――
その結果は神への贈り物となる。

作者不詳

人生の目的

誕生数の1から9は、私たちの運命の基本的な資質を表しますが、誕生数の0は、人生の目的というよりも、霊的素質、潜在的な力を表します。誕生数の0は、より洗練された感性、力、表現力、直感の能力を与え、他の数字のエネルギーを増幅します。

私たちは誰でも、感性、強さ、表現力、直感の能力をもっています。しかし、誕生数に0をもつ人（10／1、19／10、28／10、37／10、46／10、20／2、30／3、40／4）は、特にその能力に優れています。ほかの誕生数と同様、0にもプラスとマイナスの両面があります（あるいは全く隠れている場合もあります）。与えられた運命を全うするには、障害がつきものですから、誕生数に0をもつ人は、未熟なうちは、むしろ感性に欠けているように見えるかもしれません。

霊的素質を自らの中に見出し、人々と分かち合うか、あるいは悪用するか、または無視してしまうかは、その人の成熟程度によって決まります。その他の資質と同様、霊的素質も、経験と霊感と愛情の芽生え、崇高な目的意識の成長に従って育っていくのです。

霊的素質

霊的素質の示唆する感性は、さまざまな形で現れます。共感能力——つまり、感性レベルで人と感じ合う力もその一つです。この能力はカウンセリングや教師には欠かせません。また部屋に入った時、他の人には全く普通の部屋に見えても「この部屋は、変な感じがする」とか、「この部屋には幸せが満ちている」あるいは「悲しみ、苦しみ、平穏に満ちている」などと感じ取るのも、鋭い霊感の働きです。

一方これがマイナスに働くと、感覚過敏となり、周囲の人の感情が無限に流れ込んで翻弄《ほんろう》されます。そうなると人のあら探しをする場合もあるし、他の人の感情に同化しすぎて、自分を見失ったり、利用されることもあります。また神経システムが無防備になって、些細なことで深く傷つきます。

強さ

霊的素質の示唆する強さが、肉体的な能力として現れると、活力やバイタリティーとなり、精神的に現れると、忍耐強さや不屈の精神となります。彼らは力強い手で他人を支え、ぐいぐいと導きます。

しかし、力だけが際立ち、感性その他の素質とのバランスが崩れると、頑固さや抵抗、攻撃性といった力のマイナス面が顕在化します。

表現力

霊的素質の示唆する表現力は、雄弁な言葉を与えます。この人々の発する言葉は、感性に直接訴えかけ、感動と霊感で聞く人を導きます。表現力はコミュニケーションに限らず、芸術や音楽、その他の伝達手段を通じて発揮される場合もありますが、感性に響く力に変わりはありません。

表現力がマイナスに現れると、辛辣《しんらつ》な批評家となります。言葉は残酷な武器となりますから、表現を崇高な目的のために用いるよう心がけなくてはなりません。

霊的直感力

霊的素質の示唆する直感は、即物的な世界と、理解と経験の世界の障壁を取り除き、内面のビジョンと感覚に従って、直感的にものごとを判断し、人を導く力を与えます。直感がプラスに働くと、優れた直感的な判断で、カウンセリングやヒーリングの場面で活躍することでしょう。

直感がマイナスに働くと、周囲の余分な感覚や思考、存在やエネルギーまで過敏に感じ取ります。ですから自分が受け取った感覚が果たして、崇高な目的の追求に必要かどうかを、常に見極めておく必要があります。

顕現の形

上記の4つの特質は、すべてが同じ程度に現れるわけではありません。感性と表現力が特に優れている場合もあるし、力と直感に能力を発揮する人もいます。霊的素質は、誕生数のエネルギー、特に人生の目的を表す右側数のエネルギーを増幅し、純化します。

霊的素質が成熟するのは、一般に35歳から45歳の間です。中には何らかの危機や緊急事態をきっかけにして、もっと早い時期に成熟する時もあるし、ゆっくりと年月をかけて育っていく場合もあります。この才能は生涯失われることはありませんが、どの程度プラスに生かせるかは、人生の障害をどれほど克服したかで決まります。人間的に成長し、世の中に奉仕するという自覚が芽生えるにつれ、その才能はより豊かに、力強さを増していくでしょう。

霊的素質を開花させるために

1、自分の感性について考えてみよう。これまで、感性をどのように利用してきたか、それとも感性に利用されてきたか？　この才能を人のために役立てるにはどうすればよいだろう？

2、自分の力について考えてみよう。自分の力はどのような形で現れているか？　内面の力？　外面的な力？　それとも両方？　あなたは自分の力を正しく評価しているだろうか？　人生の中で、力を十分に生かすにはどうすればよいだろう？

3、自分の表現力について考えてみよう。人間関係や仕事の中で、どのように表現力を用いているだろうか？　この才能に気づいていたか？　それとも疑いをもっていたか？　表現力をもっともプラスに生かすにはどうすればよいだろうか？

4、自分の直感について考えてみよう。ものごとを判断し、人を導く時、自分の直感を信頼しているか？　意識して直感を活用しているか？

第三部

誕生数が明かす運命の道

どうやら人は最後に、
自分の人生を
引き受けなくてはいけないらしい。

アーサー・ミラー

第三部のはじめに

運命の道

人間の
もっとも素晴らしい点は、
目的をもって
生きられることである。

モンテーニュ

第三部は、運命システムの詳細です。誕生数ごとに解説を設け、全体を読み通さなくても、必要な情報が簡単に手に入るようにしました。

このセクションでは、あなた自身のページはもちろん、パートナー、子供、両親、友人などについて書かれたページを繰り返し読むことになるでしょう。そこから得た情報は、その人々に対するあなたの認識を新たにし、またその人々の運命の道へと導くための貴重な素材になっていくでしょう。

本書を読み直すたび、誕生数の項目から読みとれる情報が、次第に変わっていくように思うことがあります。二度、三度、四度と読むうちに、これまで目につかなかった情報に驚くこともあるでしょう。でも、本書の内容が変化したわけではありません。変わったのは、あなた自身なのです。

第三部では、二十世紀以降に生まれたすべての人の全45種類の誕生数を、もっとも影響力の強い最終数、つまり人生の目的別に項を組んでいます。創造性が人生の目的となる10タイプ、1のエネルギーがダブルになった11タイプは、11ダブルの安心⇩創造に分類しました。また、1と2のエネルギーが合わさった12タイプは、12創造的協力に分類してあります。

各誕生数の内容は、以下のようなものです。

・人生の目的
誕生数を構成する一つひとつの数字エネルギーが相互に作用して、どのような人生を織りなすかを、簡単にまとめました。

・誕生数のプラス面とマイナス面
同じ誕生数が、プラスとマイナスに現れた対照的な例をそれぞれ挙げました。

・人生の課題
健康、人間関係、才能、仕事、経済面での課題と傾向を述べています。

・有名人
その誕生数をもつ有名人をリストアップしました。同じ誕生数の人が、異なった分野でどのように才能を発揮しているかを参考にしてください。

・運命を実現する鍵
本書で得た情報を行動に移すにはどうすればよいかを明らかにします。

・精神法則　人生を変えるために
ここでは、各誕生数の鍵となる精神法則を述べました。人生の山を征服し、使命を達成する助けとなるでしょう。

1 安心⇓創造

創造性の花は、称賛によって開く。
しかし、花の美しさを信じられないと
蕾のまま摘み取られてしまう。

アレックス・E・オズボーン

ここでは最終数（下側数）に1をもつ人々（10／1を含む）の人生について解説しました。10で終わる誕生数（19／10、28／10、37／10、そして46／10）の場合、1のエネルギーが0の霊的素質によって増強されています。ダブルの1の解説は続いてみていきます。

10/1

10 1

安心⇩創造
霊的素質を備えた安心⇩創造

誕生数10／1の人生の目的

誕生数10／1の人は、生来の直感力とエネルギーあふれる魅力で人々を魅了し、豊かな創造力をプラスの、建設的な用途に生かすために生まれました。しかし10／1が人生の目的を達成するにはダブルの1がもつ否定的要素――特に劣等感からくる不安や他人に対する承認欲求――という課題を克服し、成熟する必要があります。これらの要素は人生の早い時期から自らの才能を探るよう彼らを駆り立て、また困難に打ち勝って新たな能力を開発するよりも、簡単にできることを優先させるかもしれません。

誕生数が一桁の人々（4、5、6、7、8、9）や20／2、30／3、40／4の人々同様、10／1の人は複数の数字で構成される誕生数がもたらす複雑な課題に取り組む人々に比べ、人生のハードルに足を取られることが少なく、シンプルな課題に取り組むことになるでしょう。このため10／1は創造エネルギーという単一テーマと取り組む人生を経験します。この人々は人間関係、健康、仕事の面で問題があっても、日常のあらゆる局面に創造的思考や創意工夫を取り入れている限り、進むべき道を歩んでいる実感がもて、充足感や達成感があるでしょう。

10／1が成長し、成熟するにつれ様々な人生経験を積んで、0がもつ霊的洞察力（光に導かれて知覚し、感じる力）を信じるようになっても、この人々が内的欲求を満たし、恐れを克服し、価値観、人生の道、目的に取り組む際は常にダブルの1による課題（自らに内在する豊かな創造力を引き出すこと）を克服しなくてはなりません。

このエネルギーはプラス（建設的）にもマイナス（破壊的）にも使えるので両刃の剣で、ちょうど火が暖炉にあれば部屋を暖める一方で、火事の原因にもなることと似ています。誕生数10／1に取り組む人は自らの創造エネルギーを否定し続けることはできないという原則を心にとどめ、プラスであれマイナスであれ、否応なく常に何かしらの創造をするという運命を自覚しなくてはなりません。

人の役に立つアプリを発明した有能なプログラマーがいる一方で、ソフトウェアウイルスを作ってばらまく人もいる、テクノロジーに精通したソフトウェア・エンジニアがインターネットの安全性を向上させる一方で、それを壊す人がいる……これは育った環境、経験、その他の変数次第で異なる動機や経緯を持ち、天から授かった創造力を良くも悪くも活用できるという好例です。このような構築と破壊という二極化に向かう欲求は、現代の政治や社会秩序にも如実に表れています。

精神法則は人の道徳観念に根差したものではなく、人の行為とその結果によるものです。自らの創造力をマイナスに、または破壊のために使った10／1でも、自らの行為が他人や自分自身に引き起こした顚末から学ぶことができ、態度を改め建設的な目標を立ててプラスの成果を勝ち取ることができるのです。例を挙げると、コンピュータハッカーだった人が、最終的に企業のネットワークセキュリティ向上を目指して創造的なソリューションを築くといったケースです。

第二部で基本数1の解説を読み、1がもつ基本的な目的についてはご理解いただけていることと思います。10／1の場合、ダブルの1で創造への欲求と潜在能力が二倍に強調されています。10／1の人はもって生まれた創造力を建設的にも破壊的にも使うことができ、「選択の法則」で記された選択の権利をもっていますが、どちらにしても選択の一つひとつには必ず結果がついてきます。ダブルの1をもつ10／1はとかく他人と比較し、競争する傾向があるため、「直感の法則」を参考にして心の声に導かれ、そのプロセスを尊重するとよいでしょう。

誕生数10／1のプラス面

心の羅針盤に導かれ、そのエネルギーや創造性、仕事や遊びに革新的アプローチで向かう姿勢が多くの人々を魅了し、インスピレーションを与えます。この人々は一緒にいると楽しいだけでなく、人生について、あるいはその可能性について異なる視点で捉えることを周囲の人に教えてくれます。ストレートで、自信に満ちたこの人々は幸運に恵まれ、そのダイナミックな生き方に人々は惹きつけられます。あらかじめきっちり決めておくよりその場の雰囲気によって行動することを好み、アート、ビジネス、趣味などあらゆる分野においてクリエイティブで革新的でいることを愛しています。

誕生数10／1のマイナス面

誰かと張り合い、不安に苛まれ、自らの心の声を無視するので、本来手にするべき恩恵が受けられません。失敗して恥ずかしい思いをしたり、他人に見下されたりすることを恐れ、いつでも無難な選択をします。型にはまった考え方で人生を捉え、臨機応変な対応より計画通りに進めることを好みます。劣等感があるため言動は控えめになりがち。見えないところではアルコールやスイーツ、その他の依存性ドラッグや食物への欲望と闘い、見えるところではサバイバル競争を勝ち抜くために誰かを倒そうと躍起になります。戦いに疲れると今度は不安感に圧倒され、他人と張り合うことや、みじめな負けを喫することに辟易して閉じこもります。

誕生数10／1の人生の課題

◆健康

ダブルの1の影響から卵、魚、鶏肉などのたんぱく質の多い食物を摂取すると大地につながる感覚を得られます。この手の食事の方がベジタリアン食より望ましいでしょう。

お勧めの運動法は、定期的に多様な運動を取り混ぜて行なうこと。エアロビクス、ランニング、早歩き、自転車こぎ、水泳のような有酸素運動は、健康増進によいだけでなく、体内の過剰エネルギーを上手に排出するという利点があります。過剰エネルギーが溜まると依存性の行動に走ってエネルギーを排出しようとする恐れがあります。10／1の人が形成するエネルギー場は敏感で、アルコールや処方薬以外の薬物に耐えられません。10／1の人のなかには生殖器官が普通より過敏なケースがあるでしょう。

◆人間関係

他の誕生数同様、10／1の人は自分自身との確かな関係を築いて初めて、他人と純粋な絆を構築できるようになります。ゲームやスポーツ競技などで、またある分野で他人との優劣の比較で、常に勝ちたいと腐心しているようでは他人と協力し合える関係を築くことはできません。10／1の人は他人より劣っているという不安感を抱えやすいことを自覚し、あまり自意識過剰にならないよう心がけ、関心の対象を自分ではなく他人や外界の好ましいものに向けるようにするとよいでしょう。その習慣は自分自身と、そして愛する人々との間に親密さと確かな絆を築く上で何よりも役立つでしょう。

◆才能、仕事、財産

絵画、デザイン、コラージュ、彫刻、著述、音楽、演劇といった様々な創造芸術はユニークな表現を解放します。10／1の人は既成概念の外に飛び出すような革新的発想で、ビジネスや教育、政治、建設、建築などの分野で問題を解決していけるでしょう。それぞれの数字は異なる分野での才能や知性を示唆しますが、ダブルの1の創造的な知性の才能は、6の専門分野である「理想の世界を見出す才能」と匹敵する（が同質ではない）と言えるでしょう。10／1の人はその知性を積極的に活用することで、まだ世の中に存在しない景色、解決方法、概念などを紡ぎ出していきます。霊的感性である0との合体効果が十全に発揮される時、魔法が起きるでしょう。

誕生数が10／1の有名人

現在のところ、10／1の有名人として見つかったのは第44代米国大統領バラク・オバマの娘、サーシャ・オバマただ一人です。この改訂新版が出版された２０１８年時点で、最年長の10／1は18歳なので、社会で頭角を現すにはまだ時期尚早。本書の次の改訂版が出る頃にはもっと多くの名前を挙げられるでしょう。

運命を実現する鍵

次の行動は10／1の人生の課題を明らかにし、人生を変えるきっかけになるでしょう。

♥心がけのヒント

・毎日創造的なことをする――人々や出来事、問題を違った角度から見る訓練をする。
・心に湧き起こる不安は、乗り越えるためのハードルとしてとらえ、内心は自信がなくても常に自信たっぷりの人物を演じる俳優のように日々を過ごしてみる。
・ポジティブな表現を心がけ、仕事や趣味の活動を通じて創造力を生かす。
・依存症の予防・軽減のため、また体内に溜まった余剰エネルギーを排出するため、一日に何回か運動をする習慣をつける。
・創造力で世界に貢献する方法を見つける。

行動チェックリスト

1、次の質問についてよく考えてみましょう。
・私の創造力をどんなふうに使ったらよいだろうか？
・天賦の才能を、私はどんなふうに表現しているだろうか？
2、もしこのような質問で思い当たることがあったら、それをどうやって行動に生かせるでしょうか？

理解を深めるために

1．第二部に戻って、誕生数10を構成する数字1、0の項目を読み直してください。
2．友人や家族の誕生数を調べ、彼らが関心を示したら、あなたの人生と似通った点と異なった点などについて話し合ってみましょう。

精神法則

人生を変えるために

1、第四部に記載した以下の法則を読んでください。

・「選択の法則」創造性をプラスに生かすのも、マイナスに殺すのも、あなたの選択次第です。

・「行動の法則」不安を克服するためには、自分の弱さを認識し、その上で自信をもって行動しなくてはなりません。

・「直感の法則」他人の意見を気にしなくなると、心の知恵に近づくことができます。

2、それぞれの法則を実践するための訓練をしましょう。

3、それぞれの法則を自分の人生でどのように生かせるかを考えてみましょう。

19/10

1　9　10

霊的素質を備えた安心⇩創造
知恵⇩高潔さ
安心⇩創造

誕生数19／10の人生の目的

誕生数19／10の人は、創造性と高潔さに関する課題を克服《こくふく》し、人を魅了するエネルギーと、直感的な知恵、霊的素質をプラスの創造性の形で解放し、人を導く手本となるために生まれました。しかし、19／10が人生の目的を達成するには、数々の障害や自己不信などの否定的要素を克服しなくてはいけません。未熟な19／10は、エネルギーの鬱積《うっせき》から生じる、過度の不安、悪癖への耽溺《たんでき》、肉体的な病気に苦しみます。また傷つくことを恐れ、自分を守るために、わざと虚勢をはったり、苛立《いらだ》っているように振る舞うこともあります。あなた方は、身体のバランスのとり方を学ぶ体操選手のように、手痛い落下を繰り返しながら人生の教訓を学んでいくのです。

本書で述べた誕生数の決定方法では、二桁の最終数はそのまま残し、合計しませんでした。しかし、仮に二桁の数を合計すると（1＋0）、19／10は、19／10／1となります。つまり、トリプルの1の創造性が、内面の感性、力、表現力、鋭敏な直感によって増幅された形となります。

19／10が行なう創造的奉仕はさまざまです。霊感に基づくヒーリングを行なうことや、友人にグリーティングカードを送って心を慰《なぐさ》めるのもその一つ。またアニメの天才ウォルト・ディズニーや、独特の詩歌を作ったドクター・スース、素晴らしいヒーラーとなったフローレンス・ナイチンゲール、パフォーミングアーティストのジム・クロース、大海の探検家のジャック・クストー、かの有名な政治家ミハイル・ゴルバチョフなどのように世界的な規模で創造的奉仕を行なう人もいます。このタイプのもつ、人を惹《ひ》きつけるエネルギーや自然なカリスマ性は、周囲を活気づける強力な力となります。そして創造的エネルギーを解放すればするほど、健康的、精神的に安定します。

生来、不安の強い19／10は、他人の意見に非常に敏感です。脅威を感じて、かたくなに反発する場合もあるし、逆にその意見に無闇に従うこともあります。また自分のアイデンティティーがつかめないため、自分の意見を自分自身と捉え、強引に人に押しつける場合もしばしばです。「直感の法則」（508ページ）は、自分の心の美しさと感情を信頼することを教えてくれます。さらに「行動の法則」（514ページ）を参考にして自己不信を克服すれば、他人の意見に脅威を感じたり、逆に自分の意見を押しつけたりせずに、素直に人の言葉に耳を傾けられるようになるでしょう。

生来の過敏さと不安を克服するには、自分のそういった傾向を自覚し、受け入れ、自分の一部として自信を回復することが大切で、行動の法則が参考になるでしょう。

またこの人々は、1から生じる強い創造力をもっていますから、「選択の法則」（438ページ）に従い、責任をもってエネルギーをプラス方向に使わなくてはなりません。

霊的素質（0）は、優れた共感能力と、困難に耐える不屈の精神力を与えます。

このタイプは、生来ヒーリングの素質をもち、さまざまな創造的ヒーリングで活躍します。マッサージ師や臨床心理士、画家、作家など、どの道を選ぼうと高潔さに従って行動し、エネルギーを解放する時、彼らの存在そのものが自然なヒーリングとなります。

あなたを導く光とエネルギーとの接点を見つけた時、あなたは生まれてきた理由に気づき、その目的を目指して生きる勇気が生まれます。その時、あなたの中には豊かなエネルギーがみなぎり、新たな人生へのドアが開くことでしょう。

誕生数19／10のプラス面

この人々は、人を惹きつける人間的な魅力にあふれ、直感的な知恵を生かして、カウンセリングやヒーリングなど、さまざまな問題解決の場面で創造的な仕事をします。また、運動によってエネルギーのバランスをとり、自己破壊的な悪癖に走らないようコントロールできます。内面の葛藤《かっとう》を乗り越えた後は、独断的な意見ではなく、崇高《すうこう》な知恵に基づく人生の手本として、他の人を導きます。他人の意見を尊重しつつも、それに支配されず自信をもって優れた感性を働かせ、周囲の人を感応させて元気づけ、霊感を与えます。

誕生数19／10のマイナス面

この人々はエネルギーを抑圧するので、鬱積したエネルギーは、肉体的な病気や、緊張、欲求不満、苛立ちとして現れます。たばこやアルコール、薬物、不健康な食事といった悪癖に耽溺《たんでき》することもしばしばです。内面の不安から、自分の意見に固執《こしゅう》し、信仰、哲学を妄信する傾向もあります。このような19／10は、他人と暮らすのが困難で、大抵は未婚か、離婚しているかのどちらかです。性的エネルギーの抑圧と爆発を繰り返し、内気さと尊大さ、不安さと頑固さを交互に表します。

19／10の人生の課題

◆健康

エネルギー領域が大きく、敏感な19／10は、しばしば一風変わった体型、目つき、顔つきをしています。

また、肉体的な障害も独特です。この人たちは総体的に睡眠時間が短く、興奮したり、精神が高揚している時はほとんど眠らなくても平気です。しかし、体質自体は敏感ですから、何事も適度にとどめ、バランスのとれた生活を維持するよう気をつけなくてはなりません。

エネルギーが鬱積すると、前立腺や卵巣、腰、心臓に障害が現れます。障害が生殖器官や腰に現れると、便秘や心身症、悪癖に耽溺する傾向として現れます。

19／10は、エネルギーの感受性が非常に強いので、アルコールや薬物に対する耐性がまったくありません。中毒になる危険が大きいので、最初から手を出さないのが一番です。病気の時は、一般的な投薬療法よりも、マッサージ、催眠療法、イメージトレーニングといったエネルギー的なヒーリングが有効です。またエネルギーが非常に繊細ですから、鍼《はり》療法は特別に慎重に行なわなくてはなりません。

食事は、健康的でバランスのとれた食事が有効です。菜食主義も結構ですが、栄養の配分を考え、時々は鶏肉や魚を摂取するべきです。

運動については、散歩やストレッチ運動、軽い柔軟体操など、身体のバランスの維持を重視した、軽い運動が効果的です。運動によって、鬱積したエネルギーを解放して欲求不満や怒りの感情を和《やわ》らげれば、自虐《じぎゃく》的な方向にエネルギーを噴出させることはなくなります。

また「猫に九生あり」ということわざがありますが、九死に一生を得たり、思いがけない幸運に恵まれたりする強運の持ち主でもあります。

◆人間関係

このタイプは、自分が孤立していると思えば思うほど、現実でも孤立する傾向があります。この人たちは全員、理性と感情のバランスをとるよう心がけましょう。意識して理性の領域を出ることが、心から湧《わ》き出す感性と直感を感じる秘訣《ひけつ》です。

感情の抑圧と爆発も、大きな課題です。抑圧と爆発、臆病と傲慢《ごうまん》の間を往復し、他人には穏やかでも、家族や友人には暴君のように振る舞う人が少なくありません。怒りが自分に向かうと、自暴自棄《じぼうじき》な行動となって現れます。欲求不満のエネルギーは、この人の心の中にある愛情を遮断してしまいます。

このタイプの運命において人間関係は中心的課題ではないため、本人も一緒に暮らす人たちも苦労することが多いでしょう。もちろん、外面的には良好な関係を築くこともできますが、傷つけられることを恐れて、なかなか心を開きません。人から嫌な思いをさせられると、怒りを爆発させるか、あるいは抑圧し、心を閉じてしまいます。他人と親密さを築き、自分を解放するには、人見知りや羞恥心《しゅうちしん》を克服しなくてはなりません。しかし人間は必ず成長します。19／10も自分の心を信じ、その中の愛を感じられるようになると、自然な愛で周囲を包み、セックスにも大きな癒しを見出せるようになるでしょう。

◆才能、仕事、財産

19／10は、創造的エネルギーをさまざまな形で生かし、世の中に奉仕するという強い使命を負っています。この誕生数は、生来の魅力的なエネルギーが、感性、力、表現力、直感といった霊的素質でさらに増幅されるため、人並みはずれた魅力とカリスマ性に恵まれます。19／10は、もっとも直感が強い誕生数の一つです。直感を妨げるものがなければ、持ち前の情熱的でユニークな特質を、さまざまな創造的、直感的仕事、ヒーリング、指導、カウンセリング、奉仕活動で開花させます。いったん自信を手に入れると、超人的な洞察力と実用的な知恵を発揮します。

このタイプは生まれついてのヒーラーです。彼らはプロのマッサージ治療師から友人の相談相手まで、さまざまな場面でヒーリングの才能を発揮します。また、実際に治療活動をしなくても、その魅力的な存在自体が、周囲にさりげないヒーリングの影響を与えます。

多くの19／10は、グリーティングカードや友人や親戚への詩作、その他の方法で、日常的に創造性を発揮します。創作力が非常に豊かなので、機会さえあれば、独特の方法で人を勇気づけ、奉仕できるのです。

訓練さえ積めば、作家、音楽家、役者、造園家、演出家、その他の創造的な芸術に天才的な能力を発揮し、手から流れ出る強烈なエネルギーで、有能な整体治療師として活躍することもできます。もっとも治療や芸術など、積極的なヒーリングの仕事を選ばなくても、彼らは日常生活の中で人々をとりまとめ、導き、助けます。

未熟な19／10は、自分と自分の才能に自信がなく、力の誤用を恐れているので、せっかくのヒーリング能力を生かすことができません。自分の能力を社会や人のために使えるようになると、人生はにわかに豊かさを増していきます。

経済的な成功は、不安をどの程度克服し、自分の才能を信頼できているかで決まります。

誕生数が19／10の有名人

スーザン・B・アンソニー（女性運動家）
ジャック・クストー（海洋探検家）
ウォルト・ディズニー（映画製作者・実業家）
ベティ・フリーダン（女性運動の指導者）
テオドール・ガイセル（ドクター・スース）（作家・プロデューサー）
ディック・グレゴリー（コメディアン・人権運動家）
L・ロン・ハバード（作家・サイエントロジーの教祖）
ルパート・マードック（実業家・メディア王）
フローレンス・ナイチンゲール（看護婦）
バグワン・シュリ・ラジニーシ（オショウ）（インドの宗教指導者）

運命を実現する鍵

次の行動は19／10の人生の課題を明らかにし、人生を変えるきっかけになるでしょう。

♥心がけのヒント

・緊張をほぐす運動を毎日する。
・毎日、何か創造的なことをする。
・直感的な能力を信じ、それを育てる。
・心を開き、感情と感性を表現してみる。

行動チェックリスト

1、次の質問についてよく考えてみましょう。
・創造的エネルギーをどのように使っているだろうか？
・どうすればもっと健康な体になれるだろうか？
・心を開き、自分の弱さを人に見せられるだろうか？
・今の生き方を変える勇気があるだろうか？

2、もし、このような質問で思い当たることがあったら、それをどうやって行動に生かせるでしょうか？

理解を深めるために

1、第二部にもどって、誕生数を構成する数字1、9、0の項目を読み直してください。

2、友人や家族の誕生数を調べ、彼らが関心を示したら、あなたの人生と似通った点と異なった点などについて話し合ってみましょう。

精神法則

人生を変えるために

1、第四部に記載した以下の法則を読んでください。

・「選択の法則」創造性をプラスに生かすのも、マイナスに殺すのも、あなたの選択次第です。

・「大いなる意志の法則」自分から進んで崇高な目的に奉仕すれば、自分自身と他人を勇気づけることができるでしょう。

・「行動の法則」不安を克服するためには、自分の弱さを認識した上で、自信をもって行動しなくてはなりません。

・「直感の法則」他人の意見を気にしなくなると、心の知恵に近づくことができます。

・「柔軟性の法則」柔軟であれば、試練と環境の変化を最大限に利用することができます。

2、それぞれの法則を実践するための訓練をしましょう。

3、それぞれの法則を自分の人生でどのように生かせるかを考えてみましょう。

28/10

2 8 10

霊的素質を備えた安心⇩創造
権威⇩影響力
バランス⇩協力

誕生数28／10の人生の目的

28／10の人生の目的は、物質的な成功と創造的エネルギーに関する課題を克服し、創造性と直感的才能を世の中に役立て、権威と愛情をもって人を導くことです。あなた方が人生の課題や障害を克服した時、持ち前の創造性と、霊的素質——感性、力、表現力、洗練された直感——のエネルギーは豊かに流れ出します。28／10の達成する豊かさと権力は、家庭的な規模にとどまるかもしれないし、世界的な豊かさと名声となるかもしれません。いずれにしてもあなた方が自信をもち、奉仕への明確な意志をもって生きる時、豊かな内面の宝は花開くことでしょう。

本書で用いる誕生数の決定方法では、最終数が二桁となった場合、それを合計しませんでした。しかし仮に合計すると（1＋0）、28／10は、28／10／1となり、ダブルの創造性エネルギーと不安が（1）、霊的素質である、感性、力、表現力、直感によって（0）、増幅されていることが分かります。

28／10のほとんどは、「ヒーリングハンド」をもっています。感性の導き通りに手をあてると、相手のどこに生命エネルギーを送り込めばよいかが直感的に分かります。この人々に背中をなでてもらっただけで、不思議な癒《いや》しのエネルギーを受けることができ、なでている本人のエネルギーも活性化します。

このタイプの多くは、昔の魔法使い、妖術師などと共通する特殊な能力をもっています。中には自分の神秘的な力を恐れる人もいますが、「大いなる意志の法則」（504ページ）を学ぶと、自分の才能が崇高な目的に役立つことが分かります。これを活用できるようになると、無意識レベルの恐れが消えていきます。

あなた方は本来、強い権威志向をもっていて、家族や友人、あるいは社会的な尊敬を集めるといった、プラスの権威がついてまわるのは運命のなせる業です。

しかしその前に自分に対して権威を持つことが、あなたに課された挑戦なのです。そのためには自分をよく知り、表現し、無意識に押さえ込んでいる権威への反感を解放するという過程を踏まなくてはなりません。街で耳にする「権威を疑え」というフレーズは28／10が考えついたに違いありません。

28／10はパワフルな創造性をもつ反面、強い不安を抱えています。こうした不安は、権力への不信感と、自分の権力を否定する傾向によって増幅され、人生の大きなハードルとなります。このため多くの場合、自分の力で生きていく自信がなくなり、誰かに頼りたいという依頼心が芽生えます。しかし最終的には、自分のニーズを自分で満たし、人生の舵《かじ》を取ることができた時、非常な満足感を覚えます。

あなた方はリーダー的立場に立つか、そうでなければ裏の実力者となり、人と協力してよりよい世の中のために奉仕します。ただし権力を手に入れた時は、説教くさくなったり、独善的にならないよう気をつけなくてはいけません。

不安感と、それに伴う受動攻撃性を引き起こす、1と8のエネルギーの影響から、自分の欲求をはっきりと言わず、態度で示そうとする傾向もあるでしょう。「誠実の法則」（499ページ）は、このタイプの人間関係の課題の克服に役立つでしょう。

あふれる才能と直観力に富んだこの人たちが十分な自信を確立し、権威への不信感を克服した時、その才能とエネルギーを社会の人々と分かち合い、リーダーとなっていきます。

誕生数28／10のプラス面

この人々は、どっしりとした威厳をもち、周囲の賞賛と尊敬を集めます。自信と魅力にあふれたあなた方の周りには自然と人が集まります。直感に従って、友人や家族、その他の人々に的確なアドバイスを与え、生来のヒーリングエネルギーを生かして世の中に奉仕しながら豊かな収入を享受します。どのような障害や、困難が現れようとも、自分なら克服できることを知っています。直感と霊感にあふれたあなた方は、世の中の向上に役立つ明確な指針を示します。

誕生数28／10のマイナス面

不安感に苛まれ、金と権威に大きな不信感をもっています。依頼心が強く、人をあやつり、支配しようとします。自分の内にある権威を認めることができず、権力者に本能的な反発を感じます。抑圧された怒りと欲求不満から肉体的な障害が現れます。想像に現れる暗い影におびえ、否定的な妄想のイメージと、心から湧き出す直感を区別することができません。

28／10の人生の課題

◆健康

28／10は、世の中にヒーリングを施《ほどこ》すために生まれました。あなたがなかなか才能を発揮できない時、人生は、健康上の障害や無気力、不摂生な食事習慣といった問題を与え、強制的にヒーリングを学ばせる時もあります。怒りを抑圧すると、腹部、尾てい骨部、腰の障害として現れます。また、エネルギーを鬱積させたり、マイナスに働かせると、卵巣や前立腺、腰、尾骨に影響を与え、性病や、憩室症、大腸の障害を引き起こします。一般にこのタイプは性感が鋭く、時に過度な刺激を感じます。自分の身体を、エネルギーの入れ物と考えることができると、自然に外に放出できるようになり、自分自身や他人に対するヒーリング効果が増大します。

この誕生数に当てはまる精神法則をよく理解し、習得すると、不安を克服し、感情エネルギーがスムーズに表現できるようになり、幸福を感じます。

また、28／10の中には、適度な食生活のバランスを見出せず、過食と拒食を繰り返す人もいます。バランスのとれたシンプルな食事を習慣にし、筋力を使う激しい運動を日課とすれば、新しい自信と力が生まれます。

このタイプは一般に、運動が非常に効果的です。鬱積した感情や性エネルギー、抑圧した創造エネルギーを解放してやると、人生はドラマチックに向上します。また運動は、本能を目覚めさせ、健康的な食欲の増進にも役立ちます。中でも、エアロビクスやダンス、武道などが適しています。

◆人間関係

28／10の人間関係で、特に大きな障害となるのは、感情の抑圧、特に怒りの抑圧です。この人々は他人の反発に脅え、激情を押し殺して平然と振る舞うか、理屈で取り繕《つくろ》って自分を正当化します。怒りを外に出さないのは、他人の意見が気になることと、自分自身の怒りをどうしたらよいか分からないためです。否定的な感情を心に溜《た》めている、未熟なこのタイプは、しばしば内気で大人しく見えることもあります。

人間関係がうまくいくには、自分を正しく評価し、自立した姿勢を維持することが鍵です。自立ができていないと、常に誰かを必要とし、その人を思い通りに動かそうとする傾向があります。しかし誰にも依存する必要のない安定した自分が築ければ、他人を動かそうとすることの無意味さを知り、自尊心をもって自己表現し、信頼ある関係を築きます。プラスの28／10は、権力と地位のある人物を前にしても、非常に率直に自分の感情を表現できます。「誠実の法則」（４９９ページ）は、怒りを解放し、感情を率直に表現することを教えてくれます。

あなた方は感性と創造エネルギーが強いため、性感も非常に敏感です。性的エネルギーの誤用、乱用は新たな問題を引き起こしますから、「選択の法則」（４３８ページ）に従って、エネルギーの用い方には常に注意を払ってください。セックスで他人をコントロールしたり、精力で自分の能力を判断することをやめ、セックスに耽溺《たんでき》しないよう、気をつけなくてはなりません。

◆才能、仕事、財産

28／10は、豊かなエネルギーとヒーリングハンド、鋭敏な直感をもっています。またものごとの本質を見抜くカウンセラーの資質を備え、生まれながらのリーダー的素質と権威に恵まれています。多くの28／10は、ヒーリングの分野か奉仕的なビジネス分野で天職を見出すでしょう。ヒーリングといっても、整体、気功、カウンセリング、作家活動、教師、社会運動、自己啓発セミナーなど、形はさまざまです。どのような職業であれ、持ち前の霊的素質、創造的エネルギー、権威を生かせる時、最高の喜びを感じます。

またあなた方は、金銭面での誠実さを身につけることが大切です。欲に目がくらむと、いくら多額の報酬を受け取っても、不足に思います。金銭問題で自分の高潔さを汚し、人生の目的を見失いそうになったら、こう自問してみてください。「私の高次の魂が、本当に必要としているものは何だろうか」と。拝金主義に陥《おちい》ったこのタイプは、金の亡者《もうじゃ》になりますが、無意識レベルで自分の努力を台無しにする行為を繰り返します。これに反して、愛と勇気をもって、創造的エネルギーを解放すれば、富は自然と入ってきます。あなたはその豊かさを享受し、再び創造力に還元していきます。自分に自信をもち、生来備わった権威を自然に表せば、望むだけの富を手に入れることができます。あなたが豊かになることを制限するのはあなた自身だということを理解した時、利己主義から脱し、本当の豊かさを楽しみつつ、世の中に奉仕する人生を歩み始めるのです。

誕生数が28／10の有名人

マヤ・アンジェロウ（黒人女性詩人）
エミネム（ラッパー）
スティーブ・ジョブズ（アップル創業者）
シモーヌ・ド・ボーヴォワール（作家）
ジャニス・ジョプリン（ロック歌手）
マーティン・ルーサー・キング（黒人指導者）
ジョージ・ルーカス（映画監督・製作者）
ラルフ・ネーダー（消費者運動家）
ジャック・ニコルソン（俳優）
サラ・ボーン（ジャズ歌手）
シャキーラ（ラテンシンガーソングライター）
タイガー・ウッズ（プロゴルファー）

運命を実現する鍵

次の行動は28／10の人生の課題を明らかにし、人生を変えるきっかけとなるでしょう。

♥心がけのヒント

・権威者への怒りを率直に表現し、解放する。そして自分に内在する権威を認める。
・毎日激しい運動をするよう心がける。
・不安を乗り越えて、目標を達成する。
・創造性と霊的素質を生かす方法を見つける。

行動チェックリスト

1、次の質問についてよく考えてみましょう。
・自分の創造力を生かして好きなことをしながら収入を得、他人に奉仕するにはどうすればいいだろうか？
・自分は人の権威、自分の権威についてどのように考えているだろうか？
・自分はどんな時に、自立した強い自分を感じるだろうか？
・時々、他人を支配、あるいは動かそうとしていないだろうか？

2、もし、このような質問で思い当たることがあったら、それをどうやって行動に生かせるでしょうか？

理解を深めるために

1、第二部にもどって、誕生数を構成する数字1、2、8、0の項目を読み直してください。

2、友人や家族の誕生数を調べ、彼らが関心を示したら、あなたの人生と似通った点と異なった点などについて話し合ってみましょう。

精神法則
人生を変えるために

1、第四部に記載した以下の法則を読んでください。

・「誠実の法則」他人に誠実になるには、まず自分に誠実でなければなりません。

・「直感の法則」他人の意見を気にしなくなると、心の知恵に近づくことができます。

・「行動の法則」不安を克服するためには、自分の弱さを認識し、その上で自信をもって行動しなくてはなりません。

・「選択の法則」創造性をプラスに生かすのも、マイナスに殺すのも、あなたの選択次第です。

・「大いなる意志の法則」自分から進んで崇高な目的に奉仕すれば、自分自身と他人を勇気づけることができるでしょう。

2、それぞれの法則を実践するための訓練をしましょう。

3、それぞれの法則を自分の人生でどのように生かせるかを考えてみましょう。

37/10

3　7　10

霊的素質を備えた安心⇩創造
開放⇩信頼
感性⇩表現力

誕生数37／10の人生の目的

37／10の人生の目的は、自分自身と他人のもつ知恵と美しい精神を信じ、創造性を開花させ、霊的素質を世の中の調和に役立てることです。彼らが活躍する舞台はさまざまです。ジャン・ルノアール、オルダス・ハクスリー、レフ・トルストイのように世界的に活躍する人もいれば、もっと身近な世界、たとえば友人間や、身近なコミュニティーで活躍する人もいます。しかし、人生の目的を達成するには困難がつきものですから、37／10は、まず自分の心を開き、自分自身と人生を信頼することを学ばねばなりません。そして、鋭い感性と個人主義的傾向をプラスに生かし、根深い不安感を克服していく必要があります。

本書で説明した誕生数決定方法では、最終数が二桁になった場合、それを合計はしませんでしたが、仮に合計すると（1＋0）、37／10は、37／10／1と書き換えることができます。つまり、ダブルの創造性（1）が、霊的素質の感性、表現力、力、直感（0）によって増幅される形となります。

自分と他人を信頼することは、誰にとっても重要ですが、37／10にとっては、それがまさに人生最大の試《し》金石《きんせき》となります。多くの37／10は、最初、自分の内面の直感が信頼できず、外部の知恵に頼ろうとします。そのため、宗教家などの霊的指導者に魅せられることも多いのですが、その後こうした人々の人間的な弱点を知るにつれ、自分の内面の知恵を信頼することの大切さを学んでいきます。

37／10は、いつも「人から裏切られるのではないか」と恐れています。しかし、「予想の法則」（494ページ参照）を学べば、自分の無意識の予想が実際に裏切りを呼び寄せることが分かります。予想が現実の人生に及ぼす力に気づくと、マイナスの予想を捨て、前向きの人生が送れるようになります。

より大きな視点で人生を眺められるようになると、裏切りや誤解といった苦い経験がまた、自分の究極的な成長にとって重要な試練だったことが分かります。そうなれば、試練を与え、新しい世界観を開くきっかけを与えてくれた大いなる魂に、感謝できるようになるでしょう。

37／10の心の奥底には、大いなる知恵とヒーリングの精神が輝いています。内面の崇高なエネルギーと意志に従って生きる時、その人生には神々《こうごう》しささえ漂います。しかし感性が鋭く非常に繊細なので、バランスのとれた穏やかなライフスタイルを維持するよう心がけなくてはなりません。瞑想や黙想などの内面の訓練も取り入れて、自分がほっと息のつける、安全で平和な場所を作っておくことも必要です。

あなた方が、あらゆる存在に内在する美しさと神秘性に気づいた時、そしてすべての存在に働く大いなる魂を信じられるようになった時、自分に降りかかる出来事は、幸福であろうと苦労であろうと、喜びであろうと困難であろうと、すべて意味のある、貴重な経験だと分かるでしょう。

誕生数37／10のプラス面

プラスの37／10は、周りの人に希望と活力を与えます。自分と自分の才能に揺るぎない確信をもち、失敗を恐れず、快活に歩み続けます。人間関係においては、内面の感情と欲求をはっきりと述べ、互いの理解に基づいた信頼関係を築きます。人や自然界との深いつながりを感じるにつれ、その才能と創造性は花開きます。ヒーリング（美術や音楽、演劇その他の美を表現する形態はすべて含まれます）やその他の分野で素晴らしい業績をあげることでしょう。

誕生数37／10のマイナス面

マイナスの37／10は、不安に脅えながら、信頼関係を模索しています。しかし、裏切りを恐れて、あるいはプライドを傷つけられることを嫌い、自分の殻《から》に閉じこもろうとする振る舞いがかえって実際の裏切りを呼び寄せます。感情を隠す行為が誤解され、不信感をもたれるのです。自分自身への失望や怒りは、しばしば夢にまで現れます。人間関係への根深い不信感が、創造的エネルギーを押し込め、鬱積したエネルギーは、しばしば健康問題を引き起こします。

37／10の人生の課題

◆健康

デリケートなエネルギー領域をもつ37／10は、肉体的にも繊細です。性的・創造的エネルギーが強いために、下腹部、生殖器、みぞおちに障害が生じやすく、心臓と膝《ひざ》に病気をもつ人もいます。このタイプは性的関係でつまずくことが多いので、男女にかかわらず、不用意な妊娠に対する十分な注意が必要です。

よくある学びのプロセスとして、本来のヒーリング能力を発揮できない37／10に対し、人生は、実際に肉体的問題を与えて、ヒーリングの実践を学ばせることがあります。といってもあなた方の多くは潜在的にヒーリング技術をもっているので、学ぶというより再確認するという感覚をもつ人も多いでしょう。

直感的な才能と感性を育て、解放するには、軽い食事、原則的に菜食主義が適当です。身体の機能を維持するために、時々魚や鶏肉を摂取するのもよいでしょう。また、健康を第一に考えた、シンプルで、楽しい気分になる食事も適しています。

不安感から創造性を抑圧すると、薬物や、不摂生な食事とセックスといった自己破壊的な悪癖に陥ります。しかし感受性が鋭いあなた方は、どんな悪癖にも長く耐えられません。

37／10は、ダンスや太極拳、ヨガ、スイミングなど、適度な運動を、日常的に続けるとよいでしょう。他の［1タイプ］と同様、運動は、破壊的な悪癖に走りがちなエネルギーの解放に役立ちます。しかし一番大切なのは、心から楽しめるものは何であれ、自分のためになると信じることです。

◆人間関係

誕生数に7をもつ人の例に違《たが》わず、37／10は感性よりも理性を信頼する傾向があります。感性の中に、過去の裏切りから受けた痛手と不信感を引きずっているのです。

しかし、あなた方は本来、心の愛と知恵をくみ出す力をもっています。時には痛みを伴うかもしれませんが、理性の鎧《よろい》を脱ぎ捨て、自分の感情を信頼しさえすれば、心から湧き出す恵みを受け取ることができます。

大抵の37／10は、間違ったことを言うことを恐れて、会話ではもっぱら聞き役にまわります。内心では人とのつながりを求めているくせに、自分に自信がなく、結局孤独を選んでしまうのです。また、一方的に愛を要求し、相手にすがりついたり、自分を安心させてくれる友人や、満足を与えてくれる仕事を求めるのも、自分の内面が信じられず、外部によりどころを求めているからです。この意味では、28／10と似ていますが、こちらがエネルギーのコントロールにより大きな障害を抱えているのに比べ、37／10は、不安が大きく、面倒を見てくれる親代わりの友人を求めます。このタイプは人とのつながりを求めつつ、一方で避けようとします。そしてこの矛盾《むじゅん》した感情が、人間関係を不安定にするのです。

性的関係や人間関係を円滑に進めるコツは、自分を信頼して解放することです。セックスを単なる肉体的なエネルギーのはけ口ではなく、肉体を越える精神的な信頼を得るきっかけと考えれば、一層充実したものとなるでしょう。セックスを感情の共有と、性的エネルギーを介した対話の手段と捉えた時、新たな信頼関係が生まれます。また性的エネルギーによる深淵な交わりを追求するタントラヨガの実践も有効です。

37／10が、自分の心を開き、感情と要求を素直に表現することを学んだ時、信頼関係に基づく素晴らしい人間関係を築くことができるでしょう。

◆才能、仕事、財産

37／10は、感性と美的感覚に恵まれ、美と自然から霊感をくみ出します。音楽に共感し、安らぎを感じるのもこのタイプの特徴です。また美術、演劇、詩作、ダンス、写真、デザイン、教育など、あらゆる創造的表現の場面で素晴らしい才能を発揮します。

このタイプは、崇高なヒーリング、美、霊感を世に送り出す使命を背負っています。しかし全員がヒーリングや芸術、あるいは宗教的な職業についているというわけではなく、ヒーリングの形もさまざまです。身体のバランスをとり、感情を呼び起こし、理性を明確にするものはすべて、ヒーリングと呼べるでしょう。たとえば快適な仕事環境を作るのもしかり、芸術家、音楽家はもちろん、心地よい家庭を作る主婦もまた、世の中に美をもたらすヒーラーです。この人々は、教師として、友人として、同僚として、日常生活の中で、人々に霊感を与え、向上を助けます。

37／10の人生では、経済的、精神的自立の要件となる以外は、金銭は大きな意味をもちません。この人たちが自分の才能を信じ、世の中に役立てるようになりさえすれば、まるで魔法のように豊かな富が入ってくることでしょう。

誕生数が37／10の有名人

- マルク・シャガール（画家）
- チャーリー・チャップリン（俳優）
- オルダス・ハクスリー（作家）
- アービン（マジック）・ジョンソン（NBAバスケット選手）
- パウル・クレー（画家）
- ダニエル・デイ・ルイス（俳優）
- ウィリアム・フリードキン（映画監督）
- ジャン・ルノアール（映画監督）
- O・J・シンプソン（プロフットボール選手）
- ブルース・スプリングスティーン（ロック歌手）
- アーネスト・ヘミングウェイ（作家）
- レフ・トルストイ（作家）
- ケイティ・レデッキー（競泳選手）
- バーバラ・ウォルターズ（テレビ司会者）

運命を実現する鍵

次の行動はあなたの人生の課題を明らかにし、人生を変えるきっかけとなるでしょう。

♥心がけのヒント

・自分の感情と、霊的素質（感性、力、表現力、直感）を信じる。
・勇気をもって、自分の感情を表現する。
・恐れを感じたら、そこから逃げない。
・庭仕事を楽しみ、天使に関する著作を読む。

行動チェックリスト

1、次の質問についてよく考えてみましょう。
・身体に異常を感じた時、専門家や理論よりも自分の直感と本能を信じているだろうか。
・自分の心の奥の感情を表現できるだろうか？　できないのなら、それはなぜだろうか？
・自分の創造的エネルギーを最大限に生かして、世の中に美をもたらすにはどうすればよいだろうか？
・自分が信じられない時、どうすれば解決するだろうか？
2、もし、このような質問で思い当たることがあったら、それをどうやって行動に生かせるでしょうか？

理解を深めるために

1、第二部にもどって、誕生数を構成する数字1、3、7、0の項目を読み直してください。
2、友人や家族の誕生数を調べ、彼らが関心を示したら、あなたの人生との似通った点と異なった点を話し合ってみましょう。

精神法則 人生を変えるために

1、第四部に記載した以下の法則を読んでください。
・「選択の法則」創造性をプラスに生かすのも、マイナスに殺すのも、あなたの選択次第です。
・「柔軟性の法則」柔軟であれば、試練と環境の変化を最大限に利用することができます。
・「行動の法則」不安を克服するためには、自分の弱さを認識し、その上で自信をもって行動しなくてはなりません。
・「直感の法則」他人の意見を気にしなくなると、心の知恵に近づくことができます。
・「責任の法則」相手に奉仕する喜びは、できない時にはきちんとノーと言える時、訪れます。

2、それぞれの法則を実践するための訓練をしましょう。

3、それぞれの法則を自分の人生でどのように生かせるかを考えてみましょう。

46/10

4 6 10

霊的素質を備えた安心⇩創造
受容⇩理想
プロセス⇩安定

誕生数46／10の人生の目的

46／10の人生の目的は、創造性と崇高な理想に関する課題を克服し、エネルギーと霊的素質を活用し、着実なプロセスにより理想を実現することです。この人たちの活躍の舞台はさまざまです。家庭や友人間といった身近なコミュニティーに貢献する人もいれば、世界的に活躍する人もいるでしょう。しかし舞台の大きさは重要ではありません。

46／10は、上側数の4エネルギーと6エネルギーが最終数の10に作用しています。そのため、他の「10タイプ」とは少し異なった障害や課題、能力の傾向を示します。このタイプは、4のエネルギーによって、活力と強さに恵まれる一方、6による完全主義者的傾向が妨げとなって、自分の創造性を見逃しがちです。

本書で用いる誕生数決定法では、二桁の最終数は合計しませんでしたが、仮に合計すると（1＋0）、46／10は、46／10／1となり、ダブルの創造性（1）が、霊的素質の感性、強さ、表現力、鋭い直感によって増幅されていることが分かります。

誕生数に4をもつ人は、着実なステップを踏むことを嫌い、誕生数に6をもつ人は、せっかちですぐに完成を求めます。そして、4と6を同時にもつ46／10は、ゴールを目指すプロセスを楽しむことが極端に苦手です。生来の創造力に気づいたとしても、この弱点を克服しなくては、才能が花開くことはありません。このタイプは、自分の性急さを戒《いまし》め、細心の注意を払ってしっかりとした土台を作り、必要な技術を修得することが必要です。そうすれば、ヒーリングや、芸術、ビジネスその他、生来の崇高なビジョン、感性、力、創造性、霊的素質を生かせる分野で、驚くほどの創造性を発揮することができるでしょう。

46／10は、本来人やものごとの現象や見かけに惑《まど》わされず、その奥に隠された本質と構造を見抜く才能をもっています。世の中を下から支えることも、高い理想によって導くこともできますが、自分の夢を現実化するには、協力者からのフィードバックや専門家の指導など、着実なステップが必要です。6エネルギー特有の高い理想に惑わされ、完全性の夢の中でさ迷ってはいけません。

しかし、いったん「常に完璧でなくてはならない」という呪縛《じゅばく》から逃れさえすれば、持ち前の創造性を生かして、より高い頂きへと登っていきます。あなた方に必要なのは、心に描いた高い理想から早急に結論を下す愚《おろ》かさを知り、現実に足を降ろし、愛情をもって理想を目指す大切さを学ぶことです。つまりあなた方の場合、自分自身と世の中をよりよくするという前提のもと、一歩一歩しっかりと足場を踏み固めながら、着実な努力で理想に近づいていかなくてはならないのです。

46／10の力と感性、ビジョン、霊的素質は、理想に向かうさまざまな力強い波動を生み出します。また誕生数の0から生じる直感は、驚くほどの先見力と洞察力を与えます。あなた方の人生の目的は、着実な努力で創造力を開花させ、高い理想を実現することです。そのことに気づいた時、その才能は、しっかりと地中に根をはった、美しい花を開かせることでしょう。

誕生数46／10のプラス面

プラスの46／10は、強さ、感性、高い理想を備え、明確なエネルギー領域をもっています。将来のビジョンと内面の理想を見出す直感にすぐれ、努力によって理想を現実にする強靭《きょうじん》さをもっています。あなた方は進むべき道を指し示すパイオニアです。戦士のように勇敢に、そして聖職者のように慈愛に満ちた高潔さで、あなたはあるがままの世の中を認め、ビジネスや人間関係で成功し、世の中のさらなる繁栄と向上へと巧みに導きます。

誕生数46／10のマイナス面

マイナスの46／10は、理想と現実の落差に失望し、遅々として進まぬプロセスに苛立ち、自信を失います。結果を急ぐ余り、必要な過程を認めようとしません。見果てぬ夢を追い求めるこの人たちは、まるで風車に挑み掛かるドン・キホーテです。問題の本質を理解せずに自分を厳しく評価し、他人からの批判に過敏に反応し、アドバイスや忠告を受け入れようとしません。暗い面ばかり見ているこのような完全主義は、本来の直感的洞察力を萎《な》えさせます。批評と審判に妨げられた創造的エネルギーは、アルコールや薬物、不摂生な食事、セックスに噴出します。

46／10の人生の課題

◆健康

ほとんどすべての46／10は、強靭で鍛えられた身体をもっています。プラスの46／10は、意識の高いライフスタイルを送るため、自然と健康を維持もできますが、マイナスの場合は、アルコールや薬物への耽溺《たんでき》や不摂生な性生活によって、健康を害する恐れがあります。身体の中で、もっとも障害が現れやすい部分は、生殖器と腹部ですが、膝に故障が現れる場合もあります。

46／10にとって、食事は満腹感を得るためだけのものではありません。食事の重要性を知ると、学校へ行って栄養学を学んだり、独学で自分に適した食事の仕方を見つけようとします。しかしその時々の体調に適した食べ物はあっても、完全無欠な食事法などないことを理解しなくてはなりません。また、食事法に即効の効果を求めず、長期的な変化を認めることも重要です。

46／10は、独力で最適な運動を探し、見つけていきます。一般的に、多様な効果が望める体操や武道、その他いくつかの運動の組み合わせが有効です。

◆人間関係

この人々は、心から湧き出る荒削《あらけず》りな感情を認めようとせず、実際の感情よりも、自分が理想的と信じる、理性が作った見せかけの感情の方を重視します。そのため、頭で考えたイメージに惑わされて、本当の感情を見失いがちです。また、完全主義にとらわれている間は、自分や他人の欠点を認めることができません。そのため人間関係もぎくしゃくしがちですが、深く自分を知ると、他人の欠点も認められるようになり、人間関係も改善します。46／10は、当たり前の人間的感情を認める努力が必要です。

◆才能、仕事、財産

高い理想と力、分析能力、感性をもつ46／10は、あらゆる職業で活躍しますが、中でも、整体治療師や、個人的カウンセラー、ビジネスアドバイザーはまさに天職と言えましょう。一般的に、46／10は、建築家やデザイナーなど、建築や建造物関係の仕事に向いています。その他、体操、武道、ダンスなど、自分の身体を使って空間に美を創造する仕事も適しています。また、世の中に貢献する、新しいビジネスを考案する能力に長《た》けています。

このタイプは、理想だけでなく、自分が楽しめることにポイントを置いて、職業を探さなくてはなりません。さもなければ「完全な」職業を求め、いつまでも職を転々とし続けることになります。大切なのは周到な準備、自信、そして忍耐です。

46／10の経済的なレベルは、あなた自身の自己評価——つまり、自分がどの程度の収入に値すると考えているか——と、どの程度着実なプロセスに従って行動しているかで決まります。自己不信もまた、弱点の一つですが、他の「10タイプ」ほど大きな障害ではありません。

誕生数が46／10の有名人

今のところ、46／10の有名人は記録にありません。この誕生数は、他の誕生数に比べるとまだ極少人数です。もう少し時間が経つと有名な46／10が現れてくることでしょう。

運命を実現する鍵

次の行動は、46／10の人生の課題を明らかにし、人生を変えるきっかけとなるでしょう。

♥心がけのヒント
・地道な努力をしなくては、目標が達成できないことを理解する。
・理想はゴールではなく、ゴールに至る方向を示すものだと考える。
・夢を現実的な方法で実現する。
・行動に移す前に、十分な準備をする。小さなステップが大きな違いを生みだすことを理解する。

行動チェックリスト

1、次の質問についてよく考えてみましょう。
・自分はどのようにして、自分と他人を裁いているだろうか？
・自分の創造的エネルギーをどのように表現しているだろうか？
・長期間のプロジェクトをどのように考えているだろうか？
・自分の感性と強さをどのように活用しているだろうか？
・どうすれば思考よりも感性を優先できるようになるだろうか？
2、もし、このような質問で思い当たることがあったら、それをどうやって行動に生かせるでしょうか？

理解を深めるために

1、第二部にもどって、誕生数を構成する数字1、4、6、0の項目を読み直してください。

2、友人や家族の誕生数を調べ、彼らが関心を示したら、あなたの人生と似通った点、異なった点を話し合ってみましょう。

精神法則 人生を変えるために

1、第四部に記載した以下の法則を読んでください。

・「現在の瞬間の法則」存在するのは現在という時間だけであることを知ると、苛立ちと後悔は消え去ります。

・「選択の法則」創造性をプラスに生かすのも、マイナスに殺すのも、あなたの選択次第です。

・「プロセスの法則」目標に確実に到達するには、少しずつ着実に歩まなくてはなりません。

・「完全性の法則」理想は意欲を生み出します。しかし日常生活で完全無欠はあり得ません。

・「直感の法則」他人の意見を気にしなくなると、心の知恵に近づくことができます。

2、それぞれの法則を実践するための訓練をしましょう。

3、それぞれの法則を自分の人生でどのように生かせるかを考えてみましょう。

11 ダブルの創造

私たちは、
人生を単なる出来事の積み重ねにすることも、
わくわくする冒険の連続に
仕立て上げることもできる。

作者不詳

ダブル1（11）が、最終数（下側数）に現れる「11タイプ」、すなわち29／11、38／11、47／11の特質とエネルギーは、第二部の1の項に記載したものと同じですが、すべての特質、才能、潜在的障害が二倍に増幅されます。

29/11

2 9 11

ダブルの創造
知恵⇩高潔さ
バランス⇩協力

誕生数29／11の人生の目的

29／11の人生の目的は、創造的エネルギーを崇高《すうこう》な原則と高潔さに結びつけ、大いなる知恵に従って創造性を世の中に役立てることです。29／11は、大いなる知恵を表す精神法則を学び、実践するためにこの世に生まれました。

本書の誕生数決定法では、二桁の最終数を合計しませんでしたが、仮に合計すると（1＋1）、29／11は、29／11／2となり、ダブルの協力エネルギー（2）と、ダブルの創造エネルギー（1）が内在していることが分かります。

29／11は、他のダブル1と同様、無尽蔵《むじんぞう》の創造能力をもっています。しかし人生の目的達成の前には高い山がそびえていますから、誕生数に1をもたない人に比べ、この人たちは自分の創造力を過小評価しがちです。また、まだ上側数の2と9の問題に手こずっていて、自分に秘められた豊かなエネルギーに気づいていない場合もあります。一般にあなた方は、豊かなエネルギーのコントロールに手こずります。

このタイプが生来の創造的エネルギーをプラス方向に解放するには、まず2の課題である、自分の核心、アイデンティティー、バランス、境界――つまり自分とは誰なのかを定義する必要があります。その後に遭遇する9の障害に対しては、「直感の法則」（508ページ）を通して、自分の人生に責任をもち、他人の意見の束縛から逃《のが》れ、精神法則に従って生きることを学ばなくてはいけません。

子供時代に虐待《ぎゃくたい》されたり、暴力を受けた経験をもつ人は、まず他者からの反応でない自分の意志を取り戻し、アイデンティティーを確立する必要があります。このタイプでは、2エネルギーが大きな影響力を及ぼしますから、最初に自分の中の葛藤《かっとう》する部分を統合し、反抗心と抵抗心を克服《こくふく》しなくてはいけません。

また、このタイプには不安の克服という課題も待ちかまえています。11のエネルギーはダブルの創造性を生み出しますが、一方でダブルの不安をも生み出します。あなた方の中には不安に苛《さいな》まれ、神経質でおびえ、いかにも頼りなさそうに振る舞う人も、また逆に、内面の劣等感を隠そうとするあまり、ガードを固めて孤立したり、自信過剰気味に振る舞う人もいます。多くの29／11は、生来、世の中への貢献を望む寛大で純粋な心をもっていますが、敗北とその結果におびえる劣等感が勝ると、挑みかかるような競争心となって現れます。

ダブルの1と、9のエネルギーを併せもつ29／11は、調和と愛を保ちながら、大いなる意志に従って崇高な目的を目指す使命を負っています。この人たちの創造性は、色彩と感情にあふれた30／3の芸術性とは趣《おもむき》が異なり、精神性と知性を中心に現れる傾向があります。

29／11は、まず例外なく、大きくパワフルなエネルギー領域をもっていて、これは身体の大小とは関係ありません。霊感を得て気分が高揚している時は、極端に睡眠時間を削《けず》っても平気です。革新的で、創造性と知性にあふれたものを創造する持続力と、さらには周囲を驚かせるような成果を生み出すエネルギーを無尽蔵にくみ出すことができます。しかしこの豊富なエネルギーは使い方を誤《あやま》ると、大変なことになります。エネルギーは活動やものを作り出しますが、逆に破壊をも招きます。街を明るく照らす電気が、人を感電死させるのと同じです。このタイプのエネルギーは、人生の障害を克服するにつれ、より創造的に使えるようになります。一方、未熟な29／11の抑圧された創造エネルギーは、行き場を見つけられずに煮えたぎり、最後は悪癖《あくへき》へと噴出します。

こうした障害の陰には、たぐいまれな可能性が眠っています。自分の障害に気づき、敢然と立ち向かえば、並ぶ者のない創造性を発揮することでしょう。2のエネルギーには、協力が内在していますから、あなた方はさまざまな方法で人間性を支えます。ビジネスマン、ヒーラー、建設業者、美容師、郵便局員、スポーツ選手……その人生はさまざまです。しかしどのような人生を送っていても、仕事や趣味、家庭生活を通じて、世の中に霊感を与え、支え、癒《いや》し、向上させることでしょう。

誕生数29／11のプラス面

プラスの29／11は、心の奥の衝動に従って奉仕の道を歩み、自分自身と周囲の人に霊感と活力を与えます。創造的な戦略家、助力を惜しまない友人、忠実な仲間として、持ち前のカリスマ性で人を惹《ひ》きつけ、素晴らしいひらめきで道を示します。あなた方はあらゆる分野で、たぐいまれな活力と持続力を武器に素晴らしい創造力を発揮します。自分を解放してのびのびと生きるあなた方は、大いなる魂《たましい》から直接霊感を受けることができます。

誕生数29／11のマイナス面

マイナスの29／11は、劣等感と不安感に苛《さいな》まれてエネルギーを抑圧します。その結果、内気に振る舞ったり、孤立したり、自虐《じぎゃく》的に何かに服従します。また、劣等感を隠そうとするあまり過剰な競争心を燃やしたり、高圧的で頑固な振る舞いや、喧嘩腰の自己主張として現れます。こうなった場合は、強情《ごうじょう》で反抗的になり親分風を吹かせ、他人を思いやることができません。創造力を解放しさえすれば、はるかに素晴らしい人生を送れるのに、劣等感の幻影が、その一歩を押し止《とど》めているのです。マイナスの29／11は、自分の道を見失い、爆発的なエネルギーの発作と気弱な挫折《ざせつ》を繰り返します。抑圧されたエネルギーは薬物依存などにより自分や周囲を破壊し、ついには法の裁《さば》きによって精神法則（特に原因と結果の法則）を学ぶことも少なくありません。

29／11の人生の課題

◆健康

29／11は、持ち前のパワフルなエネルギーの影響で、しばしば人目に立つ風貌《ふうぼう》をしています。一般の人の二、三倍のエネルギー領域をもち、創造意欲にとりつかれると、ほとんど眠らなくても平気です。その独特の風貌と豊富なエネルギーは、人を魅了する個性として現れます。

身体の中で特に敏感なのは、下腹や腰を含む、生殖関連器官（性＝創造）です。エネルギーが鬱積《うっせき》すると、性病、おでき、痛み、腰痛、便秘症、肥満が生じます。

また、他の誕生数と比べ、骨折したり、奇病に苦しむ人が多く見られますが、一方で、不幸を逃れる強運にも恵まれています。

このタイプの肉体的、感情的、性的問題は、まず間違いなく、創造エネルギーの鬱積か、悪癖が原因です。身体の不調を感じたら、全身のエネルギーを調整する整体療法が（受ける場合も、施す場合も）効果的です。

また、潜在意識がオープンで外部の影響を受けやすいので、プラス思考の訓練やイメージトレーニングを行なったり、潜在意識とエネルギー本体の双方に働きかける鍼《はり》療法、指圧、気功、生体エネルギー療法、栄養療法などを試《ため》すと、一般の医療や薬物投与よりも効果が上がることがあります。

一般的に29／11は、穀類、豆、魚、鶏など地面に近い、密度の濃い食事が適しています。あなた方は、他のどの誕生数の人々より強く食事の影響を受けやすいので、栄養と運動に特に気を使わなくてはなりません。また、敏感で、薬物やアルコールに過敏に反応するので、最初から避けた方が無難です。

この人々は、他のダブル１と同様、他の誕生数に比べ、より多くの運動量が必要です。筋力や体力維持効果だけでなく、エネルギーを解放し、平衡《へいこう》を保つ効果があるからです。運動に慣れれば、辛さに耐えて技術を向上させていくことができるでしょう。日常的な運動を習慣づけ、創造的な仕事と趣味を見つければ、より大きな活力を得て、健康も増進するはずです。

◆人間関係

多くの29／11は、感傷的な面をもつ一方で、創造的エネルギーを理性に集中させる傾向があります。感情を押し殺し、理屈で説明しようとするのです。こうした感性の抑圧、あるいは極端な無感情が、あなた方の人間関係に影響を与えます。

自らのアイデンティティーの意識が希薄なこの人たちは、27／9や25／7のように、他人とのつながりを求めます。しかし多方面に友人を求めた結果、人間関係の板挟《いたばさ》みに陥《おちい》ることがあり、また生来の独立志向が顔を覗かせることもあります。多くの29／11は、驚くほどの顔の広さをもつ、一風変わった個人主義者です。

広大で刺激的なエネルギー領域をもつ29／11は、傍《はた》目《め》には魅力あふれる人物です。しかし、不安から創造性を解放できないでいるうちは、人間関係に障害をきたし、創造性を生かす何かを見つけた時は、それに忙しく、友情を温める暇がありません。あなたの人間関係には、忠誠心と不安（孤独感から他人とのつながりを求める傾向）、独立主義が、複雑に影響し合っています。

セックスライフも、複雑です。集中的な創造活動や厳しい肉体的トレーニングでエネルギーを発散している場合を除き、この人たちの性欲は一般に旺盛で、オーガズムへの欲望をいつでももっています。しかしその反面、自己不信から性欲を押し込め、性的表現を抑えてしまう場合もあります（非協調的なマイナスの2）。29／11のセックスライフと感情面の状況は、この人たちが、生活のその他の場面で確立しているバランスの程度を明確に反映します。

◆才能、仕事、財産

豊かな創造性とカリスマ性をもつあなた方は、生来、発明家、芸術家、指導者の素質とエネルギー、創造の糧《かて》をもっています。幅広い交友関係を楽しむ一方で、世の中への貢献に力を注ぐ個人主義者です。

経済面を見てみましょう。強いエネルギーをもつ29／11のもとには、自然と富が集まってきます。類は友を呼ぶとも言いますが、エネルギーの一形態である金銭と29／11は、互いに引き合う力をもっています。成熟し、創造性をプラスに生かせるようになるにつれ、経済面も向上し、あなた方にとって大切な「安心」が手に入ります（2の影響）。しかし創造性がマイナスに働いている間は、ゴミ捨て場に落ち込んだような不安と貧困にさいなまれます。

29／11にとって、金銭は、どの程度エネルギーをプラスに生かせたかの尺度にすぎません。しかしながら富が集まってくると、競争意欲が刺激され、周囲の尊敬と名声を得ることを生き甲斐とするようになる人もいるでしょう。この人たちが創造的エネルギーを世の中のために用いる限り、自然と富は集まります。

誕生数が29／11の有名人

J・ポール・ゲティ（実業家・石油王）
エラ・フィッツジェラルド（ジャズ歌手）
マーサ・グレアム（舞踏家）
ハリー・フーディニー（奇術師）

バラク・オバマ（米国大統領）
ミシェル・オバマ（法律家）
ヴォルフガング・アマデウス・モーツァルト（作曲家）
エドワード・R・マロー（ジャーナリスト）
エドガー・アラン・ポー（作家）
ジュール・ベルヌ（作家）
アリス・ウォーカー（作家）
アンソニー・ロビンズ（カリスマコーチ）
ニール・ドグラース・タイソン（天体物理学者）

運命を実現する鍵

次の行動は、29／11の人生の課題を明らかにし、人生を変えるきっかけとなるでしょう。

♥心がけのヒント

・毎日の運動を習慣づける：運動は人生を変え、暗闇を抜け出す手段となる。
・不安感が頭を悩ませていたら、それと向き合い、克服する。
・自分の技術を磨き、それを創造性に生かす。
・週末に興味のあるワークショップに参加する。

行動チェックリスト

1、次の質問についてよく考えてみましょう。
・今の自分はどのような方法で創造的エネルギーを生かし、鬱積したエネルギーを解放しているだろうか？
・どうすれば、現在の状況を最高に生かし、自分の向上に役立てることができるだろうか？
・どのような方法で、周りの人々に貢献できるだろうか？
・どうすれば、他人の意見よりも自分の心を信頼できるようになるだろうか？

2、もし、このような質問で思い当たることがあったら、それをどうやって行動に生かせるでしょうか？

理解を深めるために

1、第二部にもどって、誕生数を構成する数字1、2、9の項目を読み直してください。

2、友人や家族の誕生数を調べ、彼らが関心を示したら、あなたと彼らの人生の似通った点、異なった点を話し合ってみましょう。

精神法則 人生を変えるために

1、第四部に記載した以下の法則を参考にしてください。

・「選択の法則」創造性をプラスに生かすのも、マイナスに殺すのも、あなたの選択次第です。

・「柔軟性の法則」柔軟であれば、試練と環境の変化を最大限に利用することができます。

・「行動の法則」不安を克服するためには、自分の弱さを認識した上で、自信をもって行動しなくてはなりません。

・「直感の法則」他人の意見を気にしなくなると、心の知恵に近づくことができます。

・「責任の法則」相手に奉仕する喜びは、できない時にはきちんとノーと言える時、訪れます。

2、それぞれの法則を実践するための訓練をしましょう。

3、それぞれの法則を自分の人生でどのように生かせるかを考えてみましょう。

38/11

3 8 11

ダブルの創造
権威⇩影響力
感性⇩表現力

誕生数38／11の人生の目的

38／11の人生の目的は、思いやりと寛容さをもって力とエネルギーを発揮し、創造力と物質的な成功を結びつけることです。この人たちは、手に入れた富や名声を自分で独占するのではなく、友人や仲間といった身近な交わり、またはより大きな社会において役立てるために生まれました。

人生の目的には試練がつきものです。38／11も例外ではありません。あなた方は、ダブルの1エネルギーに加えて、8エネルギーの影響を受けるため、非常に豊かな創造性に恵まれます。しかしその能力を発揮するには、1と8の障害、すなわち、強い不安や自己不信と、豊かさと力を避ける傾向を克服し、3エネルギーの表現に関する障害と取り組まなくてはなりません。つまりあなたが、8エネルギー本来の権威を手に入れるには、自分の本当の感情と感受性に目覚めてそれを表現し、自己不信に打ち勝ち、権威への反抗心を取り除く必要があるのです。

本書で用いる誕生数決定法では、二桁の最終数は合計しませんでしたが、仮に合計すると（1＋1）、38／11は38／11／2となり、ダブルの創造性（11）と共に、協調性のエネルギー（2）の影響を受けていることが分かります。この人たちは十分に成熟するまでは、独立心旺盛で、支配的ですらある性格が災いして、人とうまく協調できません。最初は過剰なほど人を心配したり世話をやきますが、いきすぎると、逆に人に敵意を抱く可能性もあります。

38／11は、本質的にパワフルで、富と変化を求める強い衝動と活力をもっています。あなた方の力は抑圧と爆発を繰り返す傾向があり、また、プラスにもマイナスにも働きます。ですから、まず他人よりもむしろ自分をコントロールすることを学ぶ必要があります。このタイプに与えられた使命は、強力なエネルギーによって周囲の人たちを鼓舞《こぶ》し、それぞれの人に内在するエネルギーの発見を助け、世の中を向上させることです。

38／11のほとんどは何に対してももっと多くを与えたい、もっとたくさん受け取りたいという衝動を抱えています。情緒的な感受性と野性的な力（しばしば抑制されています）が一体となった38／11の中には、非常に強い創造エネルギーが渦巻いています。障害を克服し、強大なエネルギーをプラスに生かす方法を学ぶまでは、あなた方の創造性は、まるで大きな爆弾です。出口を見つけられないエネルギーは、薬物、セックス、食物への異常な執着《しゅうちゃく》として現れます。

多くの38／11は論理で人を管理しようとしたり、高圧的に振る舞うことがあります。誕生数に8をもつ人は、皆こうした傾向をもっていますが、8エネルギーの特性がダブル1によって強化されるこの人たちの場合は、この傾向が特に強く現れます。

このタイプは、すべての1、またはダブル1タイプと同様、不安の問題を抱えています。そして8エネルギーに内在する力の抑圧傾向がこの不安を増幅します。「大いなる意志の法則」（504ページ）に従って、個人を超えた公共の理想や崇高な目的に人生を捧《ささ》げられるようになれば、8エネルギーは次第に純化され、前向きな創造エネルギーが解放されるでしょう。

誕生数38／11のプラス面

この人々は、卓越した強力な指導者、または力強い創造的な助言者として、さまざまな難題を解決し、新しい選択肢を生み出し、よりよい世界への扉を開きます。あふれるようなエネルギーに恵まれ、金銭に執着することはありません。惜しみなく与え、受け取り、パワフルなエネルギー領域に周囲の人々を惹《ひ》きつけ、それぞれを力づけます。対等な立場と相互の尊敬の上に立って人を導き、エネルギーの波に乗って物質的な成功の道を求めます。プラスの38／11の人生は、エキサイティングな創造性に満ちています。

誕生数38／11のマイナス面

マイナスの38／11は、競争心が非常に強く、人を高圧的に管理し、支配しようとします。また、率直に語らず、態度に現して人を操作する傾向ももっています。心の奥の直感に従うことを恐れ、自分の力を否定し、成功から逃げ出す場合もあれば、逆に自分の力を悪用し、人を支配し、押しのけてまで成功に執着することもあります。運動をしないため、鬱積した創造エネルギーは依存症などの悪癖となって噴出します。欲求不満がつのり、消極的で冷淡な態度で人から孤立しますが、内面では強い自己不信と不安が激しく渦を巻いています。

38／11の人生の課題

◆健康

38／11の場合、数字の特質がそのまま、身体の弱い部分として現れます。喉《のど》（3の影響）、生殖器官、下腹部、腰（ダブル1）に故障を生じ、無意識に成功を避けるために事故を起こし、まれに働きすぎによる燃え尽き症候群（8）になることもあります。もっとも、すべての38／11が、病気や事故で苦しむわけではありません。病気はほとんどの場合、マイナス傾向が強い時に現れるので、人生のつけがまわってきたと考えて、それまでの習慣を変えればよいでしょう。

体調を崩した時は、プラスの視覚的イメージトレーニングや、信仰・信条訓練、鍼治療、整体療法、など精神面、エネルギー面に働きかける療法が効果的です。38／11の場合は、創造的エネルギーを解放している限り、肉体面、精神面ともに頑強で、生き生きとした健康を楽しむことができます。このタイプはあまり食事に気を使いません。活動に忙しく、気にしている暇がないのです（創造的な料理を作る場合は別ですが）。多くの場合、あなた方にとって食べ物は目標を目指して邁進《まいしん》するための燃料にすぎません。菜食主義、あるいは菜食中心の食事は、攻撃的になりがちな傾向のバランスをとるのに役立つでしょう。

他のダブル1と同様、創造的なエネルギーを解放し、バランスをとるためには、十分な運動が必要です。いったん身体の調子が整った後は、エアロビクスなどを日課として続けると、エネルギーの解放に役立ちます。

◆人間関係

傍目には自信にあふれているようでも、ダブル1と3の影響を受ける38／11は、大きな不安を抱えています。あなた方は頼れる強い相手を求めつつ、その一方で、自分で世界のすべてを支配したがるという矛盾《むじゅん》したエネルギーをもっています。

38／11の人間関係と性的関係には、障害の克服の程度がはっきりと現れます。上記の不安と、支配の綱引きは、セックスにも大きな影を投げかけます。支配欲が強まると、パートナーの欲求を無視して、もっぱら自分のエネルギーのはけ口にすることもあります。サド、マゾ、ボンデージなど、性的なパワーゲーム、駆け引きの類はおそらくこのタイプによって考え出されたものでしょう。

もちろんプラスの38／11は、セックスやそれ以外の面で、互いに満足できる人間関係を築きます。しかしいずれにしても人間関係は、自分の人生を見直してバランスをとる時の参考になるはずです。

◆才能、仕事、財産

38／11は生まれながらのリーダーです。あらゆる問題解決に必要な権威、感受性、創造性をすべて備えています。その力と創造性をプラスに解放して賢明に使うか、あるいはマイナスに用い、人を服従させるために使うかによって、尊敬に値する政治家になるか、堕《だ》落《らく》した策略家になるかに分かれます。

すべての38／11が、社会的なリーダーになるわけではありません。多くの場合は、身近な社会、たとえば学校や職場、あるいは家庭で、もって生まれた力強い精神と創造的な発想によって他の人々を導くことでしょう。あなた方は、創造性を生かせる仕事や芸術の分野で、創始者、改革者、指導者的役割を果たします。

実際、多くの38／11は、起業家、企業の創設者、国家元首、また小企業のオーナーとして活躍しています。また演説や、問題解決にあたっては、傑出した才能を示します。

経済面では、成功からの逃避傾向が災いして、裕福と貧困の両方を経験する可能性があります。金銭感覚の優れた、堅実で慎重な個人的パートナー、あるいはビジネスパートナーをもつとよいでしょう。38／11がその創造性を世の中のために役立て、向上させる時、金銭は自然に入って来ます。世の中のためにエネルギーを注ぎ、奉仕すればするほど、富は自分に返って来るのです。

誕生数が38／11の有名人

ケビン・ベーコン（俳優）
ビル・クリントン（米国大統領）
ベニート・ムッソリーニ（イタリアの政治家）
ペギー・フレミング（フィギュアスケート選手）
マドンナ（歌手）
ジャクリーン・ケネディ・オナシス（ジョン・F・ケネディ未亡人）
ミシェル・ファイファー（女優）

運命を実現する鍵

次の行動は、38／11の人生の課題を明らかにし、人生を変えるきっかけとなるでしょう。

♥心がけのヒント

・自分の力を受け入れ、それと同時に自然の流れに任《まか》せることを学ぶ。
・毎日活発に運動し、悪癖への耽溺《たんでき》を遠ざける。
・感じたことを表現し、表現力の影響を知る。
・人間愛に基づく理想に貢献する、創造的な方法を見つける。

行動チェックリスト

1、次の質問についてよく考えてみましょう。
・自分はどんな時に力を他人に譲《ゆず》るだろうか？　どんな時に支配しようとするだろうか？
・自分の創造エネルギーは、どのように他の人に役立っているだろうか？
・自分の財産、あるいはエネルギーを惜しみなく使えるのは、どのような時だろうか？
・不安を感じたり、不満がたまっている時、エネルギーを建設的な、それとも破壊的な方向に発散しているだろうか？

2、もし、このような質問で思い当たることがあったら、それをどうやって行動に生かせるでしょうか？

理解を深めるために

1、第二部に戻って、誕生数を構成する数字1、3、8の項目を読み直してください。

2、友人や家族の誕生数を調べ、彼らが関心を示したら、あなたの人生と似通った点、異なった点を話し合ってみましょう。

精神法則 人生を変えるために

1、第四部に記載した以下の法則を読んでください。

・「選択の法則」創造性をプラスに生かすのも、マイナスに殺すのも、あなたの選択次第です。

・「大いなる意志の法則」自分から進んで崇高な目的に奉仕すれば、自分自身と他人を勇気づけることができるでしょう。

・「誠実の法則」他人に誠実になるには、まず自分に誠実でなければなりません。

・「行動の法則」不安を克服するためには、自分の弱さを認識し、その上で自信をもって行動しなくてはなりません。

・「直感の法則」他人の意見を気にしなくなると、心の知恵に近づくことができます。

2、それぞれの法則を実践するための訓練をしましょう。

3、それぞれの法則を自分の人生でどのように生かせるかを考えてみましょう。

47/11

4 7 11

ダブルの創造
開放⇩信頼
プロセス⇩安定

誕生数47／11の人生の目的

47／11の人生の目的は、自分の内にある創造的な精神を信頼し、そのエネルギーを、より安定した平和な世界づくりに役立てることです。この人たちが才能を発揮する舞台は、世界的な規模かもしれないし、家族や友人、仲間など身近な交わりの中かもしれません。たとえ舞台が小さくても、その重要性に変わりはありません。

本書で用いる誕生数の決定法では、二桁の最終数を合計しませんでしたが、仮に二つを合計すると（1＋1）、47／11は47／11／2となり、ダブルの創造性（11）に加え、協力のエネルギー（2）の影響を受けていることが分かります。

人生の目的は、安易には達成できません。47／11もまた、上側数の問題から順に、克服していかなくてはなりません。まず、長期的な自分の成長過程を探究し、プロセスに対する信頼を確立した後は（4の障害）、不信や裏切りへの恐れを乗り越えなくてはいけません（7の障害）。こうした傾向が、子供時代の家族問題から生じている場合は、まずそれを解決しましょう。そして最後に、他人との打ち解けた関係を妨《さまた》げる、根深い不安に打ち勝たなくてはなりません（1の障害）。

47／11の特徴を簡単に述べれば、美意識、調和、リズム、全体性、そして洗練です。生涯のテーマとしては信頼が挙げられます。あなた方の人生エネルギーは、審美的な性質によって和《やわ》らげられますが、同時に4エネルギーによって強められ、支えられます。美を鑑賞することは誰にでもできますが、美を創造し、それを他の人々と分かち合うには訓練と準備が必要です。あなた方の使命は、着実な進歩の過程を丁寧《ていねい》にたどり、それを成し遂げることです。

他の誕生数と同様、47／11も、人生の目的のプラス面とマイナス面を経験します。「プロセスの法則」

（459ページ）は、子供っぽい世間知らずなところや短気さを中和するのに役立ち、「信頼の法則」（488ページ）は、裏切りへの恐れや不安の克服に役立ちます。特に自己不信から、激しい不安の発作に襲われ、始める前からすでに失敗したように感じる傾向のある47／11に、この二つの法則は重要です。

プロセスと信頼、不安の問題ときちんと取り組んでいけば、自分の中にある美しさ、霊性、自信を手に入れることができます。自分の霊感を受け入れれば、世の中のあらゆる所に、大いなる魂の存在を感じとることができます。そして、自分自身の中に大いなる魂を信じた時、あなた方はこの世界に光とエネルギー、不思議な力をもたらします。

7の研《と》ぎ澄《す》まされた理性と4の分析能力と強さを併せもち、ダブル1の豊富なエネルギーと創造性に恵まれた47／11は、人類の歴史上稀《まれ》な、無比の可能性を秘めています。あなた方はその洗練されたエネルギーが最も必要とされる時に地上に現れます。世界を危機から救出するだけではなく、祝福するために現れるのです。しかし47／11が持ち前の創造力を発揮するには、進歩のプロセスを信頼しなくてはなりません。創造力を使って世界を変化させるには、十分な準備と訓練が必要だということを忘れてはいけません。

この人たちの斬新《ざんしん》な想像力は、明るい将来へ向かう光の架け橋をつくることができます。しかしその能力を現実の世の中で役立てるには、エネルギーのバランスをとりつつ、現実的な方法で表さなくてはなりません。自分一人の空想を追いかけて飛び回るのではなく、創造的な展望を具体的に見える形でもたらして、人々と分かち合う必要があるのです。

持ち前のユートピア的な展望と先見の才によって、47／11は、私たちが見逃しがちな、人生の深淵《しんえん》の美に気づかせてくれます。より大きな視点を得た時、あなた方は人々を導く光となるでしょう。

誕生数47／11のプラス面

プラスの47／11のエネルギー領域は、光を放つように輝いています。一般の人には、この人々のインスピレーションの源《みなもと》を理解し、その思考をたどるのは難しいかもしれません。しかしこの人々の放射するエネルギーは、私たち一人ひとりの中に眠る創造エネルギーと大いなる魂の存在を感じさせてくれます。あらゆる想像の世界を旅するこのタイプは、人生が霊感に満ちたミステリー、つまり生き生きとした発見の連続であることを体験し、優れた分析能力と鋭敏な知能と創造力を用いて、その体験を他の人々に分け与えます。肩に天使を背負っているような、この人々が自分の内なる導きと直感を信じる時、豊かなエネルギーと美をこの世界にもたらします。

誕生数47／11のマイナス面

マイナスの47／11は、自分の心の世界に閉じこもり、現実から遊離して、人とのつながりを失います。孤立して気難しく、自分の創造的な空想のバーチャル・リアリティの世界に入り込み、たとえ人々といても、心はここにあらず、です。人間よりもコンピュータを、信頼できない他人よりも孤独を好みます。この人たちはいわば、聡明なる落伍者です。夢がすぐにかなう魔法の世界を望み、地球上の生活に絶望します。裏切りへの恐れが極端に強く、内面の幻想と外面の現実に引き裂かれ、子供時代の家族問題を引きずり、感情のはけ口もなく、薬物に溺《おぼ》れ、現実逃避の行動に走ります。

47／11の人生の課題

◆健康

47／11は、非常に繊細で感じやすい肉体と、エネルギー領域をもっています。他のダブル1タイプと同様、生殖関連器官（下腹部、腰を含む）が弱く、エネルギーが鬱積するとこの方面の障害となって現れます。また7あるいは4の問題が解決されていなければ、心臓や脚に問題が起こる可能性もあります。あなた方は本来強健ですが、同時に大変敏感です。

体調を崩した時には、意識と潜在意識の双方から、前向きの積極的なイメージを精神に送りこむと、劇的な効果を上げます。

食事について見てみましょう。このタイプには、大地から収穫された食物が適しています。菜食主義が望ましく、乳製品はほとんど、あるいはまったく摂《と》らないことが望まれます。しかし食事内容が軽すぎると空気のように軽くなって、漂《ただよ》うような感覚にとらわれるかも知れません。栄養と運動については、何が一番よいか自分の本能と直感に聞いてみることです。

47／11は、内面のバランスと穏やかさを感じられる自然環境の中で、美と関わりのある運動をすることを好みます。美しい景色を楽しむハイキングを始め、自分で身体を動かす彫刻や、カンバスに絵の具を滴《したた》らせる手法の絵画などの芸術制作、また、音楽に合わせて行なう、呼吸、動き、リラクセーションを組み込んだ穏やかな体操が、身体の調子を整えます。4エネルギーに内在する着実性を身につけ、創造エネルギーを解放するには、ある程度決まった運動や活動を日課にするとよいでしょう。知性と感覚、注意力の調和が必要な激しい運動は、健康の維持に役立ちます。森林、砂漠、その他あらゆる自然の環境は、心身にエネルギーを与えるでしょう。

◆人間関係

多くの47／11は、結婚して子供をもち、堅実な生活を送ります。しかし、ほとんどの場合は伝統的な役割にはおさまりきれません。生来の活発な想像力で人々をいろんな活動へと導く使命に駆り立てられるのです。あなた方が良好な人間関係を築くには、その時々の自分の感情を受け止め、弱点をさらけだし、誠実なコミュニケーションを通して信頼を確立しなくてはいけません。

このタイプは、セックス面でも、創造的な空想に遊びがちです。一般的に性欲は旺盛ですから、自分の欲求が相手よりも強い場合や、あるいは不安定な性的関係よりも空想世界の安全を選ぶ場合には、マスターベーションで性欲を発散させることもあります。

◆才能、仕事、財産

47／11は、輝くばかりの精神的な創造力を発揮します。その創造力あふれる想像ゆえに、卓越《たくえつ》した小説家、創造的な広告コピーライター、あるいは人を奮《ふる》い立たせる演説家として活躍します。孤独な仕事が向いていますから、忍耐と地道な努力をいとわなければ、研究者としても優秀な業績を残すでしょう。あなた方はあらゆる形の仕事で、人類という大きな家族のために奉仕します。さらには偉大な発明家、また昔の森に住む魔法使い、あるいは現代のコンピュータの魔法使い、精神性にさまよう賢者、また魂に導かれるヒーラー的資質ももっています。

29／11や38／11と同様、47／11も、ダブルの創造エネルギーに恵まれ、さまざまな方面から富を集める力をもっていますが、一般的に金銭には無頓着《むとんちゃく》で、財産の出入りにはほとんど関心がありません。あなた方がエネルギーを放出しさえすれば、他のものごとと同様、金銭もまるで魔法のように生み出すことができます。

誕生数が47／11の有名人

47／11の有名人はまだ記録には現れていません。最年長の47／11は1989年生まれです。この誕生数の持ち主は非常に少なく、将来もっと多くの47／11が生まれれば、卓越した成果をあげる有名人が出るでしょう。

運命を実現する鍵

次の行動は、47／11の人生の課題を明らかにし、人生を変えるきっかけとなるでしょう。

♥心がけのヒント

・着実なステップを大切にする。小さな、実現可能な一歩から踏み出す。
・ダンスあるいは武道などの運動を毎日する。ストレッチと、深い呼吸を組み合わせたものがよい。
・仕事において、自分自身やまた周囲の人々に新しい発想を促す。
・何かを考える時には、理性的な分析に偏《かたよ》らず、心の奥の直感に耳を傾ける。

行動チェックリスト

1、次の質問についてよく考えてみましょう。

・どうすれば自分のエネルギーを多くの人に分け与えられるだろうか？

・これまで、地道に技術を磨《みが》くことによって、創造力を発展させてきただろうか？

・どうすれば他の人々と、心からの絆《きずな》をつくれるだろうか？

・自分は、他の人の何を恐れ、何を愛しているのだろうか？

2、もし、このような質問で思い当たることがあったら、それをどうやって行動に生かせるでしょうか？

理解を深めるために

1、第二部に戻って、誕生数を構成する数字1、4、7の項目を読み直してください。

2、友人や家族の誕生数を調べ、彼らが関心を示したら、あなたの人生と似通った点、異なった点を話し合ってみましょう。

精神法則 人生を変えるために

1、第四部に記載した以下の法則を読んでください。

・「選択の法則」創造性をプラスに生かすのも、マイナスに殺すのも、あなたの選択次第です。

・「誠実の法則」他人に誠実になるには、まず自分に誠実でなければなりません。

・「パターンの法則」自分を変える強い力をもたないと、行動様式を変えることはできません。

・「行動の法則」不安を克服するためには、自分の弱さを認識し、その上で自信をもって行動しなくてはなりません。

・「予想の法則」人生は、無意識の予想と不安に従って展開します。

2、それぞれの法則を実践するための訓練をしましょう。

3、それぞれの法則を自分の人生でどのように生かせるかを考えてみましょう。

2 バランス⇒協力

自分と調和している者は、宇宙とも調和している。

マルクス・アウレリウス

この章ではダブルの創造力1と安定を希求する2が合体した11／2、そして純粋に、他の要素に薄められずに2の課題に集中し、霊的素質0により強化された20／2について解説します。続いて最終数が12の人の人生について見ていきます。

11/2

11 2 バランス⇩協力 ダブルの創造

誕生数11／2の人生の目的

11／2の人生の目的は、調和とバランス、相互協力の精神で他人と助け合うことを学びながら個人の責任と自他の境界線を尊重し、創造的協力という課題を極めることです。しかし11／2が人生の目的を達成するにはいくつかの領域に立ちはだかる障壁やネガティブな傾向を克服しなくてはなりません。

ダブルの1に取り組むほかの人々同様、11／2の人は他人と全く平等ではあるが人には分野によって得意不得意があり、それぞれが独自の能力や経験を積んでいることをしっかりと自覚しておく必要があります。

11／2は自らの不安や見栄を放置していると、進むべき道を外れるということを学ばなくてはなりません。〝馬鹿なことをしている〟と思われるかもしれないという怖れをいとわず挑戦する人は多くを学び、成長します。どんなことでも初めは難しく、慣れるほどたやすくなるものです。

不安を克服し、自信をつけるにはもって生まれた魅力だけではなく、しかるべき場で優位に立つ経験が必要です。シンガーソングライターのキャット・スティーブンスはかつてこんなことを言いました。「笑顔だけで何とかなるものじゃない」。とはいえ、もっているものを使わない手はありません。あなた方の笑顔と、醸し出す明るい雰囲気は大いに助けになることでしょう。

2に取り組むほかの人々同様、11／2の人生の質の良しあしは、仕事でもプライベートでも他人と協力し合えるかにかかっています。あなた方が成長し、成熟するにはこの課題を消化することが不可欠です。それはたとえば子供が自分の持ち物を他の子と分け合い、ただ差し出すのではなく共有することを学習していくようなものです。

11／2が運命の道をたどる時、それは一人旅ではなく、常に誰かと手を携えて進みます。他の誕生数に取り組む人々にとっては簡単なことですが、11／2にとっては全員が一つの目標に向かってともに協力し合うことは困難で、誰かがさぼっていて誰かが重い負担を背負っていないかが気になってしまい、なかなか協力し合えないのです。11／2にとっては「私のことは自分でやるから、あなたはあなたのことをやって」という方がずっと楽なのです。そのようなアプローチが奏功する時もありますが、最良の充足感は協力し合うことから生まれます。

他人と協力する必要性、そしてその難しさから、11／2にとって有効なのは、他人とある程度足並みを揃え、バランスのとれた協力をする能力を求められるチームスポーツをすることです。実際のところスポーツに限らず学校での実習の仲間や合奏、合唱の集団、仕事のプロジェクトチームなどに身を置くことが理想の環境と言えるでしょう。

11／2のプラス面を発揮できるようになるには地道な成長の過程をたどる必要があり、自然に育つようなものではありません。このため、能力開発には時間がかかります。

誕生数11／2のプラス面

11／2のプラス面を体現する人は他人と協力することを楽しみ、パートナー、チーム、集団の中のどの人がより多く貢献しているかにこだわることはありません。エネルギー旺盛なので、何をしても周囲に歓迎され、新規プロジェクトを立ち上げる際には熱意を、プロジェクトを首尾よく完遂するには忍耐力を示します。時には他人の承認を求めたくなることもありますが、プラスの11／2はリーダーシップをもって他人や属する集団に貢献できていることで安定した心を保っています。

誕生数11／2のマイナス面

11／2のマイナス面が出ると、あり余る創造力が外界に向かえば対象を破壊し、内面に向かえば自己破壊を始めます。11／2が不安に苛まれ、自己不信に陥るとエネルギーがブロックされ、依存症や孤独、違法行為といった問題を自らに、そして周囲に対して作ります。自ら創造した行為の結果を思い知ることで初めて、変わる機会が訪れるでしょう。

誕生数11／2の人生の課題

◆健康

11／2の人に当てはまる、ダブルの1の健康の課題とは、創造力、つまり生殖器官のエネルギーセンターの敏感さにかかわるものです。これに2の健康の課題が加わるため、ダブルの1がもつ潜在的過剰エネルギーに安定感がもたらされ、1と2の基本的性質が合体した際に現れるプラス面、マイナス面が緩和されます。

2は4にも共鳴するため、4同様2の人は問題が起きると、その責任を背負う傾向があり、ストレスを溜めやすいでしょう。逆に言えば、ストレスを感じなくて済むのは自分に全く責任がない時です。いずれにしても自己肯定感が低く、自信の裏付けとして他人より上に行きたいと考える傾向に加え、責任を分け合うことが苦手な11／2には、楽しむための水泳、瞑想、ヨガ、太極拳などの活動がストレス軽減に役立ちます。ただしどんな運動であれ競争して一番を狙うのではなく、純粋に喜びのために行なうことが大切です。

◆人間関係

仕事でもプライベートでも、人同士を結ぶ最も強い絆は競争ではなく相互の協力から生まれます。したがって11／2が、特に配偶者やパートナーといった親密な関係において友情、忠誠心、相互協力関係を育てる必要があることは言うまでもありません。それらの資質を育むことは、心地よいセックスや楽しい会話よりずっと強力に、良好な関係を永続させてくれるでしょう。11／2の課題に取り組む人はいつでもパートナーを助け、相手にも助けてもらえると考える訓練が必要です。

2の課題に取り組む人の特徴として、11／2の人は受け取るより与える方が楽だと感じます。しかしこの人生で学んでいるのは両方できるようになることです。相手に対して差し出すばかりでほとんど受け取らない状態が続くと、初めから相互に公平な関係を築いてこなかった自分が悪かったことに気づかないまま、損な役回りに対する怒りが込み上げてきます。11／2は、「自分のためでなかったら自分は誰のため？　しかし自分のためだけだとしたら、自分はいったい誰なんだ？」というユダヤの格言のように、常に自他のバランスを考えるよう留意しましょう。簡単ではないものの、11／2はパートナーや友人のニーズと同じくらい自分自身のニーズを尊重することを学ぶ必要があります。

◆才能、仕事、財産

11／2の課題に取り組む人の才能は、ほかの誕生数のケース同様、地道な努力（二歩進んでは一歩下がるといった反復）によって育まれ、スキルが向上していきます。私たちは誰でも失敗を重ね、時には恥をかきながら試行錯誤をして初めて成長し、熟達していきます。11／2にとってもそのような成長の過程が当てはまりますが、もっと早く成長し、他人より輝きを放ちたいと考えることでしょう。

11／2の課題に取り組む人はどんな職業にも就けますが、創造的思考を必要とする仕事で最も頭角を現すでしょう。データ入力のようなルーティーンの単調で退屈な仕事についている場合は、エネルギーが停滞しないように趣味など、仕事以外の活動で創造力を活用するとよいでしょう。

エネルギーはさらなるエネルギーを呼び込みます。お金もエネルギーの一形態です。11／2の人が生来の不安癖を克服し、プラスの面を体現すべく努力している限り、仕事面で成功し、その業界で際立った存在になれるでしょう。この人々にとって最優先課題は安心を得ることでお金ではありません。この人々は安心を得るために勤勉に努力するでしょう。

誕生数が11／2の有名人

この改訂新版が出版された２０１８年時点で、最年長の11／2は18歳なので、社会で頭角を現すにはまだ時期尚早。本書の次の改訂版が出る頃にはもっと多くの名前を挙げられるでしょう。

運命を実現する鍵

次の行動は11／2の人生の課題を明らかにし、人生を変えるきっかけになるでしょう。

♥心がけのヒント

・協力と隷属の違いを知る。頼まれごとにイエスと言うべき時をわきまえ、ノーと言うべき時はためらわずに言えるようにする。
・変化に身を任せることを学ぶ。リラックスした柔軟な姿勢を保ち、自分に責任がないものにはかかわらない。
・毎日必ずストレッチ、瞑想、リラクセーションを日課に組み込む。
・何をするか決める時は頭だけでなく直感も活用する。
・スケッチでも、2行の詩でも、毎日何かしら創造的なことをする。

行動チェックリスト

1、次の質問についてよく考えてみましょう。
・創造エネルギーをどんなふうに生かしたらよいだろう？
・私は受け取るより多く差し出し、奉仕されるより多く奉仕しているだろうか？　家族や友人に協力してもらうにはどうしたらよいだろう？　私は「協力してほしい」と頼めるだろうか？
・何か問題が起きた時、プロジェクトがうまく運ばない時、私に責任はなくても、とりあえず自分が何とかしなくてはならないという衝動を感じるだろうか？　その結果誰かに責任転嫁していないだろうか？
2、もしこのような質問で思い当たることがあったら、それをどうやって行動に生かせるでしょうか？

理解を深めるために

1、第二部に戻って、誕生数11／2を構成する数字1、2の項目を読み直してください。
2、友人や家族の誕生数を調べ、彼らが関心を示したら、あなたの人生と似通った点と異なった点などについて話し合ってみましょう。

精神法則

人生を変えるために

1、第四部に記載した以下の法則を読んでください。

・「責任の法則」自他の境界線を知るには、イエスと言うべき時を知り、ノーと言うべき時に言う方法を学ばなくてはなりません。

・「バランスの法則」極端から極端へと触れる自分の傾向を知ると、バランスをとるポイントが分かります。

・「選択の法則」創造性や表現力をプラスに生かすのもマイナスに殺すのも、あなたの選択次第です。

2、それぞれの法則を実践するための訓練をしましょう。

3、それぞれの法則を自分の人生でどのように生かせるかを考えてみましょう。

20/2

20 2 バランス⇩協力
霊的素質を備えたバランス⇩協力

誕生数20／2の人生の目的

20／2の人生の目的は、霊的素質を奉仕の精神に役立て、健全な自他の境界線をもつことで責任のバランスを学び、互いに協力、支援し合える理想的な体制を確立することです。バランスを手に入れた20／2は、共依存的な傾向を脱し、慈愛に満ちた協調性で、世の中に奉仕します。もちろん共依存的傾向をもつ人々が全員20／2というわけではなく、20／2の人々が皆共依存的な行動をとるわけでもありませんが、自分と相手の自我の境界線を見つけるまでは、多かれ少なかれ、相手に過剰に責任を感じて奴隷のように奉仕し、後になって自分と相手に腹を立て、感情的に引きこもる傾向をもっています。

20／2は責任感が非常に強く、他人の問題も自分の責任のように感じます。この人々はすぐに他人の過ち《あやま》を見つけて批判しますが、これは「自分の責任でない」と主張するための自己防御反応です。私たちは皆、自分の人生については全面的な責任を負う必要がありますが、他人の人生にまで（育児など、正当な場合を除いて）、責任を感じる必要はありません。

あなた方の多くに必要なのは、奉仕と隷従《れいじゅう》の違いを明確にすることと、人生で出合う状況や環境に抵抗するのをやめ、人生そのものと協調する方法を覚えることです。

20／2は、人間関係や人生で、最初はとかく過剰に奉仕しますが、その後、振り切った振り子が反対側に振れるように、急によそよそしくなって抵抗したり、また自分の殻《から》に閉じこもったりします。この傾向を克服するには、自分が心地よくいられる領域を見つけ、限界を見極めなくてはいけません。自分が気持ちよくできることだけを行ない、嫌だと感じたことはきっぱりと断るのです。追いつめられて「もううんざりだ」と悲鳴をあげなくてすむように、限界に来たら「ここまでおしまい！」と宣言するべきなのです。自分や他人から押しつけられた役割を脱ぎ捨て、理性が「こう感じるべきだ」と押しつけた感情ではなく、真の感情を取り戻した時、本当に人を支え、また支えられることができるようになります。

20／2には、22／4、40／4と似通った問題点がたくさんあります。問題解決に向けて、一歩ずつ着実に進むプロセスもその一つです。20／2は、あらゆる分野で指導者となる力ももっていますが、より大きな目的に向かって努力している人を支える時、最も大きな満足を感じます。

また［4タイプ］に似て、なかなかものごとが決定できません。秩序立てて考えようとして、あらゆる要素をはかりにかけ、すべての利点と欠点を比較するのです。ほとんどの20／2は、整然とした安定を求め、少しでも秩序が乱れることを嫌がります。秩序の乱れが子供時代の不安感を呼び起こすこともあります。

20／2の最大の課題は、自分の心の中の調和を見出すことです。仕事を抱え込むことをやめ、他の人々の問題から手を引きましょう。そして理性で判断することをやめ、内面の感覚に従って自分の限界を定めると、周囲の人々はそれに合わせて自分の仕事に責任をもつようになります。

20／2は、強さと頑健さに加え、感性、力、表現力、そして洗練された直感力という霊的素質にも恵まれています。

ただ、その鋭い感性がマイナスに働くと、感情に流される恐れがありますから、人の手助けをする時は、共感と同情を混同しないように気をつけなくてはいけません。困っている人がいても、苦境の責任はあなたにあるわけではありません。勝手に穴に落ち込んだ人を、救い出す責任は誰にもありません。学ぶべきことを学ぶまで、暗い場所にいる必要だってあるでしょうし、救われる準備ができていない人を救っても、相手のためになりません。感情面で距離をおいた共感的立場から手を差し伸べるのが一番よいのだということを学びましょう。

誕生数20／2のプラス面

この人々は、自分と他人の境界を明確にし、強さと柔軟性、家庭と仕事、その他もろもろの相反する事象をうまく調和させます。直感を信じ、くよくよ心配しないので、内面的に安定し、心身ともに柔軟です。あなた方は、家庭でも仕事でも申し分のない問題解決者、調停者となります。自分の感情、そして存在価値を尊重し、自分の限界を知った上で他人を支え、力づけます。

誕生数20／2のマイナス面

マイナスの20／2は、「自分はどうすべきか」に縛られ、他人の要求に合わせすぎて、自分の欲求を見失います。人間関係では慢性的に共依存関係を築き、すべてのことに責任を感じ、他人のためにすべてを捧げたあげく、最後は「どうして他人は自分がしたように支えてくれないのだろう」と相手に腹を立て、感情的な自閉状態に陥ってしまいます。肉体、精神、感情面で過大なストレスを受け、アレルギーやその他の疾患に苦しみます。

20／2の人生の課題

◆健康

20／2は元来、精神面、肉体面ともに頑健で、めったに病気をしません。しかし絶え間ない心配による緊張と、精神的な忙しさは、心因性のストレスを生じさせます。ストレスはアレルギーを引き起こし、肉体的な緊張はリンパ系の免疫システムに影響を与えます。

多くの20／2は40／4、22／4と同様、がっしりとした体格をしているか、細身でも驚くほどの体力を備えています。肥満の解消には、エアロビクスと低脂肪ダイエットに加えて、ストレッチ、深呼吸、リラクセーション、あるいは瞑想《めいそう》のトレーニングを行なうと効果的です。一般的に、筋力をつけるトレーニングを好む傾向がありますが、もともと十分にパワフルなので、柔軟性を促《うなが》すトレーニングの方が必要です。流れや柔軟性、バランスを教えてくれるダンスやヨガ、太極《たいきょく》拳《けん》、合気道を始め、ストレッチとリラクセーションを取り入れた武道が適しています。

20／2は、潜在意識の影響を受けやすいので、催眠術やプラスのイメージトレーニングが有効です。

◆人間関係

協調過剰の状態にある20／2は、自分の感情に自信がもてず、また、そう感じることが許されるかという確信がないため、本当の感情を抑え込んでしまいます。この人たちは最初、相手の要求や感情を優先しますが、その内、自分の一方的な奉仕に気づくと、相手に対する愛情が急に冷めてしまいます。

過剰な協調関係から始まる20／2の人間関係は、恋愛関係に如実に現れます。最初のうちは、自分の価値観、興味、要求を捨て去り、すべてを相手の好みに合わせますが、しばらくして振り子が反対方向に振れると、腹を立て、自分の殻に閉じこもってしまいます。相手に去られた時の憤りと落胆も並大抵ではありません。「あんなに尽くしてあげたのに、彼／彼女は私を捨てた！」というわけです。あなた方は積もり積もってついに爆発するまで、自分の感情を抑え続けます。

円満な人間関係を築くには、ギブ・アンド・テイクを学ばなくてはいけません。「あなたがこれだけのことをしてくれるなら、私はこれだけのことをする」といった妥協点を探る交渉も必要でしょう。

性的関係も同様です。20／2は、最初、相手の欲望を叶《かな》えようと必死に尽くします。こうした隷属状態は、すぐに終わる場合もあるし、何十年と続くかもしれません。しかし自分の限界が訪れた時、必ず気持ちは冷え、本能的に相手に背を向けます。こうして、不感症やインポテンツになり、セックス嫌いになるのです。この状態から本当のコミュニケーションと信頼感を取り戻すには、パートナーと共に専門的なカウンセリングを受けるしかありません。二人で少々話し合ったくらいではどうしようもないからです。

◆才能、仕事、財産

障害を克服した20／2は、内面のバランスをとり、他人の感情や要望、意見に動揺することなく人生の道を真っ直ぐに歩みます。

あなた方が強さと感性を調和させる時、素晴らしい可能性が生まれます。40／4と同様、20／2は家庭生活を大切にします。プラスの20／2は、頼りになるやさしい夫、妻、そして親となり、家庭内のいざこざをうまく収めます。また、組織の交渉役、さらには外交官となって国際外交の場で活躍することでしょう。

あなた方は、ずば抜けた組織力と調整力を生かし、優れた策謀家、あるいは交渉者として活躍します。企業に勤めていれば、補佐的な働きで組織を繁栄に導きます。2エネルギーは、奉仕の側面を強くもちますが、常に陰の支え役に回るわけではありません。時には舞台の中央に出てカメラの前に立ったり、一国の元首となることもあります。しかし一人の有名な20／2の背後には、陰で社会を支える何千という20／2がいます。

この人々は、経済的安定をとても重視します。家賃やローンを支払った上で、安定した生活が送れることを求めます。実際的な志向が強いこのタイプは、堅実で安定した生活を送り、自分の才能と気質に無理のない形で奉仕を行ないます。

誕生数が20／2の有名人

ジョー・バイデン（米国副大統領）
フィル・コリンズ（ミュージシャン）
ベンジャミン・スポック博士（医師）
エリザベス・キャディー・スタントン（女性人権運動指導者）
ロバート・ルイス・スティーブンソン（作家・随筆家）
ハンス・クリスチャン・アンデルセン（童話作家）
ジュリー・アンドリュース（女優）
デビー・レイノルズ（女優）
ノーマン・メイラー（作家）
クロード・モネ（画家）
マリア・カラス（ソプラノ歌手）

運命を実現する鍵

次の行動は、20／2の人生の課題を明らかにし、人生を変えるきっかけとなるでしょう。

♥心がけのヒント

・何かを決断する時は、まず決断した場合のプラスとマイナスを紙に書き留め、自分の直感に耳を傾ける。
・ためらわずに「ノー」と言い、罪悪感を感じないことを覚える。
・毎日の運動に、必ずストレッチとリラクセーションを組み込む。
・与えることと受け取ることの間にバランスを見つける。

行動チェックリスト

1、次の質問についてよく考えてみましょう。
・人に対して譲りすぎ、その後で怒りを感じることがあるだろうか？
・自分の責任の範囲はどこまでで、どこから他人の責任が始まるだろうか？
・自分が心地よくいられる領域を尊重しているだろうか？
・これまでの人生で、閉じ込められたように感じたことがあるだろうか？

2、もし、このような質問で思い当たることがあったら、それをどうやって行動に生かせるでしょうか？

理解を深めるために

1、第二部に戻って、誕生数を構成する数字2、0の項目を読み直してください。

2、友人や家族の誕生数を調べ、彼らが関心を示したら、あなたの人生と似通った点、異なった点を話し合ってみましょう。

精神法則
人生を変えるために

1、第四部に記載した以下の法則を読んでください。

・「責任の法則」相手に奉仕する喜びは、できない時にはきちんとノーと言える時、訪れます。

・「バランスの法則」極端から極端へと振れる自分の傾向を知ると、バランスをとるポイントが分かります。

・「循環の法則」人生は、巡《めぐ》る四季のように、変化、上昇、下降を繰り返します。

・「パターンの法則」自分を変える強い力をもたないと、行動様式を変えることはできません。

・「柔軟性の法則」柔軟であれば、試練と環境の変化を最大限に利用することができます。

2、それぞれの法則を実践するための訓練をしましょう。

3、それぞれの法則を自分の人生でどのように生かせるかを考えてみましょう。

12 創造的協力

時は来た。
それぞれの楽器の音合わせを済ませ、
シンフォニーを奏でる時が。

作者不詳

1と2が均等に影響し合う12エネルギーは、ユニークで力強い、創造的な協力のエネルギーです。39／12、48／12の［12タイプ］は、1と2の特質と障害を併せもちますが、他の人々と協力し合うことで、創造性がもっとも輝かしく発揮されるという特徴があります。

作家と編集者は協力して最高の本を作り上げ、脚本家や作詞作曲家、音楽家などは協力によって素晴らしい創造物を作り出します。このように人々が協力して創造の火花を散らし、個人では成し遂《と》げられない問題解決や創造的仕事を達成すること。それが、創造的協力エネルギーの成果です。

39/12

3 9 12

創造的協力
知恵⇩高潔さ
感性⇩表現力

誕生数39／12の人生の目的

39／12の人生の目的は、創造性と協力、高潔さをめぐる課題を克服《こくふく》し、創造的なチームワークを通して自分を表現し、相互に協力しながら高潔な知恵の実践を目指すことです。創造的協力の例としてはライト兄弟、ギルバートとサリバン、バーナムとベイリー、ロジャースとハマースタイン、そしてフレッド・アステアとジンジャー・ロジャースなどがあげられます。またチームワークによって、個人がもてる能力を最大限に引き出すスポーツチームも、創造的協力のよい例です。

誕生数に1をもつ人は皆、創造性に恵まれています。大抵の人は協力がなくても、あるいはまったく孤立していても十分に創造力を発揮できますが、39／12は違います。2の協調性のエネルギーの影響が大きいこのタイプは、人との協力関係において、最高に創造的エネルギーを発揮します。この人たちは協力によって初めて、自分の能力以上のものを生み出すことができるのです。

本書で用いた誕生数の決定法では、二桁の最終数は足しませんでしたが、仮に合計すると（1＋2）、39／12は39／12／3となり、潜在的に、ダブルの表現エネルギー（3）をもっていることが分かります。

39／12と48／12は、どちらも「12タイプ」ですが、人生の道は相当に異なっています。39／12の場合、3の情緒的な感受性と表現の欲求に、9のカリスマ性と深淵な知恵への探求心が結びつきます。そのため向上心が強く、崇高《すうこう》な原理や精神法則を実現するために協力している時や、自分の成長と学習のために人と助け合っている時に、最大の充足感を覚えます。

単一の誕生数が純粋に作用する20／2や30／3の場合は、早い時期から数字が示唆する人生の障害に直面します。しかし39／12の場合、表現エネルギー（3）、高潔さと知恵（9）、燃えたぎる創造エネルギー（1）、創造性に関する責任感（2）という四つの数字の障害と特質に取り組んでいかなくてはいけません。ですから、自分の中の特質を整理し、本来の人生の道を歩み始めるまで、他の誕生数よりも時間がかかるかもしれません。しかし内面を統合し、責任の限界を見つけ、ギブ・アンド・テイクの大切さを学んだ時、独特の形態の論理とインスピレーション、奉仕と美を次々と生み出します。

39／12はエネルギーが豊富で、何事も感情のすべてを捧《ささ》げて一生懸命に行ない、自分や他人の人生の意義と目的をほとんど宗教的なレベルに純化します。

またこのタイプは、非常に感性が強く、人生の重要な要素を直感と感性で感じ取ります。些細《ささい》なことには惑《まど》わされませんが、強迫的な向上心にとりつかれることがありますから、その時は肩の力を抜き、楽に構えて、人生はそんなに深刻ではないことを思い出しましょう。

ほとんどの39／12は、自分はどこかしら人と違う、アウトサイダーのように感じます。情緒的感性が、9のアイデンティティー不安と結びつくため、自分に自信がもてず、しばしば人の意見に左右されます。しかしその大人しい仮面の下には、創造への欲求が、ふつふつと沸き立っています。そういう時は、思い切って人生の戦いに身を投じるべきです。そして周りが何を言おうと、自信をもってエネルギーを人生に注ぎこめば、新しい道が開けます。

また、人との協調のなかで創造エネルギーをプラスに生かす努力と、共感と同情の違いを常に念頭において他人の問題に引き込まれない注意も必要です。

39／12の使命は、自分の欲求を満たしつつ他人と協力し、世の中に奉仕することです。自分に自信をもてば、持ち前の創造力を最大限に発揮し、情熱と創造エネルギーによって世の中に美をもたらすことができるでしょう。

誕生数39／12のプラス面

この人々は、協力や共同作業によって才能を大きく開花させ、世の中に情熱と豊かな表現力や創造力をもたらします。他人の意見と自分の意見を同様に尊重し、自分の立場を守るべき時と譲るべき時を心得、誠実な感情と深い理解、尊敬に基づく人間関係を築きます。

気品と優雅さ、強さと感性にあふれ、自分の仕事に意義と喜びを見出し、創造力と表現力を生かして、世の中に尽くします。

誕生数39／12のマイナス面

この人々は、頑固でいつも不安に苛《さいな》まれています。煮えたぎる情熱を発揮する場を見つけられず、せっかくの創造力は、不平と辛辣《しんらつ》な言葉というマイナス表現をはけ口に噴出します。人間関係では最初に過剰に奉仕した後、自分の殻《から》に閉じこもります。また、他人の気まぐれな要求に振り回されて自分の感情を見失い、思考が空回りして、自分のすべきことがなかなか決められません。表現力の抑圧が長引くと、肉体的な症状が現れます。いつも独りぼっちで孤立していると感じます。

39／12の人生の課題

◆健康

39／12は、繊細《せんさい》な感性に加えて過剰な責任感をもつため、ちょっとした問題にも深く傷つきます。ストレスにさらされたり、エネルギーが抑圧されると、心因性の病気や、風邪《かぜ》やインフルエンザだけでなく、奇病にかかります。この傾向は、人生がプラスに転じるにつれて軽減します。

39／12の場合、その時もっとも大きな影響を及ぼしている数字によって、症状の現れ方が異なります。3の表現力を抑制すると、喉《のど》の病を患《わずら》います。1エネルギーが鬱積《うっせき》すると生殖関連器官（下腹部と腰を含む）が敏感になります。また過剰なストレスは、アレルギーを引き起こします。あなた方の場合、肉体的な障害を起こす主な原因は、創造エネルギーと表現エネルギーの鬱積ですから、身体の不調を感じた時は、精神法則を実践し、創造力と感情を解放しなくてはなりません。

あなた方は非常に洗練された味覚をもち、食欲が感情と密接に関係しているため、精神的に落ち込むと食欲を失うか、偏食するか、また逆に心を休めるために過食します。感情をきちんと表現できるようになれば、身体が本当に求めている食べ物が分かります。

運動面では、強さと繊細さを併せもつ運動、たとえば、ヨガ、太極拳《たいきょくけん》など美的で、瞑想《めいそう》的な運動が効果的です。バスケットボールやバレーボールなどチームスポーツは、協力を学ぶ意味で有効です。また、一定の運動と呼吸運動を日課として続けると、健康増進に役立ちます。

◆人間関係

39／12を養い、育《はぐく》み、導くのは自らの感情です。感情に素直になりさえすれば、健全な人間関係を維持することができます。あなた方は自分の人間関係に、単なる仲間づきあいや性欲のはけ口ではない、大きな目的があることを直感的に知っています。

この人々は常に、人生を共に歩む仲間を求めています。この人々の創造性は、人とのつながりと協調の中においてのみ、完全に発揮されるからです。このタイプが人生で抱える問題、つまり自己不信と不安、他人の意見に左右される傾向、屈折した自己表現、過剰協力の傾向は、恋愛関係に一番顕著に現れます。すべての39／12は、理解のある思いやり深いパートナーを必要としています。一方的に要求するのではなく、自分とすべてを分かち合ってくれるパートナーです。

人間的つながりを強く求めるあなた方は、複雑な性的関係に陥らないよう、細心の注意が必要です。傍目《はため》にはそう見えなくても、一般にあなたはロマンチストで、表面に見えない性的魅力を感じ取り、始終誰かにのぼせ上がっています。このため既婚の異性や、遊び半分で性的関係を結ぶ異性には近づかないようにしましょう。精神法則を参考にすると、状況は改善されますが、複雑な性愛関係に陥ると、手痛い教訓を得ることになります。

39／12の築く人間関係は奥深く、情熱的です。感情と相互協力が、あなた方の人生を豊かに花咲かせ、充実した性生活をもたらすでしょう。

◆才能、仕事、財産

自信を手に入れた39／12は、俳優、セールスマン、ナレーター、あるいは演説家など、さまざまな分野で天性のパフォーマーとして活躍します。また本や雑誌の編集者など、創作者を支える仕事でも優れた業績をあげるでしょう。たとえ裏方から出発しても、この人々のカリスマ性はいつかは認められます。また相手の心に同調する能力に優れているので、創造力あふれるセラピストとしても成功します。多様なエネルギーをもつあなた方は、さまざまな才能と多角的な視点に恵まれています。必要なだけの感性と強さを自在に生み出し、しっかりとした根拠をもつ意見を主張できますが、柔軟性を失わないよう、気をつけなくてはいけません。あなた方の本分《ほんぶん》は、持ち前の創造力を生かして、創造的な仕事を支えることです。そしてその仕事が世の中に役立つ時、最高の充実感を感じます。

39／12の経済状況は、人生の状況をかなり正確に反映します。どの程度自己不信を克服し、才能を生かす仕事に意識を集中できるかによって、収入はかなり変化します。あなた方の内面、外面ともに、非常に多くの矛盾《むじゅん》する力と機会がせめぎ合っています。未熟な39／12は、それを一つにまとめる焦点を見つけるだけで、大部分のエネルギーを使ってしまいます。また大抵の場合、かなりの財産を作ることができますが、収入以外の基準で仕事を選ぶ傾向があります。もし大会社の経営を補佐することを選べば高額の給料を得るでしょうが、ストリートパフォーマーとなれば食べていくだけがやっとかもしれません。しかし自己不信に打ち勝ち、才能と欲求をうまく調和させ、世の中に踏み出せば、努力次第で、富は必ず入ってきます。

誕生数が39／12の有名人

チママンダ・ンゴズィ・アディーチェ（作家・オピニオン・リーダー）
フランク・キャプラ（映画監督）
エマ・ゴールドマン（アナーキスト）
アルフレッド・ヒッチコック（映画監督）
オリビア・ニュートン・ジョン（歌手）
ポール・ロブソン（バリトン歌手）

運命を実現する鍵

次の行動は、39／12の人生の課題を明らかにし、人生を変えるきっかけとなるでしょう。

♥心がけのヒント

・悩んでいる人に感情移入するのではなく、距離を保った共感をする。
・知性を尊重すると同時に、感情を信じる。
・一度に複数の仕事をしない。
・他人と協力した時、自分の創造性がどのように生かされるかに注目する。

行動チェックリスト

1、次の質問についてよく考えてみましょう。
・自分の真の能力を正しく認識しているだろうか？
・自己不信に陥った時、どのように対処しているだろうか？
・自分の人生は人々のよい手本として役立っているだろうか？
・自分の創造的エネルギーを、人々との協力関係の中で生かし、より高い目的をともに目指しているだろうか？

2、もし、このような質問で思い当たることがあったら、それをどうやって行動に生かせるでしょうか？

理解を深めるために

1、第二部に戻って、誕生数を構成する数字1、2、3、9の項目を読み直してください。
2、友人や家族の誕生数を調べ、彼らが関心を示したら、あなたの人生と似通った点、異なった点を話し合ってみましょう。

精神法則

人生を変えるために

1、第四部に記載した以下の法則を読んでください。

・「責任の法則」相手に奉仕する喜びは、できない時にはきちんとノーといえる時、訪れます。
・「直感の法則」他人の意見を気にしなくなると、心の知恵に近づくことができます。
・「行動の法則」不安を克服するためには、自分の弱さを認識し、その上で自信をもって行動しなくてはなりません。
・「大いなる意志の法則」自分から進んで崇高な目的に奉仕すれば、自分自身と他人を勇気づけることができるでしょう。
・「柔軟性の法則」柔軟であれば、試練と環境の変化を最大限に利用することができます。
・「選択の法則」創造性をプラスに生かすのも、マイナスに殺すのも、あなたの選択次第です。

48/12

4　8　12

創造的協力
権威⇩影響力
プロセス⇩安定

誕生数48／12の人生の目的

48／12の人生の目的は、創造力、チームワーク、成功をめぐる課題を克服し、人々と協力して着実なプロセスをたどりながら、自分自身と他人のためにより安定した世界を生み出すことです。多くの48／12は、家族や友人の輪といった身近な世界で、才能を発揮しますが、なかには、もっと大きな社会で活躍する人もいます。人生の目的に内在する障害は、誕生数によって異なります。この誕生数の場合、力とプロセスの障害を克服し、バランスのとれた創造的な協力関係を打ち立てるまでに、しばらく時間がかかるかもしれません。

48／12のエネルギーをもつ人が初めて誕生したのは1999年9月29日です。従って、ここでは実際のケーススタディではなく、4、8、1および2の相互作用から生じる特性、行動パターンとして述べていきます。

本書の誕生数決定法では、二桁の最終数を合計はしませんでしたが、仮に合計すると（1＋2）、48／12は、48／12／3となり、48／12は、潜在的に表現のエネルギー（3）の影響を受けていることが分かります。48／12は、未来への扉《とびら》を開く、希望と創造力の担《にな》い手として地上に現れます。21世紀の世界の実質的な変化を乗り切る、強いリーダーシップと創造的協力をもたらすために生まれるのです。この人たちは、持ち前の輝かしい分析力と創造的なアイデアを発揮し、理想の実現に力を尽くすことでしょう。

今、地球には多くの変化が訪れようとしています。科学技術における変化だけではなく、意識の大きな変動が世界を揺るがせています。変革の中で古い枠組みが消え去り、これまでの体系と秩序が崩れた時、そこに新しい秩序を創造しなくてはなりません。48／12の使命はまさにそこにあります。

しかし彼らが、こうした高邁《こうまい》な目的に奉仕するにはまず、自分自身の基礎を打ち立て、自分の進歩のプロセスと力を受け入れなくてはなりません。といっても48／12をもつ人全員が大きなスケールの仕事に関わるわけではありません。ほとんどの場合は、家族や地域の共同体といった身近な世界で活躍することでしょう。

このタイプの遭遇する障害の中でも特に大きいのは、力に関する障害です。ですから常に「誠実の法則」（499ページ）に従って行動するよう気をつけなくてはなりません。また、4と2エネルギーの作用で、過剰な責任を抱え込む可能性もあるし、強い野心に駆《か》り立てられ、仕事中毒になる恐れもあります。しかし豊かな創造的エネルギーのおかげで、活動エネルギーが不足することはありません。

このタイプは家族を大切にしますが、家族問題もさまざまな課題を提供してくれるでしょう。両親と不仲であれば、まずそれを解決しなくてはいけません。もし子供をもてば、子育ての過程でさまざまなことを学ぶでしょう。

また彼らは、自分の技術レベル以上の野心（4のプロセスの障害）や、高潔さを損なう目標（8の誠実の障害）をもたないよう、注意する必要があります。突然に成功することはあり得ません。成功の陰には、長年にわたる準備と習練が隠されているのです。注意深く、一歩ずつ進んでいくことを嫌いさえしなければ、他人との協力関係を維持する限り、あらゆる分野で優れた成果をあげるでしょう。

21世紀の世界は、48／12の資質を必要としています。着実なプロセスで自分自身の課題を克服し、持ち前の強さと先駆者としての明晰《めいせき》さを身につけた時、彼らは、新しい世紀に向かう私たちを支える橋となるでしょう。

誕生数48／12のプラス面

この人々は、さまざまな経験を通して、「急がば回れ」というプロセスの重要性を学んでいきます。また、家族の問題を解決していく過程で、思いやりと理解を手に入れます。プラスの48／12は自制心が強く、洗練された才能をもち、世の中に貢献する意欲に燃えた、天性の創造的調停者です。この人たちは、激動する社会の中で活動することを好み、しばしば新しい分野のパイオニアとして、自分自身も楽しみながら世の中に貢献することでしょう。

誕生数48／12のマイナス面

マイナスの48／12は、内面に不安と抑圧された野心をかかえ、将来の展望を失います。彼らは強風に刃向かう硬い木のように、変革の嵐の中で、すでに無用さが露呈した過去の秩序を必死に守ります。自己不信に苛まれ、体内で渦巻く創造エネルギーを解放することができません。人間関係では、最初は過剰に協力し、後になって不満をつのらせます。協力の反動で極端に専制的になったこのタイプは、家庭の中で暴君のように振る舞います。また、自分の権威を受け入れることができず、他人の権威に反発します。大志に燃え、結果をただちに手に入れようとしますが、目的の達成には時間と努力が必要であることを理解しない限り、才気あふれる落伍者で終わることでしょう。束の間の賞賛を得たいがために、自身の高潔さを傷つけると、最後には大きな不幸を招くことになります。彼らの場合、失敗が与える打撃は強烈です。

48／12の人生の課題

◆健康

ほとんどの48／12は、成熟と共に、健康と活力が増加していきます。生来、身体は強靭ですから、忍耐強く食事の節制と規則正しい運動を続ければ、生き生きとした健康を楽しむことができるでしょう。しかし他人の人生に対して過剰に責任を感じたり、関心をもちすぎると、精神的なストレスが肉体をむしばみます。ストレスが長期間続くと、免疫系統に障害が現れるかもしれません。瞑想の訓練は、激昂《げっこう》しやすい48／12の心を安らげ、ストレスを減少させ、健康を増進します。

48／12は、体質的に肥満しやすく、創造エネルギーが閉塞している時は特にその傾向が強まります。低脂肪の食事、菜食主義や、菜食中心の食事は、長期的な健康維持に役立つでしょう。

運動面では、とにかく継続的に運動を続けることが大切です。地道な訓練は、彼らにもっとも必要な、進歩のプロセスを教えてくれます。運動を怠《おこた》れば、膝《ひざ》、くるぶし、下肢などに機能障害が現れるかもしれません。また先天的、遺伝的な病気、障害をもつ傾向がありますが、病気と戦う過程で、他人の痛みを思いやる寛大さが育まれます。

◆人間関係

成熟した48／12は、強く、忠実で、頼りになり、協力的ですが、甘いロマンスよりも理性を重視します。この人たちの仲間や相手は、こうした性向を承知しておかなくてはいけません。このタイプと長期的な関係を続けるには、互いの支え合いと協力が必要です。感情だけのつながりや、性的な相性のよさだけでは、48／12の大きな欲求や野心をかなえるには不十分なのです。彼らが必要としているのは、単なる恋人ではなく、協力者です。協力者はたくさんいるが、恋人はいないという場合も珍しくないでしょう。

この人々にとって、性的関係はとても大切です。セックスは、単に欲求を満たし、創造的なエネルギーを発散する場ではなく、唯一、自分の弱点をオープンにできる場なのです。

◆才能、仕事、財産

4エネルギーの実利的な性質と、8エネルギーの富、力、名声への欲求をもつ48／12は、忍耐さえ忘れなければどのような目標も必ず達成するでしょう。創造エネルギーと分析能力に恵まれたこの人たちは、優秀な起業家となります。構造を編み出し、素材を作り、創造的に問題を解決するほか、新しい観点を切り開くことに優れ、新しい分野の開拓に喜びを感じます。48／12の中には熟練した職人として活躍する人や、多くの人々を支える家庭や企業を作る人もいるでしょう。しかしどのような分野においても、新しい境地を開く改革者となるはずです。

48／12では、4、8、12の三種のエネルギーが影響しあうため、目標に向かって進む過程で多種多様な試練を体験します。しかし、忍耐強く努力を続ければ、それは必ず実を結びます。明確な責任をもち、しっかりした基礎を打ち立て、不測の事態に対する柔軟性を保ちつつ着実に進んでいけば、そして何よりも崇高な目的に貢献するなら、自分の好きな仕事で他の人々と協力しながら、持ち前の富と権威を世の中のために役立てることができるでしょう。

誕生数が48／12の有名人

この改訂新版が出版された2018年時点で、最初の48／12（1999年9月29日生まれ）は19歳で、社会で頭角を現すにはまだ時期尚早。多くの48／12が年齢を重ね、成果をあげれば有名人が現れるでしょう。

運命を実現する鍵

次の行動は、48／12の人生の課題を明らかにし、人生を変えるきっかけとなるでしょう。

♥心がけのヒント

・人の力の中でもっとも気高いのは、自制心だと理解する。
・目標が何であれ、それに向かって一歩ずつ進んでいく。
・自己を主張すべき時と、譲るべき時を知る。
・他の人々を自分の一部と考え、心を打ち解け合って協力することを学ぶ。

行動チェックリスト

1、次の質問についてよく考えてみましょう。

・目標に向かう、次のステップは何だろうか？
・高潔さを損《そこ》なうことなく、目標を達成するにはどうすればよいだろうか？
・自分と他人とを、等しく尊重しているだろうか？
・自分はどのような方法で、創造力を発揮しているだろうか？

2、もし、このような質問で思い当たることがあったら、それをどうやって行動に生かせるでしょうか？

理解を深めるために

1、第二部に戻って、誕生数を構成する数字1、2、4、8の項目を読み直してください。

2、友人や家族の誕生数を調べ、彼らが関心を示したら、あなたの人生と似通った点、異なった点を話し合ってみましょう。

精神法則 人生を変えるために

1、第四部に記載した以下の法則を読んでください。

・「責任の法則」相手に奉仕する喜びは、できない時にはきちんとノーといえる時、訪れます。

・「誠実の法則」他人に誠実になるには、まず自分に誠実でなければなりません。

・「選択の法則」創造性をプラスに生かすのも、マイナスに殺すのも、あなたの選択次第です。

・「柔軟性の法則」柔軟であれば、試練と環境の変化を最大限に利用することができます。

・「バランスの法則」極端から極端へと振れる自分の傾向を知ると、バランスをとるポイントが分かります。

・「プロセスの法則」目標に確実に到達するには、少しずつ着実に歩まなくてはなりません。

2、それぞれの法則を実践するための訓練をしましょう。

3、それぞれの法則を自分の人生でどのように生かせるかを考えてみましょう。

3 感性⇒表現力

言葉にできない力が、人生を動かしている。

作者不詳

この章では、最終数（下側数）に3をもつすべての誕生数（12／3、21／3、30／3）について解説します。この三つの誕生数はいずれも3エネルギーの影響を強く受けますが、12／3および21／3がほかのエネルギーの影響を受けるのに対し、30／3は、0：霊的素質によって強められた純粋な3のエネルギーの支配を受けます。

30/3

30 3

感性⇩表現力
霊的素質を備えた感性⇩表現力

誕生数30／3の人生の目的

30／3の人生の目的は、表現力と感性の障害を克服《こくふく》し、自己不信を乗り越えて表現力を発揮し、霊的素質によって人々を勇気づけ、向上させ、鼓舞《こぶ》することです。ほとんどの誕生数では、複数のエネルギーが混じり合いますが、30／3は純粋な3エネルギーを体現します。生来の感受性に加え、0の霊的素質が、研《と》ぎ澄《す》まされた感性、内なる強さ、豊かな表現力、直感を与えます。これらすべての資質を生かし、30／3が人生で取り組むべきテーマは、感情の表現です。

けれども、運命からの挑戦は容易ではありません。30／3が使命を達成するには、乗り越えなければならない大きなハードルがあります。この人々は、感受性が鋭く他人の悩みや苦しみに共感して深く傷つく上、6（3＋3）の完全主義の傾向をもちますから、しばしば落胆し、意気阻喪《そそう》したあげく、批判や不平といったマイナスの表現に走りがちです。

この人たちは生まれながらに表現への強い欲求をもっています。表現エネルギーは、創造性と同様に激しい勢いをもち、いくら抑えてもプラスかマイナスの形で必ず噴出します。未熟な30／3は、スムーズな感情的表現が苦手ですが、一度表現方法を見つけると、言葉は勢いづいて流れ出します。

30／3が活躍する舞台はさまざまです。会衆の前でパフォーマンスをしたり、教えたり、演説することもあれば、もっとこぢんまりとした、家族や友人の輪の中で表現力を発揮する場合もあるでしょう。しかし舞台の規模にかかわらず、あなたが最高の充足感を感じるのは、演説や、絵画や音楽、またその他の創造的な試《こころ》みを通して自分の感情を表現し、他人の感性を揺るがせて、彼らの感情表現を引き出す時です。

表現には相手が必要です。初めのうちは、たった一人を相手に自己表現することになるかもしれません。

しかし自分の才能に自信をもてば、大勢の前で話せるようになります。「話し方講座」などに参加すると、表現力に対する自信を育てることができます。

生まれつき感性が鋭く、周囲の感情に鋭敏なこのタイプは、他人の感情の渦《うず》から自分を守るために、わざと感覚を麻痺《まひ》させたり、心理的な鎧《よろい》をまとったりします。そのため傍目《はため》には無感情に見えることもありますが、仮面のすぐ下には、強い、情熱的な感情が渦巻いています。あなた方のエネルギーのもとは、情熱と、他者との感情の絆《きずな》ですから、エネルギーに飢《う》えてくると、自分からドラマを作り出して、周囲の感情をかき立てます。また情緒《じょうちょ》的でドラマ性のあるメロドラマを見るのも、演じるのも大好きです。感情移入によってどんな性格にもなりきれるので、俳優としての素質も十分です。

30／3では、3エネルギーに内在する感性と表現の欲求が、0の霊的素質の感性と豊かな表現力によって増幅されるため、他の「3タイプ」（12／3と21／3）よりも、自己表現の衝動がはっきりと現れます。この人々が自分の心と深く触れあえば触れあうほど、直感力は発達します。成熟したこのタイプは新聞や周囲の世界から得る情報の中から、必要な情報を的確に感じ取り、表現します。

30／3は、問題を見つけてあからさまに批判するのではなく、プラスに解決する方法を見つけて表現しなくてはいけません。過《あやま》ちを指摘してはいけないというわけではありませんが、表現のエネルギーを建設的な方向に役立てるのが、あなた方の使命なのです。自分を正直に、率直に表現しつつ、前向きで効果的な道を示さなくてはいけません。

一般に「3タイプ」は、しばしば鬱《うつ》状態に陥《おちい》りますが、中でも特に感性が鋭敏で、深い自己不信を抱える30／3は、極端な躁鬱《そううつ》傾向をもっています。「私は何でもできる」と自分を過信するかと思うと、「私には荷が重すぎる。まだ無理だ」と落ち込んでみたり。情緒不安定なこの人たちは、しばしば自信に満ちた高みから感情的なスランプへと落ち込むのです。自己不信は、まさに成功を収めようとしている時に現れて、目の前の道を断ち切ってしまいます。しかしこれもまた、人生によって与えられた試練です。この自己不信を克服するには、それは行く手をさえぎる、行き止まりの壁ではなく、乗り越えるためにある障害なのだと気づかなくてはいけません。でないといつまで経っても先に進むことはできません。「ハードルを飛び越えさえすれば、前へ、上へと進むことができる」。そう考えた時あなた方は、根深い不安から解放されることでしょう。

30／3に与えられた最大の才能は、表現力と霊感を与えるコミュニケーションです。あなた方は、会話、演技、文筆、芸術を通して、人々の感情を揺り動かし、行動へ、変化へ、幸福へと駆り立てます。30／3の心から湧き出すような表現には、知性一辺倒の表現にはない、人を動かす力が秘められています。

こうした魔法のような表現力を身につけるには、自己不信の障害を克服しなければいけません。運命が与える課題のため、「3タイプ」は3エネルギーのない人に比べて表現能力への不安が大きく、自己表現をためらい、人前で表現することを恐れます。しかし、そういう時は思い切って舞台へ踏み出してみましょう。そうすれば心の奥底で、ここここそ自分の居場所だと知り、ほっとするような充足感を感じるでしょう。

誕生数30／3のプラス面

この人々は創造的な表現力によって、世の中に熱意と思いやり、理解、奉仕をもたらします。彼らの調和と感性に根ざした言葉は、人々を向上させ、情熱的で情感にあふれる表現は、霊感を与えます。また、自分の要求や感情を正直に伝え、態度で人を操《あやつ》ることも、操られることもありません。自分や他の人々の感情に振り回されず、責任をもって人生を管理します。霊的素質である表現力、感性、直感力を惜しみなく用いて、世の中のために奉仕する時、この人たちの才能は最高に生かされます。

誕生数30／3のマイナス面

この人々は、誰からも嫌われていると思いこみ、自分を正当化するために、世の中の欠点をあげつらい、批判します。自己不信に苛《さいな》まれ、感受性過敏で、率直に自分の要求や意見を表現できません。そしてただ愚《ぐ》痴《ち》をこぼしたり、態度でほのめかして人を操ろうとします。完璧に性欲を抑え込んでしまう人もいれば、貞操観念に欠け、乱交状態に陥る人もいます。

30／3の人生の課題

◆健康

30／3が感情を抑圧すると、鬱積《うっせき》した表現力が喉《のど》の故障として現れます。喉のかゆみや喉詰まりを感じた時は「表現しなければならないことは何だろう？」と考えてみる必要があります。感じていることを言葉に表してしまえば、喉はすぐに回復するでしょう。あなた方の場合、感情の状態が直接体調に影響しますから、かたくなな心をほぐし、感情に触れ、活気づけてくれる音楽を聞くだけでも、大きなヒーリング効果が望めます。

また、心臓と膝《ひざ》に故障が現れる可能性もあります。未熟な表現によって人から誤解を受けると、そのストレスが膝の周辺にエネルギーの閉塞を引き起こします。そしてこの状態が長期間続くと、血液の循環が悪くなり、さらには身体全体に影響を及ぼします。

食事と運動について見てみましょう。30／3にとっては、自分が直感でよいと感じる運動と食事法（栄養面だけではなく、気分がよくなるような、感情にも効果的な運動と食事法）が一番適しています。失恋したり、失望した時は、感傷に浸ったり、食べ物や自堕落《じだらく》な生活に慰めを求めるのは逆効果です。憂鬱《ゆううつ》になったら音楽に合わせて活発に運動すると、効果的に気分転換ができます。

◆人間関係

感情からエネルギーを得る30／3はいつも感情を求め、「私を大切にして！」と叫んでいます。このタイプはしばしば自分の中ではなく、外の世界に感情的な支えを求めます。相手から多くを求め、自分からは与えない人も中にはありますが、本来相手にも感情を注ぐ力はもっています。

この誕生数は、無感動で冷徹な合理主義を装《よそお》うこともありますが、内面には、広大で繊細な感情のエネルギー領域をもっています。あなた方の声は聞く人の心を動かす豊かな感性にあふれています。

外見に反し、30／3は、ロマンチストです。恋に恋し、しょっちゅう夢見ごこちです。一時的な感情に突き動かされ、セックスをしたり不貞を働いたあげく

（現実であれ想像の中であれ）、後で自分の行動をいぶかしむ、というのがこのタイプによく見られる行動パターンです。パートナーがいる場合には、自分の恋多き傾向についてはっきりと伝えておいた方がいいでしょう。現在魅力を感じている人についてオープンに話せば、燃え上がった炎は収まります。本当に大切な関係を長続きさせるには、つかの間の感情を認めて表現し、情熱のガス抜きをするのが一番です。

感情的なオーラ、あるいはエネルギーが、30／3の性感帯です。感情が抑えられてしまうと、いくら性的テクニックを駆使してもこの人たちを燃え立たせることはできません。愛し合う気分になれば、この人たちは情熱的に求めます。テクニックなど二の次なのです。

30／3は人間関係を通して、率直な表現の大切さと、感覚過敏を克服する方法を学びます。人間関係を、単なる安らぎや慈《いつく》しみの場でなく、精神的な訓練の場と考えると、人間的な成長に役立ちます。

◆才能、仕事、財産

30／3は、持ち前の感情豊かな表現によって、周囲の人々を向上させ、慈しみます。あなた方の活躍する舞台は、身近な交わりかもしれないし、もっと広い社会かもしれません。教師、外交員、文筆家《ぶんぴつか》、あるいは演説家など、人々に人生の奥深い感情を思い出させる職業はすべて、30／3に向いています。他人の感情に波長を合わせ、心の隙間《すきま》に入り込む天性の才能に恵まれていますから、教師、カウンセリング、ヒーリング、パフォーマンス、その他のあらゆる創造的表現の場で活躍するでしょう。また、経営の才能を生かした仕事をすることも、社会奉仕の道に進むこともあります。

30／3は、あらゆる分野で成功する力をもっていますが、自己表現のできる仕事をしている時、最高の充足感を楽しみます。

この誕生数は情緒的な感性に加え、人生の本質に切り込む、極めて鋭利な直感的知性をもっています。そのため、明瞭な論理や道理を必要とする分野でもおおいに活躍します。

このタイプが資金難を抱えている場合、多かれ少なかれ、自己不信が関係しています。30／3がその才能と表現力をプラスに生かせば、自然と富は入ってきます。

誕生数が30／3の有名人

ノーム・チョムスキー（言語哲学者）
エルドリッジ・クリーバー（黒人解放運動家）
ヒラリー・クリントン（政治家）
ビル・コスビー（俳優）
ジョディ・フォスター（女優）
ジョーン・リバーズ（コメディ女優）
カルロス・サンタナ（ロック・ギター奏者）
ジョン・ウエイン（俳優）
エドワード・スノーデン（元ＣＩＡ局員）

運命を実現する鍵

次の行動は、30／3の人生の課題を明らかにし、人生を変えるきっかけとなるでしょう。

♥心がけのヒント

・自己不信は、「止まれ」の信号ではなく、乗り越えるべきハードルだと考える。
・見返りを期待せず、感情を惜しみなく与える。
・現在の感情を認め、表現する。
・自分の洗練された直感力と才能を信じ、活用する。

行動チェックリスト

1、次の質問についてよく考えてみましょう。
・自己不信に苛まれて、自分の欲求を抑えていないだろうか？

・自分の感情と欲求を率直に表現しているだろうか？
・他の人々の欲求を敏感に感じ取っているだろうか？
・生来の直感力、その他の霊的素質を十分に活用しているだろうか？

2、もし、このような質問で思い当たることがあったら、それをどうやって行動に生かせるでしょうか？

理解を深めるために

1、第二部に戻って、誕生数を構成する数字3、0の項目を読み直してください。

2、友人や家族の誕生数を調べ、彼らが関心を示したら、あなたの人生と似通った点、異なった点を話し合ってみる。

精神法則 人生を変えるために

1、第四部に記載した以下の法則を読んでください。

・「選択の法則」創造性をプラスに生かすのも、マイナスに殺すのも、あなたの選択次第です。
・「誠実の法則」他人に誠実になるには、まず自分に誠実でなければなりません。
・「予想の法則」人生は、無意識の予想と不安に従って展開します。
・「信頼の法則」自分自身を信頼した時初めて、他人を信頼することができます。
・「行動の法則」不安を克服するためには、自分の弱さを認識し、その上で自信をもって行動しなくてはなりません。

2、それぞれの法則を実践するための訓練をしましょう。

3、それぞれの法則を自分の人生でどのように生かせるかを考えてみましょう。

21/3 12/3

2 1 3

感性⇩表現力
安心⇩創造
バランス⇩協力

21／3、12／3は、地球上で恐らくもっとも多芸多才な創造力をもつ人々です。2エネルギーの強さに支えられ、発明、改良、合成など、あらゆる分野で、素晴らしい創造性を発揮します。この人々は、あらゆる創造的な活動に、魂《たましい》のメッセージを送り込む力をもっています。

上側数の配列の違いによって、21／3には、創造性の問題（1）がより強く表れ、12／3では、協調の問題（2）がより強く表れます。しかし21／3と12／3の主要な問題は共に、感性、自己不信、感情表現です。未熟な21／3、12／3は、自分の感情が傷つけられた時、批判や不平などマイナスの表現に走る傾向があります。

21／3と12／3は、きわめて優れた感性をもっています。しかしあなた方は、鋭敏な感覚を守り、不安を隠すために、しばしば感情に知性のベールをかぶせます。たとえば、1エネルギーから生じる不安を、知性で取り繕《つくろ》い、勇敢そうに振る舞うのです。

また、12／3においては、2の問題が1よりも先行しますから、不安はやや少ないものの、人間関係で最初の感情の「過剰供給」と、後の「供給拒否」の間で

誕生数21／3と12／3の人生の目的

21／3と12／3の人生の目的は、創造性と、感情表現、バランス、協調性をめぐる課題を克服し、エネルギーを建設的に解放して、世の中の向上と、精神性の高揚に貢献することです。運命からの挑戦は容易ではありません。21／3と12／3は、不安と自己不信を克服し、創造力にあふれた感情エネルギーを、プラスに生かす術《すべ》を学ばねばなりません。さもないと、エネルギーをアルコールや煙草、薬物などの自己破壊的な方法で発散する恐れがあります。また感情の表現を抑圧すると、ストレスが高じて、さまざまな身体的症状となって現れます。

バランスを見出すことに苦しみます。一方、多くの21／3は、感情に飢《う》えています。感情の出し惜しみをしそうになったら、意識的に流出させましょう。

しかし両者の最大の課題は、建設的で率直な表現です。ひ弱に見えたり、感情にどん欲に思われることを恐れず、知性の仮面を捨て、ありのままの自分を表さなくてはなりません。感情的なつながりからエネルギーを得るあなた方は、常に感情を求めはしますが、決してひ弱ではありません。

21／3および12／3は、2エネルギーの内面の強さ、1エネルギーの創造性と共に、3エネルギーの敏感な情緒性をもっています。しかし30／3よりもエネルギーの抑制傾向が強く、情緒的性質をうまく表せません。ですから意識して知的なベールを取り去り、自分の感情に素直になって、恐れや怒り、傷心、喜びを率直に表現するよう心がけなくてはいけません。表現エネルギーがうまく解放されると身体的な障害は消え、健康も回復します。

21／3、12／3は、偽りの仮面を投げ捨て、感情のカードをすべてテーブルに並べ、自分の不安や過敏な感情を正直に表すことが大切です。そうすることで、他の人々との間、そして自分自身との間に、より深く、豊かで、驚くほど強い感情の絆を築くことができるのです。

しかし、このような率直な表現を手に入れるには、まず、根深《ねぶか》い裏切りへの恐怖、自己不信、不安を克服しなくてはなりません。「行動の法則」（514ページ）はこうした潜在意識の恐れをぬぐい去るのに有効です。成熟するにつれ、この人々は本物の自信を身につけ、豊かな感情表現の喜びを世の中にあふれさせます。

誕生数21／3と12／3のプラス面

この人々は輝かしく、感性豊かな業績を成し遂《と》げます。この誕生数は、地球上で最も創造的なものの一つです。湧き上がる感情を、神経や筋肉の緊張としてため込まず、率直に表現するので、心身ともにリラックスしています。誠実な感情の絆をもとに、人間関係を発展させ、互いの誤解が生じれば、話し合いで解決します。この人々が真の喜びを感じるのは、さまざまな活動を通して思いやりのある表現を行ない、人々を向上させる時です。周囲の人に手を差し伸べ、感情の交流をする機会さえあるものなら、どんな職業についていても、充実した人生を送ることでしょう。

誕生数21／3と12／3のマイナス面

この人々は、感受性が過敏で、複雑な行動をとります。自信と落胆を繰り返し、他人と辛辣《しんらつ》な批判を応酬しますが、自分の本当の感情を表すことはありません。抑圧《よくあつ》した感情は、肉体的なストレスを生じさせます。心の中には、自己不信と鬱積した感情、不安と抑圧した創造性、頑固さと反抗心が渦巻いています。

21／3と12／3の人生の課題

◆健康

2の活力と1のエネルギーを兼ね備えた21／3、12／3は、肉体的に最も強健な誕生数の一つですが、表現力を抑圧すると、30／3と同様、喉の変調に悩まされます。この状態が長期間に及べば、手術が必要なほど悪化する可能性もあります。創造的エネルギーを抑制すると、下腹部や生殖器官——胃の不調やヘルニア、女性では卵巣、男性では前立腺などに問題がおきるかもしれません。

あなた方が感情を抑えるのは、活火山にふたをするようなものです。鬱積したエネルギーはすぐに身体の変調となって現れます。逆に、創造的なエネルギーをプラスに表現し、自分の感情を率直に解放しさえすれば、きわめて快調で健康に過ごすことができます。身体の不調を感じた時は、情緒に働きかけるヒーリングが非常に効果的です。感情に訴える音楽を聞いたり、映画を見ると、鬱積した表現エネルギーを解放するきっかけとなります。しかし、映画を見て泣くこともできないようなら、表現力がそこまで滞《とどこお》った原因を探ることから始める必要があるでしょう。

このタイプは創造エネルギーが鬱積すると、肥満傾向が強まります。身体の調子を保つには、バランスのとれた運動を行ない、創造的な趣味をもつのが一番です。運動は、感情を解放するよい手段となります。また情緒が豊かなので、自然や音楽に触れるだけでも、神経が安らぎます。音楽鑑賞や戸外の散歩は、心身のリフレッシュに最適です。

◆人間関係

人間関係を向上させる鍵は、面目を失うことを恐れず、今、現在の感情を素直に表現することです。「今、自分はどう感じているだろうか？」と心に問いかける習慣をつけるといいでしょう。感情を把握したら、それを何らかの形で表しましょう。人当たりのよい感情だけでなく、怒り、焦燥《しょうそう》、恥辱《ちじょく》、困惑、嫉妬《しっと》、競争心といった感情も表現し、自分の弱さを表に出すのです。こうした練習によって本当の感情が目覚めると、健康も回復します。

12／3、特に21／3は、人間関係において仮面をかぶり、不安を隠す傾向があります。たとえば、自分の魅力を確かめるために戯《たわむ》れの恋をしてみたり、従属的な立場に陥るのを恐れて、パートナーに対して競争的に振る舞ったりします。

創造的な仕事をしている時の12／3、特に21／3は、仕事に夢中で、人間関係がおざなりになるかもしれません。またこの人々は、怒りや悲しみなど強いマイナスの感情を表現することを恐れ、無感動な仮面をかぶることがあります。しかしこのような仮面は、愛情や好意、情熱といったプラスの感情も締め出してしまいます。そういう時は、関心のある話題で議論などをして、現在の感情に目を向けるようにしましょう。表現力さえ解放すれば、本来の情熱を取り戻せます。このタイプの人間関係でもっとも大切なのは、感情的な触れ合いですから、それが得られるなら、議論が白熱しても一向に構いません。

また、これらの誕生数は、共に2エネルギーをもちますから、与えることと受け取ることのバランスをとる必要もあります。「バランスの法則」（453ページ）はこの意味で、非常に有効です。

◆才能、仕事、財産

21／3、12／3は共にきわめて多才で、著述、デザイン、演説、討論、アドバイスやプロモーション、その他あらゆる創造的な分野に関わる仕事で、創造性と表現のエネルギーを結びつけ、素晴らしい業績を成し遂げます。あなた方が最も幸福を感じるのは、自分たちの表現と創造によって、世の中を支え、高揚させる時です。

仕事の面では、21／3、12／3は最初、多かれ少なかれ自己不信および不安に直面します。しかし、忍耐強く仕事を続けるうち、他の人々からの賞賛と支援を得て、自信をつけていくでしょう。

21／3、12／3の多芸多才なエネルギーは、世の中に役立つ革新的な仕事をなし遂げます。自己不信と不安の二重のハードルを乗り越え、自分の感情と創造的な力を自由に流れ出させるようになった時、自然と収入も増加するでしょう。

誕生数が21／3と12／3の有名人

〈21／3〉
ユル・ブリナー（俳優）
ビング・クロスビー（俳優）
サルバドール・ダリ（芸術家）
チャールズ・ディケンズ（作家）
ジュディ・ガーランド（歌手・女優）
ロバート・F・ケネディ（政治家・ジョン・F・ケネディの弟）
グルーチョ・マルクス（コメディアン）
マーガレット・ミード（文化人類学者）
シュガー・レイ・ロビンソン（プロボクサー）

〈12／3〉
ヘレン・ヘイズ（女優）

運命を実現する鍵

以下の行動は、21／3あるいは12／3の人生の課題を明らかにし、人生を変えるきっかけとなるでしょう。

♥心がけのヒント

・心身の健康と柔軟な生き方を保つには、感情を外に表す。
・運動は、鬱積した情緒的、創造的エネルギーの解放に役立つ。
・自分のもつ最大の才能を思い出し、心に描く。
・自分の本当の感情を誠実に表現することが、一番大切。

行動チェックリスト

1、以下の質問についてよく考えてみましょう。
・自分の創造力を十分に認識しているだろうか？
・自信過剰から自己不信へと揺れ動いていないだろうか？
・感情に知性のベールをかぶせず、本当の感情を表現しているだろうか？
・創造エネルギーの鬱積から生じる、身体の変調がないだろうか？
2、もし、このような質問で思い当たることがあったら、それをどうやって行動に生かせるでしょうか？

理解を深めるために

1、第二部に戻って、誕生数を構成する数字1、2、3の項目を読み直してください。
2、友人や家族の誕生数を調べ、彼らが関心を示したら、あなたの人生と似通った点、異なった点を話し合ってみましょう。

精神法則 人生を変えるために

1、第四部に記載した以下の法則を読んでください。
・「誠実の法則」他人に誠実になるには、まず自分に誠実でなければなりません。
・「信頼の法則」自分自身を信頼した時初めて、他人を信頼することができます。
・「選択の法則」創造性をプラスに生かすのも、マイナスに殺すのも、あなたの選択次第です。
・「バランスの法則」極端から極端へと振れる自分の傾向を知ると、バランスをとるポイントが分かります。
・「責任の法則」相手に奉仕する喜びは、できない時にはきちんとノーと言える時、訪れます。
2、それぞれの法則を実践するための訓練をしましょう。

3、それぞれの法則を自分の人生でどのように生かせるかを考えてみましょう。

4 プロセス⇩安定

ステップを踏み出せば人生はダンス。
まず一歩、そして次の一歩と。

作者不詳

この章では人生の第一の目的、最終数（下側数）に4をもつすべての誕生数（一桁の4、40／4、22／4、31／4、そして13／4）について解説します。一桁の4は純粋に、ほかの要素によって薄められることなく4のエネルギー、資質、課題を強く反映していますが、それ以外の誕生数は各数字の影響と相互作用によって、異なった人生の道を表します。

4

4 プロセス⇩安定

誕生数4の人生の目的

一桁の誕生数4の人生の目的は、生来の強さである分析力や知力を生かして自分の人生の確かな基盤を作ることです。しかし4の人が人生の目的を達成するには行く手に立ちはだかる障壁やネガティブな傾向を克服しなくてはなりません。

この一桁の4の人生の目的については、第二部の誕生数4とそれが指し示す包括的で詳細にわたる解説を読んでください。ここでは4という数字一つを誕生数とする人の人生の目的の鍵となる要素に焦点を絞って説明していきます。

第一部で言及した通り、4は21世紀になって最初に現れる一桁の誕生数です。二つや、三つ、四つの数字で構成される誕生数がもたらす多面的な課題と異なり、誕生数4の人の人生の課題は安定、プロセス、分析と過剰分析、そして責任、強靭さ（頑固さや粘り強さを含む）という課題にまつわる価値や動機、困難に集約されます。

一桁の誕生数4は、ダブルの4（40／4、44／8）が持っている、プラスにもマイナスにも2倍に働く激しさを持たず、4が2倍に強調されることもありません。一桁の4は、40／4に取り組む人々の運命を抑えめにしたバージョンであり、最も近い運命をもつため、40／4を参考にするとよいでしょう。誕生数4はちょっとしたパラドックス……率直でありながら頑固、どっしりしているようで時には針金のようでもある、頑丈ではあるが40／4や44／8ほどパワフルではない、という矛盾を内包しています。

一桁の誕生数4は、自分のエネルギーの扱い方次第で進展も低迷もします。4の人の使命は小さな一歩を無数に進めることで地道に時間をかけて確かな基盤を築くことです。彼らにとって基盤を築くことはゴールではなく、むしろ始まり、あるいはベースキャンプのようなもので、そこからすべてが始まります。

誕生数4の人は生まれついての分析好きで、時に過剰分析に陥ったり、混乱して自分の立ち位置が分からなくなるまで分析に依存する傾向があります。誕生数4に取り組むほかの人々同様、彼らは興奮しやすく、問題に向き合う前に空が落ちてきたかというほどの過剰反応を示します。彼らの課題は地に足をつけることなので、皮肉なことに無限に分析する習慣に自らがうんざりするまで騙されやすく気まぐれな傾向をもっています。

一桁の4に取り組む人は、誰かとの共同作業をしている時にメンバーが自分と同じ熱意で仕事をしていないのを見ると「じゃあ自分一人でやるからいいよ」と考えてしまいます。このため共同で何かをする時は、進んで総監督の役割を引き受けないよう心がけなくてはなりません。多くの場合、責任とは複数の人々がともに背負うものなので、4の人は必要以上に責任を背負わないよう留意しましょう。一桁の4はまた、本来自分がするべき仕事を誰かに押し付けようとする怠惰な人々に利用されないように気をつけましょう。誕生数2の影響下にある人々同様、4も他人と仕事を分担する際は現実的なバランスを常に考える必要があるのです。

4が成功するための鍵が一つあるとしたら、ペースを遅くして、近道をせずに一歩ずつ地道に忍耐強く取り組むことです。忍耐や根気は4にとって苦手なことなので、意識して能力を育てる必要があるのです。

一桁の4の人生のプロセスを表す端的なイメージとしては、まず家を建てるにあたり、しっかりした土台を作ってから、慎重に根気よく釘一本打つにも手を抜かず、一歩ずつ建材を積み上げていき、大地にどっしりと根を下ろした家を作るということです。最後に、4へのアドバイスとして、フランシス・カーディナル・スペルマンの言葉を添えておきましょう。「すべては神の思し召しであるかのように祈り、すべてはあなた次第であるかのように働きなさい」

誕生数4のプラス面

信頼度が高く忠誠心があり、必要な時に頼れる人です。4のプラス面を発揮する人々は状況を的確に分析し、他の人の考えが及ばないところまでメリットとデメリットの査定ができます。経験を積むに従い、包括的な視点と根気強さを身に着けていきます。大きな目標を具体的で小さなタスクに分けてゴールにたどり着く知恵をもっています。彼らにとって成功とは目的地に着くことより、その過程にあるのです。誕生数4にとって家族は最優先であり、生きる意味や目的にかかわる基本的な要素です。若い頃はよく旅をしますが、長じると一つの場所に深く根を下ろし、家を建て、家族を育む地道な努力家になるでしょう。

誕生数4のマイナス面

マイナスの4は我慢ができず、混乱しています。多くの場合、それは仕事が中途半端で詰めが甘く、近道をして他人の協力を軽視した結果の失敗だと理解できないことに起因しています。そのような4は時折感情の爆発を起こし、どうするべきかの選択に迷い、過剰分析に陥り、ストレスに苛まれます。仕事でもプライベートでも安定した人間関係を心のどこかで望んではいるものの、穏やかな状態が続くとあえて波風を立てたい衝動に駆られます。この人たちは頑固で落ち着きがなく、ひとたび計画を立てると、あとで状況が変化しても厳密に初めの計画通りに進めようとします。

誕生数4の人生の課題

◆健康

古典的健康法では関節を支えるには柔軟性より強度が重要です。この概念は安定した基礎体力にも当てはまり、それは4にとって大変重要なポイントですが、彼らにとって簡単なことではありません。日頃から健康管理に気を配らない4が体調を崩すと、重症化しやすいでしょう。健康な足は重要ですが、物心両面で厳格に走りやすい一桁の4にとっては物理的・心理的柔軟性も重要です（強靭さのマイナス面である頑固さは一桁の4の弱点でもあるため〝心理的硬化症〟、つまり頑なな態度に陥らないよう注意が必要です）。

責任感の強い傾向から、一桁の4はアレルギー、身体（特に世界中の重荷を背負いやすい肩）の緊張など、精神的ストレスが身体の症状に現れます。ストレスによる緊張は有害な一方で、緊張のないストレスはコントロール可能だということを学ぶまで、それらの症状が続きます。そのような4には深呼吸をする、緊張したら身体の力を抜くなど、どんな形であれリラックス法や瞑想法が役立ちます。それらを踏まえた上で、4はおおむね健康体で、強度も柔軟さももち合わせています。

◆人間関係

生まれた家の家族や幼少期の世話人は、恩があってもなくても4にとって最優先すべき人々です。家族は洞察や人生の諸問題をより深く理解するためのプラットフォームです。しかし「友人とは自分の意思で選んだ家族だ」とよく言われるように、4にとっても広い意味での家族の輪を友情によって形成できるでしょう。4は生来明るく社交的なので、仕事でもプライベートでも友人関係やネットワークを作るのは簡単でしょう。人間関係に関する難しさは多くの場合、彼らに内在する包括的な責任感が原因です。これが裏目に出た場合、一桁の2、そしてダブルの2同様、バランスを学ぶまでは無責任極まりないタイプとなります。

◆才能、仕事、財産

人当たりがよいため、4は管理職（〇〇しなければならない、という強い欲求をコントロールできる）、セールス、マーケティング、データ解析、フィナンシャルプランナー（4のテーマは人生の安定）に適性があります。どこまで成功できるかは、彼らがその職業でトップになるために必要なプロセスを把握し、徹底的に準備を行ない、確かなベースを作った上で一歩ずつ積み上げていけるかにかかっています。

誕生数が4の有名人

この改訂新版が出版された２０１８年時点で、最年長の4は18歳なので、社会で頭角を現すにはまだ時期尚早。本書の次の改訂版が出る頃にはもっと多くの名前を挙げられるでしょう。

運命を実現する鍵

次の行動は4の人生の課題を明らかにし、人生を変えるきっかけになるでしょう。

♥心がけのヒント

・大きな目標は小分けにして、小さなステップを一つずつクリアしていく。

・自分のもつ強さと、物理的・精神的柔軟性とのバランスをとる。

・何をするにも周到な準備を怠らず、コミットして、一歩ずつ着実に進み、状況の変化には敏感かつ柔軟に対応する。

・決断する前に、選択肢を全部紙に書いてみる。そして直感を信じる。

行動チェックリスト

1、次の質問についてよく考えてみましょう。

・自分や他人について考えや希望、期待、信じることがあるが、人は「〇〇であるべきだ」という考えを持っていないだろうか？　それは神の仕事ではないか？

・今目指しているゴールは何だろう？　それを小分けにして、簡単に踏み出せる第一歩を含む小さなゴールを一つひとつ書き出してみよう。

・ある決断を下す前に、その決断のメリット、デメリットのバランスシートを作っているか？　その上で直感に耳を傾けているか？

・安定という言葉を自分に当てはめると何を感じ、何を考えるだろう？

2、もしこのような質問で思い当たることがあったら、それをどうやって行動に生かせるでしょうか？

理解を深めるために

1、第二部に戻って、誕生数を構成する数字4の項目を読み直してください。

2、友人や家族の誕生数を調べ、彼らが関心を示したら、あなたの人生と似通った点と異なった点などについて話し合ってみましょう。

精神法則
人生を変えるために

1、第四部に記載した以下の法則を読んでください。

・「プロセスの法則」確実に目標に到達するには、少しずつ着実に歩まなくてはなりません。

・「柔軟性の法則」柔軟であれば、試練と環境の変化を最大限に活用できます。

・「パターンの法則」自分を変える強い力をもたないと、行動様式を変えることはできません。

2、それぞれの法則を実践するための訓練をしましょう。

3、それぞれの法則を自分の人生でどのように生かせるかを考えてみましょう。

40/4

40 4

プロセス⇩安定
霊的素質を備えたプロセス⇩安定

誕生数40／4の人生の目的

40／4の人生の目的は、霊的素質を生かして、理想の実現と世の中への奉仕に尽力《じんりょく》し、目的に向かう着実なプロセスを重ねることにより、人生に確かな基礎を打ち立てることです。20／2や30／3と同様、40／4は、他の数字エネルギーによって弱められることのない、純粋な4エネルギーを体現します。しかし運命からの挑戦には困難がつきものですから40／4は、生来、長く遅々としたプロセスをたどることが苦手です。この人々は、必要なステップを飛ばしたり、逆に一つの段階に拘泥《こうでい》して、先に進めなくなることもあります。

プロセスを学ぶ効果的な方法は、まず期間を区切って目標を決め、短期のプロセスを学ぶことです。これが成功したら、次第に期間を長くして、長期のプロセスを徐々に身につければよいのです。同様に、大きな目的や計画であれば、小さな段階に分け、一つひとつの段階の完成に集中しましょう。こうして一歩一歩歩む地道なプロセスを学べば、人生を生き抜く支えとなる、安定した土台を築くことができます。

プラスの40／4は、卓越した分析能力に加え、霊的素質の強さと忍耐力、強さに見合った感性、豊かな表現力、明晰《めいせき》な直感をもっています。この人々の中には、バレーダンサーのような優雅さと牡牛《おうし》のような強さが共存し、それらが絶妙に補《おぎな》い合っているのです。

20／2と40／4の長所、傾向、障害は、よく似ています。ただ、20／2では、責任、内面のバランス、協調の障害がより大きく現れるのに対して、40／4では、安定した基礎と明確なプロセスの確立が最大の課題です。

0の霊的素質は、生来の才能をより豊かに引き出します。しかし精神素質そのものの発展にも、地道な準備と訓練のプロセスが必要です。

他の［4タイプ］と同様、40／4もまた、遅々とした進歩の過程を嫌い、目標の達成に必要な長いプロセスを疎《うと》んじて、今すぐ結果を手に入れたがります。また、何かを決定する時、あらゆることを秤《はかり》にかけようとして、思考が堂々巡りに陥《おちい》る傾向があります。そういう時は、自分の本能的直感（身体で感じる直感）の正しさを信じ、それに従うようにすると、思考の迷路から脱して、実際的で芸術的な判断を下すことができます。

　また彼らは、一般に非常に責任感が強く、他人の責任まで背負い込み、自分の本心を押し殺して義務感で行動します。そして、他の人に対しても同様の行動を期待する傾向があります。

　40／4は、20／2以上に頑固で（20／2の場合、40／4ほど、理性と感情の間で混乱しません）、人生の変化に適応しようとしません。柔軟性を学ぶまでには、かなり厳しい試練が必要でしょう。

　このタイプは、古い人間関係や過去の選択、過ぎ去った出来事、つまり過去にとらわれ、いつまでも後悔し続けます。「私が何か言ってさえいれば……」「私がああしていれば……」。このこだわりを抜け出すには、まず過去に引きずられる傾向をきちんと認めた上で、自分自身の進歩のプロセスを信頼しなくてはなりません。過去の選択はすべてあなたの成長に必要なステップで、過去の積み重ねがあったからこそ、今の自分がいるのだ、と自分の決断に自信をもつことが大切です。「プロセスの法則」（459ページ）は、40／4の運命を変える一番大切な鍵《かぎ》です。この法則は、順序を追って基礎を築き、一歩ずつ進むことを教えてくれます。この人たちが人生で成功するか、失敗するかは、この法則と、もう一つの重要な法則：「パターンの法則」（463ページ）に従えるかどうかで決まります。

　22／4や20／2と同様、40／4は、ひどく考えこんだり、ヒステリックに感情を爆発させたりを繰り返す傾向がありますから、理性と感情のバランスをとり、統合する必要があります。この人々が、強力な分析能力と直感力を一つに結びつけた時、たぐいまれな明晰さと先見性を発揮します。

誕生数40／4のプラス面

　あらゆることに対して徹底的な準備を行ない、目的に向かって辛抱強く、一歩一歩着実な過程を歩んでいきます。時間はかかっても、必ず目標を達成するあなた方は、周囲の人々の信頼を集めます。何か判断を下す必要があれば、持ち前の分析力を駆使して、あらゆる可能性を考えますが、本能的な直感を信じることも忘れません。子供時代の家族問題を解決して、両親との関係も可能な限りで修復し、安定した自分の家庭を築きます。持ち前の並外れた強さと鋭敏な直感を結びつけ、どんなに時間がかかっても、困難と障害を乗り越えて進み、難局に陥っても柔軟な思考を失いません。この人々は直感によって、自分の興味と能力に適した状況と機会を見つけ出します。

誕生数40／4のマイナス面

マイナスの40／4は、直感を信じず、知性だけを信頼します。頭だけで判断しようとして終わりのない分析にはまりこみ、結局混乱して、衝動的な決定をして後になって悔やみます。このためものごとを決断することを好みません。人間関係は長続きせず、不安定です。頑固で融通《ゆうずう》のきかないこの人々は、相手に歩み寄ることができません。そのため信頼関係に基づく安定した関係を築くことができず、出会っては別れるパターンを繰り返します。衝動的で、自己欺瞞《ぎまん》的。仕事を始めては、すぐにやめ、決して完成させることはありません。

40／4の人生の課題

◆健康

40／4は、一般に頑健で、病気に対する強い抵抗力をもっていますが、腰、大腿部《だいたいぶ》、膝《ひざ》、足首、あるいは足全体など、身体の基礎となる部分に故障を起こす可能性があります。知性にとらわれ、欲求や欲望を抑圧してしまうと、エネルギーが鬱積《うっせき》して、便秘症になるかもしれません。アレルギー症状を起こす傾向は20／2と同じですが、彼らよりも衝動的な行動が多く、事故に巻き込まれることもしばしばです。また、先天的障害や幼児期の病気や怪我《けが》の後遺症を、成人後も引きずることがあります。

40／4の体格は、ずんぐりしているか、非常に背が高いかのどちらかです。太りやすい人が多いので、低脂肪で菜食主義の食習慣と、エアロビクスを同時に行なうと効果的です。運動の中でも、ストレッチとリラクセーション、または筋肉運動がバランスよく行なえる、ヨガ、ダンス、合気道、太極拳《たいきょくけん》などが特に向いています。

◆人間関係

世の中の人々に対し、過剰な責任を感じている時のマイナスの40／4は、出しゃばりでお節介に振る舞ったり、高圧的で支配的に行動したりします。安定性もこのタイプの抱える問題の一つです。プラスの40／4は、難攻不落の要塞のような安定感をもつ、頼りになる存在となります。また、しばしば幼いころの家庭問題を抱えるため、幸せな家庭に強く惹《ひ》かれます。ストレスが高じたりエネルギーが閉塞《へいそく》すると、性欲が抑圧されますが、ヨガや、ストレッチ、リラクセーションなどで解放すると、セックスに喜びを見出せるようになります。このタイプは、知性から自由になり――テイモシー・リアリーの言うところの「頭を捨てて分別《ふんべつ》に到れば」――人間関係は向上します。

◆才能、仕事、財産

卓越《たくえつ》した分析能力と直感に恵まれ、安定志向が強い40／4は、あらゆる分野で成功する力をもっています。自分のことについて決断を下すのは苦手でも、一般にアドバイザー、オーガナイザー、金融業者、不動産のカウンセラーなどが向いています。あなた方がもっとも充実感を覚えるのは、他人を支えるという実感をもつ職業です。このため生来の奉仕志向を生かして、看護人や保育者、ソーシャルワーカーなどもよいでしょう。「プロセスの法則」（459ページ）に従い、持続性、強さ、感性、分析能力を生かせば、スポーツを含むあらゆる分野で、大きな業績を達成します。

誕生数が40／4の有名人

この誕生数をもつ人の割合は少ないので、有名人もあまりいません。

ベネディクト・カンバーバッチ（俳優）
T・E・ロレンス（『アラビアのロレンス』のモデル）
ウィル・スミス（俳優）

運命を実現する鍵

次の行動は、40／4の人生の課題を明らかにし、人生を変えるきっかけとなるでしょう。

♥心がけのヒント

・強さだけではなく、感性も大切にする。
・目的に到る、一つひとつのステップを確実にたどる。
・急ぐ時には特に、遠回りしても確実な道を通る。
・人生は家を建てるようなものだと考える。しっかりした基礎を築き、着実なプロセスをたどることが大切。

行動チェックリスト

1、次の質問についてよく考えてみましょう。

・何かを決める時、頭だけで考えていないだろうか？　直感を信じているだろうか？
・どうすれば家族問題を、成長の機会として生かせるだろうか？
・一方的に奉仕せず、自分も奉仕を受け取っているだろうか？
・欲求や状況の変化に対して、柔軟に対応しているだろうか？

2、もし、このような質問で思い当たることがあったら、それをどうやって行動に生かせるでしょうか？

理解を深めるために

1、第二部に戻って、誕生数を構成する数字4、0の項目を読み直してください。

2、友人や家族の誕生数を調べ、彼らが関心を示したら、あなたの人生と似通った点、異なった点を話し合ってみましょう。

精神法則
人生を変えるために

1、第四部に記載した以下の法則を読んでください。

・「プロセスの法則」目標に確実に到達するには、少しずつ着実に歩まなくてはなりません。

・「パターンの法則」自分を変える強い力をもたないと、行動様式を変えることはできません。

・「柔軟性の法則」柔軟であれば、試練と環境の変化を最大限に利用することができます。

・「大いなる意志の法則」自分から進んで崇高《すうこう》な目的に奉仕すれば、自分自身と他人を勇気づけることができるでしょう。

・「循環の法則」人生は、めぐる四季のように、変化、上昇、下降を繰り返します。

2、それぞれの法則を実践するための訓練をしましょう。

3、それぞれの法則を自分の人生でどのように生かせるかを考えてみましょう。

22/4

2 2 4

プロセス⇩安定
バランス⇩協力
バランス⇩協力

誕生数22／4の人生の目的

22／4の人生の目的は、協調性と責任をもち、着実なプロセスに従って堅固《けんご》で安定した基礎を作り、チームワークを維持しながら目標を達成することです。しかし、運命の挑戦には障害がつきものです。22／4は最初、過剰な奉仕をして、後に自分の殻《から》に閉じこもる傾向が強く（2エネルギー）、成功を焦《あせ》るあまり、必要なステップを飛ばしてしまうこともあります（4エネルギー）。しかし、どんな失敗も成長の糧《かて》にすることができます。何か問題に直面した時は、飛ばしたステップを確認し、もう一度そこからやり直すようにすれば、同じ失敗を繰り返すことはなくなります。また、大きな目標も、小さな段階に分け、一つひとつを克服していけば、必ず達成できるでしょう。

ダブル2のエネルギーは、22／4の人生に強力な影響を与えています。一番左側の2は、内面の協調を意味します。つまりこの人たちは最初に、内面の葛藤《かっとう》する信念、価値観、傾向を統合しなくてはなりません。人生に問題を感じた時は、周囲の状況を変えようとする前に、まず、自分の内面に目を向け、自分の基礎に立ち返り、精神療法などで精神を調和させる必要があります。また右側の2は、対外的な協力を示します。内面を調和させた後は、他人との関係を見直し、自分と他人の境界を確立し、協力過剰とその反動との間にバランスを見つけなければなりません。

ほとんどの22／4は、優れた分析力と構成力をもっていますが、その能力がマイナスに現れると、思考の空回りや強迫的な心配を引き起こし、衝動的な行動につながります。2エネルギーの最大の課題は、バランスと統合の確立です。知性と感情を調和させ、論理と直感のバランスをとらなくてはなりません。混乱を感じた時には、選択肢をすべて紙に書きとめて頭を整理した後、自分の本能を信じ、直感に従って最終決定を下すとよいでしょう。

この人々が障害を乗り越えるには、明晰で現実的な思考と自分への思いやりが必要です。さもないと、圧倒的な責任感に押しつぶされて反抗的になり、一切の忠告を無視し、問題点やアンバランスに気づかないまま終わってしまうかもしれません。ほとんどの22／4は、はっきりとした強い意見をもっていますが、自分自身の豊富な考えに埋もれ、反対意見や他人の考えを軽《かろ》んじる傾向があります。

ダブル2と4が相乗効果を及ぼすこのタイプは、類いまれな活力と可能性に恵まれています。しかし、その可能性を開花できるか否《いな》かは、精神法則を人生に取り入れ、実践できるかどうかにかかっています。人生の旅を小さく確実なステップに分け、4エネルギーによって与えられる強さ、不屈の精神、忍耐力を生かして一歩一歩足もとを確かめながら歩むなら、あらゆる分野で、非凡な成功を収めることでしょう。

誕生数22／4のプラス面

明晰な思考力と集中力に恵まれたプラスの22／4は、障害物を足がかりに変え、一つひとつ段階を登って、あらゆる目標を達成します。失敗を教訓にして、同じ過ちは二度と繰り返しません。初めは厳しいと思われた教訓も、精神的に成長するに従って楽に受け入れられるようになるでしょう。また、この人々は他人と自分の責任の限界を明確にし、自分が喜んで行なえる範囲で人々に奉仕しているので、心身にストレスを感じることもほとんどありません。

誕生数22／4のマイナス面

この人々は不安定な、綱渡りの人生を送ります。内面のストレスと混乱から、しばしば逆上し、ヒステリックに行動します。思考の迷路に迷い込んだあげく、後になって悔やむことになる衝動的な決定を行ない、いつまでも同じ失敗を繰り返します。思考に柔軟性がなく、他人についても「こうするべきだ、ああするべきだ」と決めつけ、相手が自分の意向に沿った行動をとらないと、憤慨《ふんがい》します。際立って共依存的なため、相手に無闇に追従し、隷属《れいぞく》状態に陥ることもしばしばです。人間関係は熱しやすく冷めやすく、自分から求めた関係でもあっさりと断ち切ってしまいます。一般に性急で必要なステップを怠《おこた》り、すぐに結果を手に入れたがります。

22／4の人生の課題

◆健康

ほとんどの22／4は、細く、頑健ですが、子供時代の虐待《ぎゃくたい》によるトラウマや、栄養管理の失敗により肥満することがあります。マイナスの22／4は、注意散漫で衝動的なので、しばしば事故に巻き込まれます。規律正しい生活を送って、過剰なストレスを抱え込まないようにすれば、素晴らしい健康を楽しめるでしょう。

この人々が、食べ物に執着《しゅうちゃく》することはほとんどありません。食事は、目標に達するためのエネルギー源に過ぎず、質のよい食物で空腹が満たせれば、特に贅沢《ぜいたく》を求めることはありません。

運動面では、柔軟性を向上させ、身体をリラックスできる運動が適しています。なかでも地道な訓練の必要性と、パートナーとのギブ・アンド・テイクの関係を学べるダンス、ストレッチを取り入れたエアロビクス、ヨガ、合気道、太極拳などが適しています。また、こうした運動は、強靭《きょうじん》な肉体と硬直的になりがちな気質のバランスをとる効果もあります。ウエイトトレーニングなどはあまり適していません。

◆人間関係

22／4が健全な人間関係を築くには、まず両親との関係を改善する必要があります。人生の基礎は、子供時代の家庭で形成されますが、基礎形成にチャレンジを内包するこのタイプのほとんどは、父親や母親、あるいは両親、または兄弟との間で解決すべき問題を抱えています。家族問題は「4タイプ」に限ったことではありませんが、あなた方の場合、人生の目的を達成する上でそれが特に重要な意味をもつのです。別に、両親から認められたり、同意してもらう必要はありません。遠い昔に味わった怒りや悲しみを、封印しておくかわりに、互いに心を開いて率直に話し合い、不一致を認め合えばよいのです。また、このタイプの多くは、子供を養育する過程で、人生の基礎についてさまざまなことを学びます。

22／4は、普通、非常に実務的です。とても責任感が強く、献身的に人の世話をやきますが、情緒《じょうちょ》的な慈《いつく》しみよりも、現実的な効果を重視します。たとえば、子供が切り傷を負った時、慌てず騒がず、手際《てぎわ》よく傷を消毒して包帯を当てる冷静さをもっています。

この人々は一般に、実践的でストレート、自信に満ちています。しかし時にはちょっと立ち止まってリラックスし、相手との間に感性と共感をもち込むことも必要です。人間関係においては特に、理性が容認した感情ではなく、本当の気持ちに素直になることも大切です。

22／4は本来、愛する人々に対して、心から尽くし、貢献する力がありますが、強さがマイナスに現れた時は、硬直したものの見方が、人間関係にひびを入れます。また過剰な奉仕から、極端な非協力へと振れる傾向があるので、常に相手に歩み寄り、忠告を受け入れるとは限りません。

プラスの22／4は、持ち前の誠実さと明敏さを生かして、素晴らしい人間関係を築きます。支配欲の強い人を避け、大らかなパートナーを選ぶようにすれば、人間関係はより円滑に進むでしょう。

性関係は、現実的で活発です。セックスは荒々しく、どちらかというと細やかな感性やロマンチックな官能に欠けています。他の［4タイプ］同様、幼少時代の情緒的、肉体的虐待、あるいは性的虐待の経験によって性的表現が妨《さまた》げられている場合は、まずその問題を解決しなくてはなりません。

◆才能、仕事、財産

強さ、持続力、常識、そして精神力に恵まれた22／4は、目的に到るプロセスを嫌いさえしなければ、どんな目的でも達成できます。持ち前の現実に即した組織力と分析力を生かし、家族の一員として、企業の一員として、また学校の教師として、アドバイザーとして人々を助け、成功へ導きます。22／4は、一般に限界や境界がはっきりしていて、成功へのプロセスがはっきりと分かる目標に引かれます。あなた方にとっては、明確な指針を示してもらうことが大きな手助けとなります。

このタイプの仕事や人生には、協力とバランスの2エネルギーが強い影響を与えています。ひたすら自分を抑えて、他の人のために尽くす子供時代を過ごした後、一匹狼の資質を発達させ、フランク・シナトラのように、マイウェイ（わが道）を生きていく人も少なくありません。

22／4は、安定志向が強く、安定した収入を求めます。この人々が目的に向かうプロセスを楽しみながら、一歩ずつ確実に歩んでいく限り、必ず豊かな富は入ります。

誕生数が22／4の有名人

ウディ・アレン（俳優・映画監督）
P・T・バーナム（サーカスのショーマン）
レニー・ブルース（言論の自由に影響を与えたコメディアン）
サミュエル・クレメンス（マーク・トウェイン）（作家）
クリント・イーストウッド（俳優）
ルチアーノ・パバロッティ（オペラ歌手）
フランク・シナトラ（歌手）
ロナルド・レーガン（米国大統領）
マーガレット・サッチャー（英国首相）

運命を実現する鍵

次の行動は、22／4の人生の課題を明らかにし、人生を変えるきっかけとなるでしょう。

♥心がけのヒント

・まず、内面の葛藤を統合し、自分自身と友達になる。
・一方的に与えすぎていないだろうか？　友人たちからも受け取るようにする。
・身体と心の柔軟さを保つ。抵抗するのではなく弾力性をもつ。
・目標を決め、そこに至る一つひとつのステップを尊重する。

行動チェックリスト

1、次の質問についてよく考えてみましょう。

・何かを決める時、心からの欲求と価値観に基づいて判断しているだろうか？　それとも頭だけで判断しているだろうか？

・気持ちよくできる範囲で、他人への奉仕をしているだろうか？

・目的に向かうために、次にとるべきステップは何だろうか？

・誰かを許したり、また誰かから許しをもらう必要があるだろうか？

2、もし、このような質問で思い当たることがあったら、それをどうやって行動に生かせるでしょうか？

理解を深めるために

1、第二部に戻って、誕生数を構成する数字2、4の項目を読み直してください。

2、友人や家族の誕生数を調べ、彼らが関心を示したら、あなたの人生と似通った点、異なった点を話し合ってみましょう。

精神法則　人生を変えるために

1、第四部に記載した以下の法則を読んでください。

・「プロセスの法則」目標に確実に到達するには、少しずつ着実に歩まなくてはなりません。

・「責任の法則」相手に奉仕する喜びは、できない時にはきちんとノーといえる時、訪れます。

・「パターンの法則」自分を変える強い力をもたないと、行動様式を変えることはできません。

・「誠実の法則」他人に誠実になるには、まず自分に誠実でなければなりません。

・「バランスの法則」極端から極端へと振れる自分の傾向を知ると、バランスをとるポイントが分かります。

2、それぞれの法則を実践するための訓練をしましょう。
3、それぞれの法則を自分の人生でどのように生かせるかを考えてみましょう。

31/4 13/4

3 1 4

プロセス⇩安定
安心⇩創造
感性⇩表現力

誕生数31／4と13／4の人生の目的

31／4、13／4の人生の目的は、安定性、創造性、感情表現をめぐる課題を克服し、目的を達成する着実なプロセスを学んで、エネルギーを建設的に生かすことです。しかし、人生の目的には試練がつきものです。両者の人生の目的は、エネルギーに指向性を持たせ、確かな土台を築くことですが、それにはまず自己不信と不安を克服《こくふく》し、ものごとを途中で投げ出す傾向と戦わねばなりません。これができるまで、この人々はよりどころのない希望や期待、幻想に振り回されることになります。

31／4、13／4では、強力な基礎エネルギー（4）、創造エネルギー（1）、表現エネルギー（3）が互いに作用し合い、安全志向と強い野心を生みだします。この三つが調和して働けば、あらゆる分野で最高の業績をあげることができます。しかしエネルギーが互いに反発しあってマイナスに働くと、不満と失敗が人生に影を落とすことになるでしょう。

あなた方が、持ち前の創造力と表現力を最大限に生かすには、まず、地道なプロセスの大切さを学び、堅固な人生の基盤を作らなくてはいけません。あなたが築き直すべき基盤は、家族関係にあるかもしれないし、家庭、故郷、教育、あるいは仕事など、人さまざまです。いずれにせよ、こうした土台を踏み固めることが、このタイプの人生を大きく発展させるポイントです。安定した基地と、安全で落ち着いた環境があなた方の力を何倍にも強めるのです。あなた方の場合、長期間にわたって積み上げた努力は瞬間的なインスピレーションのきらめきに勝ります。あなたの人生の質は、しっかりした土台を築き、着実な過程をたどれるかどうかで決まります。

31／4と13／4の差は、1と3の順序と、影響力の違いです。31／4では、創造エネルギーが表現力よりも強く、13／4では、表現力の方が強力です。31／4の場合は、創造性に恵まれる反面、劣等感に基づく大きな不安感を抱えています。不安を隠すため、この人たちは、非常に野心的で、競争心丸出しの自己中心的な仮面をかぶります。自分は劣っているのではないかという不安を隠すため、「自分は偉いんだ！」というふりをして、自分の価値を示そうとするのです。一方、13／4の心の中では時々、能力不足の不安から生じる自己不信が渦巻きます。

こうしたわずかな差はありますが、その他の面では、31／4と13／4が人生で出合う課題と特質は、ほとんど同じです。人生を動かすのは、創造的な表現への強い意欲と、力と地位に対する欲求、野心です。そして、自己不信と不安の二つの影が、両者の前に立ちはだかります。そしてこの人々の人生の目的は、どのような結果を得るかではなく、必要な過程をやり抜く力を手に入れることにあるのです。

多くの31／4と13／4は、子供時代を過ごした家庭の問題を背負っています。親から精神的、肉体的な虐待を受けた人もいるでしょうし、親の仕事の都合などで始終転居が続き、安定した幼少時代を送れなかった人もいるでしょう。幼い頃のそういった問題ともう一度向き合い、新たな人生の土台を築き直すことが必要です。比較的安定した家庭環境で育ってきた場合でも、心に秘めていた恨《うら》みや怒り、誤解、その他の不安の問題ともう一度向き合い、解決すれば、さらに確固とした精神的土台を確立することができます。家族問題を見直すといっても、両親と合意に至る必要はありません。心をオープンにして話し合い、相違点を認め合えばよいのです。怒りや恨みも含めたすべての感情をぶつけられるようになった時初めて、素直に愛を表現できるようになります。もし両親が亡くなっている場合は、心の中で対話をもってください。また、31／4も13／4も、自分の子供を育てる過程や、子供たちとのふれあいの中で多くのことを学ぶでしょう。

このタイプでは、理性と感性が遊離する傾向が強いので、両者を統合させる努力が必要です。何かを決める必要に迫られたら、本能的な直感に耳を傾けてください。じっと心を落ち着け、心の奥から湧《わ》き出す知恵に耳を傾けるのです。理性と感性のバランスを保つことを学べば、分析過剰に陥ったり、思考の迷路に迷い込むことはなくなります。

他の［4タイプ］と同様、31／4および13／4の最大の課題は、着実なプロセスの大切さを学ぶことです。どんなに大きな目標でも、小さなステップに分解して一歩ずつ歩めば、必ずゴールに到達できます。しかし、4の短気さと1の創造的インスピレーションが合わさった31／4、13／4は、生来せっかちで、すぐに結果を手に入れたがります。また、3から生じる自己不信に苛《さいな》まれると、過剰に準備をしたり、一つのステップに強迫的にこだわります。

しかしながら、運動選手や音楽家など、訓練によって基礎を踏まえ、技術を磨《みが》くことを知っているこのタイプは、人生を有利に歩むことができます。進歩のプロセスを身体で体験し、学び取っているからです。家庭問題を解決し、不安と自己不信と向き合い、忍耐強く目的に向かう過程をたどる時、あなたに達成できない目標はありません。

誕生数31／4、13／4のプラス面

プラスの31／4、13／4は、家族や友人、同僚と安定した関係を築き、経済的な安定を手に入れます。頭（知性）と心（直感）の双方を尊重して決定を下し、着実なプロセスに従ってあらゆる目標を達成します。強さ、柔軟性、感性、創造力に恵まれたこの人々は、他の人々を現実的な方法で支え、勇気づけます。

誕生数31／4、13／4のマイナス面

この人々は、自分の家があってもあてのない放浪者のように落ち着かず、不安定で、何事も途中で投げだします。実際の生活でも、住むところを変え、仕事を変え続け、人間関係をじっくりと育てることが苦手です。野心はあるものの、根気《こんき》に欠け、多くの所に立ち寄ってみるものの、根を下ろすことはありません。知性と感性が別々のことをささやくので、自分が何をすべきかよく分からず、衝動的な決断をして、結局後で後悔します。さまざまなことを始めては、結果がすぐに手に入らないことに失望して、途中でやめてしまいます。自己不信と不安を隠すために、虚勢を張ったり、人を見下すような態度を取ることがあります。

31／4と13／4の人生の課題

◆健康

1エネルギーと4エネルギーをもつこのタイプは、丈夫で健康な身体をもち、めったに病気にはかかりません。体型はやや太めで下半身に重心がある型か、がっしりした筋骨型です。身体の故障が現れやすいのは基礎的な部分、つまり足首、膝、大腿部、腰などです。

精神的なストレスや欲求不満がたまると、便秘だけでなく、エネルギーの鬱積《うっせき》を引き起こし、ひいては免疫《めんえき》系に影響を及ぼします。エネルギーの流れや混合、つまり抵抗ではなく「受容」を学べる運動、たとえば、瞑想《めいそう》やリラクセーション、柔軟運動を取り入れた合気道《あいきどう》や太極拳などは非常に効果的です。また、ダンスや武道は、硬直的になりがちな力に柔軟性とダイナミックな動きを与え、進歩のプロセスを体験させてくれます。この人々が特に興味をもつのは、テニスやゴルフなど、社交的なスポーツです。

31／4、13／4は、影響する数字が多いため、これといった特徴的な食事の好みをあげることはできませんが、バランスのとれた低脂肪の食事が、基礎体力を作るのに役立ちます。ダイエットの成功、不成功は、脂肪を減らし、運動を増やすプロセスを忍耐強く続けられるかどうかで決まります。即効的な効果を求めて激しい運動をしても、一時的な効果で終わってしまいます。

◆人間関係

ほがらかで闊達《かったつ》なこの人々は、多くの友人や崇拝者を引きつけます。この人々は家庭を大切にし、社交的で、自然体で人とつきあうことができます。しかし、その明るさの裏には、時として不安が渦巻いています。実際にそこにある不安を隠し、偽りの仮面をかぶることはあなたにも周囲にもよくありません。自分の弱さを認め、弱い部分を告白してしまうと、自分を守ったり、強がる必要はなくなるし、相手に感銘を与えようと強がる必要もなくなります。弱さの中に、真実とともにあるという新しい強さと自由を見つけることができるのです。内面の重荷を降ろすことで、精神的な安定感は一層増すことでしょう。

31／4、13／4は、本来「地の塩」、つまり忠誠心の厚い、誠実なパートナーですが、未熟な場合は、各エネルギーに内在する障害に妨げられて、安定した人間関係を築けません。感情が不安定で、率直に表現できず、不誠実に振る舞うことすらあるでしょう。しかし、人間関係もまた、アップダウンのあるプロセスを通し、試行錯誤と相互の支え合いの中で成熟していくものです。あなた方がこのことを知り、人とのつながりを丁寧《ていねい》に育てていけば、人間関係は「いつもの面倒なこと」ではなく、貴重な魂《たましい》の学習の場となることでしょう。

性的関係を見てみましょう。自己不信や不安、相手と真剣に向き合うことへの恐れは、31／4、13／4のセックスに大きな影を落とします。過去の虐待の経験や潜在意識下での抵抗、肉体的な緊張によって、十分な性表現ができない場合もあります。けれども成熟したこの人たちの性は、強く、活気にあふれ、自然で創造的です。

◆才能、仕事、財産

創造性と表現エネルギー、そして素晴らしい分析力を兼ね備えた31／4、13／4は、さまざまな分野で成功を収めます。特に、ビジネスやカウンセラー、不動産や投資のコンサルタント業に活躍する人々の中には、このタイプが多く見られます。もっとも、こうした業種でなくても、コーチ、家族サービス、建築、工学技術など、人々を支える創造的なコミュニケーションの場で、豊かな才能を発揮します。生来のエネルギーをプラスに生かせば、持ち前の実用的な創造力は時間と共に発展し、安定した人生へと導きます。ある日突然、成功したように見えるものにも、その陰には、長い年月をかけた、数多くの細かな段階と準備があります。あなた方は、決してこのことを忘れてはなりません。

誕生数が31／4、13／4の有名人

〈31／4〉
セルゲイ・ブリン（グーグル創業者）
マイルス・デイヴィス（ジャズトランペット奏者）
ダライ・ラマ14世（チベット仏教法王）
ビル・ゲイツ（マイクロソフト創業者）
マリー・キュリー（化学者・物理学者）
ジークムント・フロイト（精神病理学者）
ロバート・フロスト（詩人）

ヒュー・ヘフナー（出版事業家）
ポール・マッカートニー（ロック歌手）
ラマナ・マハルシ（インドの聖者）
ドナルド・トランプ（米国大統領）
ベーブ・ルース（野球選手）
アーノルド・シュワルツェネッガー（俳優）
オプラ・ウィンフリー（TVパーソナリティ）

〈13／4〉

私たちの記録には13／4の有名人は存在しません。この誕生数が人口の中でしめる割合が非常に小さいせいでしょう。

運命を実現する鍵

次の行動は、31／4と13／4の人生の課題を明らかにし、人生を変えるきっかけとなるでしょう。

♥心がけのヒント

・人生で一番大切なのは、謙虚さと親切さ。
・創造力を完全に発揮するために、まず時間をかけて技術を育てなくてはならない。
・身体、精神、感性をきたえる。
・分析能力と創造的直感のバランスをとる。

行動チェックリスト

1、次の質問についてよく考えてみましょう。

・自己不信あるいは不安が、自分の行動を押し止めていないだろうか？
・目的を目指して、一歩一歩着実な段階を踏んでいるだろうか？
・自分の創造力を最大限に発揮しているだろうか？
・昔の家族問題を解決しているだろうか？

2、もし、このような質問で思い当たることがあったら、それをどうやって行動に生かせるでしょうか？

理解を深めるために

1、第二部に戻って、誕生数を構成する数字1、3、4の項目を読み直してください。

2、友人や家族の誕生数を調べ、彼らが関心を示したら、あなたの人生と似通った点、異なった点を話し合ってみましょう。

精神法則 人生を変えるために

1、第四部に記載した以下の法則を読んでください。

・「プロセスの法則」目標に確実に到達するには、少しずつ着実に歩まなくてはなりません。

・「パターンの法則」自分を変える強い力をもたないと、行動様式を変えることはできません。

・「選択の法則」創造性をプラスに生かすのも、マイナスに殺すのも、あなたの選択次第です。

・「柔軟性の法則」柔軟であれば、試練と環境の変化を最大限に利用することができます。

・「循環の法則」人生は、めぐる四季のように、変化、上昇、下降を繰り返します。

2、それぞれの法則を実践するための訓練をしましょう。

3、それぞれの法則を自分の人生でどのように生かせるかを考えてみましょう。

5 訓練⇩自由

自制心がある限り、
自由がある。

マリア・エブナー・フォン・エッシェンバッハ

この章では人生の第一の目的、最終数（下側数）に5をもつすべての誕生数（一桁の5、32／5、23／5、41／5、そして14／5）について解説します。一桁の5は純粋に、ほかの要素によって薄められることなく5のエネルギー、資質、課題を強く反映していますが、それ以外の誕生数は各数字の影響と相互作用によって、異なった人生の道を表します。

5

5 訓練⇩自由

誕生数5の人生の目的

一桁の誕生数5の人生の目的は、優先順位を決めて集中する訓練によって生まれる幅広く深い経験を通じて自由を獲得することです。しかし5の人が人生の目的を達成するには、多様なテーマやチャレンジ、人生のいろんな局面に対して関心が定まらないという傾向を克服しなくてはなりません。

この一桁の人生の目的については、第二部の誕生数5とそれが指し示す包括的で詳細にわたる解説を読んでください。ここでは5という数字一つを誕生数とする人の人生の目的の鍵となる要素に焦点を絞って説明していきます。

5の人にとっての自由とは、自分の好きにするとか制限のない生活といった些細なものではなく、冒険への限りない愛にかかわることです。銀行口座の預金とまっさらな経験のどちらが欲しいかと聞かれると、5はたいてい後者を選びます。冒険は彼らにとって金貨に等しいからです。

支援の過剰と不足という両極端のバランスを学んでいる2と同じように、一桁の5は、過度な依存と極端な自立の間を行き来する傾向を克服する必要があります。5の人生の目的は適度な共存共栄（ある時は同じ目的のために他人と協力し、またある時は単独で取り組むなど）の極意を経験することです。その際5が陥りやすいのは、自立していることや自分を頼ることを自由と勘違いすることです。5の人は他人に経済面やそのほかのサポートをしてもらい、すっかり依存する生活をしたあとで、その相手から離れ、時には関係を断ち切り、感情的孤立を含む完全なる独立を求め、それをもって自由になったと勘違いする傾向があります。このため5の人が最も避けるべきなのは一つの極端からもう一つの極端に振れる行為を繰り返すことです。

誕生数に5をもつすべての人々同様、一桁の5の人は経験に対する意欲が強く、すべてのジャンルの経験の、少なくとも概略だけでも知っておきたいと考えます。この欲求のため、一度にたくさんのことに手を出して消耗し、器用貧乏になり成果が上がらないので自信をなくし、燃え尽きかねません。彼らに聞かせたいのはこんな格言です。「井戸を掘るなら、10フィートの穴を10個掘るより、100フィートの穴を1つ掘った方がうまくいく」。そうでないと彼らの名刺には庭師、文筆家、武道家、コンピュータプログラマーなどありとあらゆる肩書が並び、実際に何をしているのか分からない印象を与えるでしょう。

かと言って、一桁の5が多様な関心や趣味、仕事をもつべきでないという意味ではありません。彼らが生まれた目的は冒険や経験をすることに変わりはないのです。しかし一桁の5に必要なのは、多様な関心の対象に優先順位をつけ、心理面あるいは価値に基づく査定をすること、つまり何を先にやるか、何を15分、30分程度で終わらせ、何に数時間かけるかといった仕分けです。自覚してほしいのは、何にでも手を伸ばすのは構わないけれど、全部はできない（少なくとも同時にはムリ）ということ。

この人たちは32／5ほどの修羅場を作らず、また必要でもありませんが、本能的に退屈や単調なことを嫌うため、何も起こらない普通の経験に尾ひれをつけてしまい、周囲の人々からは信ぴょう性を疑われることがあります。

どんな性格や傾向にも潜在的に真逆の種が含まれているため、一桁の5には取り憑かれたように何か一つだけに集中して取り組むというケースもあります。その場合でもバランスが鍵。彼らの人生最大の課題はバランスをとるための訓練を積むことです。

発展的視野と可能性を元に生きている彼らの人生は普通より大きくドラマチックなため、周りにいる人は見ているだけで楽しく、時には疲れるでしょう。セルフコントロールをマスターし、成熟した一桁の5の人は、心身ともに健康で経済力をもち、真の自由を謳歌できるでしょう。彼らは自由自在に旅をし、関心のある体験を積み、自らの可能性の限界を切り開いていけるでしょう。

誕生数5のプラス面

一桁の5がプラスに出ると、典型的なルネッサンス型の人物、つまり集中力と努力の典型であり、冒険や達成の見本となります。この陽気な人物の幅広い興味の範囲と豊かな経験は、人々にインスピレーションを与え、新たな取り組みに深みをもたらします。ジョニ・ミッチェルの歌詞にあるように「彼らは人生の両面を見てきた」のですから。彼らは人生とは冒険だと世界に示し、赤外線誘導式ミサイルよろしくゴールに突進し、到達するためにするべきことをしながら楽しもう、と主張します。彼らは人生の機微を味わい、その収穫を喜びます。彼らは崖の上から湖をただ眺めるのではなく、そこから湖めがけて飛び込んで湖底を探検する人々です。

誕生数5のマイナス面

マイナス面が出ると、他人に依存しながら依存している相手に怒りを感じ、停滞した日々の中で、いつか依存関係を断ち切って完全に自分一人になったら自由になれるだろうと夢見ています。しかしそんな夢は気まぐれにごく短期間訪れる以外に実現する見通しもありません。なぜならこの人たちは若い頃から目標に優先順位をつけたり、一つのことに集中して取り組む訓練を積んでいないからです。彼らはヒーラー、ライフコーチ、フィナンシャルアドバイザーなど、次から次へと職業を渡り歩くものの多くは単なる〝はったり〟で、裏付けとなる資格を（もし求められても）何も持っていません。彼らが望む夢の人生や経験のイメージは無限に湧いてきますが、それらの夢を行動と努力によって現実に変えるすべを知りません。

誕生数5の人生の課題

◆健康

栄養、運動、休養という、誰にでも当てはまる基本的ガイドラインのほか、一桁の5の健康状態は人格の成熟度、あるいはプラス面、マイナス面のどちらを体現しているかによって大きく変わります。健康を維持するための基本に忠実でいれば、遺伝的素質が改善されるでしょう。

三つや四つの数字からなる複雑な誕生数の課題をもつ人々に比べると、一桁の5が強い不安感や自己不信、ストレスに苛まれることはありません。しかし一桁の5は、スポーツでトップを目指す際や冒険などにチャレンジする際、十分な準備を重ね、虚勢を張らないよう、また実力を過信しないよう気をつけなくてはなりません。健康や体形の維持に役立つのは武道（イメージ、冒険両面の要素で）、ハイキング、ロッククライミング、マウンテンバイク、アクロバットなどのアドベンチャースポーツなど。

一桁の5の中には物静かなライフスタイルを好む人々もあり、身をもって冒険する代わりに読書や映画鑑賞、未開分野の研究活動などに喜びを感じる場合があります。いずれの場合も健康、そして自由な毎日を維持するには適度な運動とバランスのよい食事が不可欠です。一桁の5にとって非常に役立つのは瞑想です。リラックス効果だけでなく、退屈することなくただ何もせずじっとしている訓練に最適だからです。

◆人間関係

一桁の5は同時に複数の役割や立場をもちやすく、それぞれの視点からの見方を持つため、健全な人間関係を築くにあたり正直さと純粋さが特に重要です。一桁の5に取り組んでいる友人が、ある時私に「自分が誰だか分からなくなった」と言いました。私は「そんなことないだろう。君には〝自分〟がたくさんありすぎるだけさ」と答えました。プライベートでも仕事でも、他人と長期的な関係を築くには、ころころ変わる人格は不都合です。結婚した（5に取り組む）相手が、誰と結婚しているのかがあやふやだったり、別の異性に走ったりしていては忠実なパートナーシップをもつことができません。一桁の5は自立することに憧れをもつため、配偶者から離れて独立したいという欲求をもちやすいので留意が必要です。コミットした関係にあっても一桁の5が相手のもとに帰るには縛られない環境、あるいは強い愛の絆が必要なため、将来的に彼らは5年ごと、10年ごとに更新するなどの契約結婚の形を提案してくるかもしれません。

◆才能、仕事、財産

一桁の5の人は物覚えが早く手先が器用なため、外科医、手品師、ミュージシャンなどに適性があります。

興味の対象が幅広いため、多様な職業に就くことが考えられますが、いずれにしても取り組んでいる仕事に集中することが鍵となり、職場の人間関係についても（最低限契約期間中は）コミットすること、粘り強く取り組むことが重要です。5にとってお金は自立を担保するもの、そして好きな冒険や旅行、体験をするための財源という意味でのみ重要でしょう。フレックスタイム制やテレワークといったシステムは、おそらく誕生数に5をもつ人の発案でしょう。

一桁の5の人はフレキシブルな環境で力を発揮し、自分一人で工夫して仕事をすることを得意とするので、個人起業家になる人も多いでしょう。一桁の誕生数をもつほかの人々同様、具体的な職種を示す方法がありません。数字が示唆するのは、仕事に対するアプローチの仕方や機能の仕方であり、職業の適性を意味するものではないからです。ある程度の自由や裁量が認められさえすれば、一桁の5はどんな仕事でもうまくこなすことができ、特に自分が中心になって進められる起業家タイプの仕事で頭角を現すでしょう。

誕生数が5の有名人

この改訂新版が出版された2018年時点で、最年長の5は18歳未満なので、社会で頭角を現すにはまだ時期尚早。本書の次の改訂版が出る頃にはもっと多くの名前を挙げられるでしょう。

運命を実現する鍵

次の行動は5の人生の課題を明らかにし、人生を変えるきっかけになるでしょう。

♥心がけのヒント

- 自分を律する習慣として毎日欠かさずやる簡単な日課をいくつか作る。ルーティーンの中にも変化をつける。
- 課題や活動に飽きたからといって簡単に投げ出さないこと。
- 完全なる他者依存と極端な自立との間を行っ

たり来たりしていることに気づいたら、それらの両極の間のちょうどよいポイントを見つける。

行動チェックリスト

1、次の質問についてよく考えてみましょう。

・短期目標のうち最優先すべきことを3つ挙げてみよう。最優先すべき3つの長期目標はどうだろう？　それらは似ている？　それとも違っているだろうか？

・退屈した時、どう対処しているだろうか？　自分にとって退屈とは何だろう？

・死ぬまでにやっておきたいことのリストを作っているだろうか？　行きたい場所、経験したいことなどがあるのなら、まずリストの一番上の項目を現実にするにはどうしたらよいだろう？

・状況によって違う自分になっているか、それとも誰といても同じ自分でいるだろうか？　それは自分にどんな影響を与えるだろう？

2、もしこのような質問で思い当たることがあったら、それをどうやって行動に生かせるでしょうか？

理解を深めるために

1、第二部に戻って、誕生数を構成する数字5の項目を読み直してください。

2、友人や家族の誕生数を調べ、彼らが関心を示したら、あなたの人生と似通った点と異なった点などについて話し合ってみましょう。

精神法則　人生を変えるために

1、第四部に記載した以下の法則を読んでください。

・「訓練の法則」訓練を通して集中的な経験を積めば、真の自由を見つけられるでしょう。

・「誠実の法則」誠実さとは、自分の気持ちに気づくところから始まります。

2、それぞれの法則を実践するための訓練をしましょう。

3、それぞれの法則を自分の人生でどのように生かせるかを考えてみましょう。

32/5
23/5

3 2 5

訓練⇩自由
バランス⇩協力
感性⇩表現力

誕生数32／5と23／5の人生の目的

32／5、23／5の人生の目的は、独立と率直な感情表現、協調性を手に入れ、訓練と奥深い経験によって真の自由を発見することです。しかし、人生の道のりには克服すべきハードルが待っています。32／5、23／5は、依存と独立、責任の確立、感情表現の分野で、さまざまな葛藤《かっとう》に出合うでしょう。

32／5と23／5のエネルギーは、基本的にほとんど同じです。ただ32／5の場合、2が3よりも優勢で、23／5では、3の方が支配的です。23／5が、どちらかというと遅咲きなのは、3の感性の問題と自己不信が大きく、自信を見出すのにより時間がかかるためです。またこの人たちは32／5よりも強い表現への欲求と同時に表現への恐れをもっています。

一方、32／5は、根深い協力の問題に直面します。未熟な32／5は、人に隷従《れいじゅう》する傾向があり、自分自身の個性を殺し、カメレオンのように、パートナーの価値観、興味、欲求に染まります。そして最後には、自分自身の欲求を無視してきた度合いに応じて、相手に反発するか、感情的な殻《から》に閉じこもってしまいます。

もっとも32／5には、自己不信の問題がなく、23／5には協力の障害がない、というわけではありません。数字の位置によって、エネルギーの相対的な影響力が異なる、というだけです。

32／5、23／5の人生の目的は、真の自由の発見です。しかし5エネルギーをプラスに生かせるようになる前の両者が躍起になって求めるのは、わがまま、無責任、放縦《ほうじゅう》――つまり、好きな時にやりたい放題、好きなことをする、偽りの自由です。

このタイプの自由への衝動は、より幅広い経験と知識を求める意欲として表れます。あなた方は、人生の肉体的、精神的、情緒《じょうちょ》的、社会的、性的、財政的側面を、さまざまな角度から経験しようと、実際の人生はもとより、本や映画の中など、自分に可能な範囲で冒険を求めます。

しかし、こういった経験への欲求が強すぎて、余りに多くのものに手を出しすぎると、結局どれにも集中できないまま、疲れ切ってしまいます。他人の仕事まで抱え込みがちな32／5は、特にこの傾向が強く見られます。23／5は始めのうち自己不信がハードルになり、32／5は自分の限界まで根《こん》を詰めるという特徴がありますが、両者共に物覚えが早く、さまざまな能力と経験を生かし、機転を武器に人生を切り抜けて行きます。

32／5、23／5は共に、一時的な興味にとらわれて、大きな視点を見失う傾向があります。［5タイプ］が本当の自由を見つけるには、集中した訓練と、集中した興味が必要です。この人たちが求めるべき究極の自由は、内面の自由、つまり自己不信や恐れからの自由、自分らしくいるという自由です。内面の自由を確立した時初めて、外的世界でも真の自由を獲得できるのです。また一方で、外面での経験は、内面の自由を見つけるよいきっかけとなります。現実世界は私たちの精神世界を反映しますから、外の世界で出合う試練が、自己不信や協調性の問題の克服に役立ちます。32／5、23／5にとって冒険は、自分の限界を広げ、感情的な緊張感を生み出し、可能性を探究するよい機会を与えます。

協調過剰の2エネルギーと、ドラマチックな3と5のエネルギーが結びつくと、一種の「殉教者コンプレックス」を生み出すことがあります。こうした32／5、23／5は、ドラマチックな行動で人々を救い、世界を危機から救い出し、自由のために戦うことに生き甲斐を見出します。国会議員に手紙を書くくらいでは満足できません。殉教的行為をより激しく、ドラマチックに仕立て上げようと夢中になるのです。

［5タイプ］は、頭の回転がよく物覚えが早い反面、何事にもすぐに飽きて退屈してしまいます。この人々にとって一番辛いのは退屈ですから、そういう時は、自分からちょっとしたドラマを作り出します。この人々が求めるべき最終的な自由は、魂の解放と啓蒙《けいもう》、つまり意識を拡大させて宇宙に解き放つことです。この段階に到達すると、もはや退屈も、束縛感もありません。持ち前の視覚的想像力と生来の鋭い洞察力を用い、肉体の限界をはるかに超えて時空を旅することが

できるからです。

とにかく幅広い経験を求めるのが、「5タイプ」の特徴です。しかし、範囲を広げれば広げるほど、経験は浅くなってしまいます。32／5、23／5が人生の新たな扉を開くためには、集中した訓練の大切さを学ばねばなりません。興味の優先順位を決め、分野を絞って掘り下げる、奥深い経験を積むのです。人生のあらゆる分野の核心には、精神法則があります。一つの分野をどこまでも探求し、そこに眠る精神法則を見つけた時、本当の自由——内面の自由を見つけるでしょう。

「2タイプ」が、過剰な協力と極端な協力不足との間で揺れるように、「5タイプ」は、独立と依存の両極端で揺れ動きます。この人たちは両極端を実際に経験しながら、ちょうどよい地点を見出していきます。たとえば「どうして自分はこんなに人に依存しようとするのだろうか?」「事故や病気、あるいは財政的な失敗のせいかもしれない。あるいは、自立する自信がないのかもしれない」などと、自分が依存に走る原因を突き止めながら、健全な相互依存のあり方、つまり互いに自立を保ちながら、協力し合うという方法を体得していくのです。

自分に自信がない32／5、23／5は、社会的な仮面をかぶり、立派な自分を演じる傾向があります。仮面をかぶると周囲の人を操作するようになり、意識して、あるいは無意識に怒りを爆発させて自分のわがままを通すことがあります。あなた方は自分には本来、演じている役割をはるかにしのぐ力があるということを思い出さなくてはなりません。

32／5、23／5は皆、快活な気質、ルネサンス的な幅広い世界観をもっています。週末に冒険旅行に出かけようが、家にこもってテレビでメロドラマを見ていようが、スカイダイビングをしようが、大人しく子供たちの世話をしていようが、心は常に、新しい可能性と、わくわくするドラマを探しています。たとえまだ自分の冒険志向、自由志向に気づいていなくても、遅かれ早かれ、十分な自信を得た時には、人生の可能性と深み、何者にも縛られない内なる真の自由を見つけることでしょう。

誕生数32／5と23／5のプラス面

この人々は、生来の感受性過敏を克服し、視野の狭いい信念や恐れに縛られることのない、内面的な自由を知っています。あなた方は、いかだの急流下りや、スカイダイビングをしなくても冒険心を満足させることのできる、日常生活の冒険者です。人生のあらゆる分野に通じていますが、ただ、ものごとの表面をすくい取るのではなく、人生を深く掘り下げ、経験の核心に迫る修養も積んでいます。『その男ゾルバ』の主人公のように情熱的な冒険家で、頭の回転が速く、人生を新しい見地から眺めます。毎日の生活をきちんと管理し、単調さの中にも変化を見出すことができます。才気があって機知に富み、楽しいことが好きなこの人たちは、平凡なものを非凡なものに変える力をもっています。

誕生数32／5と23／5のマイナス面

自分に自信がなく、意見を率直に言うことができません。そのため怒りを爆発させたり、引きこもったりと、態度で自分の感情を示し、相手を自分の思い通りに操作しようとします。自分と他人の責任のバランスをとることができず、相手に過剰に協力して、その後感情的に閉じこもってしまいます。無意識の内に人や物、たとえば薬物や金銭などに依存するような状況に入り込み、自分から自由や経験を制限します。一つのものごとに集中できず飽きっぽく、はっきりしたアイデンティティーを確立できない彼らは、テレビや本を通して違う役割を体験しようとします。あてもなくドラマを探し求め、さまざまな経験に振り回され続けます。

32／5と23／5の人生の課題

◆健康

32／5、23／5は、どちらも敏感な身体のもち主です。さまざまな興味に動かされ、多忙な人生を送るため、エネルギー代謝も速く、一般的に非常に細い体型をしています。精神を守る楯として、脂肪、筋肉を発達させる場合がありますが、人生のペースが落ちることはありません。表現力が鬱積して、喉《のど》に故障を生じるケースもありますが、それよりも興味が分散して、心身のストレスや疲労を生じやすいので、副腎《ふくじん》と神経系統の故障に気をつけなくてはいけません。不摂生《ふせっせい》な食事や運動不足が続くと、循環器系統に異常が生じるかもしれません。また、肉体の限界を無視したり、能力以上のことをすると、事故を引き起こす可能性もあります。

冒険の一種と考えて薬物に耽溺《たんでき》すると、いずれ厳しい経験をすることになります。薬物は人を奴隷《どれい》にするだけだと知るでしょう。

バランスのとれた低脂肪の食事を維持し、規則正しい運動を続けることは、訓練を積むという意味で効果があります。運動については動きがよく、しかも楽しめる運動をいくつか併行して行なうとよいでしょう。テニス、水泳、ジョギングなどを組み合わせたクロス・トレーニング、音楽に合わせての運動、武道、ハイキングなどは、どれも非常に効果的です。

◆人間関係

人生を一人で旅する人々は、とても自由なように思えます。配偶者やパートナー、子供などに対する責任もなく、相手に妥協する必要もほとんどないのですから。しかし、人と協調して生きる人生にも、自由は見つかります。2の影響を受ける32／5、23／5は、いつか必ず、協調性の問題と向き合わなくてはなりません。そして恋愛関係はその絶好の練習の場なのです。32／5、23／5の中心的な課題は、自由と独立です。運命からの挑戦はひときわ難題を突きつけるものですから、この人たちの中には、パートナーや仲間、あるいは子供が、自分の自由を束縛している、と主張する人もいるでしょう。「彼らが私の自由を奪っている！私を外へ出さず、やりたいことをやらせてくれない」と。しかし相手を恨《うら》むのは間違いです。拘束される状況を作りだし、また後に負担となる過剰な協力を申し出たのは、そもそも自分なのですから。人生という映画の脚本家兼監督は、自分自身です。自分の責任で自由な人生を選ぶことだってできるのです。このことを理解した時、他人を束縛《そくばく》と感じることはなくなります。そして、反動的な独立や孤独に逃げ込むことをやめ、協調の中でより大きな自由を探すようになるのです。

32／5、23／5は共に、感性に敏感な身体とエネルギー領域をもっています。どちらも率直な感情表現が苦手ですから、人間関係を通して、自分の感情に素直になる勇気を見つけなくてはなりません。

また、自分の中の変化と冒険に対する欲求を認めることも大切です。もしパートナーがいるなら、その人と共に冒険する方法を見つけましょう。人間関係を、自分を閉じこめる檻《おり》ではなく、より深い自由と経験への入口と見なした時、協調の中で、自由を楽しむ方法が見つかります。

性的関係では、自己不信から性欲を抑圧するか、逆に積極的に官能を求めるかのどちらかですが、中には、両者の間を揺れ動く人もいます。彼らはしばしば空想の世界に遊び、さまざまな役割を演じることを楽しみます。このタイプにとって、人間関係と性的関係は、従来の役割の殻を破り、感情面の真実と向き合い、より高度な自由を経験する機会となるでしょう。

◆才能、仕事、財産

この人々にとっては、多様性が人生のスパイスです。ですから教師、作家、俳優、また音楽家や政治家、スポーツコーチ、法廷速記者あるいは販売業など、さまざまな人と、さまざまな場所で働ける、バラエティに富む仕事が適しています。また、多芸多才なので、気に入れば大抵の仕事はこなすことができます。

経済的安定を求める傾向はありますが、貯金を選ぶか、経験を選ぶかという選択を迫られた場合には、経験の方を優先するでしょう。また時には、借金をして冒険に飛びだすかもしれません。安全でしっかりした家庭を大切にしますが、十分な自信を得れば、やはり冒険を選ぶかもしれません。あなた方は、［5タイプ］特有の頭の回転の速さを生かして必要な収入を得、機転で金銭問題を切り抜けます。

誕生数が32／5と23／5の有名人

〈32／5〉
ミハイル・バリシニコフ（バレエダンサー）
ビヨンセ（歌手）
ミック・ジャガー（ロック歌手）
ヘレン・ケラー（社会福祉事業家）
コレッタ・スコット・キング（キング牧師の妻）
スティーヴ・マーチン（コメディアン）
J・K・ローリング（『ハリーポッター』作者）
ソニア・ソトマイヨール（米最高裁判事）
スティーブン・スピルバーグ（映画監督）
セオドア・ルーズベルト（米国大統領）

リリー・トムリン（コメディ女優）
デンゼル・ワシントン（俳優）
マルコムX（黒人指導者）
ビーナス・ウィリアムズ（テニス選手）
マーク・ザッカーバーグ（フェイスブック創業者）

〈23／5〉
ハリー・ベラフォンテ（歌手）
マーロン・ブランド（俳優）
ルイ・アームストロング（ジャズトランペット奏者）
マイケル・ブルームバーグ（実業家）
ウォルター・クロンカイト（ジャーナリスト）
チャールズ・ダーウィン（生物学者）
ビリー・ジーン・キング（テニス選手）
エイブラハム・リンカーン（米国大統領）
ライナス・ポーリング（量子化学者）
フランクリン・D・ルーズベルト（米国大統領）
ジョン・スタインベック（作家）
フィンセント・ファン・ゴッホ（画家）
ロン・ハワード（映画監督）
シドニー・ポワチエ（俳優）

運命を実現する鍵

次の行動は、32／5、23／5の人生の課題を明らかにし、人生を変えるきっかけとなるでしょう。

♥心がけのヒント

・あなたは自分が演じている役割よりもずっと価値がある。素の自分を尊重しよう。
・奥深い訓練と経験が、自由へのドアを開けることを、常に覚えておく。
・自分のペースを大切にして、リラックスする時間をつくり、健康を保つ。
・傷つくことを恐れず、できる限り気持ちを開放する勇気をもつ。

行動チェックリスト

1、次の質問についてよく考えてみましょう。

・制限と束縛を感じた時、自分を自由にできるのは一体誰だろうか？

・自立と依存の間のバランスを見つけただろうか？

・今の自分がしている経験はどの程度の深さと焦点をもっているだろう？

・心から感じ、必要なことを率直に表現しているだろうか？

2、もし、このような質問で思い当たることがあったら、それをどうやって行動に生かせるでしょうか？

理解を深めるために

1、第二部に戻って、誕生数を構成する数字2、3、5の項目を読み直してください。

2、友人や家族の誕生数を調べ、彼らが関心を示したら、あなたの人生と似通った点、異なった点を話し合ってみましょう。

精神法則　人生を変えるために

1、第四部に記載した以下の法則を読んでください。

・「訓練の法則」訓練を通して、集中的な経験を積めば、内面の自由を見つけることができます。

・「バランスの法則」極端から極端へと振れる自分の傾向を知ると、バランスをとるポイントが分かります。

・「責任の法則」相手に奉仕する喜びは、できない時にはきちんとノーと言える時、訪れます。

・「誠実の法則」他人に誠実になるには、まず自分に誠実でなければなりません。

・「行動の法則」不安を克服するためには、自分の弱さを認識し、その上で自信をもって行動しなくてはなりません。

2、それぞれの法則を実践するための訓練をしましょう。

3、それぞれの法則を自分の人生でどのように生かせるかを考えてみましょう。

41/5 14/5

4 1 5

訓練⇩自由
安心⇩創造
プロセス⇩安定

誕生数41／5と14／5の人生の目的

41／5と14／5の人生の目的は、独立、安定、創造性をめぐる課題を克服し、目的に向かう着実な過程によって経験を積み、最終的に真の自由を達成することです。しかし、人生の目的には試練がつきものです。ほとんどの41／5、14／5は、さまざまな偽りの自由を経験して初めて、内面的、外面的な本物の自由の意味を理解します。また、自己信頼と協力という健全な人間関係を確立するためには、依存と自立の相反する傾向を克服《こくふく》しなくてはなりません。このタイプが、着実な進歩の過程と、集中した訓練を学び、真の自由を経験するまでには、少し時間がかかるかもしれません。

この人たちは、自由、独立、幅広い経験という、［5タイプ］特有の欲求をもっていますが、1と4のエネルギーの影響を受けるため、自由を発見するまでの道のりは、一種独特です。

41／5、14／5の［5タイプ］的傾向は、4によって和らげられ、1によって増幅されます。4エネルギーがマイナスに働くと、しばしば興味が分散し、十分な準備を整えないままに歩みだしてしまいますが、プラスに働くと、安定したエネルギーを与えてくれます。このタイプは、創造性と頭の回転の速さを生かして、人生に対する新しいアプローチを見出します。

41／5、14／5の基本的エネルギーは同じですが、4と1の位置の違いによって、両者には若干《じゃっかん》の相違が生まれます。

一般的に［5タイプ］は、興味の対象の優先順位を決め、集中した訓練を行なうことで自由を見出していきます。そして1エネルギーと4エネルギーは、自由の探究を支える方向にも、妨《さまた》げる方向にも作用します。

14／5は、41／5よりも4の傾向が強く、強い分析力をもっていますが、同時に分析過剰による混乱の傾向も抱えています。一方41／5は、1の影響が大きく、ありあまるほどの豊かな創造的エネルギーをもちますが、エネルギーが鬱積すると悪癖に耽溺《たんでき》します。しかし基本的な障害と特質は、どちらも同じです。

1の創造エネルギーがプラスに発揮されると、「5タイプ」独特の魅力と頭の回転の速さに、きらめきと「力」が加わります。しかし同時に、1エネルギーは不安をもたらします。特に1の影響が大きい41／5は不安が強く、それが変化の衝動を増幅するため、集中と訓練がますます困難になります。もともと興味が揺れる未熟な「5タイプ」に1が加わると、まさに火に油をそそぐ結果となるのです。

また、4エネルギーの強さと安定力、分析能力は、「5タイプ」特有の、散漫な好奇心と探究心に必要な重心を与えます。けれども彼らが未熟なうちは（特に14／5の場合）、性急に結果を求めるマイナスの4エネルギーの影響で、ますます興味が分散してしまいます。

41／5、14／5は共に、しっかりした人生の基礎と土台を築くことが必要です。生活の土台である家庭や家族を大切にすることが、世界中を旅したり、たくさんの経験を積むことよりも、内なる自由についてより多くを教えてくれるでしょう。

1、4、5のダイナミックな結合は、時に、素晴らしい奇跡と混沌の奇妙な混じり合いを見せます。『天使よ、故郷を見よ』の著者、故トーマス・ウルフは、編集者のもとへ、何百枚という悪筆の手書き原稿を、順序もめちゃくちゃに、四、五個の林檎箱に詰めて送り届けたというのです！　彼は今もなお、アメリカを代表する作家の一人と認められています。

誕生数41／5と14／5のプラス面

輝かしい構成力、統合力をもつこの人々は、非常に鋭い分析力を用いて自分に必要なものを的確に見極め、その後、必要なステップをたどって進み、創造的な想像力から生まれ出るイメージを、着実に実現します。規則的な運動と節制した食事によって、バランスのとれた健康を維持します。強さと霊感、幅広い教養と経験を併せもち、活発で明るいこの人々は、一緒にいる人々を楽しませます。

誕生数41／5と14／5のマイナス面

この人々は、混乱と不安に妨げられ、ほとんど何もなし遂げることができません。一つの段階に執拗《しつよう》にこだわるかと思えば、衝動的に先に進み、段階を飛ばし、途中で行き詰まって振り出しに戻ってしまいます。安定志向と、冒険の欲求を統合できず、常に両者に引き裂かれるように感じます。無責任で人間関係も不安定です。着実な過程をたどって訓練を続けることができず、目先の自由を求めます。安定した土台がないので、いつもふらふらとつまずいてよろめき、多くのことを望み、願い、実行しながらも実質的な結果を得ることができません。

41／5と14／5の人生の課題

◆健康

活力とエネルギーにあふれ、幅広い経験を追い求める41／5、14／5は、非常に活動的です。しかし、衝動的に行動したり、冒険を求めて能力以上の運動をした時は、骨折することもあるでしょう。創造的エネルギーが鬱積《うっせき》した場合は（特に41／5の場合）、下腹部、腰あるいは生殖器官に問題がおきる可能性もあります。瞑想《めいそう》は、空回りしがちな知性を静める効果があります。感動を与える音楽も、精神のバランスをとり、心を静めるのに効果的です。あなた方の過敏な神経系は、やさしく面倒を見てあげる必要があるのです。41／5、14／5は、一般に32／5、23／5より頑健で回復力がありますが、精神的なストレスを強く感じる傾向があります。

この人々は、食事を抜いたり、慌ただしく食事をすませる傾向がありますから、規則正しい食習慣を維持する心がけが必要です。さまざまな種類の食べ物を求める傾向はありますが、特に食事へのこだわりはありません。創造エネルギーが鬱積すると、過食になりますから、このような時は、まず原因を追求し、必要なプロセスに従って、エネルギーを表現するか、あるいはバランスのとれた運動によって解放しましょう。

運動については、色々な種類の運動を組み合わせて行なうと効果的です。このタイプが特に興味を示すのは、機敏さと強さを鍛え、創造性を解放できる、エキサイティングで競争的なスポーツです。水泳やスキン・ダイビング、その他のウォーター・スポーツは、神経を落ち着かせる効果があります。

◆人間関係

41／5、14／5は、安らげる家庭と安定した人生を強く求めますが、未熟なうちは、家族を顧みずさまざまな経験を求める、という正反対の傾向をもっています。安定した生活に魅力は感じるものの、するべきことが多すぎて、身を落ち着けることが難しいのです。1エネルギーに伴う不安によって、自己防衛的、競争的に振る舞うこともありますが、全般的にこの人たちの非常にダイナミックな魅力は、自然と人を引き寄せます。本人に責任ある人間関係を育む意志さえあれば、特に関係を阻害する要因はありません。

41／5、14／5の性エネルギーは、活発で、どちらかというと荒々しいセックスを求め、楽しみます。たとえ不安から一時的に性欲を抑制することはあっても、結局は性的衝動に身をゆだねます。

◆才能、仕事、財産

強さ、創造性、鋭い知性に恵まれた41／5、14／5は、国際貿易など、安定と冒険の両要素が求められる分野で成功します。素早い分析が必要な創造的活動やビジネスを好み、知性や身体を活動させる仕事を楽しみます。あなた方は、頭脳明晰《めいせき》で創造的、ドラマチックなストーリーテラーで、非常に優れた作家になりますが、長い間じっと座っていることは苦手です。14／5のトーマス・ウルフはいつも立って原稿を書いており、冷蔵庫の上を机として使っていました。

このタイプは、創造的な予見力をもっていますから、いち早く、将来の風潮を見抜くことができます。もし入念な下調べをし、アイデアの実用性を保ち、忍耐強い過程をたどって目標を完成させるなら、思いのままに豊かな財産を生み出すことができるでしょう。

誕生数が41／5と14／5の有名人

〈41／5〉
ウィリアム・フォークナー（作家）
エリザベス・ギルバート（作家）

〈14／5〉
フレデリック・ショパン（音楽家）
クラーク・ゲーブル（俳優）
ウォルター・マッソー（俳優）
トーマス・ウルフ（作家）

運命を実現する鍵

次の行動は、41／5、14／5の人生の課題を明らかにし、人生を変えるきっかけとなるでしょう。

♥心がけのヒント

・安定と自由の両方を人生に取り入れ、両者のバランスをとる。
・着実なプロセスに従って、創造性を生かす。
・たとえ数分でも、毎日運動する。
・自分が全身全霊を込めて打ち込めるものを一つ見つけ、とことんやる。

行動チェックリスト

1、次の質問についてよく考えてみましょう。
・より自由な人生を生きるために、最も重要なステップは何だろうか？　自分はその一歩を踏み出す意志があるだろうか？
・自分を拘束しているのは、実は、自分自身ではないだろうか？
・自分の創造的エネルギーをどのように使っているだろうか？
・さらなる訓練を積む必要があるのは、人生のどの分野だろうか？
2、もし、このような質問で思い当たることがあったら、それをどうやって行動に生かせるでしょうか？

理解を深めるために

1、第二部に戻って、誕生数を構成する数字1、4、

5の項目を読み直してください。

2、友人や家族の誕生数を調べ、彼らが関心を示したら、あなたの人生と似通った点、異なった点を話し合ってみましょう。

精神法則 人生を変えるために

1、第四部に記載した以下の法則を読んでください。

・「訓練の法則」訓練を通して、集中的な経験を積めば、内面の自由を見つけることができます。

・「選択の法則」創造性をプラスに生かすのも、マイナスに殺すのも、あなたの選択次第です。

・「プロセスの法則」目標に確実に到達するには、少しずつ着実に歩まなくてはなりません。

・「循環の法則」人生は、めぐる四季のように、変化、上昇、下降を繰り返します。

・「現在の瞬間の法則」存在するのは現在という時間だけであることを知ると、苛立ちと後悔は消え去ります。

2、それぞれの法則を実践するための訓練をしましょう。

3、それぞれの法則を自分の人生でどのように生かせるかを考えてみましょう。

6 受容⇓理想

私たちが、自分を受け入れるまでは
何をやっても意味がない。
そして、いったん自分を受け入れた後は、
何をやってもうまくいく。

チャーリー・ヘブンリッチ

この章では人生の第一目的である最終数（下側数）に6をもつすべての誕生数、一桁の6、15／6、24／6、42／6、そして33／6を扱います。一桁の6は純粋に、ほかの要素によって薄められることなく6のエネルギー、資質、課題を強く反映していますが、それ以外の誕生数は各数字の影響と相互作用によって、異なった人生の道を表します。

6

6 受容⇩理想

誕生数6の人生の目的

一桁の誕生数6の人生の目的は、高邁な理想を実用的な現実に落とし込み、人生に内在する完璧さという拡大現実的視点で自分自身や世界、今という時間と折り合いをつけることです。しかし6の人が人生の目的を達成するには、多様なチャレンジやマイナス面を克服しなくてはなりません。

この一桁の人生の目的については、第二部の誕生数6とそれが指し示す包括的で詳細にわたる解説を読んでください。ここでは6という数字一つを誕生数とする人の人生の目的の鍵となる要素に焦点を絞って説明していきます。

人生の高みを目指す旅の途上で、一桁の6は自らの高い理想を客観的に捉え、現実の世界と調和させるべく、自分や他人に対する厳しい批判の目を改める必要があります。理想家の彼らには、私たちがなし得る進化のベストバージョン実現に貢献する力がありますが、実用性や忍耐力が足りないとドン・キホーテ（訳注：セルバンテス作品、途方もない夢を見る主人公の名前）になりかねません。

一桁の6は完璧主義者の視点から自らの行ないを評価するだけでなく、その道の達人や自らの過去の最高記録と比較しようとします。

他の誕生数に取り組むすべての人々同様、彼らは若いうちに繰り返し試練を経験し、長じるにつれ成熟し、分別がついてきます。たとえば若い6は出会った人を理想化し、薔薇色の眼鏡で偶像化します。熱烈アピールの末、その相手が恋人やビジネスパートナーになったとたんに相手の欠点が一つ、また一つと見つかり、すっかり幻滅してしまいます。そんな経験を積むうちに、どんな教師やパートナー、友人、親、恋人にも短所はあり、自分もまた例外ではないということに気づくのです。

誕生数に6をもつすべての人々同様、ポイントとなる言葉（たとえば4にとっての言葉は「○○であるべき」）は「○○だったらなあ」ということ。彼らは首尾よくスポーツ競技やステージパフォーマンス、イベントなどを終えられたにもかかわらず、どこかにうまくいかなかったほんの些細なことを見つけ出しては「あのミスさえなければ完璧だったのに」と悔やむのです。

高い水準に当てはめて落ち込むのではなく、その水準を生かすことができるようになると、一桁の6は忍耐力、現実思考、柔軟性を習得し、秀逸（完璧ではなく）な結果を出せるでしょう。些細な落ち度を過大視することなく、自分や他人を無闇に断罪しなくなった彼らからは温かい雰囲気がにじみ出て、磁石のように人々を惹きつけるでしょう。

誕生数6のプラス面

高邁な理想を掲げるこの人々は、高い水準を目指し、人々にベスト以上のパフォーマンスを期待します。不完全であることも必然として受け入れ、自分も他人もそれぞれが進化の過程にあることを慈愛に満ちたおおらかな視点で見守ります。時間をかけて勤勉に向上に励む彼らの目には、常に一段上の可能性が見えています。目先のことしか見えず、実利ばかり追いかける皮肉屋に対して、彼らは対極となるあり方を体現し、世の中の均衡を保ちます。聡明な彼らは世の光となり、接する人々に光明を与えます。

誕生数6のマイナス面

世界をいつでも理想という水準で測り、人々に対して（そして心の奥底では自分自身にも）慢性的に失望しています。何一つ自分の希望や期待通りに運ばないため、怒りと落胆を溜めています。初めは情熱をもって取り組んでも、早晩夢は打ち砕かれ、ひねくれ者となって終わります。仕事をどれほどうまくこなしても、何を達成しても、この人々はもっとうまくできたという自分へのダメ出しに苛まれます。自分の行ないをその道の達人と比較し、自分を過小評価、あるいは完璧にできないという理由で（やらなければ失敗しなくて済むと考えて）あきらめてしまいます。

誕生数6の人生の課題

◆健康

意識の高い一桁の6は、体の健康やフィットネスについて最先端のテクニックや統計を参照します。ただし、誕生数以上に体質や環境素因によるところが大きいため、すべての6が完璧な身体能力を目指すわけではありません。マイナスの6に陥って諦めない限り、この人々は純粋さや善良さを希求するため、体を覆うエネルギー場は明るい青の光を放ち、周囲の多くの人々を引き寄せます。

学校や職場で完璧を目指すあまり自分にプレッシャーをかけるため、筋肉が緊張し、胸部にストレスを溜めやすいでしょう。このため喘息の兆候を回避・軽減するため、どんな健康法にもリラックスする呼吸法（力を入れない方法）を取り入れる必要があります。しかしながら総体的にみると、プラスの6に取り組んでいる限り、この人々はよりよい人生を目指し、善良な行為、健康的な習慣、適度な行動を心がけるでしょう。

◆人間関係

成り行きでただ関係をもっているという人々と異なり、6の人は人間関係も一つのプロジェクト（芸術作品を作る行為から、どうしてもパスしなくてはならない試験のようにとらえる場合まで）としてとらえます。関係が今どうなっているかを精査し、どうすればよりよくなるかについて考え、のんびりと成り行き任せにしてしまいます。人づき合いを楽しむことができません。セックスにおいても、忘我のエクスタシーを楽しむより、上手にこなすことに意識が向かいます。誕生数に6をもつ高飛び込みの選手はセックスパートナーに「セックスの最中にも足のつま先をぴんと伸ばしたままにしてほしい」と頼まれたという話をしていました。リラックスの極意を習得できるまで、6はすべての人間関係を自己の成長の機会としてとらえる堅苦しい態度をとるでしょう。しかしながら、彼らは常に高邁な理想を掲げるため、つき合う人々にとっては多くの場合学びの機会となるでしょう。

◆才能、仕事、財産

高すぎる理想と水準を掲げ、自分を含めて誰もそれを満たさないため、彼らは人々を糾弾し、そうする自分を糾弾します。その結果皮肉なことにこの人たちは自己肯定感が低い傾向があります。自己評価が低いことから自己破壊行動に走ることもあります。自らの真価を知らず、安い賃金で労働を請け負い、不当な扱いを受けたあとで怒りを感じるといったこともあるかもしれません。彼らは広告やマーケティングの分野に厳しい目を向け、自分を市場に売り込むことに抵抗を示します。成功するには、まずその分野で卓越した能力をもつこと、次にそれを広く知らしめること、の二つが不可欠です。6の人は自分を売り込む行為を蔑み、苦手にしているため、お金儲けが苦手というケースが多いでしょう。しかしながら彼らは高い理想に向かって頑張るため、最終的には力をつけ、その姿勢や結果を人々が認めるレベルに達するでしょう。

誕生数が6の有名人

この改訂新版が出版された2018年時点で、最年長の6は18歳未満なので、社会で頭角を現すにはまだ時期尚早。本書の次の改訂版が出る頃にはもっと多くの名前を挙げられるでしょう。

運命を実現する鍵

次の行動は6の人生の課題を明らかにし、人生を変えるきっかけになるでしょう。

♥心がけのヒント

・完璧主義を感じたら、「今の自分（状態）で十分」という視点を思い出す。
・人の価値は行動によって評価されるのではなく、その人のありようにある。
・起きた状況を受け入れ、その中でのベストを引き出すことを覚える。自分が感じたことが何であれ、それを受け入れる。
・あなたの考える理想に導かれ、成長する過程で人生を楽しみ、今、ここに意識を向けるようにする。

行動チェックリスト

1、次の質問についてよく考えてみましょう。

・どんなふうに考えると今この瞬間、この状況、このチャレンジが完璧な状態だと思えるだろう？（あるいは少なくとも完璧な進化の一局面だと思えるだろう？）

・世界を今よりちょっと良くするためにできる小さな3つのことを挙げてみよう。やさしい言葉？ありがとう？　ごめんなさい？

・もしも天からのお告げがあり、あなたが今生でするべきことはすべて完了したので、この先は遊んでよいと言われたら、どうして過ごすだろう？今から始めてはいかがだろう？

2、もしこのような質問で思い当たることがあったら、**それをどうやって行動に生かせるでしょうか？**

理解を深めるために

1、第二部に戻って、誕生数を構成する数字6の項目を読み直してください。

2、友人や家族の誕生数を調べ、彼らが関心を示したら、あなたの人生と似通った点と異なった点などについて話し合ってみましょう。

精神法則 人生を変えるために

1、第四部に記載した以下の法則を読んでください。

・「柔軟性の法則」柔軟であれば、試練と環境の変化を最大限に利用できます。

・「完全性の法則」理想は洞察を与えます。しかし日常生活で完全無欠はあり得ません。

・「直感の法則」他人の意見を気にしなくなると、心の知恵に近づくことができます。

・「プロセスの法則」目標に確実に到達するには、

少しずつ着実に歩まなくてはなりません。

2、それぞれの法則を実践するための訓練をしましょう。

3、それぞれの法則を自分の人生でどのように生かせるかを考えてみましょう。

15/6

1 5 6

受容⇩理想
訓練⇩自由
安心⇩創造

誕生数15／6の人生の目的

15／6の人生の目的は、理想主義、独立、創造的エネルギーに関する課題を克服し、自分を受容することを学び、創造性を世の中の向上に役立てる方法を見つけ、理想を人々と分かち合うことです。しかし、人生の目的の達成には障害がつきものです。15／6は、まず完全主義、依存と独立、そして不安という障害と向き合い、乗り越えなければなりません。

崇高な理想をもつ15／6は、しばしば現実に失望します。しかし自分の経験を本当に理解し、成長の糧《かて》とするには、すべてをありのままに受け入れる必要があります。一切を受容し、ありのままの現実を理解した時初めて、現実と理想を結ぶ橋をかけることができるのです。15／6の人生はさまざまです。理想を小説に描く人もいるでしょうし、熱っぽく夢を語る人もいるでしょう。先に立って進む人、後からついて行く人、過ぎ去った日々を思う人、未来の可能性を歌い上げる人。どのように生きるにしろ、あなた方が、理想を現実のものとし、世界を改革する力とするには、理想と現実の接点を保ち、創造エネルギーを有効に用いなくてはなりません。

15／6は自由や理想を見つけるのではなく、それを創《つく》り出します。この人々は創始者であり、改革者、そして最高の予見者です。そして、ほとんどすべての15／6は、世の中の向上に貢献しようとする、強い意志をもっています。

「理想とは何だろう?」「真の自由とは何だろうか?」。あなた方は、絶えず深淵で崇高《すうこう》な理想と自由を追い求めています。しかし、現実との接点を見失うと、空想作家のように、自分の作り出した理想の世界に閉じこもってしまうかもしれません。15／6のSF作家アイザック・アシモフは、非常に建設的な形で、独自の世界を生み出す方法を示しました。ファンタジー作家や

SF作家の中には、自分の空想の城に住み、ほんの時たま地球という惑星の日常生活に戻ってくるただの夢想家が珍しくありません。

15／6を始めとした［6タイプ］の最大の課題は、完全主義です。この人たちは、完璧な基準に照らし合わせて自分や他人を判断し、理想と現実の落差に失望します。また、15／6は、5エネルギー独特の鋭い知性と、自由と経験の探求心に動かされ、より完全な人生、より完全な正義の世界を経験したい、という深い思いを抱いています。

5の影響を受ける15／6は、興味が分散する傾向をもっています。ですから、理想の達成に向けて、現実的な興味を持続させる努力が必要です。人生の方向性や目的を見失うと、あてのない夢の世界にさまよい出してしまいます。はっきりした目標さえあれば、作家のアイザック・アシモフやジュール・ベルヌのように、未来へのドアを開け、私たちが目指しうる最高の世界を描き出すことも可能です。

このタイプは、一般に理想が高く、創造的で、自由への強い欲求をもっています。しかし、中には、不安やエネルギーの鬱積に苦しむ人もいます。そういう15／6は方向性をもたず、意識が散漫で束縛感を感じ、常に失望しています。そして灰色の現実から逃避しようと、ユートピア的世界を描いた小説にのめり込んだり、さらには、薬物による幻覚の世界に逃げ込みます。

この人々には、1の豊かな創造力があります。この創造力こそ、理想や夢を現実にする原動力です。15／6のクリストファー・コロンブスの抱いた夢は、海図のない大洋の向こうにある新大陸の発見でした。ジャンヌ・ダルクの見た夢は、神に仕える平和の騎士になることでした。そして彼らはあふれるような創造性で、夢を実現したのです。

創造性と自由、正義と理想のエネルギーが相乗的に作用する15／6の人生は、20世紀の誕生数の中でも、最も特色のある、そして最も崇高な人生の一つです。

誕生数15／6のプラス面

霊感に満ちたこの人々は、新しい可能性と輝かしい未来を世の中に示し、人々の気持ちを高めます。高邁《こうまい》な理想に燃えた戦略家で、集中した訓練を積んで創造エネルギーをプラスに生かし、人々の内に眠る、崇高《すうこう》で、自由な本質を目覚めさせます。最高レベルに達した時には、人間の進化の原動力となり、自分自身と世界を向上させます。そして自分と他人を受け入れ、さまざまな活動を通して、忍耐強く人生の法則を世の中に伝え、完璧な自由に到る道を指し示します。

誕生数15／6のマイナス面

何事にも不満を感じ批判的で、人生に失望しています。自分と人生を向上させてくれる人物、思想、組織、体系を必死で探しますが、自分の不完全さに打ちのめされ、失望はますます深まるばかりです。彼らはただの非現実的な夢想家、世間知らずの理想家で、夢を実現することはできません。欠陥だらけの自分自身と他人へ不満をつのらせ、鬱積《うっせき》した創造エネルギーを、自己破壊的な方向に噴出させます。不完全な真実と正義、名誉、平和にむしばまれて、痛ましく崩壊していく世界を見まいと、薬物その他の方法で、現実から逃げだします。

15／6の人生の課題

◆健康

完全主義と創造的エネルギー、鋭い知性を併せもつ15／6は、活動的な反面、ひどく神経質です。集中できる仕事があると、持ち前の鋭敏なエネルギーをそそぎ込み、爆発的な創造性と生産性を発揮します。しかし、エネルギーの用い方を誤ると、神経障害や発疹《ほっしん》、腹部の病気を起こしやすく、また、燃え尽き症候群になる可能性もあります。

15／6の身体からは、輝かしく神秘的で、洗練されたエネルギーがあふれます。15／6のバイオリニスト、ヤッシャ・ハイフェッツ、俳優デイビッド・ニーブンはそのよい例です。

体調を崩した時は、繊細なヒーリング法が非常に有効です。イメージトレーニングや催眠療法など、潜在意識の中のイメージを利用して内面的な自然治癒のメカニズムを引き出す療法や、ホメオパシー（同種療法：健康体に与えるとその病気と似た症状を起こす薬品を患者に少量与えて治療する方法）、鍼灸《しんきゅう》療法、アロマテラピー、カラーセラピーなど、副作用の少ないヒーリングはいずれも効果が期待できます。

栄養や運動に関する助言は必要ないでしょう。この人たちの場合、自分の理想に従うのが一番効果的だからです。一般的に、このタイプは少食で、浄化作用のある食べ物を好みます。

運動については、身体に無理がない運動に興味をもちます。呼吸やストレッチ、緊張と弛緩《しかん》といった基本的な動作を主体とする運動、たとえば太極拳《たいきょくけん》や、変化のある軽い美容体操などに引かれるようです。

◆人間関係

15／6は、初対面の人を勝手に理想化する傾向があります。しかしこの人たちの理想に合致する人間などいないので、いずれ心の中で失望をつのらせることになります。彼らは、あるがままの相手を知ることなく、勝手に自分でつくり出したイメージを愛している、とも言えましょう。こうした幻影は長期にわたって続くこともありますが、相手の欠点を発見すれば、情熱は冷めてしまいます。

総体的に15／6は、原始的な性的衝動や人間関係を改善し、より崇高な次元へ到達しようと努力します。このため夢想や創造に夢中になって、エネルギーを注げないケースを除けば、自分で人間関係を改善していきます。

◆才能、仕事、財産

15／6は、さまざまな仕事を経験しながら、天職を見つけていきます。俳優や探検家、スポーツコーチなど、自分が他人と違っていることを心地よく感じ、他の人や思想の成長を手助けできる仕事は、特に適しています。一般に、意気阻喪《いきそそう》したり短気を起こしたりせず、忍耐強く向上の努力を続けるなら、持ち前の創造性は、あらゆる分野で素晴らしい花を咲かせるでしょう。

経済状態は、持ち前の創造力をどの程度発揮できたかで決まります。もし完全な機会が訪れるのを待って何も行動しようとしないなら、収入を含むさまざまな点で不満をつのらせるだけです。しかし、理想と現実の接点を見つけ、たとえば、創造性を発揮して実用的な製品（遠い将来にではなく今すぐ使える製品）を発明したり、理想を生かして創造的なビジネスを行なうなら、豊かな富が流れ込むことでしょう。

誕生数が15／6の有名人

アイザック・アシモフ（SF作家）
フェデリコ・フェリーニ（映画監督）
ヤッシャ・ハイフェッツ（バイオリニスト）
リチャード・ハリス（俳優）
デイビッド・ニーブン（俳優）

運命を実現する鍵

次の行動は、15／6の運命を変えるでしょう。

♥心がけのヒント

・集中した訓練によって、理想を実現する。
・創造的エネルギーに忍耐力を加える。
・自分の欲求を視覚化し、そのイメージによって自分を導く。
・完全な自由を自分の内面に見つける。

行動チェックリスト

1、次の質問についてよく考えてみましょう。
・自分の現在の状況は、どのような点で完璧だろうか？
・自分の高い理想と創造的な夢を、どうすれば現実にできるだろうか？
・完全な自由、あるいは正義は、どこにあるのだろう？
・現在の自分やパートナー、そして世界をそのまま愛し、受け入れることができるだろうか？
2、もし、このような質問で思い当たることがあったら、それをどうやって行動に生かせるでしょうか？

理解を深めるために

1、第二部に戻って、誕生数を構成する数字1、5、6の項目を読み直してください。

2、友人や家族の誕生数を調べ、彼らが関心を示したら、あなたの人生と似通った点、異なった点を話し合ってみましょう。

精神法則 人生を変えるために

1、第四部に記載した以下の法則を読んでください。

・「完全性の法則」理想は意欲を生み出します。しかし日常生活で完全無欠はあり得ません。

・「柔軟性の法則」柔軟であれば、試練と環境の変化を最大限に利用することができます。

・「現在の瞬間の法則」存在するのは現在という時間だけであることを知ると苛立ちと後悔は消え去ります。

・「訓練の法則」訓練を通して、集中的な経験を積めば、内面の自由を見つけることができます。

・「循環の法則」人生は、めぐる四季のように、変化、上昇、下降を繰り返します。

2、それぞれの法則を実践するための訓練をしましょう。

3、それぞれの法則を自分の人生でどのように生かせるかを考えてみましょう。

24/6
42/6

2 4 6

受容⇩理想
プロセス⇩安定
バランス⇩協力

誕生数24／6と42／6の人生の目的

24／6、42／6の人生の目的は、完全主義、進歩のプロセス、責任感をめぐる課題を克服し、自分に本来備わる完璧性を受け入れ、着実なプロセスで理想を実現することです。しかし運命の挑戦は簡単には克服できません。24／6、42／6が、自分と他人、この世界をあるがままに受け入れるには苦しい試練が必要です。この人々は、とるにたりない細かな問題にとらわれ「あんなことを言ってしまった」「ああ言えばよかった」「こう言うべきだった」「あんなことはしなければよかった」、とくよくよと悩みます。ものごとのとらえ方を大きく広げ、大きな視野で人生全体としての完全性を目指す姿勢を身につけるまで、この傾向は続きます。また、6の理想のエネルギーに加えて4の課題をもつため、地道なプロセスを歩む忍耐力に欠けています。自分自身と他人の可能性を見極めて、頂上へ到達するよう努力はするのですが、その道程を一足飛びに進もうとするのです。

24／6、42／6は、出会ったばかりの人、仕事、場所などを理想化する傾向があります。そして後になって、何一つ、また誰一人、自分の理想に合わないことを発見して失望感を味わいます。あなた方はこうして理想に燃えたり、失意に沈んだりを繰り返します。

不完全だからこそ私たちはよりよい明日を目指して生きているのです。理想によって世の中を変えていくには、現実との接点を保ち、不完全さの価値を認めなくてはなりません。しかしあなた方は、完全な仕事、完全な人間関係、完全な人生を求め続け、絶えず、失望を味わい続けます。何をしていても、あるいは誰と一緒にいても、もっとよい人、もっとよいものがあるのではないかと考えています。

しかし、必ずしも移り気で、不誠実というわけではありません。［6タイプ］特有の高い行動基準が、人道にはずれた行ないを思いとどまらせます。もし正しい生き方を踏み外せば、後悔と罪の意識がどんな罰よりもあなた方を苦しめるでしょう。24／6、42／6は、自分がいくら立派な業績をあげても、満足しません。「もっとよくできるはずだ」という囁《ささや》きがいつも心の中で聞こえています。自分に厳しく、過剰なまでに頑張り、過剰なまでに責任を感じがちです。他人を批判しながらも、他人を裁いている自分を責めるのが、この人たちの特徴です。

2と4のエネルギーは、24／6、42／6に、どっしりとした安定性と奉仕精神、強さを与えるため、自分の責任の限界を見つけ、協調性を学び、目的に向かう持続的な歩みを続けるだけで、少なくとも理想の一部は実現できる内面的な強さをもっています。

2と4のエネルギーは、共に分析過剰、共依存（他人の人生や感情に対して、過剰に責任を感じる感覚をさし、互いに相手に依存しあうこと）、強さ、頑固さの傾向をもち、1から9までの数字の中でもっとも似通っています。そのため、24／6と42／6の人生の道のりは、ほとんど同一なのですが数字の順序の違いから、若干の相違が生まれます。

4の影響が大きい24／6では、家族問題に関するより深刻な障害をもち、一方2が大きく影響する42／6は、より強い協調過剰の問題をもっています。

両者は共に、よほどマイナス面に陥っていない限り、周囲の人を和《なご》ませる社交家です。2の助力と奉仕のエネルギー、4の闊達《かったつ》な社交性をもち、どんな人とも家族同様につき合います。しかし、いつでも正しいことをしたい「6タイプ」特有の高い基準と、2と4に共通する、理性を偏重する傾向（「こうすべき」こと、つまりスーパーエゴを重視する傾向）がマイナスに作用すると、深刻な自己欺瞞と自己否定に陥ります。こうなると率直な感情や明白な状況から目を背け、たとえ危機的な状況に陥っても、自分が正しいと言い聞かせ、頑迷に進路を変えようとしません。このような時には、「柔軟性の法則」（433ページ）を思い出さなくてはなりません。

あなた方は、一般に心身が強く、非常に利発で社交的です。奉仕精神が旺盛で、他人のためにも理想的であろうとする傾向があります。中にはこれを利用して、あなた方に罪の意識を生じさせ、好きなように操ろうとする人もいますから、警戒が必要です。自分自身の価値と欲求を踏みにじる「正しい行ない」などあり得ないということを、いつも心に留めておきましょう。

24／6と42／6は共に、究極の完全性と、完全主義（常に不満のもととなる、実現不可能な高い基準を信奉すること）との違いを認識しなくてはなりません。すべての人、すべてのものは、生まれつき究極的には完璧な存在なのですが、現世という、かりそめの王国では、どんな人も、物も、行為も完璧ではあり得ません。完全ではなく卓越が、私たちが達成できる最高のものなのです。

そしてこの卓越は、注意深く、辛抱強い着実なプロセスを通してのみ、成し遂《と》げることができます。重要なステップを飛ばしてしまうと、結局は、最初からやり直さなければなりません。

現在の私たちは、たとえ完全ではなくても、優れた点をたくさんもっています。またさまざまな制限の中で精一杯やっていることの素晴らしさを認め、あるがままの現実を受容できると、もっと肩の力を抜いて、よりよい状態を目指せるようになるでしょう。

また、この人たちは、非常に素晴らしい業績をあげても、しばしば「失敗」のように感じる一方で、自分の「ケーキ」がまだ生焼けなのに、焼き上がったと考えるなど、現実的な判断力に欠けるきらいがあります。

さらに、４の影響のせいで、分析過剰に陥る傾向ももっています。あらゆる要素を考え合わせようとして、頭が混乱し、結局は衝動的な決定をして、後で悔やむこともしばしばです。また、プロセスの大切さを学ばないと、崇高な理想や希望を、現実の仕事や奉仕に生かすことができません。

彼らが、自分の人生と身体に向きあい、自分と他人の不完全性を受けとめた時、人生とはすなわち、学び、成長し、進化する完璧なプロセスだと気づくでしょう。もっとも、この人生の完全性を悟るまでには、時間がかかります。この人々もまた、少しずつステップを踏みしめながら、この理解に到達するのです。

誕生数24／6と42／6のプラス面

聡明で快活、創造性と協調性にあふれたこれらの人々は、実際的な分析能力を用いて、常識と高い理想を融合させ、友人や仲間と素晴らしい人間関係を築きます。強い意志と良心をもって行動し、自分の失敗から学び、自分自身と世界の向上に力を尽くします。心身が健康で、エネルギーにあふれ、どのような仕事を任されても、輝かしい業績を成し遂げます。目標までの道のりを一歩一歩踏みしめながら、常に進歩し、理想を目指して歩みます。優れたバランス感覚をもち、快く与え、また受けとる術《すべ》を知っています。現実を見据えた理想主義者であるこの人たちは、あるがままの他人と自分を尊重し、この世に喜びを見出します。

誕生数24／6と42／6のマイナス面

この人々は、遅々として向上しない世の中に失望し苛立つ、非現実的でせっかちな夢想家です。最初は激しい熱意をもち、必死で努力しますが、短時間で成功できないと知ると「ばかばかしい！」とばかり、さっさとあきらめてしまいます。初対面の人を理想化し、その後欠点に気づいて失望します。自分に対して非常に厳しい分、他人の批判にも過敏です。他人の忠告やアドバイスに耳を傾けようとせず、何度でも同じ失敗を繰り返します。

24／6と42／6の人生の課題

◆健康

ほとんどの24／6、42／6は強健な身体をもち、抵抗力がありますから、体調を崩してもすぐに回復します。しかし長期間変化に抵抗し続けたり、緊張状態が長引けば、慢性的な症状を起こすかもしれません。また、衝動的に行動したり、無理をすると事故や怪我（特に下肢）をする可能性が高くなります。ストレスや心配が続いたり、あるいは完全主義のプレッシャーが高じると、アレルギー症状を起こすか、不満をまぎらわすために煙草やアルコールに耽溺《たんでき》することがあります。正しい生活習慣を維持できるかどうかで、健康状態が決まります。

高い理想と、衝動的な性格を併せもつ24／6、42／6は、理想的な食事や運動習慣をしばらく熱心に続けたかと思うと、突然放棄してどか食いをしたり、不摂生な生活に後戻りします。厳格主義と快楽主義の間を行き来し、新たな決意をもって節制を始めたり、「あーもう、やめたやめた！」と投げ出したりを繰り返すのです。

この人たちの場合、最初から、完全な食事や運動のシステムを取り入れるのではなく、長期間にわたって自分の生活習慣を改善していく方が有効です。たとえば体重を落とそうと決めた時、短期間に体重を減らすよりも、辛抱強く徐々に体重を落としていく過程を見守る方が、人生の目的を達成する上で、はるかに意義があります。

頑健な分、心身の柔軟性に欠けるので、精神の集中と、感情の沈静化、身体のリラクセーションを取り入れた運動を行なうといいでしょう。また、ハードで規則正しい運動も忍耐力の修養に役立ちます。人間性の鍛錬という意味では、ランニングや水泳のように単調な運動よりも、武道、ヨガ、ダンスなど、時間をかけて技術を磨く運動の方が効果的です。

◆人間関係

42／6、特に24／6は、理想的な仕事、理想的な人間関係を見つけようとやっきになります。そして、「完全なもの」を見つけたと自分で確信できないかぎり、長期的な関係を結ぼうとしません。しかも一人の人と真剣につき合うということは、この人たちにとって永遠を意味するため、なかなか心を決められません。しかし「完全なもの」など、この世では永久に見つかりません。またこの人たちに「愛している」と言われても、すぐに喜んではいけません。理想的な感情にとらわれ、自分の本当の感情を見失っているかもしれないからです。このタイプが「よい感情」「悪い感情」を含めた、自分の真の感情を受け入れるまでには、長い時間が必要です。

社交的なプラスの24／6、42／6は、誠実で楽しい友人です。また性的関係でも高い基準を目指すので、情熱的で、セックス上手な恋人となるでしょう。一般にサービス過剰になる傾向があるので、ギブ・アンド・テイクのバランスを知り、パフォーマンスよりも感性に重点を置いたセックスを心がける必要があります。

◆才能、仕事、財産

仕事面を見てみましょう。強さと厳密さを併せもつこれらのタイプは、整体治療師、建築業、あるいは社会奉仕につながる職業が向いています。また、分析能力と2の支援エネルギーを生かせる、ビジネスアドバイザーも適しています。この人たちの中には、世界的な計画や政治活動に携わる人もいます。また、運動能力に優れているので、体操選手、ダイバー、テニス選手、スケーターなど、強さとフォームが求められるスポーツで、一流の選手となるでしょう。

しかしながらこのタイプの職業は、上記のものに限られません。自分の価値観と一致すれば、どのような仕事もこなすことができます。大切なのは、「～でなくてはいけない」という完全主義の基準を捨て去り、自分が本当に楽しめる仕事を見つけることです。

経済状態は、彼らがどの程度、理想と現実の接点を見出しているか、目的に到達するために必要な過程をきちんとたどっているか、つまり「下積みの仕事をしっかり経験している」かどうかで決まります。自分に最も適した仕事を探す間も、生活基盤となる仕事は維持しましょう。安定した生活は、理想に近づくための大切な土台だからです。

誕生数が24／6と42／6の有名人

〈24／6〉

ジェフ・ベゾス（起業家、アマゾン創設者）
ウォーレン・バフェット（投資家）
ルイス・キャロル（作家・数学者）
トーマス・エジソン（発明家）
ケーリー・グラント（俳優）
ジェシー・ジャクソン（人権運動指導者）
ジョン・レノン（ロック歌手）
ジョー・ルイス（ヘビー級ボクサー）
エレノア・ルーズベルト（人道主義者）
J・R・R・トールキン（作家・学者）
スティービー・ワンダー（歌手）

〈42／6〉

T・S・エリオット（詩人・劇作家）
サミュエル・ゴールドウィン（映画プロデューサー）
マイケル・ジャクソン（歌手）
ローマ教皇パウロ6世
クリスチャン・スレーター（俳優）

運命を実現する鍵

次の行動は、24／6、42／6の人生の課題を明らかにし、人生を変えるきっかけとなるでしょう。

♥心がけのヒント

・あるべき自分ではなく、あるがままの自分を受け入れる。
・結果だけでなく、過程を楽しむ。
・現実を尊重する：完全な仕事、完全な人などあり得ない。
・リラックスし、ゆったりと呼吸する：他人に対する責任を負う必要はない。
・他人の感想や意見に耳を傾け、進んで受け入れる。

行動チェックリスト

1、次の質問についてよく考えてみましょう。
・自分の今の価値と力量を、十分に認識しているだろうか？
・自分自身に対して正直か？
・人生に、安定と落ち着きを感じているだろうか？
・現在の状況は、どのような点で完璧だろうか？
2、もし、このような質問で思い当たることがあったら、それをどうやって行動に生かせるでしょうか？

理解を深めるために

1、第二部に戻って、誕生数を構成する数字2、4、6の項目を読み直してください。
2、友人や家族の誕生数を調べ、彼らが関心を示したら、あなたの人生と似通った点、異なった点を話し合ってみましょう。

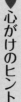

精神法則
人生を変えるために

1、第四部に記載した以下の法則を読んでください。
・「柔軟性の法則」柔軟であれば、試練と環境の変化を最大限に利用することができます。
・「プロセスの法則」目標に確実に到達するには、少しずつ着実に歩まなくてはなりません。
・「バランスの法則」極端から極端へと振れる自分の傾向を知ると、バランスをとるポイントが分かります。
・「完全性の法則」理想は意欲を生み出します。しかし日常生活で完全無欠はあり得ません。
・「非審判の法則」宇宙は私たちを裁きません。当然の結果を教訓として与えるだけです。
2、それぞれの法則を実践するための訓練をしましょう。
3、それぞれの法則を自分の人生でどのように生かせるかを考えてみましょう。

33/6

3 3 6

受容⇩理想
感性⇩表現力
感性⇩表現力

誕生数33／6の人生の目的

33／6の人生の目的は、完全主義、感情表現、自己不信をめぐる課題を克服し、現在という時の完全性を認め、霊感に満ちた人生の理想を示すことです。この世には、美と醜《しゅう》、愛情と憎悪《ぞうお》が入り乱れています。生来の高い理想と鋭い感受性をもつ33／6は、世の中のさまざまな問題や不完全さに落胆しつつも、「正しく振る舞おう」とするあまり、悲しみや怒りの感情を抑えてしまいます。皮肉なことに、その感情の深さゆえに、この人々は冷やかで無感情に見られがちです。

3の情緒的渇望と、6の敏感な良心を併せもつ33／6は、人の機嫌を損じないように、非常に気を使います。あなた方は、人から認められ、愛され、尊敬されたい、という社会的欲求が非常に強いので、それを他人に利用され、操《あやつ》られないように、気をつけなくてはなりません。

あなた方が、夢と希望、高い理想は、世界を測る物差しではなく、自分をやる気にさせる原動力としてこそ意味があるのだと悟った時、人生はその輝かしさを増すことでしょう。万物は、本質的な意味で、あるいはより高次のレベルで完全ですが、変化し続けるこの世界では、完璧な人や行為、成果は存在しません。あなた方の使命はこのことを認め、世の中に明らかにすることです。

33／6の基本的な人生の目的は、他の「6タイプ」と同じです。しかし22／4、44／8同様、ダブルの数字の強烈な影響を受けるため、その人生は、独自の様相を示します。

ダブルの3のうち、最も左側の第一の3は内面の表現力、第二の3は外面の表現力を表します。あなた方が、まず最初に克服しなくてはならないのは、内面的な表現という障害です。多くの33／6は、自分自身と対話し、真の感情と出合うことが苦手です。完全主義的傾向をもつため、理想的な感じ方、振る舞い方に固執し、自分の中の、あまり「健全」ではない感情を見捨ててしまうのです。ここで大切なのは、理性がよくないと判断した感情も行動もあなたを構成する大切な一部分だということ。すべて受け止め、肯定して初めて自分との全面的な折り合いをつけることができるのです。42／6や24／6のように、一切を否定してしまう恐れはありませんが、本当の感情を受け入れるには、かなりの時間と洞察が必要です。

自分の真摯《しんし》な感情と向き合い、それを受け入れると、潜在意識に眠る知恵と直感が目覚めます。そうなった時、周囲の人たちと、共感と思いやりにあふれた絆《きずな》を結べるようになるでしょう。

第1の3の障害を克服し、自分の感情を手に入れたら、次は第2の3、つまり外面的表現力の課題を乗り越えなくてはなりません。33／6は、他人の批判に対して敏感で、人前で、最高の人物であろうとします。恥をかくことを極端に嫌がるので、せっかく見つけた自分の正直な感情を素直に表す勇気がありません。しかし、自分の弱さをさらけ出す覚悟で、思い切って感情を表せば、案ずるより産むが易《やす》し、といわれるように他人と自分自身との間に、緊密な親しみが生まれるでしょう。

自分の感情と出合い、表現できさえすれば、ダブル3の試練が終わった、というわけではありません。まだ克服すべき課題が残っています。この人たちは、人生が期待通りにいかないと、幻滅し、失望して、不平や批判、噂話《うわさ》、非難、悪口を口にします。そして後で振り返って、批判がましい人間に見えたことだろう、と自分を責めるかもしれません。といっても、こんなマイナスの表現も自己表現の一つですから、表現を押し込めてしまうよりは、まだマシというべきでしょう。少しずつマイナス思考をプラス思考に変えていけばよいのですから。

この人々が、批判や不平を漏らすのは、そうしたくなる状況に追い込まれているからですが、ものごとは多面的に見ることができるので、同じ考えや状況でもプラスの解釈で表現することも可能です。建設的な表現を用いるか、破壊的な表現を用いるかは、あなたの選択次第、というわけです。33／6（及びすべての「3タイプ」は）は、「選択の法則」（438ページ）によって、表現に対する責任を自覚しなくてはいけません。

33／6の運命は、もって生まれた高い理想をどれほど鍛え上げられるか、つまり存在に内在する美、機会をどの程度見出し、人生の起伏に隠された教訓からどこまで学べるかで決まります。理想を鍛え上げた後は、その実現に向けて、持ち前の表現エネルギーと能力を、もっとも建設的、情熱的な方法で世の中に役立てることが、あなた方の使命です。ここで強調したいのは、問題の明るい面だけを見るという意味ではなく、自分が気に入ると気に入らないとにかかわらず、自分に起きたことをすべて受け止め、それをよりよい明日の糧《かて》にするということです。

ダブル3のエネルギーは、3に内在する障害――自己不信も二倍にしますから、未熟な33／6は、高すぎる理想に押しつぶされてしまうかもしれません。しかし自己不信は、立ちふさがる壁ではありません。乗り越えるべきハードル、つまり人生が与えた試練なのです。あなたの人生に起きるさまざまな起伏はすべて、宇宙からの教えであり、その時々にもっとも必要な気づきの機会だと考えれば、完全主義的な傾向を和らげることができるでしょう。

自己不信と完全主義は、33／6の最大の障害です。この二つの障害が結びつき、永遠の自己改善プログラムに追いやることもあります。6エネルギーの完全主義が彼らを理想に追い立て、3エネルギーから生じる自己不信が、自信過剰の躁《そう》状態から絶望の鬱《うつ》状態へと揺り動かすのです。そのため未熟な33／6は、非常に競争心が強く、自分の力を確かめるために、始終自分を裁《さば》き、他人と較《くら》べます。もし、思ったほど、成果が上がっていないと考えると、一層がむしゃらに努力するか、逆に自己不信に陥って、「始めからやらなければ失敗することもない」とばかりに、理想追求のゲームから逃げ出してしまいます。しかし、ゲームにとどまりさえすれば、生来の聡明さと直感力、敏感な感性を武器に、いずれは素晴らしい結果をあげることができるのです。

大抵の33／6は、「4タイプ」とは異なって、目標に向かうプロセス自体を嫌うことはありません。しかし、理想に到達したい一心から、必要な過程を早くやり終えたいと思います。完成した理想を思い描き、ほとんど始めもしないうちから理想に恋いこがれるのです。「4タイプ」と同様、あなた方も、「プロセスの法則」（459ページ）を学ぶ必要があります。しかし着実な過程の大切さを学ぶためではなく、むしろペースを落とし、過程を歩む楽しさを覚えるためです。

33／6は、感情的な支えと、愛情に飢えています。しかしいかに多くの人から愛され、尊敬されていても、あなた自身が、自分を愛し受け入れて、内面の美と精神的な光明を見つけるまでは、それを感じないかもしれません。

誕生数33／6のプラス面

この人々は、感受性が豊かで、純粋で明晰なエネルギーを放射し、人を惹《ひ》きつける魅力をもっています。そして、他の人々がそれぞれの完全性を発見し、ものごとのプラス面を見られるようになるまで、熱心に手助けをします。適切な運動と食事によって健康な身体を保ち、他人の物差しに惑わされることなく、あるがままの自分を受け入れます。この人たちは、一定の基準に照らして自分の価値を判断するのではなく、見かけや現象の裏にある本質を見抜き、自分や他人の価値を認めるのです。人に温かい言葉をかけ、マイナスの感情をもプラスで表現する術《すべ》を知っています。鋭い眼力で、あらゆる人、あらゆる物の中の美点を見抜き、自分と他人に内在する、高次の完全性を知っています。高い基準と公正な感覚を生かして、建設的な方法で正義、公正、真実の実現を目指します。

誕生数33／6のマイナス面

この人々は、無口で、神経質なアウトサイダーです。口をへの字に曲げ、多くの人に対する失望と、この世界に対する怒りと不満を示します。到達不可能な理想を抱く、この厳しい批評家は、「何もかも間違っている！」と、世の中を断罪します。鋭い目で、あらゆる人や物の欠点を見つけだして批判するか、表現を抑圧して口を閉じてしまいます。彼らは、耐えられないほど「粗悪な」世界から、自分を隔離するため、身体に余分な脂肪や筋肉の鎧《よろい》をつけ、その中で身構えます。

33／6の人生の課題

◆健康

理想は、33／6のエネルギー源です。目的や理念は、この人たちを生き生きと活気づけます。彼らの多くは、強く健康な身体をもっていますが、感受性過敏と情緒不安が高じて表現を抑制すると、喉《のど》の痛みを引き起こす恐れがあります。神経質になったり、「うまくやらなければ」という完全主義のプレッシャーを感じると、心因性の胃痛に悩むかもしれません。完全主義から生じるストレスは、筋肉、特に顎の筋肉の緊張を生じさせ、発疹を起こす場合もあります。ひどくなると、喘《ぜん》息《そく》を発症します。長期にわたってエネルギーをマイナスに働かせた場合、大腸炎、潰瘍《かいよう》、その他腹部の症状を主とした慢性の疾患が生じる可能性があります。

また、不完全な自分や他人への憤《いきどお》りが、長期にわたって滞《とどこお》ると、関節に怒りが結晶し、関節炎を起こします。特に一見クールで、冷静に見える人ほど、この傾向が強く現れます。

しかしながら上記の問題が生じるのは、エネルギーがマイナスに働いている時です。リラックスし、人生の流れに身を任せることを学びさえすれば、他の誕生数と同様、すぐに体調は回復するでしょう。

食事について見てみましょう。33／6では、感情が行動に大きな影響を及ぼします。ですから、自分の感覚に素直になって、自分が身体によいと感じる物を食べ、また、食べた後もよいものを食べた、と感じる気分が大切です。このタイプは普通、自分の栄養知識と本能的な感覚に基づいて、理想的な食事法を探し求めます。しかし一部には、もっと細くなりたい、もっと完璧になりたいという、浅はかな理想のために大切な健康を壊し、神経性の拒食症に陥る人もいるようです。

33／6には、はっきりと目標を定めたフィットネス運動が効果的ですが、多くの場合、直感に基づいて、自分の身体に適した、精神的に楽しめる運動を探します。また、武道のような技術の訓練が必要な運動では、技術を完璧なまでに磨きあげます。私が知っている武道界を率いる五人の人物のうち、三人が33／6の人生の道を歩む人々です。

◆人間関係

感情とはそもそも理にかなったものではなく、秩序を欠き、しばしば予測することができません。ですから、「正しい人物」を演じたがる33／6は、気楽に振る舞ったり、激情に身を任せるのが苦手です（もっとも、33／6のメリル・ストリープやロバート・デニーロのような演技派俳優は別格ですが）。自分の感情を率直に表現できるようになる前は、動揺や傷ついた気持ちを抑え、ひたすら平静を保とうとします。あなたが自己不信と、他人の評価に対する恐れを克服するには、かなりの試練が必要です。

しかし感情を抑制すると、人間関係に悪影響を及ぼします。33／6は、自分のパートナーや配偶者は、完璧の仮面をかぶった誰かではなく、素《す》のままのあなたを愛したいのだと気づかなくてはなりません。本当の弱い自分をさらけ出し、「どう思われようと、欠点も長所も含めてこれが私。愛してくれるならワンセットで受け止めてください」と、自分をオープンにすれば、相手との親しみは、一層増すことでしょう。

セックスでは、官能に身を任せるのではなく、どちらかというと冷ややかで、感情を抑制します。情緒的な満足よりも、むしろ「如何《いか》にうまくやるか」というテクニックとパフォーマンスへの関心が強いためです。自分の完全主義的な傾向に気づいていない場合は、恋人の欠点に怒りを感じて、性感が弱まるかもしれません。プラスの33／6は、セックスをはじめとした人間関係で、慈しみを惜しみなく与える関係を形成します。

◆才能、仕事、財産

自己不信に阻まれることがなければ、高い基準をもつ33／6は、非常に素晴らしい仕事（この人たち自身が、そう評価しているとは限りませんが）を成し遂げます。彼らは外部に見せる見せないにかかわらず、深い情緒的な感受性と、深遠な直感的知恵をくみ出す知性をもっています。しかし、成功を手に入れるには、現実との接点を維持し、理想をしっかりとつかみ、エネルギーをプラスに発揮しなくてはなりません。

正確さに対する欲求と、表現力、直感力を併せもつ33／6は、教師や訓練士、組織のマネージャー、デザインや建築、イラスト関係の仕事など、さまざまな分野で活躍します。俳優、ダンサー、運動選手になれば、見事なプロ意識を発揮して技能を深く探求し、作家になれば、優れた作品を数多く世に送り出します。彼らは、コミュニケーション、感情、表現に関するあらゆる分野で優れた能力を発揮し、高い基準を目指して懸命な努力を続けます。

エネルギーをプラスに生かす限り、豊かな収入が得られますが、自己不信と完全主義に妨げられると経済的な困難が生じるかもしれません。未熟な33／6は、高すぎる基準に照らして、非現実的に自分を低く評価するため、世の中に踏み出すきっかけを先送りし、結局自分の価値を発揮することができません。しかし自分自身を知り、認めるようになった時、そして自分の本当の感情を表現するようになった時、人生の喜びを実感できるようになるはずです。

誕生数が33／6の有名人

フレッド・アステア（俳優）
ジョージ・W・ブッシュ（米国大統領）
デール・カーネギー
（『成功のための心理学』の著者・講師）
アガサ・クリスティー（推理作家）
アルバート・アインシュタイン（物理学者）
スティーブン・キング（作家）
エリザベス・キューブラーロス（米国精神科医）
メアリー・タイラー・ムーア（女優）
リンダ・ロンシュタット（ロック歌手）
メリル・ストリープ（女優）
H・G・ウェルズ（作家）

運命を実現する鍵

次の行動は、33／6の人生の課題を明らかにし、人生を変えるきっかけとなるでしょう。

♥心がけのヒント

・理想の感情ではなく、自分の真の感情を意識する。
・自分の考えだけでなく、感情を表現する。
・自分の感受性を認め、他の人々にも明らかにする。
・ありのままの自分や他の人々を尊重する。

行動チェックリスト

1、次の質問についてよく考えてみましょう。
・自分の表現のエネルギーをどのように使っているだろうか？

・自己不信とあまりにも高すぎる基準が、重荷に感じられることはないだろうか？
・現在の自分を認め、尊重することができるか？
・自分の本当の感情を、人々に知らせているだろうか？

2、もし、このような質問で思い当たることがあったら、それをどうやって行動に生かせるでしょうか？

理解を深めるために

1、第二部に戻って、誕生数を構成する数字3、7の項目を読み直してください。
2、友人や家族の誕生数を調べ、彼らが関心を示したら、あなたの人生と似通った点、異なった点を話し合ってみましょう。

精神法則
人生を変えるために

1、第四部に記載した以下の法則を読んでください。
・「柔軟性の法則」柔軟であれば、試練と環境の変化を最大限に利用することができます。
・「完全性の法則」理想は意欲を生み出します。しかし日常生活で完全無欠はあり得ません。
・「選択の法則」創造性をプラスに生かすのも、マイナスに殺すのも、あなたの選択次第です。
・「直感の法則」他人の意見を気にしなくなると、心の知恵に近づくことができます。
・「現在の瞬間の法則」存在するのは現在という時間だけであることを知ると、苛立ちと後悔は消え去ります。
2、それぞれの法則を実践するための訓練をしましょう。
3、それぞれの法則を自分の人生でどのように生かせるかを考えてみましょう。

7 開放⇩信頼

自分を信頼した時、
いかに生きるべきかが見えてくる。

ヨハン・ウォルフガング・フォン・ゲーテ

この章では人生の第一目的である最終数（下側数）に7をもつすべての誕生数、一桁の7、16／7、25／7、34／7、そして43／7を扱います。一桁の7は純粋に、ほかの要素によって薄められることなく7のエネルギー、資質、課題を強く反映していますが、それ以外の誕生数は各数字の影響と相互作用によって、異なった人生の道を表します。

7

7 開放⇩信頼

誕生数7の人生の目的

一桁の誕生数7の人生の目的は、自分やほかの人々に内在する光を信じ、内面の現実を世界の人々と共有することです。この一桁の人生の目的については、第二部の誕生数7とそれが指し示す包括的で詳細にわたる解説を読んでください。ここでは7という数字一つを誕生数とする人の人生の目的の鍵となる要素に焦点を絞って説明していきます。

一桁の7の人は鋭い知性と洞察力の持ち主で、一を聞いて十を知る頭脳派です。その知性が内面に向かう時、スピリチュアル、あるいはサイエンスの分野で真実の探求者となります。もともと信頼についての課題があるため、手持ちのカードをすべて相手に見せない傾向があり、結果として誤解を招きやすいでしょう。仕事であれプライベートであれ誤解が起きた時、彼らは裏切られたと感じます。

誕生数が示す課題は簡単に克服できるものではなく、また現実の世界で実際に7の信頼は裏切られることがあるため、彼らがそう考えるのも無理はありません。(「私が被害妄想だからと言って、私を貶める人が一人もいないことにはならない」のと同じことです)。

皮肉なことに、7の中には何でもあけすけに自分の気持ちを他人に伝えすぎてしまい、あとになって騙されたことに気づくというケースもあります。誕生数2が他人との協力関係を過剰、あるいは過少という両極端の間で、誕生数4が責任感過剰と過少との間で、誕生数5が他人への依存過剰と過少との間でバランスをとるという課題があるように、一桁の7の場合、ある状況下で他人をどこまで信頼するべきか、無闇に信じてあとで困らないように、逆に疑いすぎてチャンスを逃さないように、知恵を開発する必要があるのです。成熟した7は契約を文書で交わし、憶測に頼らず相互認識の擢り合わせを担保します。

7は自分自身のことが分かっていると信じきれないため、的が外れないように漠然と捉え、食事や運動その他の自己管理について専門家の考えを多く取り入れます。自分にとって何が最もふさわしいのかを的確に判断するための自分軸ができるまでには、時間がかかります。

7が自らの直感や考えを信頼できるようになり、また彼ら（を含むすべての人々）の背後に大いなる運命の力が働いていることが分かるようになると、どんなに小さな頑張りでも、究極的にはそれが最良のやり方であり学びとなり得ることがおぼろげに見えてきます。うまく伸ばせば分離や不信というレベルからストレートでディープな愛や信頼というエネルギーへと変換できるかもしれません。地球の隅々に暮らす先住民やその文化に共感し、地上に生きとし生けるものの一員としての連帯感に目覚め、鷲も小川も木々を渡る風も彼らに語りかけていることに気づくでしょう。

さらなる成長の途上でつまずくことはあるものの、一桁の7は愛と知恵、正義はどの人にも存在することを理解するようになります。かと言って彼らが無防備に他人に利用されたり騙されたりするということではなく、逆に彼らが知己を得た人間関係を通じて自らの光を放ち、洞察の導き手となっていくでしょう。自らの意識と精神の深みに目覚めた時、彼らは他人を見る目にも深い洞察が生まれます。彼らに内在する叡智に触れた7は、自らが予想もしなかったほど深く広い理解の域に達するでしょう。

誕生数7のプラス面

成熟した7は、シャープな頭脳を発揮してほぼどんな分野でも革新的なアイデアを提供できます。過信と不信の狭間を彷徨う若い頃の経験を経て、この人々は現実的なちょうどよい着地点を習得しています。彼らにとって信頼とは勝ち取るもの、そして（文書で交わす）合意は明解です。彼らは世界のどこに行けば信頼に足る情報が入手できるかを知っていて、しかもそれを鵜呑みにせず、いつでも自らの心の奥に宿る叡智に照らして判断します。若い頃はバランスを欠いた思い込みに走ることもありましたが、成熟した今は健全な批評家精神に基づき物事を適切に判断できます。彼らの日常ではチームで協力して行なうことと、単独で行なうことがほどよく調和しています。7のプラスが極まると、（精神や学問の探求において）至高の精神の象徴となり、生命に対する深い信頼を体現します。この人々は「神を信じていても、ラクダはつないでおきなさい」の実践者となります。高次の信頼（または信仰）を習得した彼らは精神世界と物質世界の両方にまたがり、二つの領域で繁栄します。

誕生数7のマイナス面

7がマイナスに現れる時、彼らは自分に内在する知性に自信がありません。自分が簡単に他人の意見に振り回されるのを知っているため、他人の意見や助言は無視、あるいは拒絶します。結果として本や権威者の理論に頼ることが多くなります。自分の物差しがないため、外から入ってくる知識を妄信することと、一切受け付けないという両極端に走りやすくなります。物の価値を見極められないため、騙されないよう自分の身を守ることに汲々とするあまり他者不信に陥り、彼らは人を遠ざけ、長い間孤独な生活を送ります。たまに会話をする時は言葉尻に皮肉が混じり、外界への不信感を表します。彼らは過去に自分が騙され、裏切られた事例をすべて覚えていて、二度と再び傷つけられないように強い警戒心を働かせます。過去の経験則として、外界とは一定の距離を置き、他人とはあまりつき合わない方がよいという方針を正当化します。彼らは社交的であっても、裏切りの侮辱を恐れてほとんどプライベートな話をしません。また真逆のパターンとして、心の内面の詳細に至るまで見境なく他人にさらし、その後実際に裏切られ、傷つくこともあります。

誕生数7の人生の課題

◆健康

ほとんどの7は、休息しエネルギーを充電するためには一人になれる時間と場所が必要です。自然界と深くつながり、長短にかかわりなく休みには小さな庭から公園、大自然に至るまで自然と親しむことを好みます。7には特に留意すべき健康問題はありませんが、エクササイズや健康法を実行に移すよりあれこれ考えることの方に多くの時間を費やします。しかしハイキング、スキー、社交ダンス、あるいは武道やスポーツでも、これと思えるものが見つかった時は、その経験を通じて自分への信頼を深めていけるでしょう。練習をするうちに自分の直感や訓練の実績を信頼し、取り組む姿勢に自信をつけていけるのです。誰でもたまには病気になるように、7も健康を害することがありますが、その際に避けたいのは自分の身体に裏切られたと感じ、病気に落胆することです。代わりに身体を癒し、回復していく過程を信じる姿勢をもつことが大切です。

◆人間関係

一桁の7にとってパートナーをもつことは、人と共に生きるという経験を通じて調和やバランスを学び、人生を完結させるという意味があります。しかし二人が信頼を深め、パートナーシップを続けるには親密さや弱いところを見せる勇気が必要です。およそ人が他人といたわりあって一緒に生きるところには必ず相手に裏切られるというリスクが存在します。このためほとんどの7は親密な関係になることに対して、相手を求めつつ恐れるという相反する感情をもっています。このためつき合いの中で距離を置いたり、無関心な態度を取ったりします。7が親密な関係を続けるには、相手が入れない聖域（自分だけの部屋、隠れ家、書斎、あるいは安楽椅子一つでも）をもつことが大切で、それは彼らの必須アイテムであり贅沢ではありません。パートナーシップにおいて7が厳格な自他の境界線を作る時、その共同生活は交渉の連続となるでしょう。相手に対する警戒心を解き、お互いに愛し、信じ合える関係を築くようにすると、相手を使って自分の目標を達成するという図式から、自分の殻を破り、より完全な自分の姿を見つけるための関係になれるでしょう。

◆才能、仕事、財産

7のエネルギーは内側に向かって流れます。たくさんの分野で大成功を収めることがあっても、物理的な成功を求める際の内面の過程に関心が向かいます。本人が自覚しているとは限りませんが、キャリアを築くことは7にとって自分自身をより深く理解し、世界の成り立ちを学ぶという大いなる計画のごく一部です。仕事をもつということは彼らにとって自分の興味のあることをするための資金調達手段です。そして彼らの関心事とは心の内面で起こることです。すでに書いた通り、何らかの契約をする際は友人同士であっても相互の意思確認と信頼を損なわないために文書で交わすことが重要です。一人で穏やかに過ごす時間が必要な7ですが、一人で集中してする仕事（未開の領域に一人で踏み込む旅、一人で経理仕事をする、ラボで研究に没頭するなど）は得意です。

誕生数が7の有名人

この改訂新版が出版された2018年時点で、最年長の7は18歳未満なので、社会で頭角を現すにはまだ時期尚早。本書の次の改訂版が出る頃にはもっと多くの名前を挙げられるでしょう。

運命を実現する鍵

次の行動は7の人生の課題を明らかにし、人生を変えるきっかけになるでしょう。

♥心がけのヒント

・質問が浮かんだら紙に書いて、自分の中にいる全能の知恵を探り、答えを書いてみる。
・心にある気持ちや考えをすべて、自分だけでなく誰かと話し、分かり合う。
・一人だけの時間を尊重しつつ、少し勇気を出して自分の気持ちを誰かに伝える。
・自分の直感や本能を信じる。自分の身体と人生のエキスパートは自分なのだから。

行動チェックリスト

1、次の質問についてよく考えてみましょう。
・何か決断をする時こう自問してみよう。「もしこの答えを知っていたら、次に何が起きるだろうか？」
・自分の心の声を信頼しているだろうか？　心の声に従ってうまくいったのはいつ頃だったろう？　心の声が間違っていた時、あるいは一時的にうまくいかなかった時、その経験を未来に生かすにはどんなアプローチが有効だろうか？

・必要な時に一人になるための場所と時間、そして必要な時に誰かと協力する態勢はあるだろうか？

・過去に裏切られた経験が、実は誤解やコミュニケーション不足が原因だったととらえなおすことはできるだろうか？

2、もしこのような質問で思い当たることがあったら、それをどうやって行動に生かせるでしょうか？

理解を深めるために

1、第二部に戻って、誕生数を構成する数字7の項目を読み直してください。

2、友人や家族の誕生数を調べ、彼らが関心を示したら、あなたの人生と似通った点と異なった点などについて話し合ってみましょう。

精神法則　人生を変えるために

1、第四部に記載した以下の法則を読んでください。

・「予想の法則」人生は、無意識の予想と不安に従って展開します。

・「直感の法則」他人の意見を気にしなくなると、心の知恵に近づくことができます。

・「信頼の法則」自分自身を信頼した時初めて、他人を信頼することができます。

2、それぞれの法則を実践するための訓練をしましょう。

3、それぞれの法則を自分の人生でどのように生かせるかを考えてみましょう。

16/7

1 6 7

開放⇩信頼
受容⇩理想
安心⇩創造

誕生数16／7の人生の目的

16／7の人生の目的は、開放性、真実、受容、そして不安をめぐる課題を克服し、自分の内の創造的精神と、他人の内の美を信頼することを学び、現実的な方法で、理想と夢を世の中に分け与えることです。しかし人生の目的には、障害がつきものですから、16／7もまた、誕生数を構成する数字に内在する課題と、向き合わねばなりません。この人々は本来、鋭く明晰《めいせき》な頭脳と、素晴らしくオリジナルな想像力をもっていますが、1の創造的エネルギーの影響で、しばしば劣等感と不安に悩みます。このエネルギーは、建設的に使わないと、自己破壊的な方向に噴出します。また、7エネルギーの自己不信が、6の理想と完全主義の障害によって増幅されると、恥をかくことを極端に恐れて、外部を遮断し、孤立するようになります。

16／7を除く［7タイプ］（34／7、43／7、25／7）の中には、毎日の仕事やスポーツ、育児などに忙しく、霊的なコミュニケーションに関心をもつ暇のない人もいるかもしれません。しかし、16／7の場合は、6の崇高な理想が、自分の内から湧き出す崇高な呼び声に答える［7タイプ］的資質を増幅します。

そのため、現実的な仕事や家庭生活といった普通の社会生活を営んでいても、内面ではいつもプライバシーの守れる場所を強く求め、意識的、あるいは無意識に「自分自身、他人、世界と心から語り合い、私たちに活力を与える気高い魂、霊感と交流できる場所――安全な港を見つけたい」と願っています。

16／7のウラジミール・ホロヴィッツは、音楽を通して、私たちに人生の深い情念を教え、同じく16／7のフョードル・ドストエフスキーは小説によって、人生の深淵な理解を示しました。彼らにとっての一番の関心事は、自分が世の中に役立てるかどうかです。毎日の暮らしの中で貢献する方法がなければ、地球上から消えてしまいたいと思うかもしれません。時には、宇宙に飛び立った宇宙飛行士、エドウィン（バズ）・オルドリンのように、文字通り行ってしまう場合さえあります。彼らは、統合失調症患者のように、恐怖から意識が内向するのではなく、神秘主義者のように、希望、愛、高き志をもっているがために、理想が内向し、精神的に引きこもってしまうのです。

激しく、活発な創造力をもつ16／7は、現実生活から最も遊離しやすい誕生数の一つです。16／7の高潔なジャーナリスト、チェット・ハントレーは、「毎日のニュース」に没頭することで、その傾向を律しているのでしょう。

高い理想と完全主義的な考え方、流れるような創造エネルギー、そしてより深い理解への憧憬をもつ16／7に課された挑戦は、ありのままの世界を受け入れ、世界や自分自身の中に、この人たちが求めてやまない美しさや完璧さを見出すことです。

7エネルギーの影響から、16／7は人生とのより深遠な結びつきを求めます。これを実現するには、7エネルギーからの挑戦、つまり自分の中にある高次の自我を信じ、ゆっくりと展開するありのままの世界を信じて身を任せることができなくてはなりません。これを理解するには時間がかかりますが、あなた方がこの世に生を受けた基本的な意義は、これを解明することにあるのです。

生来7タイプは、他人と自分自身を信頼することが非常に苦手です。たとえ口では、「自分を信じている」と言っていても、よくよく考えると大抵の場合、自分の本質ではなく、頭に蓄えた「他人」の意見、信念、理論を信じているにすぎません。

「7タイプ」の中でも、特にこの誕生数は、信頼に到達するまでに長い時間が必要です。生来の完全主義が失望と不信を生み出し、自分の心と直感を素直に信じられないからです。また「7タイプ」独特の、「裏切られた」と感じる傾向がとりわけ鋭く、その不満は1の創造エネルギーによって増幅され、不安と孤立に向かう傾向によって一層悪化します。

けれども16／7が、創造エネルギーを、理想と崇高な目的の達成に向けてプラスに生かせるようになると、自分の内に存在し、自分を形成し、自分を通して現れる大いなる魂を信頼できるようになります。鋭い知性を用いて、表面的な欠点や長所の奥に隠れた究極的な完全性を認めた時、自分の中で輝く大いなる知恵――精神法則を見つけます。人生に内在する超越的な完璧さと、ほろ苦い美を発見した瞬間に、彼らはあらゆる場所、到るところに安全な港――大いなる魂を見出し、恐れるものはなくなります。

誕生数16／7のプラス面

この人々は、真実と美を表現する創造的な活動を通して、高い理想を分かちあい、新しい可能性を示します。真剣な眼差しときらめくエネルギー、そしてシャープで洗練された資質をもつ彼らは、人間の姿をした高潔な天使です。自分自身と他人を無防備に受け入れるのではなく、それぞれの本質を知った上で無条件な信頼を抱き、どんな困難な状況にあっても、万物《ばんぶつ》の中の究極的な完全性と、愛情あふれる大いなる魂の意志を信じています。そして、他の人々が、彼ら自身の人生の霊的な意義を発見できるよう尽力《じんりょく》します。

誕生数16／7のマイナス面

この人々は、常に人から裏切られるのではないかと恐れ、不安感から自己破壊的な行動に走ります。完全主義的な基準から判断して、自分にも他人にも世界にも失望し、心に願う理想的な世界の実現に貢献できないと感じると、希望を捨ててしまいます。他人の批判や誤解を恐れて社会的な接触から逃《のが》れ、世捨て人のように孤立し、あるいは薬物や実体のない空想の世界に逃避します。

16／7の人生の課題

◆健康

16／7の人間不信が長引くと、心臓、膝《ひざ》、腹部、肺に症状が現れます。体調を回復させるには、微妙にエネルギーに働きかける治療、たとえば、ホメオパシー（同種療法）やイメージ療法、瞑想などが効果的です。また、思考を解放させる瞑想やリラクセーションもよいでしょう。

このタイプは、一般に量より質を重視した、軽い食事を好みます。しかし、実際にどのような食事が自分に向いているかは、栄養学を紐解《ひもと》くより、自分の直感に従って探すようにしましょう。

ほとんどの16／7にとって、太極拳《たいきょくけん》、ヨガ、水泳やウォーキング、軽いエアロビクスなど、意識を集中して行なう、緩やかな運動が有効です。運動は、創造エネルギーの流動を促し、身体に備わる知恵を信頼する術《すべ》を教えてくれます。また、美しい自然の中での散策も、精神を休める効果があります。

◆人間関係

不信と不安が大きいマイナスの16／7は、感情を解放することが苦手です。このため自分を率直に表さなくてはならない親密な関係を築くことは、この人たちにとって大きな壁となるのです。イマジネーションが豊かなこの人々は、空想の恋人に憧れることもあります。たとえばドン・キホーテのダルシネア姫や、トロイのヘレン、あるいはヘラクレスなど、理想化された想像上の人物に夢中になる場合もあるでしょう。中には、実際に誰かとつき合うよりも、バーチャルな相手のほうがよい、という人もいます。

プラスの16／7は高い理想に従って自分を解放し、絶対的な信頼を確立し、結果として完璧に親密な関係を築き上げます。理性を捨てて自分のすべてをさらけ出すセックスは、彼らにとっては恐れであると同時に癒しです。勇気をもって、自分の肉体とその営みを受け入れれば、心の安らぎを得ることができるでしょう。

◆才能、仕事、財産

創造エネルギー、高い基準、鋭い知性を併せもつ16／7は、作家からタイル職人、音楽家、宇宙飛行士まであらゆる分野で素晴らしい業績をあげます。この人々はプライバシーが保て、知性と高潔な理想が生かせる仕事に魅力を感じます。

しかし6エネルギーがマイナスに作用し、自分の価値を低く評価してしまうと、富を生み出すことも、受け取ることもできなくなるかもしれません。しかし自分と、自分の仕事の価値を認め、快く受け取るようになれば、世の中は十分な報酬を与えてくれることでしょう。

誕生数が16／7の有名人

エドウィン（バズ）・オルドリン（月着陸宇宙飛行士）
フョードル・ドストエフスキー（作家）
チェット・ハントレー（ジャーナリスト）
ロバート・ワーグナー（俳優）

運命を実現する鍵

次の行動は、16／7の人生の課題を明らかにし、人生を変えるきっかけとなるでしょう。

♥心がけのヒント

・完璧を装う仮面の後ろに隠れるのをやめて、本当の自分の姿を現す。
・自分の人生の創造的なプロセスを信頼し、楽しむ。
・あらゆる失敗は、深い知恵を与えるためにあるということを覚えておく。
・今の瞬間をあるがままに受け入れ、その中に完璧さを見つける。

行動チェックリスト

1、次の質問についてよく考えてみましょう。
・自分に霊感を与えるものは何だろうか？
・これまで出合った困難の、どこが完璧といえるだろうか？
・不安や完全主義から、行動を取りやめたことがないだろうか？
・自分の予想が、実際の経験にどのような影響を与えてきただろうか？

2、もし、このような質問で思い当たることがあったら、それをどうやって行動に生かせるでしょうか？

理解を深めるために

1、第二部に戻って、誕生数を構成する数字1、6、7の項目を読み直してください。

2、友人や家族の誕生数を調べ、彼らが関心を示したら、あなたの人生と似通った点、異なった点を話し合ってみましょう。

精神法則 人生を変えるために

1、第四部に記載した以下の法則を読んでください。

・「信頼の法則」 自分自身を信頼した時初めて、他人を信頼することができます。

・「完全性の法則」 理想は意欲を生み出します。しかし日常生活で完全無欠はあり得ません。

・「柔軟性の法則」 柔軟であれば、試練と環境の変化を最大限に利用することができます。

・「現在の瞬間の法則」 存在するのは現在という時間だけであることを知ると、苛立ちと後悔は消え去ります。

・「プロセスの法則」 目標に確実に到達するには、少しずつ着実に歩まなくてはなりません。

2、それぞれの法則を実践するための訓練をしましょう。

3、それぞれの法則を自分の人生でどのように生かせるかを考えてみましょう。

25/7

2 5 7

開放⇩信頼
訓練⇩自由
バランス⇩協力

誕生数25／7の人生の目的

25／7の人生の目的は、プライバシー、開放性、独立の障害を克服し、自分自身と他人、世界を通して現れる精神世界の秩序を信頼し、的を絞った訓練によって内なる自由を獲得することです。25／7の最大の課題は、自分と他人への絶対的な信頼、そして訓練と集中です。しかし運命は、人生の目的達成の前に試練を与えます。多かれ少なかれ、この人たちは人間不信を抱えています。ほとんど無防備に信頼していた人から裏切られ、それ以後誰も信じられなくなってしまうというのが、25／7をはじめとした「7タイプ」によく見られるパターンです。

25／7は、プライバシーが保てる自分の世界を強く求めます。恥をかくかもしれない、裏切られるかもしれない、という不安が大きく、自分の考えや感情をオープンにできないのです。中には、人間関係で傷つき、苦しみ、深刻な人間不信に陥《おちい》って、自分以外の誰も信じられなくなる場合もあります。このような人は精神的に孤立したり、なかには仙人のように山にこもり、文字通り社会とのつながりを断ってしまう人もいます。そして人間ではなく、聖霊や神に安らぎを求めるのです。

しかしほとんどの25／7は、日常的な仕事、人間関係、家庭、旅行など、現実的な活動を熱心に行ないます。また、世界一流の知性をもっていますから、世俗的な成功を収めるのに苦労はしないでしょう。しかし、あなた方が目指すべきなのは、外面的な成功ではなく、内面のプロセスの確立です。

25／7は、人を引きつける快活さと明晰《めいせき》さをもっています。たとえ自分では気づかなくても、いわゆる天使のような霊的エネルギーと親しく交感しています。現実生活では、科学的な思考をしても、心の奥底では、神秘性を帯びた美と調和していて、霊的な存在に強く引きつけられているのです。

この人たちの人生の奥底には、ある希望が潜んでいます。自分ではまだ気づいていないかもしれませんが、皮膚の内側、心の中、身体の細胞の中で、「心から安らげる家を見つけたい」という望みが燃えています。

2、5、7エネルギーの相互作用は、25／7の内面に分裂と葛藤《かっとう》を生じさせるため、本能的に精神が癒《いや》されることを求めます。そして内面を統一するために、この世に生を受けた理由や、熱中できる人生の目的を求めるのです。

このタイプの多くは、洗練された外見の中に、一種の子供っぽさをもっています。子供たちに好かれるのも、童心を失っていないからです。あなた方はピーターパンのように、ネバーランドと地上の間をさまよい、美しい景色を愛し、自然の精霊とたやすく心を通わせます。そしてコンピュータやコンピュータ・グラフィックス、コンピュータ・ゲーム、アカデミックな研究、読書、海や空の旅を愛し、人間世界の権力争いや策略、裏切りのない、あるいは少なくともそれを寄せつけない、美の世界と冒険を追い求めます。

25／7の多くは、孤立と奉仕という、矛盾《むじゅん》した傾向をもっています。潜在的に世の中に対する不安を抱え、一人でいることを好み、誰にも邪魔されない時間を求める一方で、他人を助けたい、世の中に何らかの形で貢献し、向上させたいという願いに突き動かされています。あなた方はまるで、見知らぬ人にそっと近づいてはすぐ引き返し、また近づき、また引き返す子犬のようです。25／7の中には、共通の興味をもつ人の組織やグループを通して、世の中と接触する人もいますが、人間不信のわなにとらわれて、煩《わずら》わしさのない、しかし時に孤独な世界の中に引きこもる人もいます。

2の影響によって、25／7には、内面の調和を求め、与えることと受け取ることのバランスをとって自分の領域をはっきりと区切ろうとする衝動があります。また5エネルギーは、自由と独立に関わる教訓と試練を与えます。

この人々は、自らの経験を通して、自分への信頼を学んでいきます。たとえば霊的な訓練や思想に興味をもてば、書物では飽き足らず、実際に大いなる魂との一体感を体験したいと願います。「信頼の法則」（488ページ）は、人生で出合うあらゆる出来事の中に、深い目的が隠されていることを教えてくれます。

プラスの25／7は、人生に対する絶対的な信頼をもっています。たとえば人から騙《だま》されたり、陥《おとしい》れられたり、何らかの形で裏切られたとしても、彼らの大いなる魂に対する信頼は揺らぎません。裏切った人と今後つき合うかどうかは別として、なぜそういう事態を自分が呼び込んだのかという理由を理解し、その宇宙からのメッセージをしっかりと受け止め、感謝することができるのです。

内面の葛藤を克服し、内なる自由を見出した25／7は、何らかの奉仕活動に意識を集中させ、禅の思想に基づいて弓の訓練をする人のように精神統一をして、その集中力を通して内面の覚醒と成長を手に入れます。

しかし意識を集中できる対象を見出せないうちは、内面の分裂を抱えた、ただの永遠の探求者、霊的放浪者です。自由を求めるというよりも世の中から孤立し、人は信じても自分を信じることができず、自分以外のあらゆる場所を探し、情報の保管場所としてしか精神を信用しようとしません。

25／7は、生来、根深い人間不信をもっています。しかしすべてを信頼して精神の楯を取り払い、自分と大いなる魂を信じた時、それまで忘れていた霊的交わりを取り戻し、宇宙との一体感を身近に体験するでしょう。自分の内に住む大いなる魂を感じた瞬間から、あらゆる所、あらゆる人、あらゆる物の中に、同じ魂が宿っていることに気づくのです。

誕生数25／7のプラス面

宗教や精神、魂など霊性に関わる活動をする人も、そうでない人もいますが、どのような仕事をしていても、内面の魂から必要な知恵をくみ出し、深淵な理解を人々に分け与えます。他人の忠告にも耳を傾けますが内面の感覚を大切にし、勇気をもって、自分を開放します。どこにいても心地よくくつろぎ、自らの経験から学んだ真実を世の中に伝えます。魂との一体感、内面の調和、平和の感覚に満たされ、周囲の人々を導きます。あらゆる経験の中に、大いなる魂の意志を見つけ、苦労もまた感謝して乗り越えます。

誕生数25／7のマイナス面

他人を信じられず、孤独を好みます。あてもなく経験を求め、読書にのめり込み、霊的世界を放浪します。魂との一体感と、究極的な精神的理解を与えてくれる書物や訓練、導師を探求し続けますが、自分の外側を探す限り、決して見つけることができません。人間不信にとりつかれ、誰も自分を受け入れてくれないと思いこみ、世捨て人のように振る舞い、それがかえって孤立を深めます。

25／7の人生の課題

◆健康

25／7の健康状態は、各数字のエネルギーをプラスにどこまで転化できたかによって決まります。プラスの2は強さを、5は開放的な自由の感覚を、プラスの7は健全で健康な身体を与えます。

しかし2がマイナスに働くと、思考の迷路に落ち込んでストレスを生じさせ、アレルギーを引き起こすかもしれません。5がマイナスに働くと、注意が散漫になり、不満が増えて、副腎《ふくじん》及び神経系統に障害を生じます。マイナスの7による人間不信は、心臓の異常につながります。

このタイプの健康回復には、川を漂い下ったり、湖でカヌーに乗ったり、森の中にハイキングするなど自然と親しむレクリエーションがもっとも有効です。瞑想の時間と開放感を同時に得られるこうした活動は、心身をリフレッシュさせ、元気づけるでしょう。

25／7に一番必要なのは、地上に下りてきて、現実と向き合うことです。肉体運動、武道、そして直接的な体験は、自分を信頼するきっかけを与え、地に足をつける助けとなります。

また、光や色、花のエキスなどを用いた視覚イメージトレーニングや美術鑑賞など、美的なヒーリングも有効です。25／7にかかわらず、すべての7タイプは、精神活動に夢中になりすぎて身体をおろそかにする傾向がありますから、運動を習慣づける心がけが必要です。

◆人間関係

25／7は、自分の感情をオープンにして、弱さをさらけだすことが苦手です。現実だけでなく空想の中でも裏切りを感じ、人を恐れます。感情が信じられず、理性を偏重するので、周囲との感覚的なつながりは一層失われてしまいます。

この人々は高度のプライバシーを必要としますが、同時にパートナーとのつながりも求めます。自分の中で調和と一体感が感じられないので、パートナーを通して調和、バランス、一体感を感じようとするのです。しかし内面的な訓練を積んで、自己信頼と魂との一体感を高めれば、人間関係に生命を吹き込むことができます。自分と、大いなる魂が信頼できれば、他人に心を開けるようになるでしょう。

この人々が、充実した性関係を築くには、パートナーとの十分な信頼関係を確立し、心の鎧《よろい》を脱ぎ捨て、心の洞窟《どうくつ》から這《は》い出して、寝室に感情をもち込まなくてはなりません。

◆才能、仕事、財産

この人たちはどのような職業についても、持ち前の鋭い知性を用いて世の中に奉仕し、人々を支援します。作家、俳優、あるいは先端技術の分野の他、諜報機関の工作員や化学者、外科医、法律家、振り付け師などとしても活躍するでしょう。特に適しているのは、卓越した思考力と手先の器用さを生かせる仕事で、プライベートな時間がもてれば申し分ありません。洞察力に恵まれ一人でいることを好むため、研究者や学者、コンピュータエンジニアとしても活躍します。5エネルギーは、［7タイプ］独特の芸術的な様式、リズム、調和に多様性を加え、彩りを与えます。25／7は、強い審美性をもち、コンピュータの前に座っていても、風の吹く浜辺を歩いていても、同様にくつろぎます。

世界一流の頭脳をもつため、さまざまな方法で財産を築くことができます。経済的に困窮するとすれば、注意力の散漫か、自信の欠如、あるいは経験を求めて収入以上に散財してしまうのが原因です（5のマイナス影響）。しかしエネルギーをプラスに生かしさえすれば、すべての望みをかなえる知性を生かして世の中に貢献できるでしょう。

誕生数が25／7の有名人

モハメド・アリ（プロボクサー）
アーサー・アッシュ（テニス選手）
ジョーン・バエズ（フォーク歌手）
キャリー・フィッシャー（女優）

ジェリー・ガルシア（ミュージシャン）
ウディ・ガスリー（フォーク歌手）
スティーブン・ホーキング（物理学者）
J・エドガー・フーバー（FBI長官）
バイロン・ケイティ（スピリチュアル・リーダー）
マリリン・モンロー（女優）
ガートルード・スタイン（作家）
ジェームズ・スチュワート（画家・建築家・古代研究家）
ウラジーミル・プーチン（ロシア大統領）

運命を実現する鍵

次の行動は、25／7の人生の課題を明らかにし、人生を変えるきっかけとなるでしょう。

♥心がけのヒント

・自分の本能と直感を信じる：自分の身体と人生に関するエキスパートは自分自身。
・大いなる魂を吸い込むことをイメージしながら、毎日少なくとも一度は深呼吸をする。
・人間関係を大切にしながら、いろんな経験を楽しむ。
・他人との間で誤解が生じないように、合意事項を確認する。

行動チェックリスト

1、次の質問についてよく考えてみましょう。
・どうすれば、専門家ではなく、自分自身の中の直感的な知恵を信頼できるようになるだろうか？
・自分の率直な感情と要求をオープンに話して、誤解を避けることができるだろうか？
・人と一緒にいる時、自分を開放できるだろうか？ それとも精神の楯に隠れてしまうだろうか？

・人に対する間違った不信感をもっていないだろうか？

2、もし、このような質問で思い当たることがあったら、それをどうやって行動に生かせるでしょうか？

理解を深めるために

1、第二部に戻って、誕生数を構成する数字2、5、7の項目を読み直してください。

2、友人や家族の誕生数を調べ、彼らが関心を示したら、あなたの人生と似通った点、異なった点を話し合ってみましょう。

精神法則

人生を変えるために

1、第四部に記載した以下の法則を読んでください。

・「信頼の法則」自分自身を信頼した時初めて、他人を信頼することができます。

・「訓練の法則」訓練を通して、集中的な経験を積めば、内面の自由を見つけることができます。

・「予想の法則」人生は、無意識の予想と不安に従って展開します。

・「プロセスの法則」目標に確実に到達するには、少しずつ着実に歩まなくてはなりません。

・「責任の法則」相手に奉仕する喜びは、できない時にはきちんとノーと言える時、訪れます。

2、それぞれの法則を実践するための訓練をしましょう。

3、それぞれの法則を自分の人生でどのように生かせるかを考えてみましょう。

34/7 43/7

3 4 7

開放⇓信頼
プロセス⇓安定
感性⇓表現力

誕生数34／7と43／7の人生の目的

34／7、43／7の人生の目的は、信頼、忍耐、感情表現をめぐる課題を解決し、自分の人生を導く霊的なプロセスを信頼し、他の人々に貢献する具体的な方法を見つけて、安定を手に入れることです。34／7、43／7には、7の鋭い知性と、4の安定した現実性、3の感性と表現力への潜在能力が与えられています。

4エネルギーの影響から、この人たちが自らを霊的な存在と捉え、無条件に運命を信頼できるようになるためには、自己発見のプロセスを一歩一歩たどらなくてはなりません。自分の内面を深く知れば知るほど、外部世界への理解も深まります。

ところが、人生の目的に到達する道には、試練や障害が待っています。未熟な34／7、43／7は内面のエネルギーの二律背反《にりつはいはん》に苦しみます。7エネルギーはこの人々を天へ、より崇高《すうこう》な精神へと引き上げ、中には形而上《けいじじょう》的な興味をもつこともあります。一方で4は関心を下へ、つまり地面に近い日常生活、家族、実務的なビジネスへと引き下げます。しかし、この7と4のエネルギーが成熟し統一されると、天と地を結ぶ、強力な橋が現れます。その時、物質的な成功を得ながら、世界に美、幸福、覚醒をもたらす精神的な奉仕ができるようになるでしょう。

34／7と43／7は、共に力強く、感受性と洞察力にあふれています。ただ、上側数の順序の違いにより、若干の相違が生まれます。34／7は、最終数の7に次いで4エネルギーが優勢ですが、43／7では7に次いで3エネルギーが優勢です。そのため、34／7は、自己信頼に至るまでのプロセスと、安定の問題に苦労し、43／7は、情緒面や感性に関する試練に苦しみます。3エネルギーには、表現と自己不信の障害が内在しますから、特に43／7は、真の自信を確立するまで時間がかかるでしょう。しかし、その他の点では、この二つの誕生数に大きな差はありません。

34／7と43／7は、実用性と神秘性、外面の経験と内面の経験、身体と霊魂、世俗の仕事と魂の追求など、天と地の対極に属するものを調和させ、統合する使命を負っています。このタイプの中には、特定の宗教に属して活動したり、宗教、霊性、あるいは個人の成長などをテーマにした本を売ったり、セミナーを開くなど、精神世界ビジネスに関わる人が数多く見られます。

どんな職業についたとしても、この人たちの使命は、二つの対極をなす世界を結びつけることにあるのです。また、社会性の強い3エネルギーをもつため、森の中や修道院にこもるよりは、どちらかというと俗世にとどまって、世の中に奉仕することを選びます。

「7タイプ」は一般に鋭い分析能力をもち、知的な世界に引かれます。しかし3エネルギーから生じる強い感情をもつ34／7と43／7は、時に感情を爆発させる欠点はあるものの、知性一辺倒になることはありません。

両者は共に、安定した家庭とビジネスに強く引かれます。4の障害を克服して、人生と向き合い、地に足を降ろした時、想像と空想に飛び出そうとする7と3のエネルギーに、必要なおもりが備わります。しっかりとした基礎ができているかどうか、足元に十分な注意を払っているかどうかで、彼らの人生の質は決まります。あなたの人生に跳躍台はやってきません。いつでも目標達成に至る道は階段だと考え、段を省《はぶ》くと転がり落ちて、もとの自己不信と孤立感へ逆戻りしてしまいます。

34／7、43／7は、25／7にはない強い感情エネルギー（3）をもっています。そのため、感情表現の障害も大きく、誤解されることを恐れて感情を隠すので、それがかえって誤解を増大させてしまいます。「予想の法則」（494ページ）は、この傾向を逆転させ、プラスの期待によって、前向きに人生を生きる方法を教えてくれます。

誕生数34／7と43／7のプラス面

この人々は、強く、実践的で、気高い精神性をもち、自分と他の人々を通して現れる、人生の神秘と知恵を信じています。自由に知性を働かせ、苦難も幸せも含めた人生のプロセスそのものを信頼します。彼らが精神を静めて瞑想《めいそう》する時、内面の調和と平和の感覚が蘇ります。現世的な興味と精神性へのあこがれを併せもち、日常の実務的な活動をする時も、大いなる魂との結びつきを失わず、直接的な経験から学び取った深い理解を周囲の人に分け与えます。

誕生数34／7と43／7のマイナス面

この人々は、現実的な安定を築きたいという欲望と、精神性を高めたいという希望に引き裂かれます。根深《ねぶか》い人間不信に苦しみ、世の中を偽善だらけだと感じ、自己不信を膨らませ続け、自分を助けてくれる教師、技術、思想を探し続けます。しかし忍耐力に欠けるため、じっくりと腰を下ろして自分を成長させられないさすらいの求道者となるか、あるいは「魂なんてばかげたものはうんざり」とばかり、すぐに追求をあきらめてしまいます。たとえ社交的で快活に振る舞っていても、感情をオープンにすることはなく、いつも孤立感を味わっています。

34／7と43／7の人生の課題

◆健康

3の感性と4の頑健さ、そして7の鋭敏な知性が結びつく34／7、43／7は、生来、強靭《きょうじん》な身体に恵まれています。しかし、健康に関する自分の本能や直感を信じようとせず、すぐに調合薬や外科手術、あるいはエネルギー療法やハーブ、栄養補助食品などに頼ります。しかし、自分の身体を一番よく知っているのは、自分自身です。たとえば、常時ビタミン剤を飲むよりも、身体が欲した時にビタミンを摂《と》る方がずっと効果的なのです。この人々は、他人の理論を妄信せず、今の自分には何が必要なのか、身体のメッセージに耳を傾ける術《すべ》を学ぶ必要があります。そうすることによって自分の直感を信頼できるようになるでしょう。

食事については、低脂肪で、変化に富んだ食事を摂っていれば、身軽で、明晰な頭脳が維持できます。また、乳製品を避けると体調がよくなります。表現を押し込めると、膝や喉に障害が現れます。

生来頑健なので、ストレスさえなければめったに病気はしませんが、未熟なうちは、自己不信と人間不信から、ノイローゼ状態となることもあります。しかし成熟するにつれ、このような傾向は収まります。深刻な病気をすることはあまりありませんが、稀《まれ》に一時的に入院する人もいます。体調を崩した時は、変調に抵抗せず、静かにやり過ごしてもよいかもしれません。後になれば、病気の苦しみもまた、貴重なメッセージをもたらす経験であったことが分かります。

この人々には、ただの筋力増強トレーニングよりも、奥深い技が追求できる運動が有効です。武道は、身体に内在する学習能力と反射性への信頼を深める効果があり、ダンスなど、自由な動きを楽しむスポーツは、体調の維持に役立ちます。肉体、知性、霊感を同時に働かせる運動なら、興味を失わず長く続けることができるでしょう。

◆人間関係

プラスの34／7、43／7は、感性豊かで、誠実な人間関係を築きます。パートナーを信頼して自分を開放し、誠実なコミュニケーションを発達させれば、人間関係でつまずくことはありません。

この誕生数の最大の課題は、信頼の確立です。あなた方は常に、漠然とした自己不信に苛まれ、人と一緒にいる時は、何か間違ったことを言うのではないか、間違ったことをするのではないかと脅えています。そして、この悪いイメージに導かれ、時には本当に過ちを犯してしまいます。

充実した性関係を築くには、自分を開放し、相手を信頼して、弱い部分をさらけ出さなくてはなりません。34／7、43／7は、家庭の安らぎや、家族と過ごす時間を楽しみますが、魂への探求心に突き動かされると、人との交わりを遠ざけ、自分の内面に集中することもあります。

◆才能、仕事、財産

多面的なエネルギーは特別な能力、チャレンジ、機会を生み出します。3、4、7のエネルギーが混合すると、各数字が単独で存在する場合よりも、ずっと強く、柔軟性に富んだ人生エネルギーとなります。強い創造力と表現力に恵まれた34／7、43／7は、自分を信じ、着実なプロセスを歩む限り、哲学や武道、演技とプロデュース、ビジネス、創造的な著述活動（特に脚本作家）を含む、あらゆる分野の仕事で成功します。

34／7、43／7は、どちらも金銭感覚がルーズで、特に34／7は、衝動的に散財する傾向があります。また、自己不信のため、色々な仕事を転々とするケースも少なくありません。経済状態を安定させるには、まず自分の仕事をきちんと決め、次に仕事の能力を地道に向上させていく努力が大切です。

誕生数が34／7と43／7の有名人

〈34／7〉
レナード・バーンスタイン（指揮者）
マイケル・ダグラス（俳優）
メリンダ・ゲイツ（慈善家・ビル・ゲイツの妻）
レジー・ジャクソン（プロ野球選手）
ケイトリン・ジェンナー（陸上選手）
ジョン・F・ケネディ（米国大統領）
ゴルダ・メイア（シオニストの指導者）
アンゲラ・メルケル（ドイツ首相）
イーロン・マスク（実業家）
コール・ポーター（作詞・作曲家）
ハリー・S・トルーマン（米国大統領）

〈43／7〉
シェリル・サンドバーグ（フェイスブックCOO）

ほかには43／7の有名人は見当たりません。おそらく43／7が、全人口に占める割合が、他の誕生数よりずっと少ないためでしょう。

運命を実現する鍵

次の行動は、34／7、43／7の人生の課題を明らかにし、人生を変えるきっかけとなるでしょう。

♥心がけのヒント

・人生の進歩のプロセスを信じる。
・覚えておくこと：私は絶対に安全だ。何物も私の魂に害を与えることはできない。
・表現の技術を着実に発達させる。
・心の奥底にある感情を分かち合うと、人生を癒すことができる。

行動チェックリスト

1、次の質問についてよく考えてみましょう。
・着実な過程を歩んで、目標に近づく忍耐力が自分にあると信じているだろうか？
・自分はどちらを重視しているだろうか。理性？　それとも感情？
・自己不信や短気が、人生に陰を落としていないだろうか？　もしそうなら、どうすれば変えられるか？
・社交性は別として、本当の感情を人と分かち合っているだろうか？
2、もし、このような質問で思い当たることがあったら、それをどうやって行動に生かせるでしょうか？

理解を深めるために

1、第二部に戻って、誕生数を構成する数字3、4、7の項目を読み直してください。
2、友人や家族の誕生数を調べ、彼らが関心を示したら、あなたの人生と似通った点、異なった点を話し合ってみましょう。

精神法則 人生を変えるために

1、第四部に記載した以下の法則を読んでください。
・「信頼の法則」自分自身を信頼した時初めて、他人を信頼することができます。
・「プロセスの法則」目標に確実に到達するには、少しずつ着実に歩まなくてはなりません。
・「パターンの法則」自分を変える強い力をもたないと、行動様式を変えることはできません。
・「誠実の法則」他人に誠実になるには、まず自分に誠実でなければなりません。

・「予想の法則」人生は、無意識の予想と不安に従って展開します。

2、それぞれの法則を実践するための訓練をしましょう。

3、それぞれの法則を自分の人生でどのように生かせるかを考えてみましょう。

8 権威⇒影響力

世界が自分にしてくれる以上のことを
世界のためにすること。
それが成功だ。

ヘンリー・フォード

この章では人生の第一目的である最終数（下側数）に8をもつすべての誕生数、一桁の8、17／8、26／8、35／8、そして44／8を扱います。一桁の8は純粋に、ほかの要素によって薄められることなく8のエネルギー、資質、課題を強く反映していますが、それ以外の誕生数は各数字の影響と相互作用によって、異なった人生の道を表します。

8

8

権威⇩影響力

誕生数8の人生の目的

一桁の誕生数8の人生の目的は、内なる衝動に突き動かされて世の中を向上させる働きをすることで権威や他者の承認を勝ち取り、人々に影響を与えることです。しかし8の人が人生の目的を達成するには、多様なチャレンジやマイナス面を克服しなくてはなりません。

この一桁の人生の目的については、第二部の誕生数8とそれが指し示す包括的で詳細にわたる解説を読んでください。ここでは8という数字一つを誕生数とする人の人生の目的の鍵となる要素に焦点を絞って説明していきます。

誕生数に8をもつすべての人々同様、一桁の8もお金、力、権威、コントロール、承認といった課題に取り組むべき人生です。8に取り組む人は皆、豊かさや影響力、他者からの称賛を求める内なる欲求と、それに伴う恐れによって自ら物理的成功を遠ざけようとする自己否定衝動との間で折り合いをつけなくてはなりません。

本書で私は、お金をたくさん稼ぐこと、自分の好きなことをすること、そして社会貢献をすることは同時に実現可能だと書いてきました。理論上これは誰にでも当てはまりますが、特に8のエネルギーに取り組む人々に言えることです。8の人生の目的の中心となる要素はリーダーの権限をもつ、自己制御する、そして物理的成功を収めるために実力をつけること、さらにそうして得た富と権力を使って社会貢献をするという混合型だからです。この目的の達成が家族や友人といった小さな集団内にとどまるか、あるいは世界中に貢献できるほどの規模かどうかは重要ではありません。8にとって重要なのは、自力で権力や財力を築き、その立場から周囲の人に力を授ける（人々が強く大きく豊かになることを助ける）ことにあります。

17／8、26／8、35／8、そして44／8の人々は8の課題に加えて不安や信頼の欠如、完璧主義、自己不信、散漫さといったテーマにも取り組まなくてはならないため、人生はより複雑になります。一方で一桁の8は8のテーマに限定されているため、影響力、権威、権力、称賛、富への渇望とそれに対する恐れといった課題が分かりやすくストレートに現れます。8が人生の道を受け入れ、自分がどこで躊躇し、消極的になっているか、自分の努力を粗末にしているかなどに思い至る時、彼らは自らの課題を克服しながら同時に周囲の人々にも力を与えることになるのです。

どんな人生をたどったとしても、8の生き方は家族や友人、同僚、文筆家や教師として、企業経営者として、ブロガー、ユーチューバーとして、政治運動家としてなど、多様なメディアを通じて広く世間に影響力を及ぼします。

一桁の8は物事の根源的な流れや変化の前兆といった体系的な摂理を把握する、戦略的知性と呼ぶべき才能を持っています。言い換えれば彼らはゴールに向かうためにするべきことが分かっている人々です。彼らにとってのチャレンジは、やるべきことを的確な行動に移せるかどうかにかかっています。（我が師、ソクラテスは「やるべきことをやることの方が、正当な理由を掲げてやらないよりずっといい」と言いました。）したがって8の意欲とその行く手を阻むハードルは明らかに影響力、権威、豊かさにありますが、それらを克服する重要な鍵は行動、つまり努力を積み重ねることにあるのです。

ちょうど4の人生が忍耐強く過程を踏んでゴールを目指せるかにかかっているように、8の課題は行動を起こし続けられるか、あるいはなんだかんだと理由をつけて行動しないかの選択になるでしょう。つまり「宝くじは買わなきゃ当たらない」ということです。

誕生数8のプラス面

学校の成績とは無関係の〝戦略的知性〟という強力な素質のおかげで彼らは天賦の権威を漂わせ、ものすごい集中力を発揮してどんなプロジェクトでもゴールにたどり着く力をもっています。自分が蒔いた種は自ら収穫することを経験から学んだ彼らは目の前にある仕事を熱心にこなし、人々に奉仕するため、人々はその貢献に称賛を惜しまないでしょう。自分のためだけでなく、家族や友人のためという動機に駆られ、プラスの8は大小さまざまの人道的な夢やプロジェクトを持ち、結果として得た恩恵に感謝を表し、周囲の人々と分かち合います。プラスの8は家族、友人の輪、そして世間の中でも抜きん出た存在となり、注目を集めるでしょう。

誕生数8のマイナス面

受動攻撃性（言いたいことを遠回しに言うなど）があり、意思表示は矛盾に満ち、まとまらない話を延々と小声で話したりといった態度を特徴とする彼らは、自分の運命の一部であるはずの内なる力がまだ受け入れられずにいます。世の中の人々がみな力を持ち、幅を利かせていると感じて自分は無能だと恥じ入り、争いを避け、巻き込まれても防戦一方となり、負けたふりをしてやり過ごし、あるいは怒りを爆発させて過剰反応します。彼らは行動してもしなくても他人に影響を与えますが、当人は自らが放つ言葉や行動がもつ力やインパクトに気づかないか、過小評価します。彼らは豊かでも貧しくても、あるいはそこそこやっていける程度であっても、財力の有無にかかわりなく豊かさにまつわる困難を感じます。お金についての考えに葛藤があり、常にぶれているからです。彼らは権威者を嫌悪する反面権力に憧れます。人に指示されるのを嫌い、頑固な彼らは自らの夢に至る地図を手にしていても一歩を踏み出せず、どうしていいか分かりません。根気強く目標に向かって努力するという経験をしたことがないからです。

誕生数8の人生の課題

◆健康

4、そして4に共鳴する2に取り組む人々同様、一桁の8はもともと強い（頑固でもある）ので、訓練を重ね、ひたむきに目標に向かっていく体力があります。8は朝一のエクササイズなど、何か決まった朝のルーティーンを行なうことで、その一日のリズムや気分を作るのが望ましいでしょう。その日の仕事を始める前に（たとえばやすらぎの戦士のワークアウトなど）ほんの4分程度のエクササイズ、朝のジムやヨガクラス、早朝ジョギングなど、内容よりも毎朝決まった何かをして元気で爽快な気分を作ることに意味があります。そのためには早起き、そして早寝の必要があります。こうして健康的で規則的な一日のサイクルをキープできれば8の人生は充実します。8には（8に共鳴する4同様）野心や成功願望があり身体を酷使しやすいため、筋肉や関節が緊張する傾向があります。このため瞑想やマッサージといったセルフケア、またアレクサンダー・テクニック、フェルデンクライスその他のストレス対策セラピーをはじめとするリラックス法を取り入れると、身心のバランスがとれるでしょう。

◆人間関係

持って生まれた誕生数によって私たちには人々、場所、仕事などそれぞれ異なる重点エリアがあります。誕生数に4を持つ人々にとっては人々の優先順位が高く、7にとっては場所が鍵となり、8にとっては仕事が最重要分野です。したがって一桁の8が選択すべきなのは単なる友人ではなく仕事の仲間、共通の目標に向かって共に働く人々です。一桁の8は彼らの仕事を理解し、喜んで協力してくれる伴侶を見つけなくてはなりません。彼らの人生が進展するには、家庭を守ってくれる忍耐強い人（男でも女でも）か、あるいは伴侶自身にも情熱を傾けている対象があり、8が忙しいことに不満を感じないような異性、それでいてある程度夫婦の時間を持ち、8にワークライフバランスを思い出させてくれるようなパートナーを選ぶ必要があるでしょう。8に共鳴する4同様、一桁の8は家族をもち、家族と過ごす時間を楽しみますが、子育てについてはプロジェクトとしてとらえがちで、よい社会人に育つよう自らが模範となって教育に励むでしょう。

◆才能、仕事、財産

誕生数4の人々にとって家族が重点エリアであるのと同様、一桁の8にとっての最重要分野は仕事やキャリア、つまり水準以上の報酬を得て、社会的意義のある仕事をして多くの人々に貢献することです。それをしている限り一桁の8は疲れを知らず献身的に働きます。それ以外の事柄はすべて仕事を中心にして回ります。5も仕事をテーマとしていますが、5の仕事の目的は自立や経験にある一方、8は仕事そのものが彼らの喜びとなります。彼らの人生の目的はその業界の権威となって人々に影響力を持つことなので、それが実現すればさらに幸福を感じます。一桁の８は独立独歩なので自分流を好み、規則に従うことを嫌います。このため協調性に欠け、トラブルになりやすい反面、オリジナリティが光る起業家として成功します。自分の仕事が評価される環境であれば組織の中でも成功しますが、独立した経営者として進めるほうがやりやすいでしょう。

誕生数が8の有名人

この改訂新版が出版された２０１８年時点で、最年長の８は18歳未満なので、社会で頭角を現すにはまだ時期尚早。本書の次の改訂版が出る頃にはもっと多くの名前を挙げられるでしょう。

運命を実現する鍵

次の行動は８の人生の課題を明らかにし、人生を変えるきっかけになるでしょう。

♥心がけのヒント

・武術などの精神統一系活動を通じて自らの中に眠る力や主張を引き出し、建設的な表現法を見つける。
・自分の人生にある、またはない豊かさの責任は自分にあると自覚する。
・豊かさ、権力、名声について本音ではどう感じているか、考えてみる。
・今、自分が手にしている豊かさや恩恵をリストにして感謝を捧げ、一部を他人と分かち合う。

行動チェックリスト

1、次の質問についてよく考えてみましょう。
・社会的権威についてどう感じるだろう？　それはなぜだろう？
・社会の規則を守っているか、それとも自分流で行きたいか？　その考えはこれまでの人生に役立ってきたか、あるいは阻害要因となってきたか？
・人生で一番実現したいことは何だろう？　そのために何をしているだろう？
・家族、友人のコミュニティー、社会や組織に対してあなたはどんな影響を与えているだろうか？
・あなたにとってお金とはどんな意味があるだろう？

2、もしこのような質問で思い当たることがあったら、それをどうやって行動に生かせるでしょうか？

理解を深めるために

1、第二部に戻って、誕生数を構成する数字8の項目を読み直してください。

2、友人や家族の誕生数を調べ、彼らが関心を示したら、あなたの人生と似通った点と異なった点などについて話し合ってみましょう。

精神法則　人生を変えるために

1、第四部に記載した以下の法則を読んでください。
・「直感の法則」他人の意見を気にしなくなると、心の知恵に近づくことができます。
・「誠実の法則」他人に誠実になるには、まず自分に誠実でなくてはなりません。
・「大いなる意志の法則」自分から進んで崇高な目的に奉仕すれば、自分自身と他人を勇気づけることができるでしょう。
・「行動の法則」不安を克服するためには、自分の弱さを認識し、その上で自信をもって行動しなくてはなりません。

2、それぞれの法則を実践するための訓練をしましょう。

3、それぞれの法則を自分の人生でどのように生かせるかを考えてみましょう。

17/8

1　7　8

権威⇩影響力
開放⇩信頼
安心⇩創造

誕生数17／8の人生の目的

17／8の人生の目的は、財産、力、魂に関する課題を克服《こくふく》し、自分の中の創造的な魂を信じて他人と分かち合う過程で、真の豊かさと、内面の力を理解することです。しかし運命の道には障害がつきものです。17／8が運命を達成するには、自信と創造性を獲得し、自分自身と大いなる魂《たましい》への信頼を確立し、財産と力に対する欲望と恐れを克服しなくてはなりません。

［8タイプ］の人生の第一目的は、豊かさを手に入れ、それを分け与えることです。しかし、必ずしも、金銭的に裕福である必要はありません。［8タイプ］が獲得するべき豊かさの中には、時間やエネルギー、豊かで寛大な心といった、精神的なものも含まれるからです。

内面に向かう7エネルギーと、外面へ向かう8のエネルギーは、本来正反対に働きますが、プラスの17／8では、両者が見事に統合されます。彼らが、自分の高次の自我が体現する大いなる魂を信じられるようになった時、心の奥底の人間不信と恐れは消え去り、創造的エネルギーがもたらす豊かさを大らかに享受できるようになります。つまり、7エネルギーの問題を克服した時、8の豊かさは最大限に花咲くのです。

8エネルギーは17／8に、一種の堅実さと大地に根ざした現実志向を与え、1と7の結合は、創造的な自然の魂に特有のカリスマ性を与えます。この人々は、軽やかさと快活さ、想像力にあふれ、輝くような魅力をもっています。プラスの17／8では、7の内面的、霊的エネルギーが、8エネルギーを整え、完成させますが、マイナスの場合は、内向的な7エネルギーが、8エネルギーを押さえつけ、物質的な成功をもたらす仕事から遠ざけます。未熟な［8タイプ］は、自分の力を抑制しますから、自分を信頼して、外の世界に踏み出さない限り、結局何一つ、成し遂《と》げられないでしよう。

しかし、17／8は、金銭を引き寄せる幸運な1エネルギーをもっていますから、持ち前の創造エネルギーを世の中に発揮し、自分と世界に内在する霊的存在を信頼できるようになると、財産と力はまるで魔法のように集まります。

さらに、1の創造力と7の鋭い感性が、8の力強い知性と合わさると、洞察力にあふれた、独創的で、輝かしい思想家が生まれます。彼らがエネルギーをプラスに発揮する限り、目的に到達するための発想に、事欠くことはありません。

もっとも17／8が、全面的に自分を信頼できないうちは、7エネルギーの自己不信が財産や力を扱う自分への嫌悪や恐れを引き起こし、8に内在する自己欺瞞《ぎまん》を増幅させます。ほとんどの17／8は傍目《はため》には活動的に見えますが、実際は、物質界で自分をどう表現してよいか分からない人が少なくありません。

17／8に与えられた使命は、内面の成長と霊感（宗教的なものとは限りません）を、物質世界の実際的な成功と結びつけることです。このタイプの中には、人間的な成長や魂、自助をテーマとした書店を開き、たくさんの人が精神について学べる場所を提供することで、自分の霊性への興味を物質的な成功と結びつける人もいます。もちろん彼らがすべて、この種の仕事をするわけではありません。しかし、自尊心と自信を手に入れた時、自分自身と他の人々を鼓舞《こぶ》する何かを生み出せるようになります。

大切なのは、自分の中の名声と力への欲求を卑下《ひげ》することをやめ、正しく受け止めて評価することです。崇高《すうこう》な目的のために用いられない成功には意味がありません。このことをきちんと理解すれば、楽しみながら他人に奉仕し、その結果として豊かな経済的成功を享受できるでしょう。

誕生数17／8のプラス面

この人々は、とても魅力的で陽気です。現実のビジネス世界と魂の世界を結びつけ、自分と世界に対する絶対的な信頼をもって人生を歩みます。自分の中に働く崇高な力を信頼し、他の人々の力の発見と向上を手伝います。彼らが自分に集まる物質的、精神的な豊かさを世の中の奉仕に用い、知性と財産を崇高な目的のために使う時、大いなる魂は、より大きな祝福を与えてくれることでしょう。

誕生数17／8のマイナス面

この人々は、自分と、大いなる魂を信頼することができません。そのためいつも不安に苛まれ、誰も信じられず、自分の殻《から》に引きこもります。名声を追い求め、裏切りを恐れ、心は満たされることがありません。非常に支配的で、仕事上の取引でも相手を信用できず、金儲《もう》けに対する罪悪感から、現世的な成功を恐れます。精神的探求心と、物質的欲求に引き裂かれ、この世でなすべきことが見出せず、外向的に振る舞ったとしても、内面を率直に表すことはありません。7の精神性と8の力がマイナスに作用して、他人に説教をしたり、無意識に難しい議論を吹きかけます。

17／8の人生の課題

◆健康

17／8の場合、信頼の問題を解決できずにいたり、裏切りの記憶が積み重なると、心臓が過敏になります。8がマイナスに働くと、成功を避けようとして、無意識に事故を起こすかもしれません。創造エネルギーが鬱積《うっせき》した場合は、下腹部、生殖器官、腰に異常が現れます。

このタイプには、自分の力と精神の広がりを感じさせ、創造的エネルギーを解放できる運動が適しています。また、技術的な訓練は、自己信頼のきっかけを与えてくれます。心を落ち着かせ、知性を休めるには、瞑想《めいそう》も有効です。

17／8の潜在意識は、外部から受ける感覚にとても敏感です。ですから、運動に関しても、感覚を健康的にリラックスさせる要素が必要です。たとえばマッサージや水泳、気候によってはサウナなどが健康を増進させ、回復させるのに役立ちます。

この人々は一般的に、栄養学に高い関心をもっています。しかし、知的プロセスを重視して直感をおろそかにすると、食事に無頓着《むとんちゃく》になります。創造活動やビジネスに夢中になるあまり、時間通りにくつろいだ食事ができないこともあります。一般に、軽い、低脂肪の菜食中心の食事が体調維持にはもっとも適しています。

◆人間関係

17／8の人間関係は、主に7エネルギーをプラスに生かせるかどうかで決まります。一般に、7タイプと8タイプは、恥をかくことや傷つくことを恐れて、心をオープンにすることが苦手ですから、相手を信頼して感情を分かち合えるようになるには、かなりの時間が必要です。成熟した17／8は魂を通わせることもできますが、未熟なうちは、「何を考えているのか分からない、とらえどころのない人」という印象を与えます。また、不安を隠すために高圧的、支配的に振る舞って、権力争いを引き起こすかもしれません。このタイプの中には、力に対する欲望と恐れのバランスを見出せない人が少なくありません。彼らはしばしば、権力を自分から投げだした後に、もう一度取り戻したい、と望みます。17／8は、自分の内にある力の感覚を人と分かち合い、他人を力づけることを学ばねばなりません。

　性的関係もまた、7エネルギーをどう表すか――自分をオープンにできるか、あるいは自己不信から抑制してしまうか――で決まります。自分を開放しさえすれば、創造エネルギーは積極的な性の欲求を生み出します。子供時代の精神的な傷を引きずっている場合は別として、17／8の性的関係を左右する最大の要素は、セックスではなく親密感です。信頼と力の問題を克服した時、彼らの人間関係は、深い結びつきを感じさせてくれる、何よりも重要な場となることでしょう。

◆才能、仕事、財産

17／8は、7の力強く洞察力のある知性と、8の成功への野望をもっていますから、1エネルギーによる創造力がプラスに発揮されると、スポーツから政治に至るさまざまな分野で成功を収めます。卓越《たくえつ》した金融アナリスト、あるいは奉仕団体のリーダー、あるいは慈善家など、多くの人々に奉仕する公共的な仕事をします。書店経営などで、世の中に奉仕する場合もあります。

　17／8が自分の直感を信じ、それに基づいて創造的な決断を下す時、金銭は豊かに流れ込みます。自分でも知らないうちに成功していた、というのがこの誕生数の成功の特徴です。

誕生数が17／8の有名人

ティモシー・リアリー（心理学者）
ミッキー・マントル（プロ野球選手）
アドレイ・スティーブンソン（政治家）
ブリガム・ヤング（宗教家）

運命を実現する鍵

次の行動は、17／8の人生の課題を明らかにし、人生を変えるきっかけとなるでしょう。

♥心がけのヒント

・創造的な努力をすれば、豊かさが自然と生まれることを信じる。
・金銭ではなく、奉仕を大切にする。
・瞑想を通して、豊かさと力の源を見つける。
・人間的な成長、癒し、魂の追求と何らかの形で関わる仕事を、生計の手段とする。

行動チェックリスト

1、次の質問についてよく考えてみましょう。
・仕事を通して、崇高な目的に貢献するには、どうすればよいだろうか？
・自分の豊かさを他の人と分かち合っているだろうか？
・自分自身の内なる感情を信じているだろうか？　自分の力を信じているだろうか？
・何か創造的な方法で、人々が集える機会を提供できないだろうか？
2、もし、このような質問で思い当たることがあったら、それをどうやって行動に生かせるでしょうか？

理解を深めるために

1、第二部に戻って、誕生数を構成する数字1、7、8の項目を読み直してください。

2、友人や家族の誕生数を調べ、彼らが関心を示したら、あなたの人生と似通った点、異なった点を話し合ってみましょう。

3、それぞれの法則を自分の人生でどのように生かせるかを考えてみましょう。

精神法則 人生を変えるために

1、第四部に記載した以下の法則を読んでください。

・「信頼の法則」自分自身を信頼した時初めて、他人を信頼することができます。

・「予想の法則」人生は、無意識の予想と不安に従って展開します。

・「直感の法則」他人の意見を気にしなくなると、心の知恵に近づくことができます。

・「誠実の法則」他人に誠実になるには、まず自分に誠実でなければなりません。

・「大いなる意志の法則」自分から進んで崇高な目的に奉仕すれば、自分自身と他人を勇気づけることができるでしょう。

2、それぞれの法則を実践するための訓練をしましょう。

26/8

2 6 8

権威⇩影響力
受容⇩理想
バランス⇩協力

誕生数26／8の人生の目的

26／8の人生の目的は、完全主義、財産、力、名声に関する課題を克服し、自分の豊かさを理想に従って人々に分け与え、世の中に奉仕することです。しかし、運命の道には挑戦がつきものです。26／8の内面では、8の財産、力、地位に対する欲求と恐れがせめぎ合い、6の理想主義が、人生の目的である世俗的な権力の達成を妨げます。しかし勇気をもって立ち上がり自分を主張すれば、家族や身近な社会のなかで、あるいは世界を舞台に、地位と名声を獲得することでしょう。

名声にもさまざまな種類がありますが、26／8の獲得する名声は、ほとんどの場合、仕事上の業績に関わるものです。もっとも、未熟な彼らの内面では物質主義と理想主義が激しく葛藤《かっとう》し、その軋轢《あつれき》は、2エネルギーの分裂傾向によって一層増幅します。たとえば、6の部分は「請求を減らせ。それが正しい道だ」と言い、それに反して8の部分は「もっと欲しい」と主張するかもしれません。また、自分が財産を乱用するのではないかと恐れたり、人に対して「正しくありたい」一心で、無償で労働を提供する場合もあります。6エネルギーの影響で、この人たちは他人の批判に弱く、クールに見せるために自分の本心を明かさない傾向ももっています。

26／8は、高い基準に照らして、自分の価値を低く評価するため、一般に消極的です。この人たちはすぐに力を放棄し、人と感情的に対立しても、自分を主張することができません。

このように完全主義にとらわれ、自分の価値と影響力を過小評価し続ける限り、せっかく成し遂げた成果を楽しむことができません。こういう時は、「私は、完全ではないけれど、今のままで十分に素晴らしい」と、呪文《じゅもん》を唱えてみてください。自分の価値を正当に評価した時、世の中のために役立つ、質の高い仕事ができるようになるでしょう。また本来、26／8は、身近な社会や、さらには世界的な規模で地位と名声を獲得しようとする、強い衝動をもっています。多くの［8タイプ］は、自分は「名声など全く求めていない」と口では言いますが、自分の行動をよく考えてみれば、ごく身近な集まりで、さりげなく目立とうとした経験があるはずです。

あなた方の心の底には、頂点に立ちたいという望みが燃えています。そして、自分の名声、富、影響力を他の人と比較して、一歩抜きんでようとします（6の比較の傾向）。そして自分の中に「比較」という崇高とは言えない衝動があることに気づくと、それを正しい方向に「矯正《きょうせい》」しようとします。けれどもあなた方は、矯正の過程を再び比較してしまいます。「私は、他の人たちのように、自分と他人とを比べていない」と。

この人々は、財産と名声を達成するための苦労を厭《いと》いません。「苦しみ」か、少なくとも、ある程度の困難か不快さを経験しなくては、財産を手に入れるべきではない、という信念があるのです。もっともこの「気高き理想」は、自分の業績に対する不満をも生み出します。この人たちは、どんなに素晴らしい仕事を成し遂げても、「まだ完全じゃないから」と自らを卑《ひ》下《げ》して、家族や同僚、あるいは世の中に示すことができません。しかし、財産と力の障害（金持ちや権力に対する嫌悪も含む）を克服して、豊かな富が自然と手に入るようになると、自分への自信も高まります。経済的に困窮《こんきゅう》している26／8は、他人に支配されているように感じがちですが、成功を手に入れれば、開放的で、気前よく振る舞います。

また、6に特有の子供っぽい純真さをもつため、他の誕生数と比べて、成熟までに時間がかかります。この人々は家族を養う苦労や、事業を成功させるための辛苦《しんく》を通して、人生への責任に目覚めていきます。未熟なうちは、厳しい仕事や名声を避け、「食べていけるだけ」の仕事しかしようとしません。また、完全主義と成功への恐れから貧困に沈んだり、非現実的な理想のために最初から意欲を喪失することもあるでしょう。

6と8の影響で、あなた方は自分の人生を支配したいと望む一方で、他の人々から見て「正しく」ありたいと願います。このためこの人々が送るメッセージは複雑です。表面的には、人を喜ばせるように振る舞っていても、その裏には、力強い、あるいは強迫的といってもよい支配の欲求が燃えています。逆に、8エネルギーがマイナスに作用して、無力感に打ちひしがれた26／8は、自分を守ることができません。自分から、軽視されたり、利用されたり、言葉で批判されたり、肉体的に殴られたりといった、さまざまな虐待《ぎゃくたい》を無意識に引き寄せてしまいます。社会的、感情的な対立を避けようと努めますが、壁に押しつけられた時、それをはねのける力はほとんどありません。

崇高な理想をもつこの人々が、力を乱用したり、金銭を浪費することはありません。しかし、成功を恐れると、事故を起こしたり、不誠実で無能なパートナーと組んだりして、無意識に目の前の成功から逃げ出してしまうかもしれません。「大いなる意志の法則」（504ページ）は、本来の人生の目的を思い出させ、豊かさを奉仕に捧げる人生の素晴らしさを教えてくれるでしょう。

誕生数26／8のプラス面

この人々は、高い基準と理想に従って、世の中に奉仕し、楽しみながら多くの収入を得ます。人間関係や仕事、人生にバランスのとれたエネルギーを発揮します。

あふれるような豊かさを感じ、自分を主張するべき時と、譲るべき時をきちんとわきまえています。公正さと高潔さを失わず、富と地位と影響力を、慈善事業などを通じて世の中を向上させるために使います。

誕生数26／8のマイナス面

この人々は、内気で自信に欠け、自分が無視されていると感じています。いくら努力をしても報われず、金銭に対する生来的な嫌悪から、金満家に憤《いきどお》りを感じます。円滑な人間関係を築けず、また権力の境界が明らかでない場合は、権力闘争を引き起こします。支配的な完全主義者で、他人、特に自分に敬意を払わない人々を辛辣《しんらつ》に批判します。非現実的な高い基準から自分や自分の仕事を低く評価して、富を生み出す物質世界に飛び込もうとしません。特急電車を避けて普通電車に乗るのではなく、そもそも駅に行こうとすらしないのです。

26／8の人生の課題

◆健康

完全主義にとらわれ、財産と権力に対する恐れを抱えた26／8は、目の前に成功が迫ると、無意識に病気になったり、多額の離婚慰謝料を抱え込んだり、事故を起こして成功を避けようとします。

不満が鬱積すると、呼吸が浅くなりエネルギーが枯渇するので、みぞおちが硬くなる傾向があります。また、ストレスがたまると首回りが緊張し、疲れてくると副鼻腔炎《ふくびこうえん》を起こします。この人々は、自分を追い立てる傾向が強いため、時々休息が必要です。大抵の場合は、短期間の骨休めで十分です。

26／8は、食事に関しても高い基準を追求しますから、栄養と食習慣には十分に注意を払います。もっともハードな仕事の合間に、ちょっとした息抜きを求めることもあります。息抜きの方法は、アルコール、マッサージやサウナで楽しむこと、あるいは自分へのご褒美に甘い物をつまむことなど人によってさまざまです。また、懸命に努力し、その後気を抜くというパターンが、飽《あ》くなき克己心《こっきしん》と重なると、自分に対する支配過剰と支配不足というかたちで現れ、なかには過食と拒食を繰り返す、摂食障害に陥る人も出てきます。こうした傾向のバランスをとることも、26／8の課題となるでしょう。食事については、多くの人々と同様、変化に富んだ、低脂肪の食物が有効です。

26／8は、効果的でバランスのとれた運動に興味をひかれます。もっとも、運動の動機はさまざまで、名声を得るためにスポーツをする人もいれば、力強さを感じるためにウエイトリフティングの訓練をする人もいるでしょう。興味がもてるなら、どのような運動も効果があり、実際どんなスポーツでも優れた能力を発揮します。

◆人間関係

26／8は、非常に基準が高く、すべての人を厳しく裁《さば》く傾向があります。自分だけがミスター、あるいはミズ・パーフェクトになろうとするならまだしも、周囲の人にもそれを求めるため、一緒に暮らす家族の苦労も並大抵ではありません。

また、どう感じるのが理想的かと考えて、いつでも「正しい」と思われる感情を装うので、本当の感情を表現するのが苦手です。円滑な人間関係を築くには、まず、自分の心の奥底にある感情と欲求を見つけることから始めなくてはなりません。

「完璧な」人間関係を求めている間は、つきあいは長続きせず、また責任を生じる関係も結べません。この人たちは、最初、相手に、理想化したイメージを投影し、その後、相手がただの人だと分かれば失望し、さらには裏切られたとさえ感じます。そこで関係を断ち切ることもあるでしょうし、相手の意向を無視して、その人を「改善」しようとするかもしれません。「柔軟性の法則」（433ページ）は、人間関係を向上させる鍵《かぎ》となるでしょう。

セックス面でも、「正しくある」ことを望みます。自分の欲求を率直に表現し、官能に身を任せることを避け、理想的なベッドパートナーとして、相手を喜ばせることに集中します。また、密かに相手や自分をコントロールしようとすることもあります。この人たちがセックスを、パフォーマンスから愛の交歓へと成長させ、本当の親密さを手に入れた時、性的関係は、豊かに花開くことでしょう。

◆才能、仕事、財産

高い理想と、名声と成功への野望がうまくかみ合ったプラスの26／8は、あらゆる分野で、卓越した成功を収めます。自分の仕事に完全に満足することはめったにありませんが、十分な評価が与えられることを望み、より高い収入と完成度を求め、絶えず高い階段を目指し、登り続けます。理想が高いので、十分な意義を感じる仕事を見つけるまでに、少し時間がかかるかもしれません。また、地位と名声に対する恐れが災いして、人生の目的を達成する時期は、やや遅くなる可能性もあります。しかしいつかは、自分と自分の仕事の価値を認め、世の中を向上させる力となることでしょう。

誕生数が26／8の有名人

ジェームズ・ボールドウィン（作家・劇作家）
ルシール・ボール（俳優）
ウサーマ・ビン・ラーディン（テロリスト）
シーザー・チャベス（全国農場労働者協会創設者）
ボブ・ディラン（フォーク歌手）

ジェーン・フォンダ（女優・政治活動家）
ジャック・ロンドン（作家）
ポール・ニューマン（俳優）
サー・ローレンス・オリビエ（俳優）
ジェシー・オーエンス（陸上競技選手）
バーブラ・ストライサンド（歌手）

運命を実現する鍵

次の行動は、26／8の人生の課題を明らかにし、人生を変えるきっかけとなるでしょう。

♥心がけのヒント

・静かな力と自信をもって行動する。
・目標を決めて忍耐強く努力し、その分野で卓越する。
・自分の価値を認識し、才能の光を輝かせる。
・個人的な人間関係と、仕事のバランスをとる。

行動チェックリスト

1、次の質問についてよく考えてみましょう。
・自分は財産や権力を求めているだろうか、それとも避けているだろうか？
・もっと頑張らなくては、成功に値しないと思っているだろうか？
・バランスのとれた、一貫した方法で自分を主張しているだろうか？
・自分の高い基準はどのように仕事を助け、また、妨《さまた》げているだろうか？
2、もし、このような質問で思い当たることがあったら、それをどうやって行動に生かせるでしょうか？

理解を深めるために

1、第二部に戻って、誕生数を構成する数字2、6、8の項目を読み直してください。

2、友人や家族の誕生数を調べ、彼らが関心を示したら、あなたの人生と似通った点、異なった点を話し合ってみましょう。

3、それぞれの法則を自分の人生でどのように生かせるかを考えてみましょう。

精神法則 人生を変えるために

1、第四部に記載した以下の法則を読んでください。

・「誠実の法則」他人に誠実になるには、まず自分に誠実でなければなりません。

・「完全性の法則」理想は意欲を生み出します。しかし日常生活で完全無欠はあり得ません。

・「プロセスの法則」目標に確実に到達するには、少しずつ着実に歩まなくてはなりません。

・「責任の法則」相手に奉仕する喜びは、できない時にはきちんとノーと言える時、訪れます。

・「非審判の法則」宇宙は私たちを裁きません。当然の結果を教訓として与えるだけです。

2、それぞれの法則を実践するための訓練をしましょう。

35/8

3 5 8

権威⇩影響力
訓練⇩自由
感性⇩表現力

誕生数35／8の人生の目的

35／8の人生の目的は、率直な感情表現、独立、そして力に関する課題を克服し、訓練と奥深い経験を通じて、豊かさ、権威、そして自由を手に入れることです。しかし運命の道に挑戦はつきものです。35／8は、富、力、名声に対する欲求と、恐れという両極端の鋭い欲求に引き裂かれます。この内面の葛藤《かっとう》は、消極性と攻撃性となって現れます。受身でおとなしいかと思うと、押し付けがましく大げさになったり、時には残酷《ざんこく》さを見せることもあるでしょう。この誕生数の中心的な課題は、自分の中の消極的な部分と攻撃的な部分を受け入れて統合し、力と存在感に満ちた真の自己を確立することです。

35／8は、本来、行動力と大きな影響力、権威とリーダーシップを生かして、責任ある仕事を遂行《すいこう》する力をもっています。自分が権力をもつことに対する無意識の恐れさえ克服できれば、豊かな財産を賢明に使いつつ、ドラマチックで華々しい人生を送ることでしょう。

子供はピストルに強く引かれますが、人を傷つけることを恐れて、さわろうとしません。同様に35／8は、富、権力、尊敬に魅了されますが、同時にその力を恐れて、避けようとします。この人々の外見は穏やかですが、その下に成功への冷酷な野望が押し込められています。その野望の発するエネルギーは、無意識の内に彼ら本人と、周囲の人を落ち着かなくさせます。

「大いなる意志の法則」（504ページ）は、崇高な目的を思い出させ、潜在的な成功への恐れを取り除いてくれます。この人たちは成功を恐れるあまり、無意識に、身体を傷つける事故を起こしたり、孤立したり、健康保険や火災保険の更新を忘れたり、約束に遅れたり、投機やギャンブルでお金を失ったりします。こうした自己妨害の傾向は、自分の富と成功を、世の中の奉仕のために役立てる術《すべ》を学んだ時に、消え去ります。

障害を克服するための第一歩は、不足を感じたり、他人に依存することをやめて、自分の内なる力と自由、豊かさを素直に信じることです。自分に与えられている恩恵を認めて、豊かさを感じ始めた時から、富は集まり始めます。そして運命に感謝すればするほど、より多くの富が集まります。

成功に対する恐れを取り除くには、自分が他の人々に奉仕しつつ（あくまで重点はここにあります）、楽しみながら豊かな収入を得ている様子をイメージする訓練が効果的です。

またボランティア活動など、無私の奉仕活動も有効です。こうした活動を通して、自分の中の気高い精神に気づくと、自分に対する見方も変わります。なんらかの見返りがないと、与えたがらない傾向の大きい35／8にとって、無私無欲の奉仕は、自己変革の力強いテコとなるはずです。

35／8の人生の究極的な目的は他の［8タイプ］と同じですが、3と5の影響によって、独特の障害が加わります。

5エネルギーは、鋭い機知と多彩な才能を与えますが、集中と訓練に関する障害をもたらします。35／8は、強烈な野心をもっていますが、目的を達成するために必要な訓練を嫌がり、進んで行なおうとしない傾向があります。また、たとえ訓練の意志があったとしても、多くの場合、多方面に手を出して注意が分散してしまいます。たくさんの機会を追いかけすぎて、奮闘の効果を薄めてしまうのです。

健全な訓練と集中は、35／8の人生に、素晴らしい影響を与えます。訓練は、自分本来の力を開拓し、自制力（他人をコントロールするのではなく）を生み出します。また集中は、努力の効率を高めます。集中と訓練は、成功へ導く重要な要素です。

また、この人々は、消極的になって人に依存するかと思えば、極端に独立して攻撃的に振る舞う、という両極端の傾向をもっています。プライベート、そしてビジネスの場で、他人と互いに助け合うバランスのとれた人間関係を心がけることで、この傾向を克服することができます。

さらに、困難な状況に陥った時は、あらゆる人を利用して自分の優位を確立し、束縛を逃れようとやっきになります。しかし調和のとれた人生を歩むには、こういう態度を改め、どのような状況も人のために役立つ機会と捉《とら》え、周囲の人々と分かち合うように心がけなくてはなりません。

またこのタイプの3エネルギーがマイナスに作用すると、本当の感情、特に否定的な感情を表現できず、抽象的な物の言い方をしたり、押し黙ったり、態度で意志をほのめかして裏で根回しをしたりします。

「誠実の法則」（499ページ）は、率直な表現の大切さと、この法則に従うことの重要性を教えてくれます。仕事でも個人的な人間関係でも、この人たちは慣例や因習に縛りつけられることが嫌いです。規則に従うのではなく、規則を作るのに慣れているので、最初はなかなか従うことができません。しかし崇高な倫理法則に従えば従うほど、人生はプラスに展開していくのです。

財産、権力、自由、感性豊かな心を、寛大に分け与えられるようになると、世の中から豊かな恵みを受け取るようになります。分け与えれば分け与えるほど逆に豊かさは増していくのです。あなたが運命を実現できるかどうかは、持ち前の知的能力を発揮できるかどうかではなく、愛を注ぎ、自ら犠牲になれるかどうかで決まります。富や権力を手に入れることにあくせくするのではなく、世の中への無私の奉仕のために財産と権力を捧げる時、その人生は豊かな実りを迎えるでしょう。

誕生数35／8のプラス面

この人々は、精神的な訓練を積み重ね、内面的な豊かさと力を感じています。あふれるような富を手にし、持ち前の高い知性と表現能力によって、それを惜しみなく、賢明な方法で分け与えます。また、立場を貫く時と、相手に譲る時をきちんと知っています。力強い知性、大局を見極める力、目標を成し遂《と》げる非凡な能力をもち、周囲の人たちから、力強い独立独行のリーダーとして尊敬を集めます。感情も自分の弱みもオープンにして、互いに率直に親しみ合い、支え合う人間関係を築きます。

誕生数35／8のマイナス面

この人々は、成功への野望が心の中で煮えたぎり、周りの人たちに漠然とした不安を抱かせます。依存心と自己不信が強すぎて自分の中に支えを見出せず、都合よく他人を利用して、力と支えを得ようとします。彼らは、意見を率直に言わず、遠回しに表現して相手を操作します。富と権力を手に入れたいと願いながらも、必要な集中と訓練を行なわず、成功から逃げ出して、積み上げてきた努力を水の泡にしてしまうこともあります。自分自身が悪人だと思いこみ、いつも不満を抱えているので、人間関係を長続きさせることができません。この人たちの人間関係は、支配権争いへと悪化するか、他人を攻撃するほどの独立と、極端な依存を繰り返すかのどちらかです。

35／8の人生の課題

◆健康

35／8は、一般に強健な体質をもっています。けれども方向性のない野心に駆り立てられて手を広げすぎると、燃え尽き症候群になるかもしれません。また、成功を避けるための自己妨害によって、怪我《けが》をする恐れもあります。特に二十代後半には事故を起こしやすいので、車に乗る時はシートベルトを着用し、危険な行動をしないよう気をつけなくてはいけません。エネルギーを集中させ、仕事と休息のバランスをとり、より高い目的のために奉仕するようになると、自己妨害の傾向は収まります。

仕事に没頭した時は、食事に無頓着《むとんちゃく》になるきらいはありますが、普段は食物を、身体が最高に機能するための薬と考えて、きちんとした知識をもとに食事を選びます。特に避けるべき食べ物はありませんが、バランスのよい、低脂肪の、菜食中心の食事が向いています。35／8にとっては、どうやって食べるかが何を食べるかと同じくらいに重要です。また、食事については、コントロール過剰、あるいはコントロール不足にならないよう注意が必要です。

35／8は、価値観や環境、ライフスタイルなどによって、運動を重視する人も、軽視する人もいます。一般的に、自分の運動能力を感じられるスポーツ、たとえば、武道やウエイトトレーニング、一人でするスポーツなどが向いています。

◆人間関係

多くの35／8は、30代あるいは40歳頃まで、安定した人間関係を築くことができません。それ以前は、権力争いに陥ったり、過剰な依存傾向と極端な独立を繰り返します。しかし障害を克服し、エネルギーをプラスに生かせるようになると、幸福で情熱的で、互いに支え合う人間関係を楽しみます。成熟した35／8は、非常に思いやりがあり、周囲の人を楽しませる朗《ほが》らかさをもっています。

35／8は、献身的な親となり、愛情あふれるパートナーともなりますが、この人たちの最大の関心は、ほとんど常に仕事に向けられています。仕事を理解してくれる、自立したパートナーを見つけることが、幸せな結婚生活を送る秘訣です。

またこの人々は、人間関係に、3エネルギーの情緒的な感性と自己不信をもち込みます。力強く多芸多才な知性と、ウィット、感受性、成功への強い欲求を生かし、数多くの友人や恋人と、さまざまな形のつき合いをします。最高レベルに達すると、互いに分かち合い、捧《ささ》げ合い、許し合う、安定した関係を形成することができます。性関係もまた、同様です。

◆才能、仕事、財産

35／8は、天才的とも言える力強い知性を生かして、奉仕を通して富を生み出し、家族や身近な社会、あるいは産業や政治といった大きな社会で、慈悲深い権威者、リーダーとして活躍します。また、優秀な発明家、改革者、あるいは作家となり、聡明で好奇心旺盛な知性を発揮できる分野で素晴らしい業績をあげるでしょう。最高レベルに達すると、富と影響力を人道的な目的のために惜しみなく分け与える、慈善家として活動します。

あなた方の人生に、金銭は大きな役割を果たしています。財産は、35／8の人生の道の中心的なテーマの一つなのです。このタイプの多くは他人の助けを借りずに成功します。35／8の中には、独力で成功した大富豪もたくさんいます。もし、最初から富裕な家庭に生まれた場合は、財産と影響力を、寛大さをもって賢明に使うことを学ばなければなりません。

誕生数が35／8の有名人

メルビン・ベリ（弁護士）
イングリッド・バーグマン（女優）
ウサイン・ボルト（陸上選手）
ロジャー・フェデラー（プロテニス選手）
エドガー・ケーシー（霊能者）
ジャック・デンプシー（ヘビー級ボクサー）
バディ・ホリー（シンガーソングライター）
ノーマン・ビンセント・ピール（宗教的リーダー）
オリバー・ストーン（映画監督）
ネルソン・マンデラ（南アフリカ大統領）
アウンサンスーチー（ミャンマーの民主化運動指導者）

運命を実現する鍵

次の行動は、35／8の人生の課題を明らかにし、人生を変えるきっかけとなるでしょう。

♥心がけのヒント

・持ち前の優れた頭脳と勤勉さを結びつけて、成功を手に入れる。
・自分の力を認め、感情を忘れてはいけない。
・まず、人に奉仕できることを心に描き、それを実行に移す。
・何かに集中し、それを実際に役立てる。

行動チェックリスト

1、次の質問についてよく考えてみましょう。

・豊かさの達成に必要な、集中力を発揮してきただろうか？
・自分の内面に、豊かさと力を見出しているだろうか？
・仕事上の取引や個人の生活において、崇高な倫理基準に従っているだろうか？
・感情を率直に他の人々と分かち合っているだろうか？

2、もし、このような質問で思い当たることがあったら、それをどうやって行動に生かせるでしょうか?

理解を深めるために

1、第二部に戻って、誕生数を構成する数字3、5、8の項目を読み直してください。
2、友人や家族の誕生数を調べ、彼らが関心を示したら、あなたの人生と似通った点、異なった点を話し合ってみましょう。

精神法則 人生を変えるために

1、第四部に記載した以下の法則を読んでください。
・「大いなる意志の法則」自分から進んで崇高な目的に奉仕すれば、自分自身と他人を勇気づけることができるでしょう。
・「誠実の法則」他人に誠実になるには、まず自分に誠実でなければなりません。
・「訓練の法則」訓練を通して、集中的な経験を積めば、内面の自由を見つけることができます。
・「バランスの法則」極端から極端へと振れる自分の傾向を知ると、バランスをとるポイントが分かります。
・「行動の法則」不安を克服するためには、自分の弱さを認識し、その上で自信をもって行動しなくてはなりません。
2、それぞれの法則を実践するための訓練をしましょう。
3、それぞれの法則を自分の人生でどのように生かせるかを考えてみましょう。

44/8

4 4 8

権威⇩影響力
プロセス⇩安定
プロセス⇩安定

誕生数44／8の人生の目的

44／8の人生の目的は、富と支配、責任、安定した基礎の課題を克服し、着実な過程を踏んで物質的な成功を達成し、それを自分だけのためではなく、他の人や崇高な目標のために役立てることです。しかし運命の道には試練が待ちかまえていて、あなたをテストし、成長の機会を与えます。44／8が、自分の人生をプラスに生かすためには、その前にマイナスの性向を克服しなければなりません。成熟した44／8は、雄々しい忍耐力を示しますが、未熟なうちは、着実な進歩の過程を嫌ってすぐに成功を手に入れようと望み、かなわないと分かると、あっさりとあきらめてしまいます。

普通、「3タイプ」のように自信を失ったり落胆したりはしませんが、その代わりに、苛立ったり、欲求不満を感じる傾向があります。「プロセスの法則」（459ページ）を学べば、目標までの過程を小さなステップに分解し、時間をかけて徐々に歩むことがいかに重要かが、理解できることでしょう。

44／8は、一度立ち止まって、自分の人生を見直す必要があります。そして、じっくりと時間をかけて人生を分析し直し、運命の達成にはしっかりとした足場が必要だという事実に逆らおうとせず、しっかりと受け止めなくてはなりません。

22／4や33／6と同様、ダブルの数字をもつ44／8は、エネルギーの単調さを、エネルギーの集約と強さで補《おぎな》います。あなた方の場合、4エネルギー独特の安定性や強さ、仕事上の明敏さが二倍になり、4に内在する、強さと頑固さ、不屈さと頑迷さ、分析の才能と混乱、忠実さと不安定、野心と短気といった潜在的な障害に、「8タイプ」特有の豊かさ、力、名声への欲望が加わります。この4と8のエネルギーをプラスに生かせるかどうかで、人生の質は決まります。

左端の4は、内面の課題を表します。つまり、内面の安定です。あなた方はまず、自己分析の形で内面を見つめ直し、自己を強めて支える内面のプロセスを発達させなくてはなりません。ただし分析過剰に陥ると混乱を招きます。バランスよく進めましょう。

二番目の4は、外面の課題を表します。内面を安定させた後は、家庭問題を見直し、もし親や子供がいれば互いの葛藤を解決して、外側から土台を築き直さなくてはなりません。家族と互いに率直に感情を表し、許しを求め、与え、理解し合える共通点を見出しましょう。それが無理なら、ただ意見の相違を認め合うだけでもかまいません。これまで目を背《そむ》けてきた問題と向き合い、意志を通わせることが大切なのです。

また、多くの44／8は、安全性と安定性を強く求めます。銀行に預金があり、冷蔵庫に食料が蓄えられ、車庫に車があり、衣装戸棚に衣服が吊るされていることが、この人たちにとって非常に大切な関心事です。これが「4タイプ」であれば、十分にもっているだけでよいのですが、「8タイプ」である44／8は、「十分」以上を求めます。つまり、この人々は、知性、強さ、意欲、大志、野望を豊富にもっています。

このタイプの主な人生の課題は、家族問題と安定性、そしてプロセスです。「プロセスの法則」（459ページ）に従って生きるかどうかが、成功と破滅の分かれ道となるでしょう。着実な経路をたどりさえすれば、仕事、健康、精神的な目標に到達し、人生の目的を実現することができるのですが、もしプロセスを省略すれば、せっかく登った山をすべり落ち、最初からやり直さなければなりません。

何度もこうした失敗や過ちを繰り返す44／8は、「パターンの法則」（463ページ）を学ばなくてはいけません。この法則によって、失敗のパターンを破る術《すべ》を知れば、より早く課題を克服することができます。精神法則を無視すれば、必ず厳しい教訓が待っています。44／8の道のりはそれほど平坦ではありません。時には人生が激しいドラマを与えて、あなたを揺り起こし注意を促すこともあります。

重大な決定をする時は、知性だけでなく感性のささやきに耳を傾け、思考を混乱させない注意が必要です。4の影響を受けるこの人々は、微に入り細を穿《うが》ってあらゆることを徹底的に分析し、結局は、わけが分からなくなってしまいがちです。混乱すると、衝動的な行動に走り、過食や浪費につながるため、理性と感情の間のバランスを見出す必要があります。

　ダブルの4エネルギーは、並外れた強さや忍耐、不屈の精神を与えますが、マイナスに働くと頑固さや厳格さとして現れます。8の影響で、多くの44／8は、自分で決心しない限り、まず意見を変えることはありません。そして極度に自分を制限し、失敗を恐れて従来の考え方や方法に固執《こしゅう》する傾向をもっています。しかし他人の意見に耳を傾けず、独断でものごとを進めると結局は行き詰まってしまいます。常に柔軟性を保ち、一つの方向を決定して退路を断ってしまう前に、選択の余地を残しておくよう気を配るべきでしょう。また、このタイプは、豊富さの感覚を得るに従って、他人に奉仕できるようになります。

誕生数44／8のプラス面

　この人々は、自分のいる場所から、目標の場所までの道のりを分析し、不屈の忍耐で一歩一歩進み、あらゆる目標に到達します。どんなに大きな課題でも、小さなステップに分解して、少しずつ攻略していくことを知っているのです。並外れた健康と生命力をもち、身体を気遣い、必要な用心や注意を怠《おこた》りません。堅固《けんご》で永続する人間関係を築き、周囲の人たちの信頼を集めます。また、どんなに大きなコミュニティにあっても、家族同士のような親しい絆《きずな》を感じます。力強く、実際的で、実務感覚に優れ、成功への強い意欲をもつこの人たちは、持ち前の力、プロセスに従う能力、柔軟性を用いて豊かな富を得、それを世の中に分け与えます。

誕生数44／8のマイナス面

　この人々は、普段は平静を保っていますが、時々ヒステリーを爆発させます。追いつめられると、混乱と緊張から、神経衰弱を起こし、自暴自棄《じぼうじき》になることもあります。自分のやり方を頑固に、無闇に信じて、同じ過《あやま》ちを何度も繰り返します。人間関係では、始終権力争いや論争を引き起こし、イライラをつのらせます。多額の金銭を稼いでもすぐに失い、安定感を求めつつも責任ある関係を結ぶことができません。そして、目標に至るまでの段階を嫌い、すぐに結果を手に入れたがります。過剰な責任を感じつつも、失敗を恐れて、責任から逃れようとします。

44／8の人生の課題

◆健康

44／8は、他人の意見を押しつけられることが嫌いです。食事や運動についても同様です。しかし敢《あ》えて記《しる》すなら、低脂肪で効率がよく、栄養のバランスのとれた食事習慣を維持することが非常に大切です。また、ダブルの4エネルギーの影響から、規則的に運動を続けなければ、体の外側だけでなく内臓にまで、脂肪をつけてしまいます。

このタイプは、頑固さと緊張、抵抗の傾向をもちますから、柔軟性を高めて緊張をほぐす運動や、バランス、瞑想に重きをおいた規則正しい運動が必要です。なかでも「柔軟性の法則」（433ページ）を実際に体験できる合気道や太極拳は特に効果的です。抵抗しない術と、自分に向かってくる力を利用する術を学び、融合、柔らかさ、バランスを身につけることができるからです。さらにこうした武道では、技を究めるまでの長い道のりに耐える力も養えます。一度成長のプロセスを体験すれば、毎日の生活のあらゆる場面で、応用できるでしょう。

◆人間関係

多くの44／8は、誠実さと安定性に支えられた、永続的な人間関係を築く力をもっていますが、エネルギーがマイナスに働くと、権力争いを引き起こし、安定した関係を形成することができません。プラスの44／8は、家族や子供を大切にして、健全で持続的な関係を作り上げます。しかし、この人たちの一番の関心事は仕事です。

このタイプは、あまり感性が豊かとは言えません。44／8のパートナーは、彼らの素晴らしさは、感性ではなく、誠実さや強さ、生命力にあることに気づかなくてはなりません。また、瞬時にひらめくタイプではないので、微妙なほのめかしは通じません。

44／8は性欲が旺盛で、実際的で情熱的なセックスをします。ただ、子供時代の性的虐待の傷を負っている人は、まずこの問題を解決しなくてはいけません。一般に、彼らの「強さ」と補い合う「感性」をもつ人と結婚すればうまく行きますが、互いの異なるアプローチをきちんと認めることが必要です。

◆才能、仕事、財産

44／8の中には、企業や、その他の事業のトップとして活躍している人がたくさんいます。また分析的な頭脳を用いて、陰の参謀的な役割を果たす場合もあります。この人たちが成功できるかどうかは、地道なプロセスを堪《た》え忍べるかどうかにかかっています。一般に、ビジネスや心理療法、政府諜報機関など洞察力と分析力を生かせる分野で実力を発揮します。

この人々は、経済的な安定を求めます。きちんとした土台を築き、下調べや準備を十分にして経験を積めば、必ず物質的な成功は手に入ります。しかし安定を手に入れるプロセスは、必ずしも容易ではありません。でもあなた方には、それを成し遂げるあらゆる資質を与えられています。世の中のために自分の成功を役立てることを学べば、あらゆる障害は消え去ることでしょう。

誕生数が44／8の有名人

44／8の有名人は、私たちの記録にはありません。おそらくこの誕生数が現在の人口に現れる率が、他の誕生数と比べてきわめて少ないためです。

運命を実現する鍵

次の行動は、44／8の人生の課題を明らかにし、人生を変えるきっかけとなるでしょう。

♥心がけのヒント

・力と強さだけでなく、柔軟性と流れを取り入れた運動をする。
・まず、目標に至る段階を確認し、計画を立てて着実に前進する。
・両親と語り合う。もし亡くなっていれば、心の中で自分の感じていることを語りかける。

・力を最大に発揮できるのは、自分に対立する力を取り入れた時かもしれない。

行動チェックリスト

1、次の質問についてよく考えてみましょう。
・どうすれば力と柔軟性を組み合わせることができるだろうか？
・自分の個人的な目標は、世の中全体のために役立つだろうか？
・自分自身の利益に固執して、頑固に振る舞うことはないだろうか？
・知性と直感の両方を尊重して、決定を下しているだろうか？
2、もし、このような質問で思い当たることがあったら、それをどうやって行動に生かせるでしょうか？

理解を深めるために

1、第二部に戻って、誕生数を構成する数字4、8の項目を読み直してください。
2、友人や家族の誕生数を調べ、彼らが関心を示したら、あなたの人生と似通った点、異なった点を話し合ってみましょう。

精神法則 人生を変えるために

1、第四部に記載した以下の法則を読んでください。
・「プロセスの法則」目標に確実に到達するには、少しずつ着実に歩まなくてはなりません。
・「パターンの法則」自分を変える強い力をもたないと、行動様式を変えることはできません。
・「循環の法則」人生は、めぐる四季のように、変化、上昇、下降を繰り返します。
・「誠実の法則」他人に誠実になるには、まず自分に誠実でなければなりません。

・「柔軟性の法則」柔軟であれば、試練と環境の変化を最大限に利用することができます。

2、それぞれの法則を実践するための訓練をしましょう。

3、それぞれの法則を自分の人生でどのように生かせるかを考えてみましょう。

9 知恵⇩高潔さ

誰でも最後には、
結果という料理を
腹一杯に詰め込まなくてはならない。

ロバート・ルイス・スティーブンソン

この章では人生の第一目的である最終数（下側数）に9をもつすべての誕生数、一桁の9、18／9、27／9、36／9、そして45／9を扱います。一桁の9は純粋に、ほかの要素によって薄められることなく9のエネルギー、資質、課題を強く反映していますが、それ以外の誕生数は各数字の影響と相互作用によって、異なった人生の道を表します。

9

9

知恵⇩高潔さ

誕生数9の人生の目的

一桁の誕生数9の人生の目的は、高潔な生き方を学び、その生き方を通じて心の直感的叡智を周囲の人々と分かち合うことです。

この一桁の人生の目的については、第二部の誕生数9とそれが指し示す包括的で詳細にわたる解説を読んでください。ここでは9という数字一つを誕生数とする人の人生の目的の鍵となる要素に焦点を絞って説明していきます。

目的達成への道は簡単ではないため、9の人が人生の目的を達成するには、高潔さに欠けていたことによる失敗、またものの道理を知らなかったためにうっかり犯した過ちから学ぶ必要があります。彼らが知恵の模範となり、人々を導く光となるまでに、9にとってどうすればよいかのヒントすら分からない日々、自分の行為がどんな結果を招くかすら想像できない状態が続きます。しかし自分のしたことの結果を経験することにより、少しずつ知恵をつけ、高邁な知恵を人々と分かち合うという使命へとたどり着くでしょう。

人柄にかかわりなく、一桁の9の人生の目的には深みがあります。それはさながらたくさんの過去世を僧侶や聖職者として過ごし、世界の複数の文化の中に身を置いた経験があるかのような思慮深さや聡明さを持ち合わせています。スピリチュアルな表現を借りれば、〝老練な魂〟の持ち主と言えるでしょう。とはいえ、転生の回数にかかわりなく今生では深淵なる叡智を再発見・再学習しなくてはなりません。9の課題に加えてほかの数字が示す難題にも取り組まなくてはならない18／9、27／9、36／9、そして45／9の人々に比べ、一桁の9の場合、人生の早い時期に課題が分かりやすくストレートに現れます。他の一桁の誕生数同様、一桁の9は9のテーマにつながる避けられない真実に触れ、誠実で高潔な人生を歩むよう導かれます。同時にもし選択しなければ、その結果としての苦難に見舞われることになります。他の誕生数の人々は運命に逆らってもそれなりに切り抜けられるものですが、9に限ってその背徳行為はすぐに見つかり、厳しい裁きに遭うのです。9にとってそれは人生という本の速読コースをやっているようなものです。

一桁の9は人間性や社会の規範について理解していますが、彼らはそれらを改善することよりもっと深いところで宇宙全体に流れている普遍的な法則やスピリチュアルな物理に興味を抱きます。人生の道を歩み始めた9は天賦のリーダーの資質を発揮します。彼らはアルベルト・シュバイツァー博士の言葉、「他者を導く時、模範を示すことは大切なことの一つではない。唯一の方法だ」のように生きています。しかし18／9、27／9、36／9、45／9同様、一桁の9は誰かを導く前に自分の進むべき道を見つけなくてはなりません。9にとって最も望ましいのは、忍耐強い知恵と高潔さの象徴として他者を導くことです。ジェームズ・ボールドウィンの「子供たちは大人の話を聞かないが、真似をするのは得意だ」という言葉が参考になるでしょう。

高潔な生き方を通じて人々に知恵を広めるという運命にもかかわらず、9は時として真実ではないものをそれと勘違いして声高に主張し、人々を扇動することがあります。彼らは内面から湧き出る情熱や使命感をコントロールして、過激派思想や原理主義に偏らないよう気を付けなくてはなりません。誕生数に9をもつすべての人々同様、一桁の9には強い自己主張があり、他人の自己主張にも敏感です。ただし自己の信頼を課題とする27／9、あるいは高い理想を課題とする36／9ほど強くはありません。しかし9は「他人があなたをどう思うかはあなたの知ったことではない」ということを肝に銘じる必要があります。9が直感の法則を体得して意見を主張したいという欲求を手放すことができたら、彼らの精神の中核と再びつながり、意見や主張のレベルを超越し、幾多の経験に基づいて習得された真の叡智を見つけられるでしょう。そうなって初めて彼らは高潔さを実践する模範となり、深く善良なる叡智で人々を導くという運命の道を全うできるのです。彼らは暗い夜の闇の中にいる人々に道を照らすランプの光となるでしょう。

誕生数9のプラス面

9のプラス面を生きるカリスマは、生きた知恵の模範として人々の尊敬を集めます。27／9を代表する偉人マハトマ・ガンジーの言葉のように、一桁の9は自らが求める理想の世界を自ら体現して見せる人々です。人の意見とは、その人がどのように世界を見るかを示すものにすぎず、高邁な真実に劣るものだと知っています。人の意見や主張による支配から無縁となった彼らは、人々の声を吸い上げ、現実に反映させる力を持ち、それらを自らの心の叡智に照らして考えます。傲慢さからではなく、準備が整えば彼らはリーダーの地位に就き、自らの使命に従って人々に奉仕します。潤沢な人生の経験値をもつ彼らは、その学びの数々を自らの行動や人生によって示し、人々の模範となるでしょう。

誕生数9のマイナス面

9のマイナス面を生きる人は「私の行動を見習うのではなく、私が言った通りにしろ」をモットーにしていいます。自分の内面の叡智とつながっていないため、他人の意見や考えにいとも簡単に振り回されます。彼らは身を守るために（身近な人々を含む）助言を拒絶し、外界をシャットアウトします。その代わりとして彼らは世間に流布している概念、手法、テクニック、哲学、さらにはどう生きるべきかに関するスピリチュアルな教えを探し求め、近視眼的に従います。妄信者となった彼らは信奉する信条や意見を真実と取り違え、身近な家族や友人にそれを押し付けようとします。彼らがあまりに自信たっぷりなため、周囲がうっかり騙されて彼らをリーダーにすると、彼らは権力の悪用や乱用を始めて高潔さの欠如が露呈し、厳しい立場に追い込まれるでしょう。

誕生数9の人生の課題

◆健康

若いうちの9はまだ因果の法則、あるいは原因と結果の相関関係が理解できません。このため若い9の食生活は不摂生で、定期的な運動を嫌い、煙草やアルコールを好み、不適切なセックスに耽溺します。「蒔いた種は自ら刈り取らなくてはならない」という真実に目覚めると、彼らはようやく自分の行動を改めるようになります。9がマイナスのまま高齢に達すると、慢性疾患や難病、エネルギー関連疾患、長期疼痛、肩や腰の疾患、リウマチなどに苛まれるでしょう。これらの疾患は外的要因だけでなく、潜在意識のレベルで罪悪感や贖罪の観念と疾患が共鳴した結果起こります。

食事内容やエクササイズ、エネルギーレベル、睡眠時間など、さまざまな健康やエクササイズに関する日記をつけることで、記録をバネにして身体に無関心になりがちな9の習慣を変えるきっかけとなるでしょう。瞑想は多くの9にとって、心にあるものに注意を向けると同時に適度な客観性をもつ意味で有効な手段となるでしょう。9は頭の中の活動に没頭しやすいため、エクササイズのルーティーンをもつことで現実に返るのに役立つでしょう。

それぞれの価値観や信条に合わせて、催眠療法からエネルギーワークまで多様な潜在意識を扱うヒーリング法やセラピーワークは9にとって有効です。9が人生のハードルを前向きに受け入れ、希望をもって解決を目指すと、身体の不調は自然に回復するでしょう。不調や病気に心を囚われ、悲劇の主人公となって一心不乱に治療に励む（自分に関心を集中させる）より、関心を外に振り向けて他人に奉仕し、自分に起きているすべてを受け入れると、不調や病気は回復に向かいます。自分自身を赦す時、彼らは自らの癒しの扉を開けるのです。

◆人間関係

9の人間関係は個人的なものにとどまらず、自分がかかわる他のすべてのものとの関係性を示唆するような合わせ鏡となっています。9は人を深く愛することができ、9に愛された人もまた9が自らを超越した広い世界とつながることを助けてくれます。9にとって、人間関係は心の大切さに気づき、人とのつながりにまつわる深い叡智を学ぶ手段です。9の友人や家族は、俗世間から隔離されたアシュラムや隠遁生活などで孤独を味わった（前世や潜在意識下に残る）記憶から9を引き戻し、人とともに現世で生きる道を思い出させてくれる存在です。

◆才能、仕事、財産

すべての9が人々を導く立場になるわけではなく、家具職人、大工、ミュージシャン、秘書、郵便配達員などありとあらゆる仕事に就く可能性があります。しかし彼らが他人と出会うと、それが家族であれ大きな組織や社会の中であれ、自然に人々の上に立つ役割に引き寄せられ、大小にかかわりなく9の仕事の意義を深めることになります。一桁の9は複数の数字に取り組む人々のように多重の制限や複合的課題がないため、お金は働いた分だけ入ってきます。

仕事でも人間関係でも、また食事や運動などの健康面でも、一桁の9は常に「一番高邁なやり方は何だろう?」と自問する必要があります。言い換えれば、「もし自分に勇気があり、利他的で寛大で慈愛に満ちていて賢かったら、私はどんな風に取り組むだろう?」と問うことです。その答えは9の個人的な好き嫌いや既得権にかかわりなく、最も高潔な方向を示すでしょう。9がどんな職業を選んだとしても、彼らに運命づけられた高潔の法則に従っていると、彼らは私たち全員にとって光を放つ存在になるでしょう。

誕生数が9の有名人

この改訂新版が出版された２０１８年時点で、最年長の9は18歳未満なので、社会で頭角を現すにはまだ時期尚早。本書の次の改訂版が出る頃にはもっと多くの名前を挙げられるでしょう。

運命を実現する鍵

次の行動は9の人生の課題を明らかにし、人生を変えるきっかけになるでしょう。

♥心がけのヒント

・他人の意見や選択は尊重しつつ、それ以上に自分の心の声を大切にする。

・重要な決断や行動をする前にこう自問する。「私の中の高次の存在ならどうするだろうか?」

・自分がどんな立場にいても、自分が好むと好まざるとにかかわりなく、私は自らの行動で人々を導くことになることを覚えておく。
・自分の人生にインスピレーションを与えるものを探し、それについていく。

行動チェックリスト

1、次の質問についてよく考えてみましょう。
・行動や決断をする前に「私の中の高次の存在ならどうするだろうか？」と自問したら、考え方や行ないはどう変化するだろう？
・私はどのように人々に模範を示しているだろうか？　自分の言動に周囲がどれほど注目しているかを自覚しているか、じっくりと振り返ってみよう。
・私は自分自身の考え、そして人々の意見や考え方とどのように折り合っているだろうか？
・万人に共通する最良の本、教師、哲学、食事法、運動法、宗教というものは存在しない。……この考えについてどう思うだろうか？　そう考えることで他人の行動の過程、決断、選択を尊重しようという気になるだろうか？
2、もしこのような質問で思い当たることがあったら、それをどうやって行動に生かせるでしょうか？

理解を深めるために

1、第二部に戻って、誕生数を構成する数字9の項目を読み直してください。
2、友人や家族の誕生数を調べ、彼らが関心を示したら、あなたの人生と似通った点と異なった点などについて話し合ってみましょう。

精神法則　人生を変えるために

1、第四部に記載した以下の法則を読んでください。
・「大いなる意志の法則」自分から進んで崇高な目

的に奉仕すれば、自分自身と他人を勇気づけることができるでしょう。

・「直感の法則」 他人の意見を気にしなくなると、心の知恵に近づくことができます。

・「非審判の法則」 宇宙は私たちを裁きません。当然の結果を教訓として与えるだけです。

・「誠実の法則」 他人に誠実になるには、まず自分に誠実でなくてはなりません。

2、それぞれの法則を実践するための訓練をしましょう。

3、それぞれの法則を自分の人生でどのように生かせるかを考えてみましょう。

18/9

1 8 9
知恵⇩高潔さ
権威⇩影響力
安心⇩創造

誕生数18／9の人生の目的

18／9の人生の目的は、正直さ、金銭、支配、自信に関する課題を克服《こくふく》し、高潔な目的に沿って、自分のエネルギーと影響力を創造的に使うことです。この人々の多くは、おおらかで外向的、陽気に振る舞いますが、内面は生真面目で、罪の意識や恐れ、不安の陰を抱えています。運命の道の達成には、試練がつきものです。18／9が、高潔さと知恵を手に入れるには、富や力、不安に関する障害を乗り越えなくてはなりません。

18／9の最終的な人生の目的は、高潔さの達成です。この人たちはいずれ、倫理観と誠実さの問題と取り組まなくてはなりません。他の［9タイプ］と同様この人々は、真実か偽りか、つまり生きた素晴らしい手本として人を先導するか、誤《あやま》った道に誘い込むかのどちらかの人生を送ります。崇高《すうこう》な法則に従って生きれば、誠実な労働に対する十分な報酬を得て、満ち足りた人生を送ることができますが、法則を無視すれば、すぐに過酷な教訓を与えられ、自らが招いた原因と結果の法則を思い知らされるはずです。

多くの18／9は、強い精神、魅力的なカリスマ性、豊富なエネルギーをもっています。1、8、9のエネルギーが合わさって、きわめて強力な指導者としての資質を与えるため、国中を奮《ふる》い立たせて帝国を築くことも、刃向かう者を完全にたたきのめすこともできます。8の富と力への要求と、9の高潔さへの志向の生み出す軋轢《あつれき》が、1の創造性によって増幅されますから、生来の衝動を認め、受け入れられるようになるまでは、内面が引き裂かれるように感じることもあるでしょう。

また、1エネルギーの不安を隠すために、高圧的に振る舞ったり、競争心をむき出しにしたり、強がったりすることもあります。表向きには自信たっぷりに振る舞っていても、内面は不安におののいていることも少なくありません。しかし、自分から成功を避けない限り、富と権勢は自然とあなた方のもとに集まります。

プラスの18／9は、自ら手本となって他の人々を導き、力づけます。持ち前の高潔さと創造力によって、周囲の人たちの熱烈な尊敬と忠誠心を集めます。指導者に選ばれることも少なくありません。一方マイナスの18／9は、富や力に異常に執着《しゅうちゃく》し、狂信的な思想をもち、膨大な創造的エネルギーで、自分も他人も破壊してしまいます。つまりこのタイプは、素晴らしい善を体現する可能性も、多大な害をなす可能性も秘めているのです。

この人々の最大の障害は、潜在意識に潜む不安と富への恐れ、罪の意識です。外見的には成功した人生を送っているように見えても、潜在意識で起きるストレスが、病気やその他の問題を引き起こします。

18／9の運命の鍵《かぎ》は潜在意識にあるため、答えを外に求めるのではなく、自分の内側を探ることによって問題を解決していく必要があります。しかしこの人々の多くは、心の内面の成長よりも世俗的成功を求める傾向があるため、自分の心と向き合うことに抵抗を示します。あなたが内面に注意を払っても払わなくても、潜在意識の錘《おもり》はいずれあなたの身に重くのしかかり、対決を挑みます。

物質的成功や権威に執着することをやめ、内面に目を向けて、自省と理解と許しによって心の重荷を取り除くと、人生の核心にある精神法則に触れることができます。成熟した18／9は、大いなる意志に従って高潔な人生を送り、憐れみの力で周囲の人々を向上させます。

18／9の人々は皆、自分が他人の模範となる人生を送っているかどうか、いつも心に問いかけ、その答えに耳を傾けなくてはいけません。無責任な言動をすると、人生は、病気、事故、別離といったドラマチックな出来事を与えて、注意を促します。この誕生数のエネルギーは、プラスかマイナスかのどちらかにはっきりと現れます。そしてあなた方が受け取る結果もまた明確なのです。

いずれにせよ、十分に学び、見、感じた時、18／9はマイナスの傾向や痛みを乗り越え、崇高《すうこう》な法則に沿って生きられるようになります。エネルギーと富のすべてを人々のために捧《ささ》げ、崇高な目的を目指して力強く歩んでいくと、エネルギーはますますプラスに流れ出します。この誕生数にとってもっとも大切な精神法則は、「誠実の法則」（４９９ページ）です。精神法則と深く関われば関わるほど、運命の実現は近づきます。天性のエネルギー、カリスマ性、個人的な力に恵まれた18／9は、どのような集まりの中でも、ひときわ美しく輝くことでしょう。

誕生数18／9のプラス面

この人々は、生来の人間的な深さやカリスマ性、魅力を存分に発揮します。外向的で人望が厚く、豊かな知性と幅広い知恵をもち、家庭や身近な社会、あるいは世界的な舞台で自然のリーダーシップを発揮します。この人々は、どのような場面でも正々堂々と対処できる、優れた戦略家で、魂《たましい》の力を輝かせ、自ら手本となって導き、貴重な考えを提供します。勤勉で創造力に恵まれ、富と力を惜しみなく分け与えるこの人たちの人生は、いつも活気にあふれています。

誕生数18／9のマイナス面

この人々の人生は、傍目《はため》には立派に見えるかもしれません。しかしその内面は、動揺や恐れ、重圧感に満ち、救済を求める罪の意識で押しつぶされそうです。健全さや内面の平和を切望しているくせに、自分の意見をあがめ、絶対的な力や支配を求めて、自分から精神的な軋轢《あつれき》を作り出します。人生はこう生きるべきだ、ああ生きるべきだと説教するばかりで、実行しようとはしません。自分の人生の出来事には逆らい、他人の人生を支配しようとします。彼らは、人生の障害を乗り越えた時に与えられる、素晴らしい贈り物を見落としているのです。

18／9の人生の課題

◆健康

多くの18／9は、平均以上の健康を楽しみますが、中にはぜんそくや、首や腰の痛みといった骨や神経系統の故障に悩む人もいます。長年、力の乱用への恐れを潜在意識の中の押し込めていた場合は、それに関連する症状が現れます。

しかしながら肉体的、精神的、感情的、霊的苦しみはすべて、自分自身をより深く知るために必要な経験なのです。プラスの18／9は、病気から慈悲《じひ》の心について学び取ります。

食事と運動については、身体にもっともよいものを自分で見つけ、実践するのが一番です。このタイプは、がむしゃらに仕事をする傾向がありますから、意識的にエネルギーの一部を運動に向ける必要があります。どんな運動をするかは問題ではなく、運動を続けることが大事です。続けていると、そこからこの人たちに必要な自然の摂理への理解が得られるでしょう。運動をして健康を維持するか、しないで後に後悔するか、道は二つに一つです。

栄養も同じです。特別な食事法に従う必要はありません。ただ、体力を増強し、栄養になるものをたくさん食べ、身体に悪いものを減らせばよいのです。ここでも原因と結果の法則は明らかです。不摂生を続けていると、必ず後で後悔します。健康によい食事法を見つけ、自ら実践すれば、健康の分野でも、他の人のよい見本となることでしょう。

◆人間関係

この人々は本来、情熱的で献身的、抗いがたい魅力とエネルギー、人間的な深みをもっています。しかし、潜在的な不安やコントロールの障害をもつマイナスの18／9は、自分を率直に表して親密な関係を結ぶのが苦手です。人間関係を円滑に進める鍵は、この人たちの強大な力に圧倒されることなく、感性を補ってくれるパートナーを見つけることです。ありのままの自分を受け入れてくれる相手がいれば、18／9も、自分自身を受け入れ、許すこともできるでしょう。また結婚や子育ては、18／9の人生の中心課題ではありません。この人たちにとっての家庭は、より大きな人生の舞台背景にすぎません。

性的関係を見てみましょう。強力な創造エネルギーをもち、他人とのつながりを切望するこの人々は、肉体面、感情面、精神面でセックスを強く求めます。プラスの18／9は、セックスを通して、深い結びつきを経験します。

◆才能、仕事、財産

パワフルな資質をもつ18／9は、一般的にリーダーシップを生かせる仕事を好みます。たとえば、店員など他人に雇《やと》われる職業よりも弁護士や建設業者、外科医、行政官などを選びます。活動的で、創造的知性をもつこの人々は、いつも人の一歩先を歩きます。大切なのは、何をやるかではなく、いかにやるかということです。人々のことを思いやり、精神法則に従って、バランスのとれた高潔な人生を送っていれば、与えられた運命を実現できるでしょう。

マイナスの思考や恐れのために、自分で成功を避ける場合は別ですが、18／9は一般に安定した収入を得ます。自分の財産のためにあくせくすることはやめ、世の中に役立つ奉仕をすれば、富や影響力は自然とついてきます。人生を奉仕に捧げれば、持ち前の創造的な着想や強い知性はますます冴《さ》え、豊かな富と力を生み出すことでしょう。

誕生数が18／9の有名人

ジミー・カーター（米国大統領）
ジーン・ハーロー（女優）
ラザフォード・B・ヘイズ（米国大統領）
バート・ランカスター（俳優）
チャールズ・リンドバーグ（飛行家）
ジャック・ニクラウス（プロゴルファー）
リチャード・プライアー（俳優）
マーク・スピッツ（水泳選手）
カート・ボネガット・Jr.（SF作家）
ローレンス・ウェルク（アコーディオン奏者・バンドリーダー）

運命を実現する鍵

次の行動は、18／9の人生の課題を明らかにし、人生を変えるきっかけとなるでしょう。

♥心がけのヒント

・誰が正しいかではなく、何が正しいかを重視する。
・自分の力を恐れず、他人のために生かす。
・自分のどのような点が、人のよい例となり、どのような点が悪い例となっているか、考えてみる。
・自分の楽しめることに、創造力を使う。

行動チェックリスト

1、次の質問についてよく考えてみましょう。

・自分の安心感は、財産や力に基づいたものだろうか？
・創造エネルギーを、世の中のために用いているだろうか？
・財産や支配権のことで、他人と衝突したことがあるだろうか？
・高潔さと物質的な成功に、同等の価値をおいているだろうか？

2、もし、このような質問で思い当たることがあったら、それをどうやって行動に生かせるでしょうか？

理解を深めるために

1、第二部に戻って、誕生数を構成する数字1、8、9の項目を読み直してください。

2、友人や家族の誕生数を調べ、彼らが関心を示したら、あなたの人生と似通った点、異なった点を話し合ってみましょう。

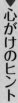

精神法則
人生を変えるために

1、第四部に記載した以下の法則を読んでください。

・「大いなる意志の法則」自分から進んで崇高な目的に奉仕すれば、自分自身と他人を勇気づけることができるでしょう。

・「誠実の法則」他人に誠実になるには、まず自分に誠実でなければなりません。

・「選択の法則」創造性をプラスに生かすのも、マイナスに殺すのも、あなたの選択次第です。

・「直感の法則」他人の意見を気にしなくなると、心の知恵に近づくことができます。

・「柔軟性の法則」柔軟であれば、試練と環境の変化を最大限に利用することができます。

2、それぞれの法則を実践するための訓練をしましょう。

3、それぞれの法則を自分の人生でどのように生かせるかを考えてみましょう。

27/9

2 7 9

知恵⇩高潔さ
開放⇩信頼
バランス⇩協力

誕生数27／9の人生の目的

27／9の人生の目的は、バランスのとれた責任感、自己信頼、高潔さに関する課題を克服し、自分と他人の中にある大いなる魂を信頼し、心の中の崇高な知恵に従って生きることです。しかし、運命を達成する道には、さまざまな試練が待ちかまえています。27／9は、感性よりも知性を偏重《へんちょう》する傾向を改め、潜在意識にある不信や裏切りと向かい、誤解や裏切りを恐れずに心のガードを取り払い、そこに内在する精神法則を見出さなくてはなりません。

崇高な法則に近づく第一歩は、他人の意見を気にすることをやめ、自分の感情を通して現れる崇高な知恵を信じることです。しかし7エネルギーの影響で、あなた方はしばしば自分以外の人、たとえば教師、雇い主、科学者、忠告者の意見を絶対視し、他人の理論に拘束されます。もちろん他人の意見に耳を傾けることも大切です。しかし27／9の場合、最終的な権威をもっているのは自分の心の知恵なのだと気づくことが、非常に重要です。

27／9が高潔さと知恵を実現するには、まず7エネルギーを成熟に導き、自分自身の心の知恵を信頼しなくてはなりません。それができるまで、この人たちは他人の価値観に従って生きることになるでしょう。そして、人生はさまざまな状況を設定し、あなた方に「自分の心の声を信じなさい」というメッセージを送り続けるでしょう。心の声、心の知恵は、人の感情領域に属し、私たちが一般に「良心」「集合的無意識」あるいは「直感」と呼ぶものを通じて現れるものです。

25／7と同様、27／9は、霊的覚醒に夢中になり、精神世界を放浪する傾向を強くもっています。色々な集会、導師、僧院を渡り歩き、生きるための指針を与えてくれる教えを求めてさまよいます。しかし、他人の意見を信じれば信じるほど、自分本来の感情からは遠ざかります。
7エネルギーをもつ人は、一般に過去の心の痛みの記憶から感情を封印し、知性を偏重する傾向がありま す。27／9が大いなる魂の存在に気づき、その導くままに生きるようになるまでには、相当手ごわい内的な葛藤《かっとう》を乗り越えなくてはなりません。未熟な27／9は、知性のプロセスを重視するあまり本当の感情を見失いがちです。必要以上の言葉で会話を飾り立て、問題の核心に触れず、社交的なおしゃべりに終始するのもそのせいです。いくら明るく振る舞っても、自分の本当の感情、そしてその奥にある崇高な知恵との接点を見失ったこの人たちの内面は孤独に震え、誰にも傷つけられる恐れのないプライベートな時間と場所を探し続けます。

こう考えると、27／9のエルビス・プレスリーの生活がどんなに辛《つら》いものだったかがよく分かります。彼は独自の方法で、自分の中の大いなる魂を輝かせ、何百万人ものファンを引きつけました。しかし、自分の心の知恵に従わず、人に言われるままに生きたことが、破滅の原因となりました。もう一人のカリスマ的な27／9、エロール・フリンも、肉体的欲求や衝動に支配され、心の直感を見失った一人です。プレスリーもフリンも、一面では輝かしい人生を歩みましたが、自分本来の高潔さとのつながりを失ったマイナスの例です。

このタイプの多くは、［9タイプ］独特のリーダーシップから来るカリスマ性を備え、一見自信にあふれています。しかし彼らの断固たる意見や考えの裏には、しばしば内面の自己不信が隠されています。特定の信仰や意見を熱狂的に支持するのは、それ以外にアイデンティティーのよりどころがないからです。時には、自分の意見を狂信するあまり、それを神の意志のように感じることもあります。

また、この人々には、2エネルギーも作用しますから、崇高な奉仕に目覚めた時には、他人を支え、他人と協調して行動します。障害を克服した時、この人々は言葉ではなく、自らの高潔な人生を手本として、人を導きます。それがこの人々の運命の達成の形であり、高潔な人生を生きていなければ、どんな言葉を使っても取り繕《つくろ》うことはできません。

歴史上の精神的、宗教的指導者の中には、この誕生数の人がたくさんいます。マハトマ・ガンジー、パラマハンサ・ヨガナンダ、アディ・ダ（ダ・フリー・ジヨン）、ローマ教皇ヨハネス二十三世、ローマ教皇ピウス十三世、カリール・ジブラーン。宗教家ではなくても、独特のカリスマ性で何世代もの人々に影響を与えた、エルビス・プレスリー、シャーリー・マクレーン、レイ・チャールズ、ロビン・ウィリアムズなどもこの誕生数です。

しかしその一方、狂信的な集団の指導者となる人もいます。彼らは、たくさんの追従者を引きつけますが、自分の言葉を実践せず、自分は「もっと高いステージにあるから、その必要はない」と弁解します。しかし学ばねばならないのは、彼ら自身の方なのです。

多くの27／9は、精神性に引かれつつ、それを燃えさかる炎のように感じ、恐れます。かつて、現世の支配体制に逆らい、より高次の魂の法則に忠誠を誓って火刑に処せられた殉教者たちと合い通じる心をもっているせいかもしれません。たとえ宗教とは全く縁のない生活をしていても、この人たちの意識の中には、「原罪」と「救済」の原型が住んでいます。

精神性に興味をもっているかどうかにかかわらず、27／9の心には、崇高な知恵に対する憧《あこが》れが燃えています。世の中の人々と人生を導く原則を分かち合い、共感と理解で支え合うことがこの人々の願いです。

27／9は、外部から得られる知識ではなく、直接的な体験を通して、自分への自信をつけていきます。言い換えれば、実際に崇高な知恵を経験し、そのインスピレーションを直接感じることで、成長していくのです。ですから、自分自身と他人の中に住む大いなる魂を認め、感じられるようになるまで、外面的な生活がどれほど成功しようと、心が安らぐことはありません。

誕生数27／9のプラス面

人間的な深みとカリスマ性にあふれたこの人々は、自分の中の大いなる魂を心から信頼しています。バランスのとれた慈愛あふれる知恵をもち、あらゆる人生の局面に働く崇高な知恵を信じて、すべての苦楽から教訓を学びます。この人々の望みはたいていかないますが、たとえ苦境に陥ってもそれを、自らの成長に必要な経験として感謝します。プラスの27／9は、自ら手本となって人を導く天性の指導者です。偏狭《へんきょう》な意見にとらわれず、感情のくみ出す崇高な知恵に従って生きる彼らの人生は、他の人たちを導く見本となるでしょう。

誕生数27／9のマイナス面

この人々は、狂信的な指導者か、魂の放浪者かのどちらかです。特定の教えやシステム、宗教、哲学に熱中し、自分の意見を神のようにあがめます。自分に自信のない人々は、彼らの力強い意見を精神的な権威と取り違えて、敬服するかもしれません。しかし彼らの心は孤独で、世界や人生の本当のインスピレーションから隔離されています。これはすべて自分の理性ばかりを重視し、心の声に耳を傾けないからです。マイナスの27／9は、人からの裏切りを潜在的に恐れています。そしてその恐れが、実際の人からの裏切りだけでなく、自分自身の肉体からの裏切りまでも引き寄せます。

27／9の人生の課題

◆健康

多くの27／9の潜在意識には、子供時代の罪の意識や裏切りの記憶など、さまざまな心の痛みの残骸が漂《ただよ》っています。長期にわたってそれを引きずれば、心臓に障害が生じる恐れがあります（7の影響）。

このタイプの中には、崇高な知恵を探しあぐねて、孤立感や断絶感から精神の混乱をきたしたり、心の痛みを紛《まぎ》らわすために、薬物やアルコールに走る人もいます。しかし皮肉なことに、この人々の求める大いなる魂は、最初から彼らの内にあるのです。

食事、運動に関するアドバイスは特にありません。この人々の場合、頭に蓄えた栄養や運動の知識をすべて取り除き、本能と直感、直接自分が経験したことに基づいて行動するのが一番です。あなた方の行ないはすべて、周りの人の手本となりますから、行動に責任をもち、そこから生じるあらゆる結果を受け止める覚悟が必要です。

27／9は、知性に意識を集中する傾向が強く、最も肉体に対する関心が薄い誕生数の一つです。しかしこの人々にも運動はとても大切です。フィットネスに役立つだけでなく、バランスのとれた身体と明晰《めいせき》な思考力を作り、身体を通して現実との接点を保つ効果があるからです。運動も食事と同様、自分の直接的な経験に基づいて選んだものが最も効果的です。

また瞑想は、頭を休め、内面の平和を見出す機会を与えてくれます。内面を静かに落ち着けた時、あなた方の心は深淵な知恵を語り始めます。

◆人間関係

この誕生数の中には、深い共感や豊かな感情をはぐくむ人もいれば、知性偏重の傾向を補うために感情的な仮面をかぶる人もいます。この人々が正しい人間関係を築けるかどうかは、知的なプロセスの束縛を逃れ、自分の感性に素直になれるかどうかにかかっています。

人間関係は、信頼について、そして自分の弱さについて学ぶよい機会を与えてくれます。27／9は、人とつき合う中で、自分の内面を見直し、成長していきます。人間関係でのつまずきもまた、貴重な経験となるでしょう。

27／9にとって、セックスは、罪の痛みを癒《いや》す懺悔《ざんげ》のようなもので、単なる肉欲ではなく、調和やつながりや親交を深める手段です。身体の知恵と喜びへの信頼を深めるにつれ、セックスライフを楽しめるようになるでしょう。

◆才能、仕事、財産

野外を愛する27／9は、優秀な森林ガイドになりますが、先端技術の分野でも卓越した才能を示します。自然でも科学でも、選んだ道に深淵な知恵を見出す能力に優れているのがこの人々の特徴です。プライベートな時間を好むので、研究者としても成功するでしょう。

また奉仕や、広い意味でのヒーリングにおいても立派な業績をあげます。生来のカリスマ性を生かし、人を感動させる舞踏家や俳優、画家となる人もいます。自分の仕事を奉仕や崇高な目的のために捧げる時、より大きな満足を感じることでしょう。

27／9は、清貧を尊ぶ傾向があり、富や世俗的な成功に対して、否定的な、あるいは複雑な気持ちを抱いています。生活に窮《きゅう》している場合は、金銭に対する自分の欲望と恐れについて、もう一度考え直してみてください。また、自信の問題を解決すれば、職業選択の幅が広がります。彼らにとっての金銭はあくまで、自分の精神をより深く学ぶ手段でしかありませんが、大抵の場合、要求を満たすのに十分な、しかもそれ以上のお金を稼ぎます。持ち前の人格や人間的な深みが、彼らを指導者の立場に引き上げます。

誕生数が27／9の有名人

ルイーザ・メイ・オールコット（作家）
カルロス・カスタネダ（作家・人類学者）
レイ・チャールズ（歌手）
ジュリア・チャイルド（料理専門家）
ハリソン・フォード（俳優）
マハトマ・ガンジー（インドの指導者）
オスカー・イチャーソ（エニアグラム創始者）
ジミ・ヘンドリックス（ロック・ギター奏者）
シャーリー・マクレーン（女優）
サーグッド・マーシャル（黒人初の最高裁メンバー）
アニー・オークレー（大西部ショー主演の射撃名人）
エルビス・プレスリー（ロック歌手）
アルベルト・シュバイツァー（哲学者・医者）
グロリア・スタイナム（女性解放運動家）
ヘンリー・デイビッド・ソロー（思想家）
ベンヤミン・ネタニヤフ（イスラエル首相）

運命を実現する鍵

次の行動は、27／9の人生の課題を明らかにし、人生を変えるきっかけとなるでしょう。

♥心がけのヒント

・心の奥底の感情が、人生の目的の達成へ導いてくれることを信じる。
・大いなる魂が、自分とすべての人を通して輝いていることを、毎日思い出す。
・自分の過《あやま》ちを許す。
・自分の意見や、他人の意見に、傾倒しすぎないようにする。

行動チェックリスト

1、次の質問についてよく考えてみましょう。

・最高の高潔さを体現する人生を送っているだろうか?
・自分に霊感を与えるものは、何だろうか?
・自分以上に、自分の人生に一番詳しい人がいるだろうか?
・自分のプロセスと同様に、他人のプロセスも尊重しているか?

2、もし、このような質問で思い当たることがあったら、それをどうやって行動に生かせるでしょうか?

理解を深めるために

1、第二部に戻って、誕生数を構成する数字2、7、9の項目を読み直してください。

2、友人や家族の誕生数を調べ、彼らが関心を示したら、あなたの人生と似通った点、異なった点を話し合ってみましょう。

精神法則 人生を変えるために

1、第四部に記載した以下の法則を読んでください。

・「大いなる意志の法則」自分から進んで崇高な目的に奉仕すれば、自分自身と他人を勇気づけることができるでしょう。
・「直感の法則」他人の意見を気にしなくなると、心の知恵に近づくことができます。
・「信頼の法則」自分自身を信頼した時初めて、他人を信頼することができます。
・「柔軟性の法則」柔軟であれば、試練と環境の変化を最大限に利用することができます。
・「非審判の法則」宇宙は私たちを裁きません。当然の結果を教訓として与えるだけです。

2、それぞれの法則を実践するための訓練をしましょう。

3、それぞれの法則を自分の人生でどのように生かせるかを考えてみましょう。

36/9

3 6 9
知恵⇩高潔さ
受容⇩理想
感性⇩表現力

誕生数36／9の人生の目的

36／9の人生の目的は、率直な感情表現、完全主義、自己不信に関する課題を克服し、心の知恵に耳を傾けて、日常の生活で高潔さを体現することです。しかし、運命の道に試練はつきものです。36／9が、完全主義の理想や、他人の意見への信奉を捨て、自分のありのままの感情を尊重できるようになるまでは、かなりの年月がかかるかもしれません。この人々の一番の課題は、感じるべきことを頭で決めるのではなく、心から湧《わ》き出す感情を見つけ出すことです。

36／9の究極的な人生の目的は、他の「9タイプ」と同じですが、3と6の影響により、目的にたどり着くまでの道のりが大きく違います。6の完全主義は、繊細で洗練された「9タイプ」独特の自己不信を一層強めます。最初から高い理想を求めるあなた方は、達成できるはずもない「完璧な」高潔さを思い描いて、自信を失ってしまいます。しかしするべきことは、単に自分の心の奥から聞こえる声に従って進むという簡単なことなのです。

3と6のエネルギーの作用で、このタイプは非常に批判に過敏です。また、完璧な基準から自分自身を判断して落胆したり、始める前から意欲を失ったりする傾向があります。自信たっぷりな仮面をかぶることもありますが、この人たちが本当の自信を手に入れるには、自己不信を乗り越えるべきハードルだと考えて、過信と落胆を繰り返す傾向を改めなくてはなりません。「行動の法則」(514ページ)は、自己不信を乗り越えるきっかけを与えてくれるでしょう。

また、この人々は、「9タイプ」特有のアイデンティティーに対する不安をもっています。不安定な自我と自己不信、完全主義の重荷を背負うあなた方は、自分の価値を、他人の視点から定めようとします。人から見て自分が立派にやっているか、誉《ほ》められるような人物か、ということばかり気になってしまうのです。

この人々が運命を達成するには、視野を拡大し、直感に耳を傾けることを学ばねばなりません。心の奥から湧き出す直感は、時には望ましくない結果に導くかもしれません。しかしそうした一見マイナスの結果は、教訓――時には生き方を変えてしまうほどの大切な教訓を学ばせるために、人生が意図的に与えたものなのです。ですから、直感を聞いてよくない結果になったからと言って「選択を誤った」とか「もう直感を信じるのをやめよう」などと思ってはいけません。

36／9に与えられた使命は、心の中の精神法則から導かれる、崇高な知恵に従って生きることです。これまで理想に向けていた意識をありのままの現実に戻し、「直感の法則」（508ページ）を実践した時、自分自身の中にある生きた愛情深い道案内役――内面の知恵が見つかることでしょう。

心の直感を信じ、完全主義を克服し、ありのままの世界と自分を受け入れられるようになった時、運命に向かう扉が開きます。人にインスピレーションを与えるには、別に英雄である必要はありません。また名声を博する必要もありません。知的な思考や肉体的衝動に身を任《まか》せることをやめ、感性がくみ出す崇高な法則に基づいて自然に生きることができればよいのです。

完全主義の影響を受けるこの誕生数は、自分の本当の感情を、理想的感情で塗りつぶしてしまいます。36／9に、「どう感じているのか」を聞いてみてください。すると大抵は、善良で、親切で、世話好きで、良心的で、勇敢で、陽気な人物を演じ、その理想像にふさわしい感情を述べるはずです。自分自身を知り、自分らしさを取り戻すには、まず、本当の感情を見つめ、それを受け入れなければなりません。実際、この人たちは遅かれ早かれ、本来の自分と向き合わざるを得ない状況に出合います。「誠実の法則」（499ページ）によって自分に率直になることを学べば、他人にも率直になることができます。

この誕生数は、非常に知的で完全志向が強いため、料理であれ、セックスであれ、学校の試験であれ、なんでもパーフェクトに行なおうとします。このための人たちの健康は、常に精神や感情の状態に左右され、神経がぴりぴりしています。また、何でも比較する傾向が強く、グループで一緒に何かを学ぶという状況では、すぐに最高レベルの人と自分を比べて落胆します。

非現実的な偏差値に加えて、こうした比較の傾向をもつ未熟な36／9は、いつまでも自分の能力に自信をもつことができません。

その上、他人からも完璧性を求められているように感じるため、自己嫌悪は深まる一方です。この落胆の人生に終止符を打つためには、見方を180度転換し、ひょっとしたら自分にはこれまで思っていた以上の知性と、強さと価値があるかもしれない、と考え直す必要があります。その時初めて、強力な自己信頼感を得て、人生に対する熱意が燃え上がります。理想に届かない今の自分を落伍者のように感じることをやめ、理想に向かって努力できるようになるのです。

未熟な36／9は、経験から学ぶことも苦手です。無思慮な行動を改めず、何度も同じ失敗を繰り返す時、この人々は原因と結果の法則を思い知らされます。結果をきちんと考えて、行動を選べるようになるまでは、かなりの試練が必要でしょう。しかし試練の末、精神法則の存在に気がつき、宇宙の摂理が分かってくると、心の知恵がやっと芽を出します。

このタイプは一般的に、哲学や宗教、精神的な概念を避けようとします。潜在意識の中で、迫害の苦しみを味わった昔の神秘主義者や思想家に共感するからでしょう。しかし、自己不信や完全主義の少なくとも一部を取り除くことができれば、直感的な知恵と触れ合うことができます。すると現実に対する興味が深まり、世界は探検する場となり、世界への理解が深まります。プラスの36／9は、本質的な真理や古代の謎、永遠の知恵を見つけ出す、素晴らしい才能に恵まれています。

6エネルギーの高遠な理想、9エネルギーの人間的深みとカリスマ性、3エネルギーの直感的な感性の相互作用は、表面に隠れた知恵や内なる知恵を見抜く並外れた能力を与えます。分析と創造の天才である31／4の精神分析学の創始者、ジグムント・フロイトを、36／9のカール・ユングと比べてみましょう。ユングは、意識下の原型を発見しましたが、フロイトはそれに猛反対して批判しました。しかし極端な自己不信を克服したユングは、師の反対に逆らい、自分自身の内なる知恵に従って主張を行ないました。

36／9は、心に抱く高邁《こうまい》な理想と、現実世界とのバランスをとり、自分自身と他人を受け入れ、心の知恵を家族や友人、社会と分かち合うために生まれました。しかし一番大切な使命は、自分の心の直感を通じて現れる精神法則を体現することなのです。

この人々は、言葉ではなく自ら手本となって人を導きます。マハトマ・ガンジーは、「私の人生が、私の教えだ」と語りました。36／9を含む、すべての「9タイプ」は、この言葉を思い出し、実行しなくてはなりません。彼らが自分の心に従って生き、自分の理想と現実のバランスをとることを学んだ時、運命をかなえる第一歩を踏み出すことができるでしょう。

誕生数36／9のプラス面

この人々は、理想的な感情ではなく、自分本来の欲求や感情と向き合い、内面の感覚や直感的な知恵を豊かにくみ出します。自分と世界のより完全な姿を思い描きますが、現時点の自分や世界もまた、完成へ向かうプロセスの一過程として認めています。もし自己不信に襲われたとしても、それを乗り越え、大いなる魂が導くところへ、まっすぐに歩いていく勇気をもっています。彼らの中には、型破りの人生を送る人もいるし、ごく普通の人生を送る人もいます。どちらにしろ、崇高な可能性を知り、大いなる知恵と理想に従うその生き方は、人々を勇気づけ、高揚《こうよう》させることでしょう。

誕生数36／9のマイナス面

この人々は他人に気に入られることばかり考えています。他人の目から見た自分の姿が自分のアイデンティティーだと考え、自分で自分を表現することができません。高い基準に照らしてたちまち欠点を見つけ、人を批判しますが、自分に対する批評には過敏に反応します。極度に緊張し、神経質で、自己不信から行動を制約し、ありきたりの決まったやり方を変えることができません。経験から学ぶことができず、失敗すればただただ失望感をつのらせ、自分の期待や希望を満たさない現実を否定します。

36／9の人生の課題

◆健康

洗練されたエネルギーを発する36／9は、実際の容貌よりもずっと魅力的な印象を与えます。カメラはエネルギーを写し出しますから、36／9のブリジット・

バルドーのように、いわゆる「写真うつり」はよいでしょう。

この人々は、3の感性と6の完全主義の影響で、自分や他人が理想を満たさないことを知ると、すぐに落胆して憂鬱《ゆううつ》になる傾向があります。慢性的な落ち込みは、免疫《めんえき》システムを傷つけ、風邪やストレス性頭痛、その他の抑鬱《よくうつ》性の症状を起こします。

マイナスの36／9は、常に極度に緊張しているため、神経系や生殖器官、腹部に障害を引き起こします。また、感情表現を抑えると、喉《のど》が痛くなったり、慢性的なあごの緊張に見舞われます。

この人々は、体質に合わない食物を摂取すると、消化不良を起こしたり、皮膚に発疹《ほっしん》を生じます。彼らは、こうした経験を通して、自分に一番向いている食物を探していきます。食事は、原因と結果の法則を修得するよい練習となるでしょう。また、自分の直感と触れ合うにつれ、数多くの種類の新鮮な食物を選ぶ傾向が強まり、さらに成熟すると、健康や活力を引き出すものだけを選んで、食べられるようになります。

運動については、毎日決まった運動を続けると、大きな効果があります。元気よく歩くだけでもよいし、筋力をつける運動や、もっと複雑なトレーニングでもかまいません。肉体の緊張を和らげ、バランスを保つには、どんな種類の運動であれ、とにかく毎日規則正しく身体を動かすこと。一日数分間でも全くしないよりはマシなのです。およそ実践できない完全主義的な目標を設定したり、実行不可能な計画を作るのは逆効果です。リラックスでき、それなりの達成感や開放感を味わえてこそ運動の効果が上がるのです。また、運動は忍耐力の大切さなどを教えますから、直接的な体験から人生の知恵を学ぶ練習にもなります。初めからたくさんやろうとせず、少しずつ時間を増やしていくようにしてください。さらにこの人々は、自分の運動習慣が他の人の手本となっている可能性を考えなくてはいけません。

◆人間関係

36／9は、「善良」でなければならない、「向上」しなければならない、「正しいこと」をしなければならない、という精神的な圧力で神経過敏になり、常にイライラしています。また他人に気に入られようと必死になり、色々なことに気を回して、早口で話す傾向があります。このような特徴は、人間関係にも影響を及ぼします。極度に緊張したエネルギーは、周囲の人を居心地悪くさせます。自分の本当の感情を取り戻すと、言葉数はずっと少なくなります。

また、彼らは理想的な感情を表すことに縛られているので、自分の気持ちを正直に表すことが苦手です。人間関係は、完全主義を克服するさまざまな経験を与えてくれるでしょう。

この誕生数は、非常に高い基準を求めるので、一緒に暮らす家族はかなり大変です。しかし自分自身や他人について判断することをやめれば、気楽でくつろいだ関係を築くことができます。

セックス面にも、自己不信とパフォーマンス重視の完全主義が影を落とします。また一部の人には道徳の問題も絡みます。しかしエネルギーをプラスに生かせるようになれば、セックスも愛情のある親密で楽しいものになるでしょう。

◆才能、仕事、財産

精神世界とは縁もゆかりもない、硬派な人生を送っていても、また超自然現象を一切信じず、遠ざけていても、36／9の心にはいつも、直感的な魂の知恵があふれています。知性とは正反対の所にある、奥深い心の領域と向き合った時、この人々はカール・ユングのように、自分なりのやり方で、革新的な洞察、展望、情報を世の中へもたらします。整体治療師となれば、素晴らしい効果を上げる新しい方法やシステムを編みだします。また、持ち前のカリスマ性や高い理想、表現豊かなエネルギーが生かせる俳優、教師、臨床心理士、ビジネスマンなどとして活躍することでしょう。

もしまだ気づいていないとしても、あなた方の中には、生まれつき崇高な知恵が潜んでいます。たとえまだ人生の障害や迷いと戦っている最中でも、その知恵はあなた方に豊かな収入をもたらします。貧困に苦しむことはほとんどなく、経済的な不満が生じるとすれば、余りに多くの理想的な収入を望むからに他なりません。

誕生数が36／9の有名人

アデル（歌手）
イサドラ・ダンカン（モダンダンスの先駆者）

ダスティン・ホフマン（俳優）
ホイットニー・ヒューストン（歌手）
カール・ユング（精神病理学者）
ロバート・レッドフォード（俳優）
ヨシフ・スターリン（ソ連の最高指導者）
セリーナ・ウィリアムズ（女子プロテニス選手）
マララ・ユスフザイ（パキスタンの人権運動家）

運命を実現する鍵

次の行動は、36／9の人生の課題を明らかにし、人生を変えるきっかけとなるでしょう。

♥心がけのヒント

・自分のもつ洗練された資質を認め、活用する。
・他人への奉仕から生じる美しさを見出す。
・自己不信は、越えるべきハードルだと考えて、戦士のように立ち向かう。
・自分の感情とあるがままの自分を、完全なものとして受け入れる。

行動チェックリスト

1、次の質問についてよく考えてみましょう。
・自己不信や完全主義のせいで意気消沈していないだろうか？
・今の自分の状況は、どのような点で完全だろうか？
・自分の本当の欲望と感情をきちんと把握《はあく》しているだろうか？
・崇高な原則や高潔さに基づいて、決定しているだろうか？

2、もし、このような質問で思い当たることがあったら、それをどうやって行動に生かせるでしょうか？

・「柔軟性の法則」柔軟であれば、試練と環境の変化を最大限に利用することができます。
・「誠実の法則」他人に誠実になるには、まず自分に誠実でなければなりません。

2、それぞれの法則を実践するための訓練をしましょう。

3、それぞれの法則を自分の人生でどのように生かせるかを考えてみましょう。

理解を深めるために

1、第二部に戻って、誕生数を構成する数字3、6、9の項目を読み直してください。

2、友人や家族の誕生数を調べ、彼らが関心を示したら、あなたの人生と似通った点、異なった点を話し合ってみましょう。

精神法則 人生を変えるために

1、第四部に記載した以下の法則を読んでください。

・「直感の法則」他人の意見を気にしなくなると、心の知恵に近づくことができます。
・「行動の法則」不安を克服するためには、自分の弱さを認識した上で、自信をもって行動しなくてはなりません。
・「完全性の法則」理想は意欲を生み出します。しかし日常生活で完全無欠はあり得ません。

45/9

4 5 9

知恵⇩高潔さ
訓練⇩自由
プロセス⇩安定

誕生数45／9の人生の目的

45／9の人生の目的は、安定性、独立、高潔さに関する障害を克服し、訓練のプロセスを通して自由を獲得し、崇高な精神法則と心から湧き出す知恵を学んで、それに従って生きることです。しかし、人生の目的を達成するには、運命からの挑戦に打ち勝ち、障害をばねにして課題を乗り越えなくてはなりません。運命が45／9に与える最初のレッスンは、焦点を絞った訓練をすることにより、内的な自由を得、外的にも自由を獲得することの大切さ、そして一歩一歩地道に歩むことです。いずれにしてもこの人たちは、大いなる魂の法則に沿って生きる知恵を獲得するまで、さまざまな〝障害〟という形で運命からの明確な意思表示が続くことになるでしょう。

身体は頑健《がんけん》で、頭の回転が速く、冒険心が旺盛な45／9は、しばしば生死に関わるような人生の課題に携わります。自分のエネルギーをどの程度プラス方向に向けられるかにより、慈愛に満ちた知恵と出合うまでに幾多の失望と困難に直面することになります。また多くの場合、一生涯のうちに、絶好調の時期とどん底の時期の両方を経験します。

45／9が抱える最大の課題は、活発に休みなく働く知性と理性を休め、深い心の知恵が宿る、穏やかな心の最深部と触れ合うことです。心の叡智《えいち》の宿る場所には、必要な精神法則がすべてそろっていて、それはあなたに最も必要な時に、心から湧き出る感情という形で教えてくれるのです。心に問いかけ、本当の気持ちとのコミュニケーションがとれるようになったら、いつでも宇宙の法則を知ることができるでしょう。

しかし、崇高な法則を発見すれば、それで挑戦が終わるわけではありません。発見した崇高な法則に従って行動することこそが、あなた方の使命なのです。それにはまず、4の安定性とプロセス、5の自由と訓練に関する課題を克服し、両数を成熟に導かなくてはなりません。4と5のエネルギーがきちんとクリアされていないと、精神法則に従い、高潔な生き方をすることはできません。

多くの45／9は内省的なところがなく、内面のプロセスにあまり関心を払いません。そこで人生は、さまざまな出来事を与えて、あなた方を内面的な探求へと追い立てます。このタイプの成長には、禅の修行僧のように、木を切り、水を運ぶような素朴で実直な毎日を送ることが大切です。未熟な45／9の中には、時に華々しい人生を夢見たり、早急な結果を求める人もいるでしょう。しかしこの人たちは、着実なプロセス、平凡さと率直さ、安定性を学ぶことでしか、達成や成功を手に入れられないように運命付けられているのです。

ヒーローやヒロイン願望の強い45／9ですが、この人々の使命は、派手なドラマではなく、日常の中で人を導き、教え、鼓舞《こぶ》することです。たとえば私たちは、健康的な食事法や毎日の運動の重要性を知っていますが、実際にはなかなか実行できません。45／9の使命は、日常生活の中で崇高な知識を着実に実行し、長いプロセスに耐えて目標を目指す人生の素晴らしさを人々に示すことです。

そのためにはまず、4と5に内在する障害を克服し、統合しなくてはいけません。4エネルギーは安定や地に足をつけることを求め、5エネルギーは変化や多様な選択肢を求めますから、反発し合うと大きな軋轢が生じますが、逆に統合されると、互いに強力に補い合います。

プラスの4は、安定や安心、目標へのプロセスをたどる意志をもたらしますが、マイナスの4は、混乱と不安定を生み出します。この場合は、すべてをすぐに手に入れたがるか、プロセスの一段階にこだわって、先に進めなくなります。また、視野が狭くなりがちなため、未熟な45／9は、しばしば離婚や健康問題、財政危機に見舞われ、それらが運命からのメッセージだと気づくまで同じような過《あやま》ちを繰り返します。

この誕生数は、27／9や36／9ほど他人の意見に過敏ではありません。しかし、アイデンティティーが乏しい点は同じで、自分が演じる役割を、あたかも自分自身であるかのように思いこみます。こういう時は、自分は、自分の演じている役割以上の価値があることを思い出さなくてはいけません。また、４エネルギーの影響で、成功する過程や準備を嫌い、突然の成功を夢見ますから、プロセスの法則（４５９ページ）によってこの傾向を克服する必要もあります。

５エネルギーがプラスに働くと、集中的な訓練を通して絶対的な内面の自由と、外面の自由を獲得することができますが、マイナスに作用すると、拘束感を逃《のが》れることばかり考えて興味が散漫になり、何一つ意味のあることを成し遂《と》げられません。

45／9が、４エネルギーを成熟させると、明晰《めいせき》な分析能力や強さ、社交性、勤勉さ、プロセスに従う忍耐力を手に入れます。また、５エネルギーを成熟させると、冒険的な資質や頭の回転の速さ、多芸多才、権威をものにします。

あなた方の多くに必要なのは、立ち止まって仕事の成果が実るのを待つ、忍耐力です。あちらこちらを旅行して、さまざまな場所を見て歩くだけでは、人生を大まかに見渡すことはできても、奥に眠る知恵を見落としてしまいます。探し求めている仕事や冒険や宝ものは、現在《いま》という時、此処《ここ》という場所の中に、そして自分自身の中にあることに気づかなくてはなりません。

「訓練の法則」（４６９ページ）は、興味を集中させ、努力の効果を高めることを教えてくれます。プラスの45／9では5と9のエネルギーが合成されると、単なる独立や放縦を超えた、本当の内なる自由を探す旅へと駆り立てます。たとえ自分では意識していなくても、直感的に感じる崇高な法則が、あなた方を導くのです。逆に、崇高な法則に接し、それを実践する以前の45／9は、傍目にはどれほど聡明で、裕福で、魅力的で、成功していても、心の中ではいつも平和や自由に飢えています。

一方、４と９の組み合わせから生じるエネルギーは、内なる安定――自分の居場所にとどまるだけでなく、難攻不落の要塞のように、どっしりとした安定を生み出します。安定性を手に入れた45／9は、誠実、責任、強さといった素晴らしい資質を示します。

45／9は、崇高な法則をただ理解するだけでなく、それに従って生き、言葉ではなく自ら手本を示して人を導くために生まれたのです。

安定して実直な生き方を身につけていても、見果てぬ夢ばかり見ているとしても、45／9の自由への渇望《かつぼう》は一様に強く、その自覚をはるかに上回るレベルで、潜在意識は自由に至る知恵や経験を求めています。高次の知恵を発見するために必要な経験や試練を、あなた方は無意識に強く求めているのです。

誕生数45／9のプラス面

この人々は、慎重な訓練の過程をたどって目標に到達し、内なる自由を手に入れます。持ち前の強さと機転とカリスマ性で、多くの友人や崇拝者、弟子を引きつけます。教師や導師となっても、ならなくても、人間社会の法則にとらわれず、崇高な宇宙の法則に従い、真の知恵と内なる自由を体現し、自ら手本となって人を導きます。この人たちの人生は傍目には平凡に見えるかもしれません。しかし一見平凡な毎日の中にも、周囲の人を鼓舞する並外れた影響力をもっています。

誕生数45／9のマイナス面

この人々は、自分の強さと賢さをもて余し、興味が散漫で集中した訓練ができず、混乱しています。大事なものを見落としているかもしれないと不安になると、自分の役割というペルソナの後ろに隠れます。自ら語った言葉を実行せず、他人だけでなく自分自身をも欺《あざむ》きます。現実と遊離し、無責任で、自分は自由で解放されていると自負していますが、それが本当の自由なのか確かめようともしません。いずれ運命はこの人たちに厳しい教訓を与え、人生と向き合うことを教えることでしょう。

45／9の人生の課題

◆健康

45／9の健康状態は、エネルギーがプラスに発揮されているかどうかで決まります。マイナスの場合、骨折や頭のけがが、脳や神経系の病気の危険性が高まりますが、プラスの場合は、身体も丈夫になり、はつらつとした健康を享受します。また頑固な45／9には病気という試練が、体調を少しずつ回復させていくというプロセスを体験するよい機会となるでしょう。

安定や自由の感覚を手に入れるには、強く健康な身体が不可欠です。ところが、9がマイナスに働くと、きちんとした食習慣と運動習慣を守ろうとせず、後に体調を崩して苦しみます。また、退屈な過程を嫌う傾向が強いので、健康的な生活を築く地道なプロセスを歩み始めるまでには、かなりの試練が必要です。

成長するにつれ、毎日の訓練の一環として、規則正しい食事の節制と運動を続けられるようになります。ライフスタイルや育った環境によっては、武道やウォーター・スポーツ、登山など、変化とチャレンジ精神を伴う運動の方を好むかもしれません。

◆人間関係

未熟な45／9は、感性や慈愛に欠けています。彼らはさまざまな障害を克服しながら、感性を育てていきます。

この人々では、4の安定に関する障害と家庭問題、5の独立意欲が作用するため、人間関係や感情面はかなり不安定です。彼らは家庭との関わりで軋轢を経験し（たとえば強い独立志向のために若いうちに家を飛び出すとか、逆に依頼心が強くパラサイトシングルになるなど）、両親か兄弟姉妹との間に解決すべき課題を抱えています。安定した基礎を築くには、こうした問題から解決していかなくてはなりません。また、45／9は、世の中全体を、大きな家族のように感じる力をもっています。

この人たちが感情領域を洗練させるには、まず自分の感情をよいものも悪いものもすべて受け入れ、着実なステップを踏んで親密な人間関係を育てる必要があります。しっかりとした人間関係は、より大きな自由を実現するための、安定した土台を与えます。大いなる世界観に目覚めるにつれ、45／9は、新しいものの形、生き方、アプローチに魅力を感じますから、責任を伴う人間関係を築く場合でも、紋切り型のつき合いをすることはないでしょう。

このタイプにとってセックスは、本能的な欲望を満たすだけでなく、冒険や変化を楽しむ場であり、より深い結合感を得る場です。崇高な知恵に従ってセックスを行なう時、あなた方は真の喜びを経験できるでしょう。

◆才能、仕事、財産

鋭い分析能力をもち、頭の回転が速いこのタイプは、生態学、心理学、自己啓発の分野や、指導力が要求されるその他の領域で、大きな業績をあげます。一見ごく平凡な人物に見えても、しばしば嵐のように揺れ動くビジネス界で活躍します。十分に準備し、堅固な基礎を築くことができたら、持ち前の自由に対する衝動をエネルギーに、素晴らしい成功を収めることができるでしょう。

45／9は現実的な経済感覚をもっているため、しっかりとした経済的基礎を作り、それを発展させていきます。財産は人生の中心課題ではありませんが、より多くの選択肢や安心感、自由を与えてくれます。現実性を失わないためには、財産を自分の手できちんと管理、運用することが大切です。

誕生数が45／9の有名人

45／9の有名人はまだ記録にありません。他の誕生数と比べて、現れる頻度が非常に少ないせいです。

運命を実現する鍵

次の行動は、45／9の人生の課題を明らかにし、人生を変えるきっかけとなるでしょう。

♥心がけのヒント

・自由になるには、一歩一歩、着実なプロセスを進まなくてはならない。
・自分の意見を尊重する。そして他人にもそれを勧める。
・高潔さとインスピレーションに基づいて行動する。
・他人の解放を助ける方法を見つけると、そのプロセスの中で、自分自身も解放される。

行動チェックリスト

1、次の質問についてよく考えてみましょう。

・自分は、どのような原則を元に、人生を組み立てているだろう？
・しっかりと安定した基礎を打ち立てているだろうか？
・内面の自由と独立を達成するために、焦点を絞った訓練ができるだろうか？
・人を導く高潔な手本になるには、どうすればよいだろうか？

2、もし、このような質問で思い当たることがあったら、それをどうやって行動に生かせるでしょうか？

理解を深めるために

1、第二部に戻って、誕生数を構成する数字4、5、9の項目を読み直してください。

2、友人や家族の誕生数を調べ、彼らが関心を示したら、あなたの人生と似通った点、異なった点を話し合ってみましょう。

精神法則
人生を変えるために

1、第四部に記載した以下の法則を読んでください。

・「大いなる意志の法則」自分から進んで崇高な目的に奉仕すれば、自分自身と他人を勇気づけることができるでしょう。
・「プロセスの法則」目標に確実に到達するには、少しずつ着実に歩まなくてはなりません。
・「訓練の法則」訓練を通して、集中的な経験を積めば、内面の自由を見つけることができます。
・「循環の法則」人生は、めぐる四季のように、変化、上昇、下降を繰り返します。
・「パターンの法則」自分を変える強い力をもたないと、行動様式を変えることはできません。

2、それぞれの法則を実践するための訓練をしましょう。

3、それぞれの法則を自分の人生でどのように生かせるかを考えてみましょう。

第四部

人生を変える法則

世界に秩序を与えることはできない。
世界は秩序そのものであり、
その具現である。
我々の方が、
この秩序と調和しなくてはいけないのだ。

ヘンリー・ミラー

第四部のはじめに

精神法則

ただ鍵を渡せばよい。
彼らは、
自分で錠を
開けられるのだから。

ロバート・R・マキャモン

私たちの社会には、社会の秩序を守る基盤としてさまざまな法律があります。しかし人間の作った法則は、森羅万象《しんらばんしょう》の存在をつかさどる壮大な宇宙の摂理《せつり》である、精神世界の法則のごく一部を反映した陰のような存在にすぎません。この崇高な法則は、地球の運動から季節の移り変わり、自然の力、原子の構造、宇宙物理学に至るまで、あらゆるものを支配しています。

この法則を作ったのは、自然ではありません。自然はただ、それらの法則を明らかにするだけです。この偉大な法則は人類が誕生するよりもずっと前から、そして自然が作られた時よりもっと前から存在していました。竜巻、大津波、台風、猛威をふるう火事……あらゆる人間の営みを破壊するこれらの強力な自然現象でさえ、この法則の支配を受けているのです。

人間の力では、いささかも変えることのできないこの法則は「自然の摂理」「精神法則」あるいは、単に「崇高な法則」など、呼び方はそれぞれの自由です。これは、カオスの中に存在する秩序であり、銀河系も支配する、宇宙の源《みなもと》にある大いなる力です。

科学者や神秘主義者たちは、それぞれ異なる手法を使ってこれらの普遍的な法則を解明しようとしています。本書に書かれた法則は、たとえば $E=mc^2$ のような物理法則に収まるものではありません。現実の高次の秩序として顕現する法則を解説したものです。それはいかなる信条とも無縁で、前提条件をもちません。ちょうど重力の法則のように、私たちがそれを信じるか否かにかかわりなく存在するものです。

自然界は、私たちにこの法則を明らかにしてくれます。季節の移り変わり、風に乗って運ばれる雲、川の流れ、風と海の力は、皆私たちに、自然の一部である人間本来の生き方を、教えてくれます。

本書では、これらの法則を「精神法則」あるいは「大いなる魂の法則」と呼びます。

私たちの人生にとっても、これらの精神法則は重要です。昔の船乗りたちが、星や羅針《らしん》盤《ばん》によって導かれたように、精神法則は、人生の浅瀬《あさせ》や暗礁《あんしょう》を乗り越えて進む方法を教えてくれます。そしてそれは、惑星の運動のように不変で、大自然のメカニズムだけでなく、人間の精神にも当てはまります。それはちょうど、木に激しい風が吹きつけた時、硬い枝だけが折れるように、精神もまた、柔軟であればあるほど、大きな力を得るのです。

イエス、マホメット、ブッダ、老子やその他の名高い導師たちは、自然についての寓話《ぐうわ》や本生譚《ほんしょうたん》（ブッダの前世の説話集）など、さまざまな比喩《ひゆ》を用いることによって、精神法則や人間社会での約束ごとを教えてきました。たとえば「収穫の法則」は、種は成長すると親と全く同じ種類のものを再生すること、蒔《ま》いた種は刈り入れなくてはいけないこと、種は成長をやめた時には死ぬことなどを教えます。すべての成長プロセスは、種と同じ道筋をたどります。成長するためには、よい土壌を必要とします。そして種成長して熟すには時間がかかります。そして種は、自身と同種同質の実をつけます。収穫の時には、次回の種蒔きのために少なくとも一割は取っておかなくてはなりません。新しい周期を始めるには、今の周期を終わらせなくてはなりません。すべての種は成長し、変化し、そして最後は死んでいきます。そして、新たな種蒔きのために耕される畑の肥やしとなるのです。

「収穫の法則」は、農業以外のあらゆる事象にも当てはまります。私たちの生活や社会法則に、そして宇宙のあらゆる存在に、この法則は影響を与えています。

精神法則は、私たちの心の奥底にあります。そして心の直感的な知恵を通し、私たちはすべての精神法則をくみ出すことができます。後天的な学習や社会適応など、外部からの干渉がない限り、精神と身体は、本能や直感を道案内として、これらの法則に従って動きます。ただ、内なる知者を尊び、信じればよいのです。しかし、自分という「個」の知性や自我にとらわれて、周囲と切り離してしまうと、人生の自然な流れに沿って生きることができません。

自分の生活、たとえば食事や運動、仕事、性の習慣を精神法則と同調させたとしても、人生の苦難がなくなることはありません。しかし法則を知っていれば、苦難に刃向かうのではなく、両手を大きく広げて受け入れ、取り組むことができます。まるで今という瞬間を抱きしめ、踊り出そうとしている安らぎの戦士のように……。

・道徳の概念を超えて

精神法則は、正しいか間違っているか、よいか悪いかという文化的な概念を超越した次元にあります。たとえば私が悪い人間でもよい人間でも、山に登り、崖の上で手を放せば、落下します。それで死んだら、私は無知で、おろかだといわれるかもしれませんが、私が「悪い」人間だという人はないでしょう。重力の法則はあらゆる人に等しく作用しています。日常生活で私たちが出合う試練と結果は、原因と結果、行動とそのリアクション、反応について教えます。成熟するにつれ、私たちは自然の力に敬意をはらい、精神法則の本質的な公正さに感謝するようになるでしょう。

・精神法則と人生の行路

宇宙を支配する法則の数はほとんど無限です。そのうち、人間がすでに発見し公式化しているものだけでもかなりの数に上ります。第四部では、第三部に記《しる》されている誕生数と人生の道に当てはまる、最も重要な法則について概説します。

精神法則はどの時代にも誰の人生にも、同じように作用しています。けれども、私たちの誕生数には、それぞれ固有の資質や人生の課題が内在しています。さまざまな精神法則の中から、自分の直面する障害を実質的に変化させて、自分を成長させる法則を取り上げ、重点的に実践すれば、運命づけられた道を進むにあたり、より大きな効果を上げることができます。

アルキメデスは言いました。「十分な長さのある棒があれば、てこの応用で地球を動かすこともできる」と。本章で述べる法則と原則は、人生に与えられたエネルギーを最大限プラスにもち上げる、てこと言えましょう。自分の誕生数に関わる法則をどこまで実践できるかで、経験の質や人生の行く手に、天と地ほどの違いが生じるのです。

健康、人間関係、職業といった人生のさまざまな局面に現れる課題は、成長するにつれ変化します。人生の道程に沿って、色々な問題が現れては消えていきますが、誕生数に関わる精神法則は、5年後、10年後、20年後、あるいは一生涯にわたり、変わることがなく、大きな効果を与え続けます。精神法則は、あなたが今すぐに解決しなくてはならない問題の答えとなるだけでなく、他のより広い意味での問題点にも光を当てていきます。精神法則は、単にあなたが困っている点を解決するだけでなく、二度と再び同じ困難に出合わないようにしてくれます。つまりあなたの人間関係や健康問題といった形となって、困難な状況を呼び込んでいる元凶である、あなたの欲求、恐れや不安、心の偏りにバランスを取り戻す働きをするのです。

精神法則は、表面的な現象を扱うのではなく、人生の奥深くに掘り進み、私たちの意識を本質から変えていきます。このため人生の途上に現れるすべての障害を分解し、癒《いや》すことができるのです。あなたの人生に最もよく当てはまる法則に従って生きれば、あなたの人生の核となる障害を、優雅に、易々と切り抜けることができるでしょう。

いくら素晴らしい法則や原則、知恵を知っていたとしても、それを必要な時に応用し、実践しなければ、何の役にも立ちません。もし高飛び込み台から飛び込もうとする時、誰かが水の方へ腕を伸ばすよう忠告してくれたら、きっとお腹を水面に打ちつけることなく、優雅に飛び込めるでしょう。しかし歯を磨いたり、買い物に行ったりする時にまで、「水の方へ腕を伸ばす」ことを考える必要はありません。ただ飛び込み台を離れて水の方へ落ちる瞬間に、この知識を思い出して実践すればよいのです。知識は、最も必要とされる時に実践すると、最大の効果を発揮します。

精神法則についても、同じことが言えます。私たちは、最も適切な瞬間、必要な瞬間にこの法則を適用する能力をもっています。そして的確に適用すれば、この法則は私たちの行動や感情、人生観を根本から改善します。それぞれの法則に書かれた実践例はその第一歩となるでしょう。

自分の誕生数に関するものだけでなく、できるだけ全部の精神法則と原則を学んでみてください。たとえ誕生数は違っていても、私たちはみな、根底で大いなる魂を共有する家族です。本書に書かれた精神法則の全体を見通すことにより、大いなる宇宙の営みが見えてくることでしょう。

柔軟性の法則

柔軟であること。
それはただ
受け入れることや抵抗することよりも
遥《はる》かに役に立つ。
目の前に起きる出来事を
積極的に利用し、最も苦しい状況をも
受け入れれば、
困難は、精神的な修練の場となる。
そうすれば、
あらゆる困難に
効率よく対応できるようになるだろう。

求められるままに、受け入れるがよい。
受け入れてから、
自分のやり方に合わせればよいのだ。

ロバート・フロスト

柔軟性とは、世の中で出合う出来事に頑強《がんきょう》に抵抗することをやめて、ありのままの自分と他人、状況を受け入れることです。とはいっても、嫌なことを無抵抗に受け入れたり、不正に目をつぶったり、また自分を犠牲にするという意味でもありません。柔軟性を体現するには、明敏な意識と大局を見る視野を保ち、流れに従うだけでなく、流れをつかみ、積極的に利用しなくてはなりません。この法則に熟達すれば、つまずきの石を踏み台に、ピンチをチャンスに変えることができます。激しい風に耐えるのではなく、それを利用する風車を建てることができるのです。

柔軟性の法則と聞いても、初めは非現実的で理想主義的な概念と感じるかもしれません。「たとえば、道で誰かに襲われたり、愛する人に悲劇が起きた時、どうしてそんな出来事を受け入れられるだろう」という疑問が湧《わ》くかもしれません。それは当然のことですが、世の中には至福の喜びがあると同時に、耐えがたい苦痛や不公平があることも疑いようのない事実です。たとえば同じような悲劇が複数の人に起こったとします。一部の人たちはその出来事から顔を背《そむ》け、運命に抵抗するでしょう。そういう人は、硬い枝が風に折れるように、大きな衝撃を受け、恐れの中で、最悪の苦しみを味わいます。しかしもう一方の人たちは出来事に逆らわず、自分が折れることで状況を100%受け入れることを知っています。人生という大きな流れの中で次々に起きる出来事の一つにすぎないという認識を持ち、そういう出来事は誰にも、そして自分にも起こり得るということを理解しています。この人たちは自分がもっている感情を認め、十分に表現しますが、出来事をしなやかに受け止めているので、木の枝はぽっきりと折れず、しなったことを反動にして跳ね返ります。頑固さや抵抗する心をもたない人は、出来事に対して最も効果的で創造的に対処できるのです。柔軟性は、偉大な力を内包しています。太陽と雨、暑さと寒さを同等に扱い、抵抗せず反応することで、最小限の苦痛や苦闘で障害を切り抜けます。そしてあらゆる苦難を試練とみなし、最大限に活用します。

以前、ユーモラスな言葉を後ろの窓に貼り付けた車を見たことがあります。「俺の運転が気に入らないなら、歩道から離れろ！」というものです。実際、もし誰かの車が人生の歩道を歩む私たちに向かってまっすぐ突進してきたら、どうしますか？　そういう時は「歩道に突っ込んでくるなんて、ひどい運転だ。交通ルール違反だ」などと考えている間に、「柔軟性の法則」を応用して歩道から飛びのき、自分の反射神経を試《ため》す機会を得たことを感謝するのが賢い方法です。

合気道《あいきどう》や太極拳《たいきょくけん》などの武道は、押されたら引き、引かれたら押し、こちらに向かってきたら、身をかわすという無抵抗の力を教えます。自分に向かってくる力があれば、あえて抗《あらが》わず、自分の力として利用すればよいという、柔軟性の法則そのものです。

自分にとってよいか悪いかという、これまでの観点で人生をとらえている限り、経済上の失敗や体調不良に感謝できるわけはありません。起きてしまったある状況や人間関係、または自分の感情を理性が否定し、抵抗する時、必ずストレスが生じます。「～の方がよかった」「～しなくてはならない、～してはならない」と考えるのは、頭が抵抗している証拠です。しかし人生の吉凶は個別の出来事から簡単に決められるものではありません。柔軟性の法則を修得すれば、個々の事象に一喜一憂するのではなく、より大きな構図で人生を眺められるようになります。人生で出合うことは、そのとき望ましいと思われることもそうでないこともすべて、自分の精神を強く賢くし、究極的に成長させてくれる機会だと考えれば、ものごとについてあれこれ期待したり、すぐに判断することをやめ、人生が変化していく姿をそのまま受け入れることができるでしょう。

狭い視野で人生を眺めると、確かに人生は常に公正ではないかもしれません。けれども自分という枠《わく》を超え、大きな次元に立って見渡すと、精神法則は常に公平に機能しています。柔軟性の法則を学ぶにつれ、「オーケイ、人はひと、自分は自分。自分に与えられた資質を最大限に生かし、今の状況で最善を尽くせばいいのさ」という見方ができるようになります。どんなチャンスにもどこかに欠点があるように、どれほど困難な問題からも、チャンスを生み出すことができるものです。

アルコール依存症の更生プログラムなどが採用している12段階プログラムで使われている「安らぎの祈り」には「神は私に、自分では変えられないものごとを受け入れる安らぎと、自分が変えられるものごとを変える勇気と、両者を見分ける知恵をお与えになった」という言葉があります。これは、柔軟性の法則を巧みに表現したものと言えるでしょう。

心の柔軟性を身につけると、災難や別れのような苦しみに出合っても、そこから何らかの喜びを見出すことができます。柔軟であることは時に、ある出来事に出合い、苦悩する自分や周りの当事者を高いところから俯瞰《ふかん》することを意味します。そして長期的視野に立ち、その経験から得られることに目を向けることです。たとえば恋人との別れは、辛い出来事ではありますが、見方を変えれば、新しい恋人との出会いの機会、新しい愛への扉が開かれたことでもあるのです。

猫は柔軟性の達人です。外に出ようとして誰かに行く手をふさがれれば別のルート、そこもふさがれれば、さらに別の出口をさがします。それでも駄目ならあきらめ、リラックスして、忍耐強く次の機会を待ちます。私たちもこれを見習いましょう。どうしても避けられないものごとに下手に逆らったり苛立ったりして、エネルギーを無駄にするよりは、あっさり受け入れ、リラックスして別の方法を考えるのです。

柔軟性とは、あるがままの自分、自分の周囲にいる人々、そして自分の行ないを全面的に、しかも無条件に受け入れることです。それには人生に対する態度を変えなくてはいけませんが、必ずしも行動を変える必要はありません。もし自分が他人を批判したり、悪口を言ったりしているのに気づいたら、そういう自分を否定するのではなく、認めて受け入れ、過《あやま》ちを許すことが柔軟性なのです。

柔軟性とは順応性を保つことです。水のように、その時々の瞬間という容器の形に合わせ、自分を適応させていくことです。

柔軟性の法則は、「完全性の法則」に似ていますが、強調される点と目的が少し異なります。柔軟性の法則を実践すると、人生の頂点やどん底といった荒波を避けることがなくなり、積極的に多くの経験をすることになります。こうして私たちは生きていることをより深く実感できるのです。

この法則を、仕事や人間関係その他、日常生活のあらゆる局面に適用すれば、抵抗から解放され、「なぜか分からないけれどとても幸福だ」という感覚を経験します。この法則を完璧にマスターした時には、他のすべての精神法則は、自然と身についていることでしょう。

次の演習は、直接の体験と実践を通して、柔軟性の法則を修得する参考となるでしょう。

柔軟性を体験する

これは、無抵抗の受容、つまり柔軟性を身体で体験するための、二人でする運動です。

1、足を肩幅程度に広げて自然に立ち、一方の腕を前に伸ばします。相手があなたの手首か前腕を取り、静かにあなたを前へ引っ張ります。

2、相手が引っ張るのに合わせて一歩前に踏み出してバランスをとってから踏ん張り、腕を引っ張り返します。この時の身体の感覚と感情を覚えておいてください。

3、さて今度は、相手がもう一度引っ張りますが、相手が引っ張り始めた時に、バランスを保ちながら、二歩前に踏み出し、相手が引っ張る方向にそっと押します。言い換えれば、力に抵抗する代わりに、力と一体になり、力を自分のものにするのです。この時の身体の感覚と感情も覚えておきましょう。今、あなたは、相手の力に支配されたわけでも服従したわけでもなく、かといって反抗したわけでもありません。相手の力を利用したのです。

4、相手と役割を交代して、今の体験と比較しましょう。

柔軟性の法則の実践

1、あなたはどのような状況や出来事に出合った時、反抗し、戦いを挑みたくなるか考えましょう。

2、あなたの人生が展開する流れを受け入れ、身を任せるために、柔軟性をどう取り入れるか考えてみましょう。

3、緊張したり、抵抗したり、尻込みしたり、立ちすくんだり、戦おうとしている時は、ちょっと考えてください。そして「積極的に力に同調し、その力を自分のものにしたらどうなるだろう?」と自分に問いかけてみましょう。

選択の法則

人生を拡大させるか、
縮小させるか。
言い換えれば
創造エネルギーと表現エネルギーを
プラスに発揮するか、
マイナスに働かせるか。
これは私たちがもつ、
最も基本的な選択である。
あらゆる状況の中で、
私たちは人生の方向を選択する能力を
備えている。

私たち一人ひとりの中には、英雄がいる。呼びかけさえすれば、姿を現すだろう。

作者不詳

地球上のほとんどの生き物は、主に本能と環境への適応に基づいて活動し、意識的な選択の幅は限られています。一方、私たち人間は、膨大な選択肢と選択能力をもっています。毎日の生活は、自由意志で行なう選択と実行から成り立っています。私たちは朝目覚めれば、すぐに起きるか、もう少し寝ているか、朝食に何を食べるか、一日をどう過ごすか、職を変えるか、学校に戻るか、誰かとのつき合いを続けるかやめるか――こうした行動の一つひとつを自分で選びながら生きています。

人生の状況によって、数多くの選択肢が与えられることもあれば、ほとんど選択肢のない場合もあります。

明晰な知性は選択能力を高めますが、心の病やその他の障害は、選択を変形させたり制限したりします。また、私たち全員に、等しい選択肢があるわけでもありません。お金がたくさんあれば、ヨーロッパへ飛行機で食事に行くこともできますが、貧しい国に住んでいれば、たとえ食べることを選んでも食べ物が手に入らないかもしれません。さらに身体的状況も、選択の幅を制限します。もし寝たきりならば、丘を駆け抜けることを選んでも、想像する以外は不可能でしょう。けれども私たちは生きている限りどんな場合にでも、自分の状況をどのように受け止めるかを選ぶ力と責任がありいます。選択の法則は、まさにこの力と責任に関する法則です。

私たちは生きなくてはならず、
いずれは死ななくてはならない。
しかしそれ以外のことは、自分で決められる。

作者不詳

私たちは、家族や雇い主、友人や環境、また神の思《おぼ》し召しによって、自分の運命が決められるように思うことがあります。たとえば、雇い主に「残業しないなら、辞めてもらう」と言われたら、もう選択の余地はないように感じるかもしれません。しかしそんなことはありません。あらゆる選択には、必ず結果がついてくるということを理解した時、私たちは自分の責任において、選択を行ないます。

私たちは、楽な道と、困難な道のどちらかを選ぶことができます。しかし目標に早く到達できるとか、その道自体に喜びが見出せるという場合以外、わざわざ困難な道を選ぶことはめったにありません。また、固定観念や偏見が少なく、視野が広いほど、選択の幅は大きくなります。

選択をする際、潜在意識がもたらす直感のメッセージを信頼することも大切です。潜在意識は、普段の理性的判断とは違ったものを選択することもあります。これは、人生の目的の達成や、大切なことに気づくための重要な教訓として、あなたの高次の自我が求めていることなのです。選択の法則を尊重すれば、場当たり的に状況に流されることはなくなり、明確な目的意識をもちつつ、自分の人生に責任をもって生きられるようになります。自分自身が意識して選択を重ねたという自覚があれば、今自分が正しい道を歩んでいるのか、つき合うべき人とつき合っているか、自分の適性に合った仕事をしているかなどとあれこれ思い悩むことはありません。自分が選んだ環境、パートナー、仕事だという自覚から、その選択の結果のすべてについて責任をもって背負い、そこからまた新たな選択肢を切り開いていけるのです。もし八方《はっぽう》ふさがりで手も足も出ないと思ったら、ぜひ、選択の法則を思い出してください。

　運命システムに導かれる人生で、私たちは何かを拡大させるか、縮小させるかという選択肢や、何かを生み出すか、破壊するかという選択肢が与えられています。これらをどう選択するかによって、創造力と表現力という二つの重要な領域に大きな違いが生まれます。

　私たちは皆、創造的な人生エネルギーをもっていて、自分を表現する能力も備えています。そして創造エネルギーと表現エネルギーをプラスに生かすか、マイナスに働かせるかは、すべて私たちの選択に任されています。自分に選択肢があることや、創造力、表現力をもっていることに気づかない人もいるかもしれないし、創造力と表現力を恐れ、抑圧している人もいるでしょう。しかし自分に与えられた選択肢と、その中から最良のものを選びとる能力に目覚めれば、エネルギーの用い方に対する責任感も芽生えることでしょう。

創造に関する選択

建設的な方向に創造しますか？
それとも、破壊的な方向に創造しますか？
どちらにしても
創造エネルギーはその活路を見出します。

　万物はエネルギーからできています。そしてエネルギーは、プラスにもマイナスにも現れます。たとえば電気は街を照らすこともできれば、感電させて命を奪うこともできます。富も一種のエネルギーですから、プラスにもマイナスにも現れます。慈善事業に寄付したり、充電のための休暇旅行に出かけることができる反面、人を雇って犯罪を起こすこともまた可能です。

　創造エネルギーは、うねり、押し寄せるダイナミックなエネルギーですから、何らかの表現によって外に解放しなくてはいけません。このエネルギーは両刃《もろは》の剣です。もし建設的な目的のために用いられなければ、破壊的な方向へ噴出します。創造エネルギーが完全に閉じこめられると、うねりは私たちへとその矛先《ほこさき》を向け、身体的、感情的、知的レベルでさまざまな障害を引き起こします。たとえば肥満は、しばしば抑圧された創造的エネルギーが原因となって生じます。

プラスに解放された創造の典型は、音楽、絵画、彫刻、著作、演劇などの芸術です。しかし子供を産み育てたり、仕事上で革新的な発想を提案したり、植物を育てたり、動物の世話をしたりすることでも創造エネルギーは生かせます。ヒーリングや工芸、インテリアデザインをはじめとした分野でも、創造力は重要な役割を果たします。

創造エネルギーは建設的にも破壊的にも表現できます。たとえば、パブロは独創的な芸術家になるかもしれませんが、セオドアはにせ札を作るかもしれません。カリナは、創造エネルギーと器用な指でギター奏者となるかもしれませんが、マルガリータは同じ才能を用いてスリになるかもしれません。ある人は言葉を巧《たく》みに操り、物語や文学を創造するかもしれませんが、別の人は巧妙なうそをつくかもしれません。

刑務所の囚人は、大抵非常に創造力が豊かです。素晴らしい絵を描き、歌い、演じ、文章を書く能力に恵まれながら、その創造力をマイナスの方向に使い、ユニークな手口で強盗を計画し、人を騙《だま》して金を巻きあげ、創造的なうそをついた人々なのです。

抑圧された創造エネルギーは、身体上の疾患や症状となって現れるか、煙草やアルコール、その他の薬物、食べ物、セックスへの耽溺《たんでき》となって噴出します。こうした発散が繰り返され、慢性化すると、依存症や中毒症状を起こします。

私たちの今ある状況は、よいにつけ悪いにつけ、すべて自分が選択した結果であることを認めた時、私たちはその選択について考え直し、同じエネルギーを自分にも他人にもよい方向に活用し、依存症などの「懲罰的」な結果を得る代わりに、豊かな報酬を得ることができるでしょう。たとえ、これまでどれほど創造エネルギーを抑圧し、破壊的に用いてきたとしても、エネルギーを肯定的、積極的に表現することを自分で選択すれば、その時点からあなたは人生を変えることができるのです。

次の演習は、直接の体験と実践を通して、創造エネルギーに関する選択の法則を修得する参考となるでしょう。

創造的選択の体験

1、あなたの創造エネルギーがどう表現されているか、考えてみましょう。

・あなたのエネルギーは、創造的な計画や活動に注がれているだろうか？　それとも抑圧されているだろうか？

・もし、エネルギーを抑圧しているなら、何か身体的な症状が現れているだろうか？

・このエネルギーを楽しく建設的な方向に使うにはどうすればよいか？

・エネルギーが鬱積《うっせき》した時、あなたは、どんな方法でエネルギーのバランスをとり、落ち着かせ、あるいは解放しているだろうか？

□運動をしていますか？

□煙草を吸いますか？

□おしゃべりが大好きですか？

□飲酒、あるいは薬物を使用していますか？

□食べすぎですか？

□セックスをエネルギーのはけ口にしていますか？

2、1に挙げた設問は、道徳的な善し悪しではなく、創造力を発揮する上で、建設的な方法かそうでないかを判断するためのものです。

・将来どのような方向に自分の創造性を用いるだろうか？

・あなたは明日から、自分の選択能力を使おうと思っているだろうか？

創造的選択の実践

1、自分はどのような方法で創造力を発揮していますか？　建設的な方法とそうでない方法を列挙してみましょう。

2、そのリストをじっくりと眺め、今後どんな人生を築いていきたいかを考えましょう。リスクを冒《おか》して何か新しいことに挑戦するのもよ

いし、今のままの人生を送るのも自由です。

3、もしあなたがアルコール、煙草、その他の薬物、あるいは過食やセックスに耽溺し、エネルギーを発散しているなら、次の項目を検討して、エネルギー発散の方向と人生の進路を変えましょう。

・12段階プログラムや、その他の更生プログラムを見つける。依存症から抜け出すには、自助グループや家族の援助が欠かせません。

・運動を定期的に行ない、エネルギーのバランスをとり、建設的に発散させる。

・カウンセラーか臨床心理士に相談して、潜在的な問題を克服する。

4、創造的な技術や芸術を学びましょう。自分の創造的才能に自信がない人も、思い切って何かを始め、自分の創造力を表現しましょう。

・たとえば芸術や演劇の教室に参加する。短篇小説や詩作、日記を書く。新聞に投書する。手工芸や趣味を始める。家の模様替えや家具の配置替えをする。他の人の問題解決を助ける。庭仕事をする。ボランティア活動をする。

表現に関する選択

建設的な方向に表現しますか？
それとも、破壊的な方向に表現しますか？
どちらにしても
表現エネルギーはその活路を見出します。

表現エネルギーもまた、発散が必要なエネルギーです。私たちが一番多く用いる表現方法は、話すことですが、行動や芸術活動、手工芸も自己表現の手段です。

表現とは、ただ、知識や情報を伝えることではなく、感情を外に表すことです。表現エネルギーとは感情エネルギーです。怒りや悲しみ、喜びやインスピレーションといった感情から生み出されるもので、これらの感情は噴出したいというエネルギーを内包しています。

もしこうした感情を押し込めると、エネルギーが鬱積して、喉《のど》の痛みや、潰瘍《かいよう》、腹部の障害、腰痛、子宮筋腫、前立腺の病気、頭痛、筋肉の緊張や硬直などの症状や疾患を引き起こします。高齢者が、こうした病気にかかりやすいのは、長年、感情を抑圧し、ため込んで来たからです。しかし、新しい習慣を形成し、自由で開放的な自己表現を行なうようにすれば、身体の症状は回復に向かい、再び生き生きとした健康を取り戻せることでしょう。

創造エネルギーの発散には、一人で絵を描いたり模型を組み立てたりするだけで終わってしまうことがあります。しかし表現のエネルギーには、必ずそれを受け取る相手が必要です。あなたの表現を見たり耳を傾けたりして、評価してくれる相手が必要なのです。聴衆は大人とは限らず、子供かもしれないし、可愛がっている動物（動物は、批評や非難を一切加えず、純粋に受け止めてくれます）の場合もあるでしょう。

表現エネルギーは、一部の人たちに非常に強く存在します。最初は、一人の相手に対する、一対一の表現かもしれません。しかし自分の表現力に自信がつくにつれて、表現の相手は次第に広がって行きます。交響楽、演説、メロドラマなど、あらゆる形の表現は、感覚を伝わり、刺激し、インスピレーションを与え、受け取る人々の感情を呼び起こします。

プラスの表現は、演説、歌、演技、音楽、著作その他の芸術において、情熱的かつ建設的な方法で人の情動を刺激します。一方、マイナスの表現は、悪口や不平、批判や愚痴《ぐち》として現れ、相手を傷つけ破壊し、ずたずたに切り裂く力をもっています。

表現エネルギーを豊富にもつ人は、その用い方次第で、周囲を向上させることも、破壊することも可能です。自分の使い方次第で幸福も不幸も自在につむぎ出すエネルギーの性質を理解すると、建設的な方向に発揮する責任に気づくことでしょう。

もちろん私たちの心の中には、プラスの感情もマイナスの感情もあります。そしてプラスもマイナスも含めた、自分の本物の感情と接触し、解放する時、新しいレベルのエネルギー、自己統合、癒しを生み出すことができます。ここで大切なのは、マイナスの感情でも、建設的に表現することができるということです。怒りや恐れ、悲しみといった、マイナスの感情を否定し、感情を抑えつけて冷静でいるべきだと言うつもりはありません。たとえば、あなたが相手の言動に怒りを感じた時、ただ相手の悪口を言って発散させることもできますが、相手に向かって「私は今、君のしたことに対して本当に怒っている。このままでは二人の間に壁ができてしまうが、それは避けたいんだ」と、建設的な言葉に表現することもできる、ということです。

選択の法則に従って、何かを表現するときは、自分のすべての感情を率直に表現するよう心がけましょう。人生を長い目で見た時、率直な表現は、私たち自身と私たちの人間関係にとってプラスに働きます。「誠実の法則」は、ここでも当てはまります。

「ペン（表現力）は、剣より強し」ということわざは真理を言い当てています。一部の独裁者たちは、表現力を悪用し、プロパガンダで国を乗っ取り、誹謗《ひぼう》・中傷により民衆の殺戮《さつりく》を行ないました。同時に、心に感動を呼び起こす芸術や、歴史に残る雄弁な演説は、世界に美と調和をもたらし、私たちを行動と変化へと駆り立ててきました。

日常生活においても、それぞれの場面で自分をどう表現するかによって、その後のあなた自身や周囲の人々の人生は、大きく違ってくるでしょう。そしてどんな未来を選ぶかは、あなた次第なのです。

次の演習は、直接の体験と実践を通して、表現に関する選択の法則を修得する参考となるでしょう。

表現の選択の体験

1、次の質問について考えてみましょう。

・最近ではいつ、誰かにマイナス表現をぶつけただろう？

・感情をマイナスの方法で表現している時、たとえば批判や不平を言う時、後ろめたい気持ちはないだろうか？

・批判や不平などのマイナスの表現をしている時、あるいはその後で、どんな感情が起こるだろうか？

・最近ではいつ、誰かにプラス表現をしただろう？

・感情をプラスの方法で表現する時、たとえば誰かをほめたり、互いの関係を尊重する建設的な方法で怒りを表現した時、プラスのエネルギーが自分に返ってくるのに気がついただろうか？

・誰かをほめるなど、プラスの表現をしている時、あるいはその後で、どんな感情が起こるだろうか？

2、以上の質問に対する自分の解答をよく考えれば、感情のプラス表現の素晴らしさが分かるでしょう。できれば頭の中で、プラス表現の練習をしてみましょう。

3、次の機会に、ここで覚えたことを実行に移しましょう。

自分以外の人を主語にするのを避け、「私は〜と感じる」（「私は〜の時、むかつく」）という形で表現するようにしましょう。

表現の選択の実践

1、最近の一、二回の例を取り、他人の批判や愚痴など、何かマイナスの表現をした時のことを思い出し、どういう表現をしたかを書き出してみましょう。

2、多くの場合、批判とは、感情そのものの表現ではなく、自分の感情を、審判や判断に置き換え、自分を正当化した表現です。判断の元になった自分の感情に率直に、言葉にするとどうなるかを考えて、1で挙げたものを、下のヒントに習って書き直してみましょう。

ヒント：「彼のせいで頭がおかしくなる！」

「彼女はいつだって……」というように、

責任の法則

自分と他人の責任の限界や
境界線を確立すれば、
自分の義務をしっかりと果たし、
それ以外は、人に任《まか》せることができる。
そうすると、
人とのつき合いが調和のとれた
協力的なものになり、
他人への奉仕に、
一層の喜びを見出せるようになる。

平穏な心を手に入れるには、宇宙の総支配人の職を辞さなくてはならない。

ラリー・アイゼンバーグ

「団結すれば立ち、分裂すれば倒れる。たくさんの人でかかれば仕事はずっと楽になる」「三人寄れば文殊《もんじゅ》の知恵」。この原理は、さまざまな言葉を使って表現されてきましたが、実際、協力して働く時、私たちは、高層ビルの建築や芝居の上演など、一人ではおよそ不可能な大仕事をやり遂《と》げることもできるのです。

人々が協力して働く時、各人の分担する責任の程度はさまざまです。時には、一部の人の働きばかりが目を引くかもしれません。しかし彼らの努力が実を結ぶのも、他の人たちの支えがあってのことなのです。ロック歌手も音響技術者がいなければコンサートはできません。会社の社長やＣＥＯが、有能な秘書なしに会社の経営ができるでしょうか？　政治やビジネスの世界で名をあげる人たちの陰には常に、たくさんの人々の支えがあるのです。

家庭も会社も国家も、その内部で責任ある協力が得られれば栄えるし、得られなければ崩壊します。私たち人間の身体の機能も、内部器官が協力し合って初めて維持されます。

他人に協力するには、まず、自分自身の内部を調和させ、統合することが肝要です。自分の内なる家を整理し、矛盾《むじゅん》する「いろいろな自分」の葛藤、たとえば対立するアイデンティティーや信念、価値観や見方などを統合させなければなりません。そのためには、右脳と左脳の連携を強化する必要もあるでしょう。調和を見出す第一歩は、調和していない部分を見つけることから始まります。「両方」か「一方」か、「はい」か「いいえ」か、「すべき」か「すべきでない」かなど、自分の中で、対立する考えがあるかどうか確認してみましょう。内面の部分同士に働きかけ、全体を調和させる方法にはいろいろあります。自分の中にある自分への働きかけ、声の対話（ボイス・ダイアログ）、神経言語学プログラミング、錬金術的催眠療法、その他、左右の脳の統合を助ける教育などもそうしたアプローチの一部です。

私たちは、自分自身、他人、環境との関係において、力の均衡点を見出し、自分が負うことのできる責任の適切な範囲と限界を定めなければなりません。そして自分の価値観やニーズは、両親や兄弟姉妹、配偶者、他の人たちと異なって全くかまわないし、むしろそれが当然だと認めましょう。

他人への奉仕や、誰かを支えてあげたいという衝動が強い人たちの中には、自分と相手がへとへとになってしまうほど、過剰に協力する人がいます。過剰協力がひどくなると、共依存に陥ります。共依存とは、他人の人生に過剰に関わり、その人から何も返ってこないのに与え続け、自分の欲求を無視してしまうことです。共依存的な人々は、親や友人、従業員としての一般的な義務のレベルをはるかに超えた過剰な責任を負い、自分の価値や自尊心、さらにはアイデンティティーのすべてを「どれくらい他人に奉仕ができるか」という観点から判断します。いつも他人の要求を最優先するので、人からはぞんざいに扱われ、なかには奴隷のようにこき使われる場合すらあります。

共依存の元凶になる、過剰協力を生み出す原因は、偏《かたよ》った、あるいは過大な責任感です。他人の蒔《ま》いた種は他人に刈り取らせ、反省させればよいのに、彼らは自分が泥をかぶり、他人の尻拭《しりぬぐ》いをして歩くのです。

過剰な協力を受けた人が、文句を言うことはまずありません。「気が利かない！」なんて言われることもないでしょう。しかし、親切心の振り子が過剰協力に揺れすぎると、いずれは反対方向への揺り戻しが来ます。方向転換には数日、数週間、数カ月、それとも何年もかかるかもしれません。しかし遅かれ早かれ、それは起こります。

過剰協力の反動で、非協力的になった人は、妥協の余地なくけんもほろろに拒絶するか、あるいは感情的には嫌だと思いながらも、他の人々のために仕事をし続けます。こんな状況が続けば、いずれその人間関係は途絶えます。

しかし、このように協力の問題で深く、あるいは慢性的に崩れた人間関係を修復し、復活させることも可能です。与えることと、受け取ることとの間に新しいバランスを見出し、互いに支え合う関係を築いた時、奇跡は起こります。そのためには、率直なコミュニケーションをとり、対等に責任を分け合い、共依存傾向にある人の「支えてあげなくてはならない」という心理的な重荷を取り除かなくてはいけません。新しい協力関係のバランスを築く責任は、主に共依存傾向にある人の方にあります。

責任感は本来、素晴らしい姿勢です。しかし過度な責任感は双方にとって重荷となるだけです。過剰協力の傾向がある人は、自分の態度や行動から、自分の領域を通り越し、他人の責任領域に入っていないかを見直し、真の協力関係と、バランスのとれた責任分担を確立するための均衡《きんこう》点を見出さなくてはなりません。

協力の理想的なあり方は、相手が他人に依存することなく、自分の力で行なうことができるようにしてあげることであり、そうする機会と勇気を与えることかもしれません。実際、こちらの要求をはっきり伝えることが、最大の援助になる場合も少なくありません。

責任の法則は、自分が心地よく過ごせる領域を見出し、それを尊重し、その範囲内で行動することがいかに大切で、必要かを教えます。私たちはみな、この心地よい領域を無視するのではなく、尊重しつつ、それを拡大するために生まれました。責任の法則は、あなたの内面の価値を尊重し、あなたが安心できる均衡点を見つけることの大切さを思い出させてくれます。

　ロザリンとターニャの例をご紹介しましょう。どちらも二人の子供をもつ母親です。かつて両者は広告会社の管理職としてサンフランシスコの職場に通勤していましたが、子供ができた時、ロザリンは休職し、家で子育てに専念する決意をしました。一方、ターニャは仕事を続け、子供の世話をするよいベビーシッターを見つけました。両者の選択は異なりますが、ここで問題なのは、双方とも心から望んだ選択ではなかったという点です。二人とも「自分はこうすべきだろう」と思って選んだ道でした。

　家庭に入ったロザリンは、仕事の意欲が捨てきれず、欲求不満を感じていましたが、よい母親であるためには一日中、子供と一緒にいなければならないと信じ込んでいました。ターニャは毎日、子供を残して出かけるのが苦痛でした。けれども彼女は、自分の母親のように、家庭に縛りつけられるのではなく、男女雇用機会均等を享受する、現代的な女性でいたかったのです。

　どちらの女性も自分の心の欲求を無視し、こうあるべきだとか、こうすべきだという、世間の価値観やイメージに同調しすぎたため、心地よい領域を外れていました。幸いに今ではどちらも、上手なバランスを見出しています。ターニャは家でできる仕事を見つけ、子供の面倒を見られるようになりました。ロザリンは職場に戻ってパートタイムで働いています。自分のニーズを満たすことができたので毎日生き生きと仕事をして、子供といる時間も以前よりずっと充実するようになりました。

　責任の法則を実践すれば、他人を支えることと、他人に支えられることの間にバランスを見出せるようになります。そして、頭でこうすべきだと思い込んでいることと、心で本当に望んでいることの違いに気づき、自分が本当に気持ちよくできる範囲で責任を負う術が分かります。もし気持ちに無理が生まれれば、そのことをあいまいにせず「私はこれだけやりましょう。ただし残りはあなたの仕事です」とはっきり伝え、互いの妥協点を探ればよいのです。こうした態度こそが責任の核心であり、協力の極意と言えましょう。

　次の演習は、直接の体験と実践を通して、責任の法則を修得する参考となるでしょう。

責任の体験

バランスのとれた責任感を見出し、他人への真の協力を達成するには、まず自分の内部のバランスを経験しなくてはなりません。次のイメージトレーニングは、潜在意識に働きかけ、葛藤する自己を調和させます。また、もめごとを解決し、他人と協調的な関係を作り出す練習としても役立つでしょう。創造力を働かせて少し訓練すれば、1～2分で行なうことができます。

1、世界や宇宙のどこでも結構です。安全で特別な場所を想像しましょう。山奥の高原や、誰も知らない峡谷《きょうこく》、あるいは静かな牧草地でもかまいません。そこは、あなただけの秘密の空間です。

2、その空間にある一つのテーブルと、それを挟むようにして置かれた二つの椅子をイメージしてください。

3、自分の中の対立する部分を一組ずつ、順番に呼び出し、テーブルを挟んで、向かい合わせに座らせます。身体を代表する部分と、心を代表する部分を呼び出してもよいし、自分の好きな部分と嫌いな部分、過去と未来、批判と受容でも結構です。感情が交錯していたり、二方向に引き裂かれていると感じることがあれば、対立する感情をそれぞれ呼び出してみましょう。

4、それぞれの部分に、こう質問してください。「あなたは、私のために、どんなプラスの意図をもち、実りある結果をもたらすのですか?」と。たとえ一方の部分がマイナスに思えても、潜在意識のすべての部分には存在理由があり、全体のために大切な機能をしていることを信じましょう。

5、各部分は、あなたの心の目にはどのように見えますか? それらが、どのように動いて座るか、どう振る舞うかに注目しましょう。両者が席に着く時、互いにどんな風に関わり合うか気をつけてください。

6、両方の部分が今後、双方を尊重し、協調して働けるように、協力点や共感点を見つけるまで話し合うよう、心に念じましょう。

7、話が終わったと感じたら、各部分に感謝し、お別れを言って、彼らにはそのまま会合を楽しんでもらいましょう。

責任の法則の実践

1、人に頼まれた時に進んでやりたいことと、やりたくないことを思い浮かべてください。それをリストに書き出すか、口に出して列挙してみましょう。境界線はどこにありますか？どうしてそこが境界となるのでしょう？

2、家庭や仕事で他の人のためにしている活動のうち、気持ちよく感じられることと、感じられないことを思い浮かべ、リストに書き出すか、口に出して列挙してみましょう。

・以上の活動のうち、継続的にやっているものはいくつあるか？　それは何故か？

・子供や配偶者や親戚など、他人のための奉仕をして、後で文句を言っていることがあるか？

・他人の犯した間違いや、他人の生活に対して責任を感じることがあるか？

3、自分の人生で、責任を感じすぎたり、過剰な手助けをしたりする分野はありませんか？また抵抗して自分の殻《から》に閉じこもっている分野がありませんか？　検討してみましょう。もし自分が、利用され、感謝されていないように感じるなら、人生でよりよいバランスを見つけるためにどうすればよいと思いますか？

バランスの法則

あなた方が、二つのものを一つにし、
外を内のように、
上を下のようにする時、
そして、男と女を一つにする時、
あなた方は、神の王国に入るであろう。

トマスの福音書

私たちの身体、知性、感情はもちろん、
宇宙、生物、人間関係など
さまざまなレベルでも、
二つの相対する要素が拮抗《きっこう》し、
どちらかが多すぎるということが
ないよう、
それぞれにバランスを保って
機能している。
そして片方に大きく揺れた心の振り子は、
必ず反対方向に揺れ戻すことを、
思い出させてくれる。

重力が宇宙を一つにまとめる接着剤であるならば、バランスは宇宙の秘密を解く鍵《かぎ》です。万物はバランスを保って存在しています。高低、内と外、寒暖、速い遅い、音と静寂といった正反対のものが作用し合い、両極の間の均衡《きんこう》点によって調和を保っています。

私たちが、食べ、眠り、働き、忙しく動き回っている間、私たちの潜在意識は自律神経系、内分泌系、ホルモン系統、循環器系を通して働き、体温や血液の化学作用の微妙なバランスを保っています。これがもし急激に変化すると、生命を維持することもままなりません。しかしバランスが必要なのは、命だけではありません。人生の質や精神状態を向上させるためにも、バランスは欠かすことができません。

ある意味では、地球そのものも、単独の生きた有機体と言えましょう。地球の表面に暮らす私たち人間は、地球の細胞。海洋や風は循環器系です。そして地球もまたバランスを保って存在しています。私たちが成熟し、自分独自の均衡点を学ぶ過程もまた、地球環境が現在直面している生態系の変化という巨大なドラマの一つなのです。

私たちの身体の生理的バランスをつかさどるのは潜在意識ですが、生活様式や行動のバランスをとるのは、覚醒した意識です。バランスの法則は、「選択の法則」や「責任の法則」と密接に関わり合っています。選択の法則はバランスのとれたエネルギーの用い方を教え、責任の法則は過剰協力と非協力の間のバランスに取り組み、人生の一領域のバランスを達成することが、如何《いか》に人生全体に重大な違いをもたらすかを示します。

私たちの魂の中には、禁欲主義と快楽主義、信頼と懐疑、社交と隠遁《いんとん》、優越感と劣等感など、対立する傾向が潜み、理性の矛盾と混乱を生み出します。昔から、肉体、感情、知性、そして心のバランスの確立は、人間の目指すべき目標の一つでもありました。

中国の道教からエッセネ派のラビ、キリスト教、イスラム教に至るまで、あらゆる宗教や文化の賢人は、「中道」「黄金の中庸《ちゅうよう》」「細くまっすぐな道」を唱道してきました。自然界でも、人類のほとんどは砂漠の過酷な暑さや北極の極寒を避け、暮らしやすい温帯で文明を発達させてきました。

文学、ことに子供の物語には、バランスの大切さをテーマにしたものがたくさんあります。たとえば、西洋の『三匹の熊』の物語で、ゴルディロックスは、大きすぎず小さすぎない椅子と、熱すぎず冷たすぎないお粥《かゆ》と、固すぎず柔らかすぎないベッドと、すべてにちょうどよいものを選びます。

しかしバランスは、常に極端を避けることではありません。両極端を均等に経験してみることにより、その距離感を知ることもバランス感覚を保つためには有効です。たとえば、時には夜中まで陽気に浮かれ騒ぎ、五感の赴《おもむ》くままに快楽に浸りたくなることもあるでしょう。また別の時には、体によいものを食べよく運動して、厳格でストイックに生きようと思うかもしれません。時に働きすぎ、また時には遊びすぎる。こうして両極端に等しく触れ、中心に戻る限り、長期的なバランスは保てるのです。

けれども極端な状態を続けているとやがて緊張が生まれ、結局は反対方向へ揺れざるを得なくなります。私たちがどの程度宇宙を統《す》べる知恵に「覚醒」しているかは、どれほど中庸な生き方をしているかで分かります。毎日、適度に運転される自動車の方が、何週間も放っておかれたあとで、何週間も耐久レースに駆り出される車より長持ちします。同じように、中道は、健康で長寿の人生を生きる鍵と言えましょう。

バランスの構造は、気質や性質、体質によって少しずつ異なります。たとえば生まれつき、寛大な性格の人や、たくさん運動するようにできている人がいるように、時とともに心身に必要とされる要素も変わってきます。他人の価値観ではなく、自分自身の身体的、心理的資質と欲求に基づいて、自分にぴったりのバランス点を見出さなくてはなりません。統計上の平均値に惑わされることなく、自分に合った運動量、セックスの頻度、食事の量を見つけることが大切なのです。

誕生数によって、特にバランスをとる必要のある領域は異なります。

・誕生数に1がある場合は、エリート的な優越感と不安感や劣等感のバランスをとる必要があります。
・誕生数に2がある場合は、過剰協力と協力拒否のバランスをとる必要があります。
・誕生数に3がある場合は、躁《そう》的な自信過剰と鬱《うつ》的な自信喪失とのバランスをとる必要があります。
・誕生数に4がある場合は、理性と感情、分析と混乱のバランスをとる必要があります。
・誕生数に5がある場合は、極端な依存と極端な自立のバランスをとる必要があります。
・誕生数に6がある場合は、完全主義と失望の妥協点を探り、バランスのとれた現実主義を達成する必要があります。
・誕生数に7がある場合は、無防備な信頼と、裏切りへの恐怖の間のバランスをとる必要があります。
・誕生数に8がある場合は、受動性と攻撃性、貪欲な財産欲と富への恐れのバランスをとる必要があります。

・誕生数に9がある場合は、禁欲主義と快楽主義、厳格な高潔さと低俗さの間のバランスをとる必要があります。

ほとんどの場合、私たちは、自分の限界までやってみることで両極端を経験し、その結果からいろいろなことを学び、ちょうどよいと感じる点を見出します。いかに素晴らしい助言や言い伝えも、昔から人間が用いてきたこの「振り子方式」を変えることはありませんでした。他人の助言や経験は、あくまでも他人のもの。自分にとって何がちょうどよいバランスか、私たちは自分の力で発見しなくてはいけません。経験による学習は、必ずしも近道ではないかもしれません。しかし間違いなく、最も確実な方法の一つです。

バランスの法則は、自分の生活を見渡し、どの部分でバランスを崩しているかを見直す機会を与えてくれます。自分の中の男性的な面と女性的な面は、均衡していているでしょうか？　仕事と家庭のバランスがとれているでしょうか？　他人と同様、自分自身も尊重しているでしょうか？

この法則に照らして考える時、自分の人生をはっきりと見、適切な調整をして、より深い意味での健康を手に入れ、調和のとれた安らかな心を楽しむことができるでしょう。

ギブ・アンド・テイクのバランス

私たちはしばしば、返礼を期待して、品物や好意や賞賛や世話を与えます。しかし宇宙は、最も自分が必要だと思うものこそ、人に与えなくてはいけない、と教えます。

私たちの中には、愛情に飢え、一方的に慈《いつく》しみを受けることばかり望む人もいます。もちろん、誰にでもやさしい感情を必要とする時があります。私たちは、自覚のあるなしにかかわらず、より多くの愛や賞賛、そして理解を得る方法を探しています。しかし、子供の欲しいものねだりのように、与えずに受け取ることばかり考えていると、いずれは誰からも愛情を受けられなくなるでしょう。

バランスの法則を理解すると、自分が与えたものを受け取るということが見えてきます。大抵の人は、これに気づいていますが、実際に実行している人はほんのわずかです。私たちは、自分では意識していなくても、ひも付きのプレゼントをして、見返りを期待します。お金を使い、親切そうに振る舞い、お世辞を言うのは、お返しが欲しいからなのです。見返りを期待すること自体が悪いというわけではありません。しかし、与える時につける条件が、獲物を取り返す釣り針のようなエネルギーを発し、崇高《すうこう》なエネルギーを損《そこ》ない、望ましい結果を押しのけてしまいます。自分が必要なものこそ、与えなくてはいけません。私たちが何かを必要だと感じる時、それは深淵な心の知恵が「それを人に与えよ」と教えてくれている、と考えるべきなのです。そしてそれを実践した時、運命はあなたが望む以上に「お返し」をしてくれるのです。

古代中国の道教の中心的教義であるバランスは、私たちの人生にとってとても大切です。それは、あなたの精神的発達や人格的成長に決定的な意味をもっています。この法則の修得は容易ではありませんが、努力する価値は十分にあります。バランスの達成は、自分の成長と人生の発展を、大いに助けてくれることでしょう。

次の演習は、直接の体験と実践を通してバランスの法則を修得する参考となるでしょう。

バランスの体験

両極端を経験しながらバランス点を見出すとは、どういうことでしょうか? 次の簡単な演習で体験してみましょう。

1、部屋の真ん中にくずかごを置き、1・5メートルほど離れて立ってください(座っても結構です)。そして、丸めた紙か、何か小さな物をもち、かごの中に投げ入れます。かごを目がけて投げた物が、どこに落ちるか、注意深く研究しましょう。

・遠くに投げすぎたら、次はわざと近すぎるように投げましょう。

・左の方へ投げすぎたら、次はわざと極端に右

に投げましょう。

3、以上のプロセスから、自分がどのようにしてちょうどよい投げ方を見つけていくか、学んでください。

バランスの法則の実践

1、両極端を経験して、バランスを見出しましょう。次の質問を自分に問いかけてください。

・自分は大変な早口で話すだろうか？　大声で話すだろうか？

極端にゆっくり、また小声で話して、ちょうどよい話し方を見つけましょう。

・自分は急いで食べすぎるだろうか？

極端にゆっくりと食べて、ちょうどよい食事のスピードを見つけましょう。

・自分はよく身体を緊張させるだろうか？

極端に力を抜いて、ちょうどよい筋肉の緊張を見つけましょう。

2、自分のことをよく知っている人に、次の質問をしてみましょう。

・私は働きすぎるだろうか？　働き足りないだろうか？

・私は頑固すぎるだろうか？　過敏すぎるだろうか？

・私は依存しすぎているだろうか？　独立しすぎているだろうか？

・私は自信過剰だろうか？　それとも自己不信に陥っているだろうか？

・私は厳格だろうか？　放縦だろうか？

・私は与える方と受け取る方の、どちらが多いだろうか？

3、その人の意見が正しいと思うなら、どうすればバランスが取り戻せるか考えてみましょう。どうすれば、反対側を経験できますか？

プロセスの法則

A地点から、
ゴールであるZ地点まで行きたい場合、
目標に到達する最も確実な方法は、
まずB地点まで、
それからC地点、D地点、
と順にたどること。
少しでも過程を省略すれば、
たとえ近道に見えても、
大抵は失敗に終わる。

もし大望を抱いているのなら、
それがかなう方向へ
思い切って大きな一歩を踏み出しなさい。
その歩幅は小さいかもしれないが、
それが現状で可能な最大の一歩だと
信じなさい。

ミルドレッド・マカフィー

私たちの日常生活は、目標を立てることとその達成の繰り返しです。ひとくちに目標といっても、その規模は大小さまざまです。最高峰の登頂、選挙に当選すること、あるいは会社を設立するというような大望もあれば、ケーキを焼くとか、ソフトボールの試合に勝つとか、宿題を片付けるというようなもっと簡単で身近なものもあります。

私たちの中には、目標を達成することばかり考えて、最終結果に一足飛《いっそくと》びに行ってしまい、中間の過程には目もくれない人がいます。また一方では、頭の整理ができなかったり、あるいは自信がないために、今立っている地点からゴールまでどう歩めばいいのか分からず、目標が設定できない人や、一つの段階で行き詰まり、その先を目指すことを忘れてしまう人もいます。

山に登るには、目標を設定し、方向を定め、念入りな準備をした上で、小さく確実な足取りで登っていかなくてはなりません。どんなに大きくて崇高な目標でも、扱いやすいステップに細かく分解して、一つひとつ根気よく攻略していけば確実に達成できるのです。川を渡るには、適当な間隔の踏み石を見つけましょう。長い距離を一気に飛び越そうとすれば、滑ってころんで水にはまってしまうでしょう。

プロセスの法則は、道程を短いステップに分け、各ステップを小さな目標とすることを教えてくれます。一つのステップの克服は、それ自体が小さな成功です。大きな成功は、こうした小さな成功の積み重ねで、成し遂《と》げられるのです。ある意味では、目的の達成より、その過程で学ぶことの方が、はるかに重要とも言えます。たとえば、肖像画家として二十年間修業を積んだ後、描きためた絵を全部失ってしまったとしても、目標への旅路で習得した技術や資質が損なわれることはありません。いろんな人のもつ美しさを観察し、それぞれの美しさを描き分ける能力は、以前のままです。

プロセスの法則を習得するにあたり、あなたの仕事の仕方を振り返って見ましょう。たとえばあなたが郵便配達人だとしたら、毎日集配業務を急いで片付け、さっさと帰宅するタイプですか？　それとも、ゆったりと規則正しい歩調で歩きながら、毎日、移り変わる近所の光景に目をとめ、道行く人々と挨拶《あいさつ》をするタイプでしょうか？　同じ仕事をするなら、後のタイプの方が、はるかに有意義な人生が送れます。大きな目標に目がくらみ、今、目の前にある小さな一歩の大切さを見落としてはいけません。

ある時、まとまった財産を手に入れたパトリックは、近所のレストランが店をたたもうとしているのを知りました。「チャンス到来だ！」とばかり、彼は早速店を買収し、「経営者交替」という告知だけ新しく作り、後は以前の従業員をそのまま雇い、同じメニューを続けました。自分のカリスマ的な指導力のもとで、商売はすぐに繁盛するだろうと考えていたのです。しかし、店は失敗しました。理由は、大抵の新規事業の失敗と同じです。そう、パトリックは事業に必要なプロセスをきちんと踏むことを怠り、すぐに最終的な成果を手に入れようとしたのです。

他方、ジョシュアは資金が乏しかったので、地元のレストランの「店じまい」の掲示を見た後も、入念に下調べを続けました。レストランのオーナーに会って話を聞き、ビジネスとしてよい点悪い点を聞きました。彼はレストランを成功させる秘訣は、一に場所、二に場所、三に場所だということを知りましたが、その店は立地条件に問題はありませんでした。何かほかに失敗の原因があるはずです。そこで彼は地域の住人、200人を無作為に選んで電話をかけ、どのくらい外食をし、どんな種類の食べ物が好きか訊ねました。こうした調査に基づいて、彼は「ジョシュアのデリカテッセン・レストラン」を開こうと決めました。それから地域のレストランに通い、機会を見つけて店を手伝いながら、皿洗いや給仕人、料理人、案内人、支配人を観察し、話をして、どういう点を基準に採用すればよいかを研究しました。そして安い価格で最高の食材を仕入れるルートを見つけ出し、できる限り優秀な店員を雇い、その他必要な準備をすべて整えて、ジョシュアは店を開きました。彼の店は繁盛しました。単なるつきや幸運ではない、当然の成功です。これは、プロセスの法則に従って入念な準備を整え、堅固《けんご》な土台を築いて忍耐強く歩めば、あらゆる目標に到達できるというよい例です。

次の演習は、直接の体験と実践を通してプロセスの法則を修得する参考となるでしょう。

プロセスの体験

1、あなたはどのようにして、楽器演奏、スポーツ、車の運転、歩行、会話の技術を身につけましたか？　一気にできるようになったのですか？　それとも一歩一歩、試行錯誤の過程を経ながら身につけていったのでしょうか？

2、家屋や高層ビルなどの建物は、まずしっかりとした土台を作り、それから少しずつ段階を追って建てられていきます。こうしたプロセスをたどるには、どれくらいのエネルギーや計画が必要でしょう？　このことから、人生で目標を達成する過程について、何が学べるでしょうか？

してイメージしましょう。

プロセスの法則の実践

1、自分自身の生活が、いかにたくさんのステップで構成されているか、考えてみましょう。服を着、子供を学校に送り出し、仕事に行き、授業に出るといった、一つひとつの日常的な活動の中に、何百もの小さな歩みが含まれていないでしょうか？

2、模型の飛行機や家の組み立てなど、細かなプロセスをたどって工作を完成させる作業は、プロセスの法則の修得に役立ちます。

3、自分の生活に含まれる、たくさんの小さなステップに注意しましょう。

4、現在の目標をすべて、小さなステップに分解しましょう。各ステップを書きとめ、チェックリストを作って、目標に到達する踏み台と

パターンの法則

あらゆる習慣や行動様式は、
よいにつけ悪いにつけ
時の経過とともに深く根をおろす。
改めようと努力しても、
なかなか消えるものではない。
一度つくられたパターンを壊すには、
違うパターンで塗り替える以外に
道はない。

子供の頃に起きたことは過去のことではなく、一年の季節のように繰り返し現れる。

エリナー・ファージョン

人間は、古いことを新しいやり方で行ない、生活や態度を変え、再構成する能力をもっています。しかし、私たちの中には変化に対する根深《ねぶか》い抵抗感があり、これが変化に対応する能力を抑制します。この抵抗感は、私たちの最も基本的な身体的、心理的構造に根ざしていて、幼い頃からものごとをパターン化することで、環境に順応することを覚える知恵も、大いなる宇宙との結びつきも、ここから始まっています。パターンを構成する習性は、私たち人類の種の保存本能とも結びついているのです。

子供の頃、私たちはパターンを観察することで、世界の成り立ちをつかんできました。両親の予定と自分の身体のリズムに従って、空腹と食事、昼と夜、目覚めと眠りのパターンを経験してきました。両親の発音様式を認識することで、音と意味との複雑な結合を理解し、話すことを学びました。やがて、パターンは繰り返されるものだと知り、パターンに依存することを覚えます。そして歯磨きなど、就寝前の決まりごとをはじめ、家、学校、職場で、色々なパターンを繰り返してきました。こうして、10歳までに、型にはまった行動様式は、私たちの生活の一部になっていくのです。

私たちが毎日の生活で発達させてきた、食べる前に手を洗うといった、機能的な型や習慣は、普段は関心を引くことはありませんが、もし、意識的にこうしたパターンを崩し、何か違うことをしてみると、どこか落ち着かなかったり、奇妙な感じがするものです。これが、習慣の力です。

もちろん、よい習慣を変える必要はありません。パターンの法則に従って変えなくてはいけないのは、すでに機能を失った、破壊的な、あるいはマイナス作用のある習慣と行動様式です。たとえば、飲酒癖のあるトムは、何度も禁酒をしましたが、いつも長続きしませんでした。しかし、ついに一年の断酒に成功し、完璧にアルコールから抜け出した、と思いました。そこで友人に、「もう、一年も飲んでないんだから、ちょっとなめさせてくれよ」と頼みました。ところが、そのとたんに気がゆるみ、再び以前のパターンが現れて、飲み始めるようになってしまったのです。

トムは、パターンの力の恐ろしさを経験しました。アイザック・ニュートンは、運動の第一法則で「外からの力が作用しない限り、静止している物体は静止し続け、動いている物体は同じ速度で直線上を動き続ける」ことを明らかにしましたが、私たちの行動様式にもこの法則が当てはまります。パターンは崩さない限り永遠に繰り返します。パターンの罠《わな》から抜け出すためには、ただ「今度は違う」「もう二度としない」と決心するだけでは不十分なのです。

煙草をやめるのは、
この世で最も簡単なことだ。
私はもう何百回もやめている。

マーク・トウェイン

以下は、アイリスという女性が聞かせてくれた話です。彼女は以前、パターンの法則に支配され、何年もの間、50キロ近くやせたり太ったりを繰り返していました。ある時、やっとスリムになったアイリスは、友達のマリアンヌに、もう太りたくない、今回はそうならないよう決意している、と打ち明けました。驚いたことにマリアンヌは、きっと体重は元に戻るだろうと言いました。「自分のことをもっと現実的に見てみなさいよ」とマリアンヌは言いました。「最初の時は体重を戻したいと思った？　二回目は？　三回目は？」

「いいえ！」アイリスは答えました。

マリアンヌは、中毒症状をもつ人たちの世話を何年もしていて、パターンの法則を直感的に理解していました。彼女は言いました。「パターンを断ち切る行動を起こさない限り、どうしたって同じことを繰り返してしまうのよ」

「今度は大丈夫」アイリスは請け合いました。

マリアンヌは肩をすくめました。「パターンってね、決心なんか簡単に吹き飛ばしちゃうくらい強い力をもっているの。あなたがなぜ太り始めたのか考えてみてよ。最初は、お母さんが亡くなってからだって言ってたわね」

「ええ」

「それから二度目は、一時解雇された時に体重が増えた？」

「そう」

「そして三度目は？」

「三度目は全然違っていたの。恋人と別れたのがきっかけだった」

「アイリス、自分のパターンをはっきりと見なければ、断ち切ることはできないわ。別の見方をしてみましょう。この出来事全部に共通するものは何？　どこに共通点があるかしら？」

アイリスはこれについて考えてみました。「そうね、母が死んだ時は自分のことがすごくいやだったわ。母とひどい言い争いをしていて、お別れも言わないままだったんですもの。それから一時解雇された時と、恋人と別れた時は……そう、この時も自分がひどくいやだった」

「分かったわ。それじゃあ、自己嫌悪に陥った時に、食べすぎるというパターンがあるわけね。オーケイ！　ここが大切なのよ！」とマリアンヌは言いました。

「じゃあ、パターンを崩す方法を教えるわ。ちょっと変わった方法だけど、やる気があるのなら、役に立つこと請け合いよ」

「教えてちょうだい！」とアイリス。

「今まで一度にどのくらい歩いたことがある？」

「大体5キロかしら」

「そう。じゃあ、この次に例の『自分がいやになって、たくさん食べずにいられない』パターンが起きたら、その時にしていることや、しようとしていることを全部やめて、ランニングシューズを履いて、家を出て、10キロ歩いてほしいの」

「それだけ？　それがあなたの方法？」

「それだけよ」

戸惑ったような表情で、アイリスは立ち去りました。

およそ8カ月後、アイリスが興奮した様子でマリアンヌに電話をかけてきて、挨拶も言わずにいきなり
「やったわ！」と言いました。

「どうしたの？」とマリアンヌ。

「実はね、仕事のストレスがたまってたところに、会社の人間関係でもめて、ひどく惨《みじ》めな気分だったの。また自己嫌悪が襲ってきて、冷蔵庫を開けたら、パーティー用に買っておいた二段重ねのチョコレートケーキがあったのよ。大きく一切れ切って食べたらどんなに素敵だろう……！　パーティーにはもう一つケーキを買ってくればいいんだから、って自分に言い聞かせはじめたとたん、思い出したってわけ！」。アイリスは叫びました。「何が起きようとしているかってことが！　それで、あのいまいましいランニングシューズを履いて、10キロ歩くことにしたの。自分自身に約束したんだから仕方がない。でも、結局は、ケーキのところに戻ってくるに違いない！　って思いながらね」

「そして10キロ、いえ11キロほど歩いて戻って来た時は、ケーキをゴミ箱に投げ捨ててやるっていう気分だったのよ。でもその寸前で思い直して冷蔵庫に戻し、そのままにしておいたの。とっても素晴らしいパーティーだったわ。それに職場の女の子たちもみんな、来てくれたしね！」

アイリスは、パターンから抜け出しました。そして、まずパターンの力を認め、それを止める行動を起こすことによって、好ましくない習慣を崩したのです。

パターンの法則は決心が長続きしない人や、間違いを繰り返す人（三回も四回も離婚を繰り返したり、五回も禁煙したり……）には、とても重要です。それが

起こる原因をしっかりと調べ、他の行動によって遮《さえぎ》り、崩さなければ、パターンは永遠に繰り返します。この法則は、習慣や性向を見直し、責任をもって対処することを教えてくれます。古い習慣に対してむやみに際限なく闘い続けるのではなく、何か違うことを取り入れてパターンを破る必要性を教えるのです。

次の演習は、直接の体験と実践を通して、パターンの法則を修得する参考となるでしょう。

パターンの体験

1、自然界の出来事を観察し、パターンの力を見直しましょう。暑い日が数日続くと、太陽が風を発生させ、霧を沿岸の都市に押し戻します。動物はパターン化された本能に従って生きています。

2、自分の潜在意識の中に、決まったパターンを繰り返そうとする本能があることを認め、それについてよく考えてみましょう

3、習慣となったパターンを変えるのに、どれぐらいのエネルギーが必要なのか、考えてみましょう。パターンが崩せないのは、習慣の力を見くびっているせいでしょうか？　新しい型に移行するのにかかる時間に耐えられないからでしょうか？

4、パターンを変えるには、強い決意と覚悟、そして敢然とした闘いが求められることを、きちんと認識しましょう。

パターンの法則の実践

1、自分の生活で、習慣となっているパターンを思い起こしてください。何度も始めてはやめたり、幾度も失敗を繰り返すことがありませんか？　たとえば、飲酒と禁酒、喫煙と禁煙、過食とダイエット、結婚と離婚を繰り返してはいませんか？

2、そのパターンはいつ始まりましたか。始まってから現在までの過程をじっくりと振り返ってみましょう。違い、たとえばそれぞれの結

婚が終わった個々の理由ではなく、それぞれのパターンに共通する部分に焦点を合わせましょう。ひとたび共通の要素が見えれば、パターンを破る手がかりが得られるでしょう。

3、パターンを打ち破る十分な力をもつ、新しい行動とは、いったい何でしょうか？

訓練の法則

訓練は、
より大きな自由と独立を生み出す、
最も確実な道である。
訓練によって、
高い技術を身につけ、
深淵な知識を手に入れれば、
人生の選択肢が一段と増加する。

**訓練を嫌がる人がいます。
でも、私にとって訓練とは、
自由に飛び立つための法則なのです。**

ジュリー・アンドリュース

私たちの中には、自由や独立、自分の力で欲求を満たしたいと願うあまり、とにかく幅広い経験をしようと躍起になる人がいます。彼らは、決まりきった単調な仕事を嫌がり、あらゆる分野の表面だけをすくい取って、奥深く探求することがありません。

訓練と自由は、正反対のものでしょうか? もし、「訓練とは、選択を制限し、やりたくないことをやり(たとえば毎日運動をするとか、食後にデザートを食べないなど)、強い意志をもって義務を課すことだ」と考えるなら、確かにそうかもしれません。自由とは、限界と制限を設けず、自発的な意志と選択を尊重することだからです。

しかし、訓練の法則はここで、一種の逆説を明らかにします。自由は、生まれながらに与えられた、絶対的な権利ですが、私たちは、自分の力でそれを獲得しなくてはいけません。そして、内面と外面の自由と、独立を得るための鍵《かぎ》となるのが、訓練なのです。

大抵の場合、自由奔放《ほんぽう》に振る舞っている人でも、内面はさまざまな鎖で縛られています。心の中では否定的な考えが飛び交い、欲望や心配が渦巻いています。内なる自由と平和の感覚を生み出すには、瞑想《めいそう》や洞察によって、内面の集中と訓練を積み、理性が生み出すさまざまな制限の鎖を断ち切らなくてはなりません。

また、持続的な訓練は、外面的な自由も生み出します。一定の分野において優れた技術を獲得し、財政的な自由を得れば、さらに大きな行動力、そしてより広い世界を旅する機会が手に入ります。訓練によって鍛えられた強くて健康な精神と肉体、鍛錬によって生まれた社会的な自由や自尊心と満足感によって、人生の選択肢は大きく広がります。

幅広い経験をするだけでは、自由は獲得できません。行動の幅が広がれば、その分、経験の深みを失うかもしれません。しかし、エネルギーを集中させ、退屈を乗り越えて一つの分野を究《きわ》めれば、自分自身や自分の能力について、多くのことを学べます。人生の経験は、「味見」をするだけでは足りないのです。

訓練とは、単調さに耐えて奥深い経験を積み、一つのことを成し遂げる習慣を指します。退屈し始めるのは、「理解の糸口」をつかんだからと言えましょう。飽きたからといって、すぐにやめてはいけません。そこから、本当の経験が始まるのですから。

私自身の経験を紹介しましょう。バークレイ校での学生時代、私は週に6日間、一日4時間近く体操の練習をしていました。気乗りのしない時もありましたが、頑張って練習を続けました。大学の授業がある日はいつも、午後2時から6時までは、体育館で過ごしました。その時間、他の学生は学生会館でおしゃべりをしたり、バークレイの丘を散歩したり、サンフランシスコに遊びに行ったり、映画を見たり、玉突きやトランプゲームに興じたり、パーティーに参加したり、アルバイトをしたり、勉強したりしていました。私は、練習と勉学を両立させるため、時間を計画的に使い、重要でないものはすべて切り捨てなければなりませんでした。しかし、当時の訓練は、結果的に多くの自由をもたらしました。運動選手としてアメリカ国内はおろか、ヨーロッパや世界中を飛び回り、スタンフォード大学のコーチになり、後にはオバーリン大学で教えるようになりました。現在の私は、サンフランシスコで遊ぶことも、映画を見ることも、パーティーに参加することもできます。若い頃の訓練は、私に優れた技術を与え、後のより大きな自由を生み出したのです。

「訓練の法則」は、興味の優先順位を設けて、今一番重要な一つのことに集中し、それを徹底的に追求することを教えてくれます。今やる必要がある活動に意識を集中させ、後でできることは取っておけばよいのです。

何であれ、一つの分野を究めるには、訓練が必要です。私たちは人生において、幾度もぬかるみを踏み越えて進まなくてはなりません。石ころだらけの道も、目標に到達するための大切な準備のうちと考え、我慢して歩み続けなくてはいけないのです。ゆっくり休んだり、家族や友人と会話を楽しんでいたいと思う時も、自分を律して、一見人生にあまり関係がなさそうな授業を受け、プロの域に達するために骨の折れる訓練を続け、時間やエネルギーをつぎ込まなくてはなりません。子育てをしている時、こう感じる人も多いでしょう。訓練を続ける秘訣は、自分を勇気づけ、ゴールを目指す意欲を燃やせるだけの目標をもつことです。目標は明確でなくてはなりません。たとえば、「お金を儲《もう》ける」といった漠然とした望みでは不十分です。そのお金で何が買えるか、どんな楽しみがあるか、そして愛する人々をどのように援助できるかをはっきりとイメージする必要があります。明るく輝く目標を見つけた時、私たちは前をしっかりと見つめ、向こう岸に待っているものを心の支えに、足を取られるぬかるみを歩み抜くことができるでしょう。

訓練とコミットメントは、現在のあなたと、目標を見事に達成したあなたとの間に橋を架けてくれます。単調で苦しい訓練の途中で決心が鈍ったら、自分にこう訊ねればいいのです。「今やめて、将来、後悔しないだろうか？　後になって自分を振り返って、どう思うだろうか」と。自分の人生に何らかの意味をもたせ、何かを成し遂《と》げたいと願うなら、訓練を避けて通ることはできません。

次の演習は、直接の体験と実践を通して、訓練の法則を修得する参考となるでしょう。

訓練の体験

1、次のようにイメージしてください。あなたは、歩きやすい地面の上に立っています。そして、早くこの場所を離れ、先に進みたい、より大きな自由と独立を手に入れたいと強く願っています。目をこらすとはるか遠くに、金色に輝く灯台の光がかすかに見えています。この光は、あなたの目標である、自由です。

2、次に、行く手を遮る沼地を想像してください。じめじめとした嫌な場所です。目に見えない危険がひそんでいるかもしれないし、濁った水とからみつく水草を通り抜けるには時間やエネルギーを犠牲にしなくてはいけません。あまりの困難に途中で意欲を失い、心が混乱するかもしれないし、脇道にそれて目標を見失ったり、自分が進み始めた理由を思い出せなくなって引き返したくなるかもしれません。

3、今度は、あなた自身に、大きな希望が広がる対岸へ是非とも渡りたい、という強い意志があると思ってください。輝く灯台の明るさ、ゴールの魅力が見えていれば、必ず沼地の向こう岸までたどり着けるでしょう。このような明るいイメージをもつと、時間をかけて困難に立ち向かう勇気とゴール達成という夢を現実に変えるエネルギーが湧《わ》いてきます。前向きのイメージをもち続けることが、あなたの旅と訓練を完成させる鍵です。

訓練の法則の実践

1、あなたは、今よりもっと大きな自由と独立を望んでいますか？　もしそうなら、それは具体的に何ですか？　人生の選択肢や楽しみ、自由を増大させるには、どうすればいいでしょう？

2、ドラマチックに髪を振り乱して努力をしても、短期間の集中的な努力で大きな目標を達成することはできません。大きな目標達成という成果の代償として、ゴールまでの長く厳しい道をたどる意志があるかどうか、よく考えてみましょう。

3、目標を達成するために必要なことをすべて書き出しましょう。進んでできることも、嫌なこともすべてリストアップしましょう。古い習慣を崩す（「パターンの法則」参照）、学校に戻る、副業を始める、やりかけの計画を完了する等、その他、大きな自由と独立を得るために必要なことを一覧表にしてみましょう。

4、その一覧表を見て、努力をする価値があるかどうかを決めましょう。もし自信がなければ、あるいはいくらかでも義務感が混じっていたら、自分が本当に心からその目標を達成したいのか、もう一度考え直しましょう。それでもあなたの目標が、未来のあなたの姿を豊かに想像させ、意欲を引き出すのなら、後は、始める時期を決めるだけです。

5、もし、現在訓練の過程を進行中ならば、なぜ、何のために、誰のために、努力をしているのか、決して見失ってはいけません。自分が目標を達成した姿をイメージするのもよい方法です。達成できた感覚とは、どんな感じですか？　あなたはそれで何をしていますか？　明るいイメージを支えに、苦しい時期を乗り切りましょう。

完全性の法則

超越した視点から見れば
あらゆる人やものは
無条件に完全な存在である。
しかし、一般の観点から見れば
完全な人やものなど存在しない。
卓越が私たちが達成できる最上のもの。
そしてそれを達成するためには、
時間をかけた練習が必要となる。

私たちは常に周りと比較されて育ち、
偏差値に基づいた教育を受けてきた。
私たちの文化もまた同じである。
だから私たちは、
自分ではない誰かになろうともがくのだ。

J・クリシュナムルティ

完全性の法則は、矛盾《むじゅん》した二つの真理を語ります。そして、この相反する真理は、異なる世界観の中で機能しています。

一般的な、一個人としての見方をすれば、街の犯罪、飢えた人々、ホームレス、差別や迫害など、この世界は苦しみに満ちています。さまざまな悲劇を伝える新聞を見るまでもなく、私たち自身、生活の中で望まないものを得て苦しみ、欲しいものが得られずに苦しみます。そして欲しいものを首尾よく手に入れたとしても、変化を続ける世の中で、ずっともち続けていることはできません。

しかし大いなる存在の視点、つまり心の奥底に誰もがもっている、大いなる知恵と忍耐、愛、理解を前提として自分や世界を眺められるようになれば、喜びと悲しみ、苦しさや楽しさを含む地球上の出来事はすべて、偉大な進化の過程にあるという点において、完璧な姿をしているということが分かります。

完全主義の傾向があり、崇高《すうこう》な理想に圧倒されて見通しを失い、些細《ささい》なことにくよくよしがちな人たちは、この大きな構図を思い出すことが大切です。一般的な見方に戻ると、地球のどこかでいつも誰かが凍え、飢《う》え、苦痛にあえいでいます。この世の中のどこが「完全」なのだろう、と疑問に思うかもしれません。しかし大いなる視野から見れば、私たちは地球という巨大な身体の細胞であり、地球自体も宇宙空間に浮かぶ小さな粒にすぎません。私たちの個人的なドラマも世界的な政策も、宇宙から見れば、ホースの水に流されるアリの群れほどの意味しかないのです。

大きな視点をもち、正義のすべてと不正のすべて、つまり人間の存在のドラマ全体を受け入れる能力がなくては、この世でユーモアを解することはできません。ウディ・アレンはこう言いました。「神がいないどころじゃないよ、土曜日に配管作業員が来てくれないひどさといったら！」

理想に縛られ、現実を受け入れられない人たちは、ウディ・アレンのように思考を飛躍させ、自分の肉体や人生、目先の成り行き、さらには社会的意識や政治的道徳の束縛から抜け出して、すべてをありのままに俯瞰《ふかん》し、受け入れ、包み込む能力を身につけることが大切です。

どれほど醜く「不完全」な欠陥を見つけても、あらゆるものごと、あらゆる状況、あらゆる人は一見よくない障害物を乗り越えることで進化しているという意味で、究極の完全性をもっています。これが分かれば「この世界は、さらなる真実、さらなる美、さらなる優しさ、さらなる愛へと進んでいるのだから、これでいいのだ」と、安心していることができます。

自分という個人が見る視線から、宇宙のかなたから地球全体を眺める視線へと、視点の転換がなかなかうまくいかない人もあるでしょう。特に「完全だって？飢えた子供たちはどうなんだ」と考え、戸惑《とまど》う人は多いのではないでしょうか。
そのような出来事に反応し、それに対する責任感を感じる私たちの姿に目を留めてみてください。否定的な出来事をきっかけとして、世の中に奉仕し、ものごとを変え、時間やお金を寄付し、認識を高め、行動を起こす経験は皆、完璧なものです。いくら、人の苦痛を取り除くよう努力をしていても、世の中と自分の行動の完全性を信じて行なうのではなく、罪の意識や憂《ゆう》鬱《うつ》な気分から行なうと、その効果も思うようにはあがらないでしょう。

一般論として、自分の心の苦しみを取り除くまで、他人の苦しみを取り除くことはできません。もちろん、人に食料や衣服を与え、生活を助けることはできるし、これも世の中を向上させる重要なステップです。しかしそうしたからといって、人の心の苦しみや妬《ねた》み、貪欲さの原因を取り除くことはできません。私たちは、世の中に偶然はなく、すべての出来事が理想的な形で展開していることを理解した時初めて、一見すると悲劇的な出来事にも一歩先んじて対処することができるでしょう。ジョゼフ・キャンベルがウパニシャッドから引用したように、「この世の悲しみの中を喜びに満ちた心で生きていく」ことを学んだ時、超越した視点を得て、共感と愛情をもって生きることができるのです。

私たちは、この世の中で、つまずきながら成長し、進化していきます。この展開のプロセス自体は完全ですが、この世が、まして私たち自身がすでに完成しているというわけでは決してありません。私たちは命ある限り変わり続け、学び続け、成熟し続け、愛と調和に満ちた世界の創造に向けて向上し続けます。また過去や未来に照らしてあれこれ考えず、今という瞬間に意識を集中させ、心を解放することで、世界の究極的な完全性をさらに深く理解することができるでしょう。

自尊心を満たすためではなく、新たな自分を発見し、その成長を楽しむという経験のために向上するのが、私たち本来のあるべき姿です。地球上に完璧というものは存在しません。どんな人も、どんな行動も、どんな作品にも欠点はあります。完全性の法則では、卓《たく》越《えつ》することが、私たちが達成できる最上のもので、それを実現するには時間をかけた練習が必要だと教えてくれます。どんなに懸命に働いても、どれほど熟練しても、私たちは皆、どこかで間違いを繰り返します。進歩とは、間違いを少なくする過程のこと。私たちは、人間関係でも仕事でも、あらゆる「間違い」は、あってはならないものではなく、より完璧なものに至るために不可欠な経験という意味において、完璧なのだと認めなくてはなりません。このように、完全性の法則は、「柔軟性の法則」と「非審判の法則」と密接に関わり合っています。

「この世では、完璧はあり得ない」ことを理解すれば、理想に押しつぶされ、厳しく非現実的な物差しで自らと周囲の人々を断罪する完全主義者から、心の不要な重荷を取り除くことができます。不完全に見えるさまざまな事象に内在する完全性を見出すことは、多くの人々を新たな認識の世界へと導くでしょう。

人生が最良のタイミングと場所を選んで私たちに与える教訓は、究極的な成長に完璧な効果をもたらします。崇高な理想は私たちを導き、希望を与える「灯台」の役割を果たしますが、決して今ある自分を判断する基準ではありません。

世の中の出来事はさまざまです。美しいことも醜《みにく》いことも、楽しいことも悲しいことも起こります。人間の知性のレベルでは、宇宙の目指す最高の目標は理解できません。私たちに分かるのは、不完全性の中に完全性がある、ということだけです。そしてこのことに気づいた時、より覚醒《かくせい》した人生への扉が開くことでしょう。

次の演習は、直接体験と実践を通して、完全性の法則を修得する参考となるでしょう。

完全性の体験

1、これまでの人生で、自分自身や、人生が完全だと感じた瞬間を思い出しましょう。多分それは素晴らしい日で、周囲の人たちも幸せだったことでしょう。おそらく自分を心から愛することができ、悩みやストレスもなく、純粋に完全な瞬間を楽しんだのではありませんか?

2、次に最近、自分の生活の中で不愉快に感じ、完全にはるかに及ばないと思った出来事や人間関係、事件を思い出してみましょう。

3、1の感覚で、2の不愉快な状況と取り組んだらどうなったか想像してみましょう。最初は難しいかもしれません。しかし、練習が完全を生み出す道だということを忘れてはなりません。

完全性の法則の実践

1、次のことを記憶にとどめておきましょう。

・究極的には、あらゆる物とあらゆる人は完全である。

・一般的に見れば、完全な人、完全なものは存在しない（時の流れと変化と快楽は別）。

2、「これでいいですよ！」と肯定できるようになりましょう。「私はこれでいいのです」「あの人たちはこれで十分」「今のところはこれでいいんじゃないですか？」

3、あらゆる出来事や行動に対して、次のように自問しましょう。「これはどうして完全なのだろう？　完全な教訓だろうか？　完全なチャンスだろうか？　今の状態から完全なものを作り上げるためには、視点をどう変えればいいだろう？」

現在の瞬間の法則

時は存在しない。
私たちが
「過去」や「未来」と呼ぶものは
心の中の構成概念であり、実体はない。
時とは、思想や言葉の上での観念であり、
社会的な取り決めであり
私たちにあるのは、今の瞬間だけなのだ。

現在の瞬間。
それは力強い女神である。

ゲーテ

「時は存在しない」と言われても、大抵の人は哲学上の抽象論を言っているのか、と思うことでしょう。実際、時は明らかに存在するように思えます。私たちは腕時計やカレンダーを常用しています。過ぎ去ったことの思い出もあります。将来の出来事を、確かなこととして予測することもできます。時計は、私たちの人生の時間を分刻みや秒刻みで、カチカチと刻み続けます。時が存在しないと考えるなんて、まったくばかげていると感じるかもしれません。

けれども、自分自身の心をごく厳密に吟味《ぎんみ》すれば、今だけが存在するという別の可能性が見えてきます。私たちは、郵便局で列を作って待つ時、時が過ぎ去るのを感じるでしょう。でも、それは、私たちが瞬間、そして次の瞬間、また次の瞬間に存在するという印象と記憶が並んだものにすぎないのではないでしょうか？

過去を後悔する場合、その過去は「現在の私たちの心の中」にしか存在しません。私たちは思い出を心によみがえらせながら後悔し続けるのです。将来を心配する時、その将来も「現在の私たちの心の中」にしか存在しません。私たちは心に描く想像をよりどころに心配し続けるのです。

現在の瞬間の法則は、抽象的な概念ではありません。「時」の方が抽象的なのです。こういうと、いかにも哲学者が喜びそうな議論に聞こえるかもしれませんが、実はこの法則は、私たち全員に有効であり、特に過去の後悔や将来の心配に取りつかれがちな人には、新しい視点を与えてくれます。永遠に現在しかないという考え方が身につけば、関心を現在に引き戻し、人生を永遠に変えることができます。もちろん永遠もまた、現在の中にあるのです。

心配や後悔、問題のほとんどは、今この瞬間には存在しません。それらは心の中にある「過去」や「将来」のファイルにしまわれた、心象や感情や連想の中に生きているのです。明日の採用面接は、私たちがそれについて考える時にだけ、現実になります。恋人との言い争いも、涙も後悔もすべて、過去の出来事の幻影にすぎません。それを思い出して、後悔する時に生き返るのです。

「現在の瞬間の法則」は、精神の残骸をぬぐい去り、私たちの心を単純で平和な状態に戻してくれます。真の現実は、将来にも過去にも、存在しません。私たちは、「こうだと考える」現実でも「こうだとうれしい」現実でもなく、また「こうあってほしくない」現実でもなく、「あるがままの」現実を認めなくてはなりません。確実に存在するのは、時間を超越した瞬間だけです。それ以外のものは何もかも、心が見せる魔法の影絵芝居なのです。

普通、私たちの抱える問題は、2秒前、あるいは20年前という過去に起きたことについて、あるいは、将来と呼ばれる領域にあります。現在の瞬間に問題が存在することは、ほとんどありません。

今、ルドルフは公園のベンチに座っています。人生の半ばにさしかかった彼は、危機の最中にいます。妻は去ろうとしています。娘は彼のクレジットカードで無節操な買い物をしています。銀行はたった今、「差し押さえ」の掲示を玄関のドアに釘で打ちつけたばかりです。息子は盗んだ車で飲酒運転をして、保釈金が必要です。ルドルフの人生はまさに修羅場《しゅらば》。――いえ、本当にそうでしょうか？　私たちはこの短いシナリオを、彼が公園のベンチに座っているところから始めなかったでしょうか？　今この瞬間では、ただ座っていることだけがルドルフの現実なのです。他の瞬間、さまざまな問題を解決しなければならないかもしれませんが、今の彼には何の問題もありません。ルドルフはただ公園のベンチに腰かけているだけなのです。

私たちの身体が生きるのは、現在の瞬間です。過去の間違いや将来の問題について心を悩ますことがあったら、「現在の瞬間の法則」を思い起こしましょう。そうすれば、今だけが存在することに思い至ることでしょう。私たちに必要なのは、リラックスして今この瞬間を慈《いつく》しみ、一歩ずつ歩んでいくことだけ。私たちにできるのは、今の瞬間の出来事だけなのですから。

目標達成に必要な手順を省《はぶ》こうとする傾向のある人は、現在の瞬間に意識を集中させましょう。近道を進もうとする人は、ほっと一息をつき、深呼吸をして、今だけが存在することを思い出さなくてはなりません。混乱してすぐ苛立つ人、将来の計画についてあれこれ考える人は、人の考えは変わるものだと認識しなくてはなりません。計画とは時の中にしか存在せず、時もまた頭の中にしか存在しないのです。どの法則もそうであるように、「現在の瞬間の法則」を修得するには、練習が必要です。頭の中に過去や未来のことが思い浮かぶと、私たちは瞬間的に緊張し、心配し、動揺します。その時、現在の瞬間の法則を思い出したとしても、じきに忘れてしまうでしょう。しかしこれを繰り返すうちに、現在の瞬間は確実に充実していくでしょう。

次の演習は、直接の体験と実践を通して、現在の瞬間の法則を修得する参考となるでしょう。

現在の瞬間の体験

1、次の質問についてよく考えてみましょう。

・あなたは実際に、時が過ぎるのを経験していますか？　それとも、時が過ぎていると考えているだけなのでしょうか？

・あなたは、今この瞬間以外の時を生きることができますか？

・書き留められた記録、頭の記憶、いつまでも引きずっている緊張感以外の形で、過去は存在しますか？

・あなた自身の期待や予測以外に、未来は存在するでしょうか。

・あなたの力は、過去と未来と現在のうち、どこに帰属していますか。

2、質問は終わりです。頭の中にあるすべてを忘れ、深呼吸をして、リラックスして永遠の現在を経験しましょう。

現在の瞬間の法則の実践

1、過去に感じた後悔や不安、苛立ちを思い出しましょう。

2、今度はこう自問してみましょう。その時の感情は、その時の出来事から直接生じたものだったのでしょうか？　それとも、その時、心の中をよぎった過去や未来に関する考えから生じたものだったのでしょうか？

3、最後にこう自問してみましょう。今の瞬間の自分は、何か問題や混乱を抱えているでしょうか？　一般的にではなく、今、この瞬間に、悩みがありますか。実際に「何度」、ひとつの問題を反復経験するのでしょうか？

非審判の法則

大いなる宇宙の魂は私たちを裁《さば》かない。
審判は、人間がつくったものである。
それは、人工的で
しばしば理想主義的な基準
――完全性や道徳や真理という基準から
ものごとを比較対照し
統制するための手段にすぎない。

若さが衰え、時が変化をもたらすと、
今の考えの多くは、改めざるを得ないだろう。
だから、重要な問題の審判者を買って出るの
はやめた方がいい。

プラトン

もし宇宙が私たちを裁かないのなら、私たちには、自分を裁く理由と権利があるのでしょうか？　そしていったい誰の基準に照らして裁くというのでしょう？

私たちの中には、非常に高い理想や基準をもつ人がいます。彼らは厳しく世界を判断し、自分の行動や思想、感情、さらには空想までも批判します。その上、他人を自分の基準に照らして判断し、他人を判断した自分もまた裁くのです！

理想を基準として比較する時、世の中に基準を満たすものはありません。当然ながらこの世は理想の世界

ではないからです。ここは現実の人々が成長し、間違いを犯し、学び、進化していく経験をする世界なのです。

誰でも両親から受けた批判や、受けたと感じる非難で自分を責めます。また、自分が自分に与えている判断を、他人に投射し、他人が「自分をそう判断している」ように思います。また、神を厳格な親として捉《とら》え、神が未熟な人間の行ないを裁き、罪には罰を、善行《ぜんこう》には褒美《ほうび》を今生《こんじょう》あるいは来世にもたらすと想像している人もあるでしょう。

しかし、非審判の法則は、道徳を作り出したのは神ではなく、人間自身だということを思い出させてくれます。大いなる魂は決して私たちを裁かず、ただバランスをとる機会と学ぶ機会を与えるだけです。もし過《あやま》ちを犯せば、人生は過ちを正す十分な機会を与えてくれます。「大いなる魂は裁かない」という非審判の法則の大前提を受け入れれば、自分自身を裁くことはなくなります。

一般的に、高い理想をもつ人ほど、自分を厳しく裁きます。理想から常にプレッシャーを感じ、理想像とのギャップを感じることを恐れ、自分の能力を誇示しようとします。皮肉なことに、理想の高い人ほど自分の基準に満たない自分を卑下《ひげ》して、不当に低い自尊心をもつ傾向があります。また、自分を厳しく判断する人ほど、自分を批判するように思える人々を身近に引き寄せます。それはまるで、私たちの内面の衝動が、他人の行動を左右しているかのようです（「予想の法則」参照）。

私たちは、自分を審判し判断すればするほど、エネルギーが遮断され、自己防衛本能や抵抗が生まれ、マイナスのパターンに落ち込みます。その一方で審判をやめると変化への道が開けます。拙書『戦士のスポーツマン』（"The Inner Athlete"）の中で、私はゴルファーのサムがボールをスライスさせ、打球が並木と高い柵《さく》を越え、ゴルフ場の外へ飛び出してしまった事件について書きました。ボールが遥かかなたへ消えてしまったので、サムは再びティーアップしてゲームを続けました。彼が18番ホールに出ている時、警官が近づいてくるのが見えました。消防署長と他の役人も何人かついてきて、全員がひどく動揺している様子です。サムに近寄ると、警官が最初に話しかけました。「12番フェアウェイの柵の向こうへボールを打ったのはあなたですか？」

「ええ、そうです」とサムは答えました。

「実はあのボールが車のフロントガラスを突き抜けたので、車が木に衝突して道をふさぎ……」

「それで消防車が立ち往生したんだ！」と消防署長が声を張り上げました。

「おかげでアパートが二棟、全焼したんです」と警官が言いました。「重傷を負った人は誰もいませんが、物的損害はおそらく数百万ドルにのぼります」

サムがうなずくと、警官と消防署長がほとんど同時に言いました。「どうするつもりですか？」

ためらうことなくサムは答えました。「グリップをもう少し左にかぶせなきゃならないでしょうね」

よく考えてみましょう。ゴルファーのサムのように、自分を他人と比較したり、批判や判断をせずに自分自身と人生を見ることができたら、どうなるでしょう？

最善を尽くして生き、自分の間違いを受け入れて学び、次は少しでも向上できるよう努力すれば、人生はどう変わるでしょう？　自分自身と他人をあるがまま、完全に受け入れたらどんなことが起こるでしょう？


ひとたび自分の限界を受け入れれば、それを乗り越えることができる。

ブレンデン・フランシス

次の演習は、直接の体験と実践を通して、非審判の法則を修得する参考となるでしょう。

非審判の体験

1、あなたは、普遍的な真理を無視し、自分の基準から世界と自分自身を評価していませんか？　しているとすれば、どのような形で評価しているのでしょう？　ちょっと考えてみてください。
2、最近、自分か他人を審判した時のことを、思い出しましょう。そして、心の中で次の簡単な儀式を行ないましょう。まず、自分に向かって「私が自分に（または他人に対して）下した審判は、思い出せるものはすべて放棄します」と言い聞かせてください。

3、そして、実際にそう言いながら、深呼吸をしましょう。これまで行なってきた審判をすべて吐き出しているつもりで、息を吐いてください。自分と他人に対して行なってきたこれらの審判を放棄することで、マイナスのパターンから抜け出すことができます。

非審判の法則の実践

理想通りにできなかった時、「自分を打ちのめしてやりたい」気分になることはありませんか？ ここに挙げるのはユーモラスですぐに効果の上がる解決法です。

1、次に自分を打ちのめしたい気分になったら、本当にそうしてみましょう。堂々と、軽いユーモアを交えて、実際にこぶしを握って自分を打つのです（もちろんけがをするほど強くなぐってはいけません）。自分の頭や胸や肩をなぐりながら、大声でののしります。たとえばこんな風に……。「このマントヒヒ。ウォンバットのできそこないめ。脳なし。げす野郎」。お好きな悪態をどうぞ。もちろん、効果音も忘れずに。「ウーッ。アイタッ。オオ。アッ。殴られて当然だ。いい教訓だ！」

2、この演習では、本当に自分を打ち、本当にののしることが大切です。自分自身を批判したり審判を下したくなったら、いつでもこの演習を行なってください。自分を打たなければ、あなたはきっと、何か他の方法で自分を打ちのめそうとするでしょうから！ 自分が自分を攻撃する傾向を、表に出して誇張することで、マイナスの影響を認識し、笑い飛ばすことがこの演習の狙いです。また、自分を守り、尊重する気持ちを高めるのにも役立ちます。

・警告

この演習をずっと続けることはお勧めできません。自分を精神的に打ちのめす傾向を認識し、それを明るみに出して放棄するきっかけをつかむためのものだからです。もしあなたにマゾ性向があったり、すでに自分を傷つける傾向があったりする場合は、専門家の治療を受けた方がよいかもしれません。軽いあわれみやユーモアを込めて「自分を打ちのめす」余裕のある時だけ、この演習の効果が上がります。

信頼の法則

「信頼の法則」は、
知識として読んだり聞いたり
経験した以上のことを、
私たちが生まれながらに
知っていることを示唆《しさ》している。
私たちは人知《じんち》を超越した、
普遍的な知恵をもっている。
その知恵は、見、聴き、信頼するだけで、
無限にくみ出すことができる。
私たちの中には、
自分で思うより
ずっと崇高《すうこう》な存在がいるのだから。

自らを信じることによってのみ、
他者に忠実であることができる。

エーリッヒ・フロム

私たちの中には、「自分を信じている!」と自信たっぷりの人もいるでしょう。けれどもよく考えてみると、自分という人間ではなく、頭に蓄えた、他の人の意見や、本や指導者から教えられた知識や理論、信条を信じているだけなのではないですか? 自分を信頼できない人は、科学者や専門家、巫女《みこ》、預言者、導師などに助言を求め、自分の考えや行動を検証してもらいたがります。自分自身を知るために、生まれながらにもっている内なる知恵に気づかずに、いつまでも他の場所を探し求めるのです。彼らは、永遠の「真理の探求者」、精神的放浪者、あるいはセミナー中毒者となって、教師から教師、集会から集会へと渡り歩き、満足のいく「真理」を求めてさまよい歩きます。しかし、自分のうちに無限の知恵をくみ出す方法を見つけない限り、心から満たされることはないでしょう。真理を得ることとは、膨大な情報を収めたデータベースを手に入れることではなく、私たち一人ひとりに直接つながる知恵の水路を見つけるようなものです。

ある道を究めた専門家の指導は、確かにそれなりの価値があります。たとえばよいコーチにつけば、独力でテニスを覚えるよりも、ずっと短時間で上達できるでしょう。けれども、最終的な判定や決定は、自身の最も深いところにある直感や知恵を信頼して行なわなくてはなりません。私たちはもっと自分に備わった奥深い知恵を信頼するべきなのです。

信頼の法則は、自分の内面に存在する大いなる魂《たましい》と、そこから生まれる崇高な知恵を信頼することを教えます。この法則は、私たちの自我意識を高めるだけではありません。大いなる魂は自分自身の内だけでなく、どんな人にも、そして世界のあらゆるレベルに機能していることを教え、私たちを取り巻く世界に対するより深い信頼を促《うなが》します。

大いなる魂への信頼は、既存の宗教にあるような外面的な神を信仰することとは全く異なります。生まれながら自分に備わった知恵や宇宙の法則を信じ、幸せも不幸も含む人生のすべての過程の存在理由を信頼し、どこに足を踏み入れようと、その下には必ず道が現れると信じることです。

信頼の法則は、私たちは皆、人が「神」と呼ぶ偉大な神秘の一部であり、一人ひとりのうちに、畏怖《いふ》すべき力強く賢い不死の「魂」が脈々と息づいていることを教えます。この法則は、「柔軟性の法則」や、「大いなる意志の法則」と深く関わっています。

私たちが「自分を完全に信頼している」と言う時、大抵は意識的な自己、理性や自我を信じているにすぎません。しかし、このような自信では、人生の荒波を乗り越えることはできません。意識が利用できるのは、ほんの限られた知識領域だけだからです。しかし、真の自己信頼、つまり無限の知恵と忍耐と、共感という神秘的なエネルギーが私たちの内にあり、私たちを形作り、私たちを通して現れると信じることができた時、人生の新たな扉を開けることができます。この深遠なレベルの信頼を手に入れた時、「自分」や「他人」と呼んでいる存在はすべて、この崇高なエネルギーの一部であると信じることができるでしょう。そしてあなたの人生はそれ以後全く違った経験となるでしょう。

宇宙の原理ともいえる、崇高なエネルギー（私は「大いなる魂」と呼んでいますが、どういう名前で呼ぼうと自由です）が、独自の摂理《せつり》、法則に従って、世界のあらゆる出来事の底流として機能していることが心から信頼できるようになれば、あなたを取り巻く世界とあなたの人生のあらゆる局面を信頼して生きられるようになります。

私たちは、大いなる魂との結びつきをいつも心の奥底で感じることができます。しかし、それを実感するには、まず頭（知識や理性）の活動から抜け出し、すべての決定を、心（感情や身体の反応に近い、直感や本能の知恵）にゆだねなければなりません。たとえば、どのように行動するか、何を食べるか、いつセックスをするか、自分をどのように癒《いや》すかなどについて決める時、頭の中の知識をもとに分析するのではなく、身体の声に耳を傾けるのです。真の自己信頼は、まず自分という存在のすべて、身体、心、感情、精神を絶対的に信じることから始まります。

「信頼の法則」を学べば、自己信頼は、直接の経験を通してのみ得られるということが分かります。私たちは、本から得た知識や、教師からの助言ではなく、身体の経験を通して自己信頼を学んでいきます。即興的なダンス、武道やその他のスポーツ、楽器演奏などは、身体にそなわる直感的な知恵を体験でき、思考経路を通らずに本能的な知恵に従って身体を動かす能力を開発させてくれます。私たちは、健康管理の仕方や高度な医療知識など全くなくても自分の身体を健康に保つ知恵をもっていることに気づくでしょう。身体の声に耳を傾けさえすれば、その答えはすぐにやってくるのです。

「安らぎの戦士の強化訓練」や「ロッククライミング・コース」のようなサバイバル訓練は、肉体を信頼するだけで、理性が認めた限界を大きく超える、素晴らしい潜在能力を発揮できることをドラマチックに教えてくれます。もっとも、私たちが毎日の生活の中で出合う日常的な試練の中でも、自分の信頼の程度を試し、深い結びつきを育むことは可能です。

信頼の法則は、理性を信頼することも教えます。しかしここで信頼しなくてはいけないのは、理性の情報を蓄える能力ではなく、崇高な知恵を利用する能力です。私たちの脳は、書類の整理棚やコンピュータとしてだけでなく、どの局の周波数にも合わせられるラジオとして機能します。言い換えれば、情報は脳「から」来るのではなく、脳を「通って」来るのです。

自分自身を信頼するというのは、余分な知識を払いのけ、最も深いところにある直感を信頼することです。その時、私たちの感性は、潜在意識のメッセージを伝え、不十分な知識しかない理性よりも素早く、より包括的な判断を下し、精神法則として現れる普遍的な叡《えい》智《ち》を取り出します。

大いなる魂を信頼する者は、大いなる魂と共に生きることができます。自分への信頼が深まれば深まるほど、崇高な知恵や愛が、人生のあらゆる局面で作用していることを実感できるようになります。本当の自己信頼を手に入れた時、私たちは、私たちが生まれてきた目的を達成するという究極の使命を果たすために、勇気をもって「失敗」を経験し、そこから学習できるようになります。

私たちの直面する試練は皆、大いなる魂から与えられた学習の機会です。この普遍的な教師は、私たちをさまざまな状況や試練、困難に向かわせ、そのたびに私たちはどの程度、自分を信頼しているか、そして精神法則をそれらの経験から学び取っているかを悟《さと》らされます。

アラン・ワッツがかつてこう言いました。「あなたのポケットからすり取った札入れを、あなたに売りつける〝教師〟に用心しなさい」と。しかし皮肉なことに、人生のあらゆる教師（たとえ善意のかたまりのような人でも）にできることは、まさにこれだけです。なぜなら学ぶべき宝ものはすでに私たちの内にあり、誰もそれ以上は与えられないからです。教師にできるのは、私たち自身の心の部屋の扉を開ける鍵《かぎ》をいくつか提供し、時間を節約し、進むべき道を示すことだけ。自己覚醒《かくせい》の旅の始まりも終わりも、私たちの心の中にあるのです。

あなたの人生の専門家は、他の誰でもない、あなた自身です。他人や先人の意見ではなく、自分の内にある高次の自我、つまり大いなる魂の語りかける声を信じることが究極的に一番あなたのためになるのです。そして、自分と同じように、大いなる魂が他人の心の中にも作用していることを知った時、世の中や他者に対する恐怖感はなくなり、大きな地球家族としての愛情が生まれます。

信頼の法則を究めることは、宇宙全体を統《す》べる叡智の存在に気づくことにつながります。昔から「神は神秘的に働く」ということわざがありますが、これは単なる希望的観測ではありません。自分と宇宙全体への信頼を学ぶにつれ、私たちは、あらゆる苦難の中に神の正義を感じ、人生のどんな状況も喜びをもって受け入れられるようになります。私たちが人生で出合う出来事はすべて、私たちが究極的な目的を達成するために、人生が絶妙なタイミングで私たちに贈った経験だからです。

次の演習は、直接の体験と実践を通して、信頼の法則を修得する参考となるでしょう。

信頼の体験

1、最近の経験でも、幼い頃の経験でも結構です。あなたの周囲の人々を心から信頼して、恐れや恥じらいを捨てて、自分の感情を素直に解放したことがありますか？（もし、そのような時を具体的に思い出せなければ、イメージだけで結構です。どんな感じがするか、想像力を働かせてみましょう）

・それはどういう時だったか、心に描けますか？

・その信頼や解放の感覚を、あなたの身体はどのように感じていましたか？

2、こうした信頼感や解放感は、普段、あなたが周囲の人に感じる感覚とどのように違うでしょうか？

・他の人たちに対し、自分の感情を安心して表現できるというのは、どのような感覚でしょう？

・どうすれば、あなた自身や周囲の人々に対する愛に満ちた信頼感覚を回復できるでしょうか？　具体的な方法を考えてみましょう。

信頼の法則の実践

1、前述の演習で、信頼感と解放感を思い出しましたね。では、その感覚を、全く逆の経験、つまり完全な信頼を感じられず、ことによると裏切りすら感じた、最近、あるいは昔の出来事と比べてみましょう。

2、こうした誤解や不信が生まれた責任の一端は、自分にもないでしょうか？　最初に自分の感情を相手に対してオープンにしなかったために、意図しないながらも、そうした出来事を招き寄せなかったでしょうか？

3、以上のことを心に留め、あらゆる人は皆、あなたの究極の目的の達成を助け、学習する機会を与えるために行動していたと信じて、その出来事を再演してみましょう。今度は、どう感じますか？　どんな小さな違いも、しっかりと観察しましょう。

4、毎日少しずつ、先入観のない無垢《むく》な心を開き、機会を見て思い切って心の中を分かち合い、他人との間に、より深い信頼と精神の絆を築きましょう。

予想の法則

思考はエネルギーを生み出す。
私たちは予想に近づけることはできるが、
それを超えることはない。
私たちが予測し、期待し、
また信じることが
経験を生み出し、色づけていく。
予想が変わると
人生のあらゆる経験も、
それに伴って変化する。

大いなる期待をもって生きよ。
そうすれば大いなる出来事が現実に起きる。

アート・フェティグ

私たちは、経験をもとに信念を作り出すのでしょうか？　それとも信念から経験を作り出すのでしょうか？　もちろん経験と予想は、互いに影響し合っています。私たちの多くは「信念が経験によって生み出される」という論理学や心理学の主張を取り入れているのではないでしょうか？　ところが、予想の法則はその逆の可能性を私たちに教えます。つまり、私たちが、長い間、潜在意識のなかで信じ、予想したことは、往々にして外面的な現実を形成するということです。

万物《ばんぶつ》は、エネルギーからできています。私たちの知性は、こうしたエネルギーに具体的な形を与え、世界を見渡す私たちの目に色つきのフィルターを施します。

そして小さい頃から私たちは、潜在意識の中にプログラムずみの予想と感性を蓄えています。たとえば「他人は信用できない」と組み込まれた人は、その信念を裏付ける経験に、より目を引かれるようになります。

私たちは、こうした予想をもとに、自分の可能性を見定め、限界を設定します。しかし、予想の法則が示唆するのは、このような闇雲な信念を捨て、明確な意思に基づいて、新しい予測の回路を作り出すことです。この法則に従って予想を変えれば、自分が作り出した限界を打ち破ることも可能なのです。そもそも限界とは、それまでの経験や見聞きしたことをもとに作った予測に基づいていて、それは生後数カ月で形成されたものだということすらあるのです。

予想は、微妙な心理的物理エネルギーを発しますから、心で思い描くことは、しばしば現実となります。そして、私たちは、自分が予想した限界を超えることはできません。心理学では、この現象を「自己実現的予言」と呼びます。一例を挙げましょう。ある高校を舞台にして行なわれた心理学実験です。この実験には、校内で人気のある三人の男子生徒が参加しました。彼らは数週間、ある一人の女子生徒をちやほやし、親しげに振る舞いました。この女生徒は、性格はよいのですが、ひどく内気で外見もぱっとせず、友達もあまりいません。しかし、三人は、彼女が非常に魅力にあふれ、人気者であるかのように扱ったのです。その結果、その女生徒の服装や行動に、驚くほどの変化が生じました。

彼女はかねてから、自分には魅力がなく、人から拒絶され無視されるだろうと予想し、信じ込んでいました。そして実際に、そうだったのです。しかし、今回の経験は彼女の予想を変え、新しい予想が新しい経験を作り出しました。三人の男子生徒がまず、友達はできない、という従来の予想を打ち砕《くだ》き、自分の魅力に対して新しい確信を抱くようになった女生徒は、態度を変化させました。そのためこの調査が終了しても、彼女の人生は決定的に変化していたのです。

また、ケネス・ペレティア博士は面白い研究を行ないました。彼は、長生きの原因を幅広く調査し、長寿の人々に共通する要素をまとめました。博士は、食事や運動などのライフスタイル、病気が少ない、若々しい外見、ユーモアのセンス、仕事を楽しむ……といったさまざまな項目を研究した結果、長生きの一番の要因は、「予想」だと結論づけています。他にどんな要素があろうとなかろうと、自分が長命だと心から予想していた人々は長生きし、そうでなかった人々は長生きしない、というのです。この研究は、予想のパワーを明快に証明しています。

とは言っても、がんになるんじゃないか？　恋人と別れるんじゃないか？　自動車事故に遭うんじゃないか？　と心配したら、実際にそうなる、ということではありません。こうした根拠のない取り越し苦労については、当事者たちとオープンなコミュニケーションをとり、感情を共有し不安を晴らしたら、自然に何か他のことに関心を向けられるようになるでしょう。また、一日に百回、「私は金持ちになる」と唱えたり、「誰々が、私を好きになってくれる」「○○ができるようになる」と自己暗示かおまじないのようにつぶやいただけで、人生が突然、変わるわけでもありません。

経験を作り出すのは、潜在意識における予想です。意識のレベルでは、がんになるかもしれない、と鬱々《うつうつ》としている人も、潜在意識では、全く恐れていないかもしれません。一日中、希望が実現するようにと念じたとしても、潜在意識が変わらなければ、現実は何も変わりません。

自分の潜在意識下の予想を知るには、現在の人生を、快適なことも不快なことも含めて、徹底的に見つめ直すのが有効です。自分が現在、抱えている問題は潜在意識の否定的な予想が生み出したものであり、現在得ている幸福は潜在意識の肯定的な予想が顕在化したものといえます。潜在意識を見直して、悪い影響を与えている予想を突き止めたら、ただちにそれを改め、新しい予想を心に描き、人生を歩み始めればよいのです。実際に経験することで確認できるまで待つ必要はありません。経験を作り出すのは、私たちの予想なのですから。

潜在意識にプラスのメッセージを刷《す》り込む、サブリミナル効果を狙ったテープも開発されていますが、潜在意識の予想を前向きなものに変えるには、それだけでは足りません。まず第一に、友達がたくさんできる、とか、より豊かになるといった自分の望みが実現した姿を、音や情感など、あらゆる感覚を含む視覚的イメージにしなくてはいけません。鮮明なイメージを長時間保ち続けると、潜在意識の中に印象を作り出すことができます。たとえ内面で作り出した経験でも、それが明確であれば、潜在意識に対して、実体験と同じ効果があります。

第二に、イメージを陰らせる、マイナスのメッセージに気をつける必要があります。こうした否定的なメッセージが現れたら、できるだけ大げさに、実際に声に出して言ってみましょう。たとえば、「自分は財政的に独立している」という願望イメージを心に描いた時、「馬鹿らしい、今はほとんど無一文のくせに」という感情や思考のささやきが聞こえれば、それを声に出して言うのです。必要とあれば10回でも繰り返します。グルーチョ・マルクス風の眼鏡をかけ、メイ・ウエストやジャック・ニコルソンを真似て、滑稽に笑い飛ばすのもよい方法です。これは、明確で、一貫した肯定的な予想を妨げ、弱体化させる、矛盾したメッセージを取り除くのに有効です。

自分や他人、世界についての予想を変えれば〈ただ変えるふりをするのではなく、本当に変えれば〉、自分の人生は劇的に変化していくでしょう。

次の演習は、直接の体験と実践を通して、予想の法則を修得する参考となるでしょう。

新しい予想の体験

1、自分が自信をもっている活動を二つ、自信のない活動を二つ、思い浮かべましょう。

2、どんな経験をきっかけに、自信をもち、あるいは自信を失ったのですか？　その出来事は、あなたの本来の能力を正確に反映していましたか。それともそれは単に経験不足から生じたものでしたか？

3、アルバート・アインシュタインの教師たちは、彼を「算数ののみこみが悪い」生徒だと考えていた、と言います。自分がだめだと信じ込んでいる分野に、生来の能力があるかもしれません。あなたには、こうした新しい予想を進んで受け入れる用意がありますか？

予想の法則の実践

演技の効果は、劇場の舞台の上だけにとどまりません。人生の劇場においても、素晴らしい効果を生み出すことができます。予想を変える楽しい方法があります。自分がもちたいと願う勇気や愛、知恵を、実際にもっているかのように演じるのです。自らその役になりきり、ふさわしい服装をし、ふさわしく話すことで、望んでいる資質を実際に自分のものにしましょう。

1、何か欲しいものがあったり、何かを達成したかったり、何かになりたかったりする時、こう心に質問してみましょう。「それが現実となったらどんなだろう？　自分はどんな服装や生活で、どのように感じるだろう？」

2、次に、従来の信念や予想を捨て、自分が演じたい役を、徹底的に演じましょう。それが「役柄」でなく「地」になるまで、つまりすっかり身につくまで続けるのです。たとえば、仕事をギブアップしそうになったら、仕事を心から楽しんでいる人の役を演じてみましょう。

3、この簡単な演習には、大きな効果があります。今日から、今よりも幸福で開放的、肯定的な新しい役柄を演じてみましょう。

誠実の法則

誠実さとは、
自分の本当の内面を認め、
受け入れ、表すこと。
私たちは自分に正直な時だけ
他の人に対しても正直に語り、
振る舞うことができる。
高潔さを達成するには、
マイナスの衝動に対応しつつ、
崇高《すうこう》な法則に従って
行動しなくてはならない。

あなたの考え得る
最高の光に従って生きなさい。
そうすればさらなる光が与えられるでしょう。
ピース・ピルグリム

私たちの運命をつかさどる運命システムの中で、私たちが生きている意味や、人生を取り巻くさまざまな法則をこれまで解説してきました。誠実の法則は、宇宙全体に生きている精神法則はすべての行動の結果を速《すみ》やかに生み出し、この結果から誰も逃《のが》れることができないということを教えます。この法則は、もっと狭義の、外面的な行動規範としても有意義な内容を示唆《しさ》します。

誠実の法則は、自分自身に対する誠実さ——内面の高潔さに関わる法則です。この法則は、誰にとっても有益ですが、特に自己欺瞞や、自分をすぐに正当化する傾向のある人たち――つまり、正直な表現や行動ができない人たちに有効です。この法則の真理と、必然的な結果を理解すれば、人生の方向を大きく転換させることができるでしょう。

この法則は目先の損得など、個人レベルでのやり取りをすべて包括した、大局的なドラマの存在に、私たちの意識を向けてくれます。たとえば、私たちは究極的に、自分以外の誰を欺《あざむ》くこともできません。もし妬《ねた》みや強欲、欺瞞《ぎまん》にかられて行動したり、表現すると、その行為はすぐに宇宙の構造に組み込まれ、私たちの心に刻まれ、必ず自分に返ってくるからです。

高潔性に関わる課題をもつ人たちは、自分の内面の善なる光を素直に見つめられず、崇高な精神法則をゆがめ、無視する傾向があります。時々私たちは、きっとうまくごまかせると思って、キャンディーをこっそりポケットに入れる子供のように振る舞います。しかし、母親は一部始終をそっと陰から見ているのです。

精神法則を破ったとしても、改めて罰せられることはありません。あえて言うなら、その行為自体が「罰」なのです。偽りの行為の発する微妙なエネルギーは、必然的な報いを引き寄せます。重力から逃れられないのと同じくらい確実に、私たちは自分の行為が生み出した結果から逃れることはできません。

誠実さや正直さに問題のある人々は、自分がそうであるという自覚に乏《とぼ》しいことが少なくありません。他人にうそをつくには、まず自分を騙《だま》さなくてはなりません。このような「二枚舌」傾向や、二重の動機を示すのは、まだ人格が統合されていない証拠です。本来、一人の人間の各部分がバラバラの方向を示すことはありません。こうした人が誠実に語るには、まず内面を統合しなくてはなりません。誠実な表現は、自分の相反する部分を調和し、思っていることを正直に語るだけでなく、言葉通りの行動をすることから始まります(「責任の法則」の演習参照)。

内面が互いに調和して働き、自分や他人を欺くことをやめ、心の奥の不誠実な言動への衝動を認めた上で、高潔性を保って行動する時、高貴なエネルギーやインスピレーションの泉が精神の奥底で湧きだします。

逆に、不正直に表現し行動する時には、泉の水門は閉じられます。しかしこれは罰というわけではありません。私たちの精神のメカニズムがそうなっているのです。「悪徳は栄えず」ということわざは、長期的には例外なく真実といえるでしょう。いくら外面的に立派な業績を残しても、自分の精神を偽る者は、決して内面の平和を得られないし、たとえ欺く相手が自分だけだとしても、不誠実な行動の最後には、自己妨害という結果が待っています。

なかには「自分は、ごく小規模の陰謀や計略や不正しか行なっていないのに、どうして人生がうまく進まないのだろう」と不思議に思う人もいるかもしれません。しかしいくら不正が小さく、誰も気づかなかったとしても、自分自身が悪事のすべてを目撃し、記憶しているのです。ジョン・レノンも歌っているように、どちらにしろ「すぐに、カルマ（業）が追いかけてくる」のです。

極端な例を見てみましょう。私たちは、麻薬密売で巨万の富を築き、富裕な生活を送っているマフィアのボスの記事を読み、うまく刑罰を免れているな、と思うかもしれません。しかし彼らの精神の内側をちらっと見さえすれば、因果応報《いんがおうほう》ははっきりとしています。「悪い」人間は地獄へ行くのではありません。すでに地獄にいるのです。だからこそ平然と悪事を働くことができるのです。

自分自身や他人に誠実でなかった場合――それが故意であってもなくても――内面は分裂して混乱し、高次の自我の感覚やインスピレーションの力は鈍ってしまいます。そして高次の自我とのつながりを見失った私たちは孤独に苛まれ、自分からさまざまな手痛い教訓を招き寄せます。道徳の教訓は文化によって異なるかもしれませんが、人生の与える教訓は、どの地域、どの時代でも同じです。

不誠実にも、さまざまな形があります。高潔な自尊心を売り渡して、自分や他人の心を欺く場合もあれば、他人を踏み台にして富や権力を追い求める場合もあります。いずれの場合も犠牲になるのは、その人の自尊心です。中には、誠実さを促《うなが》す社会のルールに従わず、自分に都合のよい規範や法則を作る人もいます。自分たちの文化が作り上げた正直さや高潔性の基準を無視し、内面の高潔な光から目を背《そむ》け、自分の欲望に合うように勝手に法則を曲げるのです。このように利己的な都合で仕事をいい加減にやったり、強引に自分を正当化しようとする時、私たちは必ず報いを受けます。いつでもはっきりとした外面的な報いを受け取るとは限りませんが、精神には、逃れることのできない乱れが生じます。

また、なかには、自分から視野を狭くしてしまう人たちもいます。「今度はうまくいくに決まっている」と言い張って、自己欺瞞の目隠しをつけ、同じことを繰り返し、同じ過《あやま》ちに陥《おちい》るのです。これも自我の自然な成長を阻《はば》む不誠実の一種で、エネルギーや高次の自我を損ねます。

また、表現の仕方に課題をもつ人々は、あてこすったり、見て見ぬふりをしたり、ため息をついたり、哀れっぽい声を出したりして、他人をあやつり、遠回しに自分の気持ちを読み取らせようとします。誠実の法則を理解すると、こういう不誠実な表現をする人は、自分の抱く本当の感情や欲求を率直に表現することを恐れ、伝える勇気がないだけなのだということが見えてきます。またたとえ最高の善意からでも、他人を嬉しがらせることばかり語ったり、欲しいものを手に入れようと、言葉で相手の罪の意識をかき立て、弱点を突いたりするのも、不誠実な表現です。こうしたことを続けていると、いずれは、あなたが生きていく上で最も必要な内面の光を失ってしまいます。

語るべき時に沈黙するという、
ある種の消極的な嘘を
つかないようにしなくてはならない。
レフ・トルストイ

自分の感情を素直に表現し、要求を率直に伝える勇気と知恵を身につけると、その誠実な行動は沈滞した人間関係に、新たな生気をもたらすでしょう。

高潔に行動し、自分の要求や感情を誠実に表現すれば、個人的な関係や仕事上の関係はどんどん好転していきます。あなたの誠実な言動、あるいは不誠実な言動は、あなたの後ろにできる道に刻まれ、あなたの自分史を形作っていくのです。誠実の法則を実践する時、あなたの人生は驚くほど簡単に、驚異的な変化を遂《と》げるでしょう。そして、かつて目指した目標が、夢にも思わなかった形で実現し始めるのです。

次の演習は、直接の体験と実践を通して、誠実の法則を修得する参考となるでしょう。

誠実の体験

1、人生のどのような分野でも結構です。あなたが高潔な行ないをした時のことを思い出しましょう。
・間違いを認めたこと。
・借金を払ったこと。
・自分の本当の感情や欲求を表現したこと。
・約束を果たしたこと。
2、その時、どんな気持ちになりましたか。
3、また、あなたが不誠実に振る舞ったり話した時、あるいは、他人にそういう印象を与えた時のことも思い出してみましょう。あなたはそれについてどう感じますか。今、同じ状況が起これば、違った行動が取れますか？

誠実の法則の実践

1、不誠実に振る舞った過去の経験を、いくつか思い出してください。
・金のことで口論したことはありませんか？借金を返済しなかったことはありませんか？
・自分を守るために、他の人の感情を思いやるふりをして、情報を隠しませんでしたか？
・心にもないことを言いませんでしたか？
2、過去の不誠実を償《つぐな》い、後ろめたさを払拭《ふっしょく》するために、電話をかけたり、手紙を書いたり、小切手を送ったり、許しを求めたり、途中で投げ出したままになっていた古い仕事を清算した方がよいと思いませんか？　そう思ったら、実行に移しましょう。

大いなる意志の法則

もし私たち一人ひとりが
ばらばらの存在で、
それぞれに小さな意志を
もっているとしたら、
各人が、それぞれの欲求や好みに従って
行動するのは当然のこと。
しかし、
自分という小さな存在と小さな意志を
崇高《すうこう》な大いなる意志の導きにゆだね、
自らの行動を、全員にとって
調和に満ちた世界にするという
目的のために捧《ささ》げる時、
私たちはその生命の中心で、
霊的な光が輝くのを感じるだろう。

人生はこんなにも単純だ。
私たちは透明な世界に生きており、
神の光は、絶えず私たちを通して降り注ぐ。
これは単なる物語や作り話ではない。
現実に起きている真実である。
もし私たちが自分を忘れ、神を思い出し、
神に身をまかせれば、
この真実を悟《さと》るだろう。
神は至るところに、あらゆるものに現れる。
私たちは神なしで存在することはできない。
そう、不可能なのである。
全く不可能である。

トマス・マートン

大いなる意志の法則はすべての人にとって有効ですが、なかでも、自分の意見や信念を究極的な真実だと思い誤《あやま》り、人に自分の考えを押しつけようとする人たちや、自己妨害の傾向のある人、自らの長所や意志に自信がもてない人、人生に深遠な意義を求める人たちは、是非とも学ばなくてはなりません。またこの法則は、孤立と孤独に悩む人々に自分自身の人生との絆《きずな》を与え、名声や裕福な生活を追い求めてもがくことのむなしさを教えます。

「神の御心《みこころ》が達せられんことを」と唱えて、実際にそういう心境になることは、大いなる意志の法則を体感する一つの方法です。ただ、「神」といっても、外部的な神への信仰と大いなる意志の法則は全く別物であり、どんな宗教の教義が要るわけでもありません。要するに「宇宙に、そして私の内面に存在する賢く、忠実で、情け深く、利他的な全知全能の魂《たましい》なら、こんな状況の時、どう導いてくれるだろうか?」と自分に問いかけさえすればいいのです。私たちの中には大いなる魂が働いています。ですから、自分の一部に呼びかけ、自分の「魂」に触れることだけで、何をすべきかを悟り、最高の存在の名において行動することができるのです。

いくら、「神の御心が達せられんことを」と唱えて、高次の自我の導きや指示を待っても、理性にとらわれている限り、変化は望めません。何故なら理性が、こんな言いわけをするからです。「私が大いなる魂の一部で、大いなる魂が私の一部なら、私が望むことは何でも大いなる魂の意志じゃないか」と。確かにこの理性のささやきも究極的には一理ありますが、自我が理性に支配されたとたん、周囲の人を踏み台にするような利己的な行動をし始めます。それはさながら、体内に巣食ったがん細胞が勝手に増殖し、ついには宿主を死に追いやり、結果自らも滅ぼしてしまう様子に似ています。世界の苦しみの多くは、全体や他者に全く関心を示さない、たくさんの独立した小さな自我が生み出したものです。広い意味から言えば、エゴ、即ち分断された自我が、崇高な法則に従ったり無視したりするのもまた、それぞれに必要な経験から学び、前進する過程なのです。

しかし、私たちが大いなる意志に従えば、個人の好みや私利私欲を乗り越えて、自分を含むすべての人の幸福のために行動できるようになります。たとえば、自分の家の屋根が雨漏りしていたとしても、干魃《かんばつ》に襲われている地域のために恵みの雨を願えるようになるでしょう。

私たちは大抵、自分個人の望みを優先し、自分のものを欲しがります。いつも「私が好きなもの、私の望み、私の人生の指針」などを手に入れようと、自分のことで頭がいっぱいです。家族やチーム、共同社会まで含めて「身内」と考える場合もありますが、「身内」と「他者」を対峙《たいじ》させて考える点は同じです。

小さな自己の意志に従う限り、その成果には自《おの》ずから限界があります。それなりの成功はあっても、失敗した時、私たちは孤独に苛《さいな》まれます。その一方で「大いなる魂の意志」に従う時、私たちには、強大なインスピレーションとエネルギーが与えられます。ミルドレッドという女性は、ある晩森の中を歩いていた時、重大な人生の転機を経験しました。「突然、体中に意欲が満ちあふれ、無条件に、何の躊躇もなくこれからの人生を奉仕に捧げようと思ったんです」と彼女は語りました。「何かを得ようとする代わりに、与えられるものをすべて与えよう、と。すると、私の人生は生き甲斐にあふれるようになり、私は健康という大いなる恵みを得ました。それ以来、風邪《かぜ》一つ引かず、頭痛もありません」。彼女はさらに続けます。「もし、自分に与えられた役割と調和する人生を送り、宇宙を支配する法則に従順であれば、人生は必ずこの上ない喜びで満たされます」。ミルドレッドは名前をピース・ピルグリム（平和の巡礼者の意）と改め、米国やカナダで、世界平和、人間の平和、心の内なる平和について説いて回るようになりました。彼女は高潔さと、大いなる意志の法則を自らの人生で示し、人々に感銘を与えたのです。

何かに迷い、大いなる意志の指示を仰ぐ時、私たちは自分が拡大し、高揚《こうよう》し、大いなる宇宙の意志との絆を感じます。私たちは自分の行動の中により大きな目的を発見して、個人の域を出ない自我意識では想像し得ないような、深遠で崇高な人生の意義を見出します。大いなる意志に従って行動し、世の中全体のためになるよう、自らを捧げた時、慈愛と共感、光のエネルギーが、毎日の生活に流れ込むことでしょう。

大いなる意志の法則は、大いなる魂と共に生きる人生を教えます。そしてこの法則を学んだ時、自分ばかりではなく、他人を勇気づけ、向上させられるようになります。

次の演習は、直接の体験と実践を通して、大いなる意志の法則を修得する参考となるでしょう。

大いなる意志の体験

1、これまで、何かをしたいと思っているのに、自分の別の部分（おそらく高次の自我）が、「やめよう。それは究極的に自分のためにならない」と反対したことはありませんか？

2、その時、あなたはどうしましたか？「欲望通りのことをした」のなら、「分断された自分の意志」というありふれた経験をしたのです。もし崇高な、あるいは深遠な本能に従ったのなら、あなたは大いなる意志との絆を経験したのです。

3、もし「欲望通りのことをした」のなら、その時に理性を心と結びつけ、「神の御心が達せられんことを」と唱えていたら、違った結果になっていたでしょうか？

4、似たような状況に出合ったら、今度はどんな行動を取りますか？

大いなる意志の法則の実践

1、毎日の生活で取り組んでいる問題を思い浮かべましょう。いくつかの選択肢の中から一つを選んだり、新たな決定を下す必要がある案件はありませんか？

2、「私の理性は何をしたいのだろう？」と自問しましょう。それから「私の崇高な自己、賢く忠実で情け深い部分は、どんな指示を与えるだろう？」と訊ねましょう。

3、選択や決定を行なうべき問題を、心や感情の真ん中に置き、心の中でこう言いましょう。「私の意志ではなく、神の御心が達せられる」と。そして、聞いてください。感じてくださ い。あなたの最も深い感情に従って、あなたの心の最も深いところの感性が導くままに動きましょう。

直感の法則

あなたが自分の個性と価値を認め、価値観を確立し、他人の意見に左右されなくなると、心の内にある、直感や知恵の源《みなもと》と触れあえるようになる。私たちは皆、何かを信奉したがる傾向をもっている。問題なのは、意見の神を信奉するか、はたまた自らの心の神を信奉するかということ。

私は言うべきことが次第に少なくなっていくのを感じ、ついに沈黙した。そして耳を傾け始めた。私は静寂の中に、神の声を聞いた。

セーレン・キルケゴール

直感の法則は、高潔さと知恵の分野で課題をもつ人たち（9エネルギーをもつ人たち）にとって、特に重要です。心や感情の領域を通して得られる、崇高な精神法則と触れあうことが、このタイプの運命を達成する鍵《かぎ》となるからです。

直感の法則は、アイデンティティーが曖昧《あいまい》で、自分自身とその進むべき道に不安をもつ人たちに、必要な力を与えます。またこの法則は、6エネルギーをもつ人たちにも有効です。彼らは批判をひどく気に病み、他人の基準から見て正しい行ないをしようと必死になります。しかし、他人の意見ばかり気にかけていると、自分自身の直感的な感覚、「心の神」とのつながりを見失ってしまいます。

このように、明確な自我意識に欠けた人は、「私はどんな様子に見えるだろうか?」「私は誰だろうか?」「私はうまくやっているだろうか?」「私はあなたの目にどう見えるか?」「私はこれでよいのだろうか?」といつも悩んでいます。自分でも自分本来の姿が分からず、他人の意見に従って自分のアイデンティティーを定義しようとします。こんなことをしていては、行動ばかりか人格形成まで、他人の気まぐれや、その時たまたま強い意見を言った人に左右されてしまいます。

新しい観点は大きな視野を与えてくれますから、公正な目で自分の言動を査定するという意味で、他人に相談し、意見を求めるなら全く問題はありません。しかし私たちは、自分の生き方そのものを、「委員会形式」で決めるわけにはいきません。今の世の中には食糧不足、水不足、知性の不足までありますが、こと意見に関しては、雑多な意見過多に陥っています。人には皆、意見を言う権利がありますが、それらと私たち自身を結びつける必要などありません。他人があなたのことをどう考えようと、あなたの知ったことではありません。

自分自身の定義が不確かな人たちは、港で停泊する船のように、アイデンティティーをつなぎ留める錨を求めます。彼らは、趣味や、教師、組織、方法を絶対的に信奉し、また宗教的な熱意や狂信を、自分の意見と信じます。そして、自分の意見を、自分自身だと思い込み、絶対的な真実と思い違えて、それを必死で守り、賛成を求め、人に押しつけるのです。

また彼らは、他人の意見を異常に気にします。そのため、他人の期待に自分を全面的に合わせるか、さもなければ、傷つくことを恐れて他人の意見に全面的に逆らい、代わりに自分自身の意見を「真実」としてち上げます。自分自身の意見か、他人の意見をたてまつる――つまり、「意見の神」を崇拝するのです。

この種の「小さな神」には、ほかにもさまざまな種類があります。ある者は「権威の神」をあがめ、他の者は「比較の神」、または「金の神」を崇拝します。しかし、こうした「信仰」はみな、私たちの心の知恵を曇らせます。

私たちは、何かを崇拝していると、次第にそのものの特徴を帯びるようになります。こうして自我意識の希薄な一部の人々は、自分自身が、意見の神や権威の神、比較の神そのものであるかのように振る舞います。そして人それぞれが人生の目的をもっているという神聖な過程に気づかず、他人に干渉し、支配しようとするのです。

真理と知識の審判を下そうとする者は皆、神々の笑いの海に飲み込まれる。

アルバート・アインシュタイン

私たちの中には、精神修養や魂の研究を通じ、知恵や指示、答えを与えてくれる「内面の道案内役」、あるいは「内面の導師」に近づこうと努める人々もいます。また、自分を媒介として語る、別の意識があると主張する人々もいます。けれども、世界のいたるところに共通する表現からも分かるように、私たちの意識は本来皆、海水の一滴のようなもので、やがて大海に帰れば一つに結ばれるということを知っていました。つまり、意識そのもののレベルでは、人間は全く同じであり、別の意識というものは、存在しないのです。

「別」のものだと感じられる導師とは、より大きな意味でとらえた自分自身、つまり、自分の内なる知恵を反映していることにほかなりません。しかし、どれほど魅力的だったとしても、尊敬する人を絶対視して妄信したり、力を委《ゆだ》ねてはいけないのと同様、この外部の声を妄信してはいけません。外部の意見はすべて、自分の最も奥の感情、自分自身の心の知恵に照らして検証する必要があるのです。

自分とは別に存在する内面の導師をもっている人々は、おそらくカール・ユングの言う「集合的無意識」とのつながりをもてる人々でしょう。私たちは、集合的無意識の中で、トランス状態にあってもなくても、人類の意識という精神集合体の中に蓄えられた、自分という個人とは異なる意識や下位人格に出会います。メカニズムはどうであれ、それは私たち全員が共有できる知恵です。しかし、左脳の論理でいくら探っても、この知恵にアクセスすることはできません。左脳には、情報や知識が山ほど詰め込まれていますが、崇高な知恵は蓄積されていません。大いなる知恵をくみ出すには、心から湧き出す感情に意識を向けることによって、右脳の包括的で、直感的な高度な仕組みを機能させることが必要です。このつながりが生まれると、崇高な知恵は感情と直感を通じ、必要な時に必要なだけやってきます。

あらゆる精神法則に近づくには、自分自身と心との間に、インスピレーションあふれる感情の結びつきを築かなくてはいけません。けれども他人の意見が気になったり、それにとらわれている間は、自分の本心と接触することはできません。

直感の法則は、自分や他人の「意見の神」を信奉することをやめ、自分の心の神こそが究極的な唯一の「意見」だと認め、そこに権威を移すことを思い出させてくれます。ひとたび感情の中枢《ちゅうすう》に触れることができれば、自分の心に響く直感を見失うことなく、他人の助言や意見に耳を傾けることができるでしょう。人の意見や評価に抵抗したり、拒絶したり、また逆に求めることもなく素直に耳を傾け、自分に有益なことだけを吸収して、自由に活用できるようになるのです。

次の演習は、直接の体験と実践を通して、直感の法則を修得する参考となるでしょう。

直感の体験

1、あなたが森を抜ける小道を歩いているところを思い浮かべてください。目的と方向を定め、大股に前へ歩いていきます。辺りの美しさを楽しみつつ、しっかりとした足取りで、目的地に向かっています。目的と方向性をもって歩むのはどういう感じですか？　その感覚を味わってください。

2、左右に、あなたに呼びかけ、批判し、誤りを指摘する人々が見えてきました。「その道は違う！」「進み方が速すぎる！」「進み方が遅すぎる！」「格好がおかしい！」「お前にできるはずがない！」。こうした意見には全くとらわれない自分を感じましょう。歩み続ければ、目的地ははっきりと見えてきます。

3、分かれ道に来ました。日常生活でしばしば世話になる、身近な人々がそこにいます。あなたは立ち止まり、心の奥底から湧き出す感覚を待ちます。そして一方の道、続いてもう一方の道を見つめます。人々は好き勝手な意見を叫んでいます。「左へ行け！」「とんでもない。右の道にしろ！」。その内、あなたは内面の小さな、しかし純粋なささやきを聞き、どちらかの道を選びます。あなたは自分の道、自分の人生を、自分で選びました。そしてこれからも心の神に導かれて歩み続けるのです。

直感の法則の実践

この演習は、自分の中の「意見の神」を崇拝する潜在的な傾向をあえて認めることで、私たちのアイデンティティーを取り戻し、内面の知恵に従って生きることを思い出させます。私たちの中には、意見の神に従う者もいれば、比較や権威やお金の神を崇拝する者もいます。この演習は、この種のすべての神に効果を発揮します。

1、寝室か居間に、ブロックか段ボールの箱を壁につけて置き、きれいな布でおおって、お香や花、ろうそくを供えましょう。そう、自分用の小さな祭壇を作るのです。

2、おもちゃ用の合成粘土などで、自分をかたどり、意見（または比較、権威、金）の小さな「ご神体」を作りましょう。あるいは、自分の神にふさわしい人形やキャラクターを買ってきて、これに代用しましょう。

3、その意見（あるいは比較、権威、お金）の神を、祭壇の上に置きましょう。それに名前をつけても結構です（たとえば私は「ナンダロウ神」という名前が好きです。「彼らは何というだろう？　彼らは何と思うだろう？」という意味で）。

4、毎朝、起きてすぐ、一日を始める前に、両手をついて、祭壇の前にひざまずき、おじぎをして額を床につけ、「偉大なる意見の神様。私はあなたを心から崇拝しております。私は立派な行ないをしておりますでしょうか？正しいことをしていますでしょうか？　どのように見えますでしょうか」と訊ねましょう。逆に「消え失せろ！」などと言ってもかまいません。自分の心に浮かんだどんな言葉でもかまいませんから、ご神体に声をかけてください。それから一日の仕事に取りかかりましょう。

5、この演習には毎日たったの5秒か10秒しかからず、人生においてこの問題をはっきり意識できるまでの3週間か4週間、実行するだけでよいのです。この演習を行なうと、他人の意見に左右されそうになった時、「おや、この人は意見の神のように見えるが、そんなことはありえない。意見の神は家のブロックの上に置いてあるし、それに今朝、すでに拝んできた。礼拝は済んでいるのに、また拝むことはないさ」と、自分に言い聞かせることができます。次の機会に、他人が、あなたについて意見を言った時は、彼らの心遣いを感謝して受け止め、その上で「私は私です。私に必要なことはこれこれで、私はそれに基づいて行動していますから、どうぞご心配なく」と言えばよいのです。意見の神を、心の祭壇から取り除くことで、自分自身の核心を再び見出し、自分の心の神を信頼できるようになるでしょう。

行動の法則

たとえ私たちが何を感じていようと、
何を知っていようと、
どんな潜在的な才能をもっていようと、
どんな適性があろうと、
行動に移さなければ、何の意味もない。
約束、勇気、愛について
理解しているって？
それを実践して初めて、
理解しているかが分かる。
実行とは、理解することなのである。

理想は、それを目指す冒険心がなければ役に立たない。階段は登るためにある。見上げるだけでは意味がない。

バンス・ハーブナー

行動を起こすのは、結構骨が折れるものです。猜疑《さいぎ》心や怠惰《たいだ》な心は世の中至るところにあり、それらは私たちの心や体の中にも満ちています。それでも、私たちは行動しなければなりません。口で言うのは簡単だし、概念や思想で飾れば上品な感じを与えます。計画はいくらでも豊かな内容にできるし、誠意は相手に好印象を与えるかもしれません。しかし、このような言葉や概念、観念を行動に移すには、エネルギー、つまり何らかの対価が必要です。不安に打ち克《か》ち、過去の自己不信、無気力、無感動を乗り越え、波風を避けようとするたくさんの言いわけを踏み砕いて、がんばり通さなければなりません。人生もまた、こう言って私たちを叱咤《しった》激励します。「しなければいけないことがあれば、行ないなさい。言いわけばかりして何もしないのはいけないよ」。そう。これが行動の法則です。

私たちは、多方面からしょっちゅうこうした熱心な説得を受けています。「ソファーに寝転んでいないで、新しい生活を始めなさい！　少しでもよいから、努力し、意志をもち、自分に厳しくなりなさい！」などと。しかし、感情的、心理的、身体的な苦痛があまりにもひどくなって、そうせずにはいられなくなった時にしか、私たちは行動しません。

しかし、行動しなくては、何も進歩しません。行動や変化を起こす時、最初のうちは面倒くさいし、普段より多くのエネルギーを要する上、不安に打ち克たなくてはなりません。まずこのことをきちんと認識し、自分に「私には、必要な行動を取る勇気があるし、準備もできている！」と言い聞かせましょう。でもどうやって？　その後はあれこれ考えず、ただ行動あるのみです。

私たちは何をするにも大抵、自分の内側から許可を求めます。つまり「動機を感じる」まで待つのです。恐れがよそ見をし、自己不信や不安がどこかへいなくなり、理性が行動の許可を与えてくれるのを、待ち続けるのです。しかしそういう現状認識よりも行動の方がずっと強いのです。実際、いくら感性と知性が脅えていても、強さと勇気をもって行動しなければならない時だってあるのです。

安らぎの戦士たちは許しを待ちません。彼らにはどんな行動を取るべきかを直感で知り、勇気と高潔の道を選びます。自分の心が行動の正しさを確認すれば、たとえ恐れや自己不信、不安が渦巻いていても、行動に移します。まず行動し、主観、つまり思考や感情が追いつくのを待つのです。「待て！　お前にはできない。お前には耐えられない！」と理性はささやきます。過去の失敗に照らした声もするでしょう。「笑われてもいいのか？　傷つくだけだ。失敗するぞ！」あらゆる声をやり過ごし、とにかく行動することが大切です。そうする内に、いつの間にかこうした声や感情はしだいに遠のき、間遠《まどお》になってきます。

子供の頃のことです。私は、建築中の家の2階の屋根に立っていました。6メートル下には大きな砂山があります。年上の友人たちはすでに飛び降りて、下で待っていました。でもまだ6歳の私は、怖くて飛び降りることができません。友人たちはもう45分ばかりも、私を説得し、からかい、励まし、安心させようとしました。最後に、少年の一人がこう叫びました。「何も考えるな。何も考えずに、ただ飛ぶんだ！」その瞬間、たとえどんなに恐怖を感じていても、自分にはどのように膝《ひざ》を曲げ、前へかがみ、飛び出すかが分かっていました。私は、考えるのをやめ、前かがみになって、飛び出しました。ああ、なんと素晴らしい気持ちだったことでしょう！　そして決して忘れることのない貴重な経験となりました。

もう一つ例を挙げましょう。私は以前、ある体操選手のコーチをしたことがあります。ここではジルと呼びましょう。彼女は段違い平行棒からの新しい着地技に懸命に取り組んでいました。最初は補助ベルトつきで、それから私が補助して、何度も練習しました。そしてとうとう一人でやる時が来ました。練習は十分積んだし、失敗するはずはありませんでした。彼女にも私にもそれは分かっていました。ところが、バーに上がり、まさに着地に入ろうとする瞬間にやめてしまったのです。「できません、コーチ。怖いんです」

「そうか」私は答えました。「分かるよ。ぼくでも、すごく怖いだろうと思うよ。何といっても、一人でやるのはこれが初めてだからね。どこに恐怖を感じているの？」

「ええと……。胃と筋肉です。筋肉が弱くなっているような気がするんです」

「それで怖いんだ」

「はい」

「じゃあ、怖さの原因が分かったんだから、やってみよう」

彼女はとまどった様子でした。「でも、コーチ、言ったはずです。できないって。怖いんです」

「どうして、怖いってことが、演技をしない言いわけになるんだ？」

「いえ、私は……」

「勇気を見られるのは、怖い時だけなんだよ、ジル」

そしてこうつけ加えました。「恐怖感は悪いことじゃない。準備ができていないことを示す健全な合図の場合もある。だが今の君には、準備ができている。恐れは素晴らしい家来となるが、主人にはなれないんだ。

好きなだけ、怖がればいいよ、ジル。たっぷり怖がって、それから着地をするんだ」

ジルはちょっとの間ためらい、わずかに恐怖の残った決意の表情を浮かべると、バーでぐるっと回転して手を離し、見事な着地をしました。彼女は行動の法則を理解し、実践したのです。

私たちは毎日、恐れや怠惰を乗り越え、行動を起こす機会に出合います。屋根から砂山に飛び降りたり、体操で離れ技を演じるだけでなく、もっと人生に重要な変化を与える行動を起こすこともできます。たとえば、自分の感情を率直に表現して、古い習慣を打ち破ることだって可能なのです。自分の決心一つで、私たちは行動の法則のもつ大きな力と魔法をいつでも経験できるでしょう。

次の演習は、直接の体験と実践を通して、行動の法則を修得する参考となるでしょう。

行動の体験

1、自分が、家か仕事場の入口から3メートルほど入ったところに立っていると想像しましょう。ドアは開いています。外は素晴らしい天気で、あなたは外へ出かけたくなります。なぜなら「外」は、あなたの希望のすべて、最も大事な目標、人生の目的を象徴しているからです。

2、次に、最近、恐れや自己不信、不安を感じた時のことを思い出しましょう。恐れの感覚を像の形で表しましょう。小さくても大きくても、男でも女でも、人間でもそうでなくても結構です。あなたの内面から飛び出してきたその像を、ミスター／ミス恐怖心（あるいは自己不信、不安）と呼びましょう。

3、次の場面を思い浮かべ、心のビデオテープに録画してください。あなたは開いた戸口に向かい、そこから日の光の中へ、あなたの未来へと向かって歩いていきます。あなたは一歩ずつ戸口に近づいていきます。ところがちょうど外へ出ようとした時に、ミスター／ミス恐怖心があなたの前に現れて警告します。「ちょっと待って。あなたにはできません。外の世界はとてもあなたの手には負えませんよ」

4、あなたはミスター／ミス恐怖心の言うままに立ち止まります。これまでの人生で、恐れによって困惑し、行動をとりやめ、ペースをゆるめた時と同じように。この感覚を十分に経験しましょう。

5、ビデオが完成しましたね。今度はこの場面を再生しましょう。戸口へ向かい、ミスター／ミス恐怖心に止められるまでのところを標準速度、あるいは早送りで何度も何度も見直しましょう。その度に、ミスター／ミス恐怖心に止められるのはどんな感じかを経験してください。筋書きを変えてはいけません。あなたが怒りを感じるまで、ただそれを繰り返し、感じてください。怖がるのでもなく、悲しむのでもなく、憤《いきどお》るまで見直すのです。しばらく時間がかかるかもしれません。しかし、心底、怒りを感じた時、あなたには外へ出るための最終段階の用意ができています。

6、この場面をもう一度演じ直します。ただし今回は、ミスター／ミス恐怖心があなたの前に進み出て、「待ちなさい。あなたにはできません」と言ったり、おどしたり、嘆願したり、説得したりしても、これを無視して、ドアの外へ勢いよく歩み出ましょう。

7、これまで、どんなに外へ出たかったかを思い出し、あなたの道を、あなたの人生を歩み続けましょう。たとえいくらできない理由、すべきでない理由、うまくできない理由があっても、あくまで続行し、目標に集中しましょう。ドアの外に踏み出すのです。

8、踏み出すことが、どのような感じかを十分に味わいましょう。純粋な行動の原理と力を経験してください。

行動の法則の実践

行動は主観より強力です。何を感じ、何を考えていようとも、とりあえず行動することができます。

1、自分の感情を率直に表現しようとする時、危険を冒《おか》そうとする時、仕事をやめて新たな技術を習得する時、新たに責任を引き受ける時、破棄できない約束をする時、その他さまざまな機会に、私たちは恐怖に襲われます。それが、どんな感じか、思い出しましょう。

2、これまで、恐怖や自己不信、不安に、いかに止められるままになってきたか、思い出しましょう。

3、もし人生の行く手に障害があるなら、それをハードルの選手のように次々と乗り越えて進む意欲をもちましょう。

4、恐怖を乗り越えたければ、勇気があるつもりで行動しましょう。自己不信を克服したければ、十分な能力があるつもりで行動しましょう。不安に対処したければ、確固とした自信があるつもりで行動しましょう。とにかく行動あるのみ！　案ずるより産むが易《やす》し、です。とりあえず行動すれば、恐怖や自己不信や不安は、私たちの足跡の上をたなびくほこりの中に消えていきます。

循環の法則

自然界は、昼と夜、季節の移り変わりなど、
循環する大きな輪を描きながら
存在している。
新しい季節はその前の季節を
押しのけているのではなく、
雲も風を追い越そうと、
空を駆けているわけではない。
すべての事は、
ちょうどいいタイミングで起きている。
あらゆるものに、勢いづく時があり、
消えていく時がある。
勢いづくものは何であれ、衰退し、
衰退したものは何であれ、再び上昇する。
それが、循環の原理である。

忍耐は力なり。
時と忍耐によって
桑の葉は絹に形を変える。

中国のことわざ

この世では、さまざまな種類のエネルギーが、固有の周波数で振動しています。エネルギーは川のように高い所から低い所へ流れつつ、私たちの呼吸のように、膨張と縮小を繰り返しています。

万物の実体はエネルギーですから、宇宙に存在するすべてのものに、循環の法則が当てはまります。日の出と日の入り、月の満ち欠け、潮の満ち引き、四季もすべて、この法則を反映しています。循環の法則は、あらゆるものごとには潮時があることを思い出させます。何事にも最も好ましい時と、最も好ましくない時とがあり、浮き沈みがあります。脈打つエネルギーが

高まり、勢いづいている時の思考や行動は、成功に向かって容易に進みますが、下降しつつある時の思考や行動は、効果が弱まります。循環パターンの下降局面にある時は、上昇期が来るまで待つべきでしょう。この世には、行動すべき時と静止すべき時とがあり、話すべき時と沈黙すべき時とがあるのです。たとえ正しいことでも間違った時に行なえば、手痛い挫折感を味わいます。

人生の循環のリズムを正しく認識し、よい潮時を選べば、よりよい「運」を作り出せるでしょう。人生には、働くべき時と休むべき時とがあり、上昇気流を利用すべき時と、次の上昇気流がやってくるまで、忍耐を覚え、英気を養い待つべき時とがあります。

マルコムXらの人生も、循環の法則をよく表しています。長い年月を刑務所で過ごした人生の最悪の期間を、彼らは非常に有効に活用しました。刑務所を自分たちの繭《まゆ》として大変身を遂《と》げ、後に彼自身や他の多くの人の人生に大きな影響を与える力をつけたのです。彼らは、それぞれの時代の主要なリーダーになるために、勉強し、本を読み、さらに学びました。「循環の法則」(と「柔軟性の法則」、「大いなる意志の法則」)をうまく応用し、大いなる指導者として生まれ変わったのです。

私たちは皆、自分自身のリズムをもっています。自分のリズムを見つければ、自分の人生の循環パターンを最大限に利用し、循環のリズムに乗って楽に流れていくことができます。

循環の中には、劇的な上昇と下降を繰り返すものもあります。たとえば、大々的に宣伝されたベストセラーのように、一気に上昇し、頂点に達したとたん急速に下降するものもあります。こうした本は、流星のように、短いけれども驚異的な売れ行きを残すでしょう。一方、口コミでゆっくりと売れ始め、何年もかけて人気が高まり、その後非常にゆるやかに低下していく本もあります。こうした循環パターンは、個人や国家、宗教、企業、名声、文化の盛衰にも当てはまります。上昇し下降し、そして好機の窓が開き、機が熟せば、再び上昇するのです。

次の演習は、直接の体験と実践を通して、循環の法則を修得する参考となるでしょう。

循環の体験

1、冬がどのように、寒い休眠の時期をもたらすか、春の暖かさが再生を呼び起こすか、夏が成熟を促進するか、秋が収穫を生むかについて考えましょう。季節の循環は、このように大きな輪となって繰り返されます。

2、自分の人生で、規模の大小にかかわらず、完全に循環する周期に気づいたことがありますか？

・学校での人気に浮き沈みはありましたか？

・仕事の上で、長期的な浮き沈みの循環パターンがありますか？

・これまで、何もかも順調にいくように思えた時や、逆に何をしてもうまくいかないように感じた時がありますか。

3、人生に循環パターンがあることを知れば、よい時期が来ることを信じて待ち、最適の時期を選ぶことができます。もし、必要なだけ待ち続ける忍耐力があり、次の機会に備えることができるなら、好機はほとんどの場合、必ず再び訪れます。

循環の法則の実践

人の一生には、青春（春）、中年（夏）、老年（秋）、晩年（冬）という、大きな循環パターンがあり、その中に、さらに多くの小さな循環パターンが機能しています。そして毎年、新たな始まりの春、成熟の夏、収穫の秋、寒い待機の冬が訪れます。

1、あなたの人生における、冬、春、夏、秋の時期について考えてみましょう。

・辛抱強い忍耐力と減速が必要な「冬」の時期を、あなたは、学習や静かに内省することに費やしましたか？　それともすぐに春が来てほしいと思いましたか？

・春が来た時、あなたはこの新しい始まりの機会を生かし、ちゃんと種子を蒔《ま》きましたか？

・夏は、力強い人生を謳歌《おうか》しましたか？
・秋が訪れた時、労働の成果を収穫しましたか。蓄え、保存し、再び訪れる冬に備えましたか？

2、循環の法則を理解すれば、人生をより大きな規模で調和させ、安心感を得、自然な流れに沿って生きることができます。

3、循環の法則をさらに具体的に適用するなら、第五部の九年周期の項を参照してください。

第五部 知恵の実践

人間関係や、あらゆるものごとにおいて
一番大切なのは、
最も意義深く、重要なことだけに
集中して取り組む、ということだろう。

セーレン・キルケゴール

第五部のはじめに

人間関係と人生のリズム

どの人生にも、
季節と周期がある。
どんな混乱も
永遠に続くことはない。
冬は、
いずれ春や夏に道を譲《ゆず》る。
時には、
木々はいつまでも黒々として、
凍りついた大地はひび割れ、
春や夏は、もう二度と来ない
ように思われることもあろう。
しかし春と夏はやって来る。
必ずやって来るのだ。

トルーマン・カポーティ

ここまで、私とともに人生で遭遇する様々な障害を乗り越える鍵となる「運命システム」と精神法則について学んできました。第五部では、人間関係の力学、そして人生の九年周期という二つの領域に新しい洞察の光を当てていきます。

私たちは皆、さまざまな人々と互いに影響を与え合い、互いに関係を結びます。私たち一人ひとりが人生の目的をもつように、個人的なつき合いであれ、職業上の関係であれ、二人の人間の結びつきにもまた、目的があります。二人の人間の結びつき、つまり二つの誕生数の相互作用によって、固有の人生の目的が生まれるのです。ここでは、私たちの人間関係を支配する根元的な力を解明し、それに注意を向け、運命づけられた方向に向かう方法について見ていきます。

また、九年周期の章では、誕生数を構成する各数を、エネルギーの「満潮」と「干潮」の周期という観点から見ていきます。エネルギーの周期を知れば、人生のタイミングを計って、大いなる知恵を最大限に利用できるようになります。自然の周期と同調させて、各年度ごとに個人的な予定や計画を立てれば、効果的にエネルギーが利用でき、準備を整えて時機を待てば、チャンスが到来した際、うまく乗じることができるでしょう。

運命システムは、さまざまな分野で応用することができます。特に職業相談や心理療法、整体療法、コーチや教育分野で活躍する人たちには非常に貴重な情報を与えます。

また、親や教師が、子供に対する理解を深める時にも、運命システムは役立ちます。妻のジョーイと私は、このシステムのおかげで、広い視野をもちつつ、愛情深くユーモアのセンスにあふれた子育てができました。しかし、子供たち本人に運命システムの知識を知らせることはお勧めできません。子供はまだアイデンティティーが未成熟で、非常に傷つきやすく感じやすい存在なので、運命システムの強力なメッセージの影響を、大人よりずっと強く受けてしまうのです。もし興味をもてば、ある程度の年齢になってから、本を読ませるようにしてください。それまでは、その子の誕生数や傾向や問題を本人に語り聞かせるのでなく、あなた自身が理解し、障害を尊重した上で、その子が人生の目的に向けて、必要な一歩を踏み出せるよう励《はげ》ましてあげましょう。

読者のみなさんが自分の人生で、このシステムの新たな適用法を見つけることを期待しています。それでは最終章に移りましょう。

人間関係のエネルギー

人間関係は、自分自身を映し出す鏡である。

クリシュナムルティ

人間一人ひとりがもつ個性や価値観は、多種多様で複雑です。ですから「こうすれば必ず人間関係が成功する」といった単純な公式や規則は存在しません。けれども運命システムを学べば、基本的な人間関係の力学が明らかになります。

音や光の波動を二つ合わせると、新しい合成波が生まれます。異なる角度で作用する二つの力を結合させると、新たなベクトルをもつ新しい力が形成されます。これと同じ物理の法則が、人間のエネルギーにも当てはまります。二人の人が一緒に働く場合、互いのエネルギーが結合して、新しい方向を目指す、合成エネルギーを形成します。このエネルギーは二人のエネルギーの和より、通常は大きいものになります。ただし、二人以上のエネルギーが合わさると、相互作用が複雑になり、生じるエネルギーは曖昧になり、結果としてエネルギーが無駄になることがあります。

二人の協力によって作り出される新たなエネルギーは、互いの誕生数から割り出すことができます。個人的関係であれ、職業上の関係であれ、友人間、仲間、恋人同士、兄弟関係であれ、それは同じです。

運命システムを用いれば、二人の合成するエネルギーを簡単に求めることができます。互いの誕生数の下側数を合計すればいいのです。たとえば私（26／8）の下側数と妻（20／2）の下側数を加えると、8＋2＝10となり、「霊的素質を備えた創造性」が得られます。ジョイと私は一緒に「やすらぎの戦士運動」を行なってきました。私たちはどちらも一人だけではできなかったであろうことを、夫婦で成し遂げてきたのです。では、この手順に従って、二人の関係によって合成される数字を導いてみましょう。

人間関係によって合成されるエネルギー数の計算

誕生数の決定方法と同様に、人間関係によって合成されるエネルギー数を計算する方法は、二つあります。

①ウェブサイトを利用する

1、ダン・ミルマンのウェブサイト（peacefulwarrior.com.）に行く。

2、トップページに、「Life Purpose Calculator」（誕生数計算機）と出ているので、クリックしてそのページに行く。

3、「Discover Your Life Path」（あなたの誕生数を見つける）のすぐ下にある、あなたの誕生日、誕生月、誕生年を選ぶ（▼をクリックすると数字、英語表記の月、年号が出てくるので、それから選ぶ）。すると、あなたの誕生数が表示される。

4、次に、そのページの下を見ていくと、英文の解説が終わり「Relationship Dynamics」（人間関係のエネルギー）とある。そこに相手の誕生日をクリックして入力する。

すると、その下に人間関係のエネルギー数が表示されるので、それをメモして、本書で解説を読んでください。

人間関係のエネルギー数の計算①　ウェブサイトを利用する

1. ダン・ミルマンのウェブサイト（peacefulwarrior.com.）に行く。

2. トップページに、「Life Purpose Calculator」（誕生数計算機）と出ているので、クリックしてそのページに行く。

3. 「Discover Your Life Path」（あなたの誕生数を見つける）のすぐ下にある、あなたの誕生日、誕生月、誕生年を選ぶ（▼をクリックすると数字、英語表記の月、年号が出てくるので、それから選ぶ）。すると、あなたの誕生数が表示される。

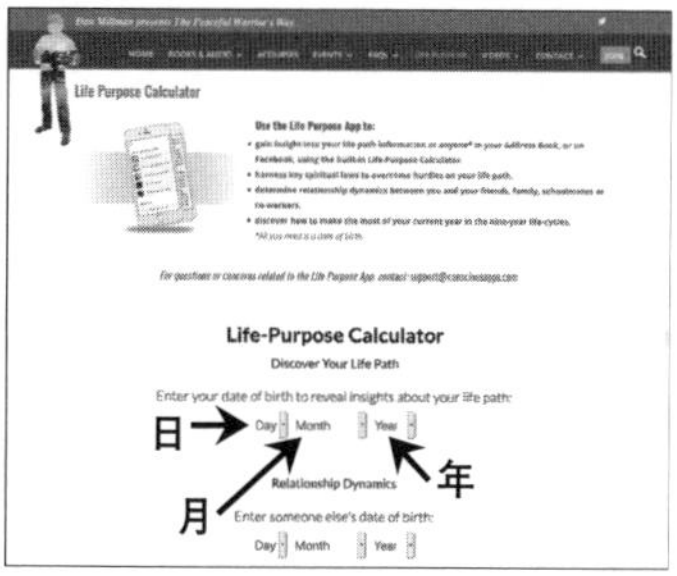

4. 次に、そのページの下を見ていくと、「Relationship Dynamics」（人間関係のエネルギー）とあるので、そこに相手の誕生日をクリックして入力する。
　すると、その下に人間関係のエネルギー数が表示されるので、それをメモして、本書で解説を読んでください。

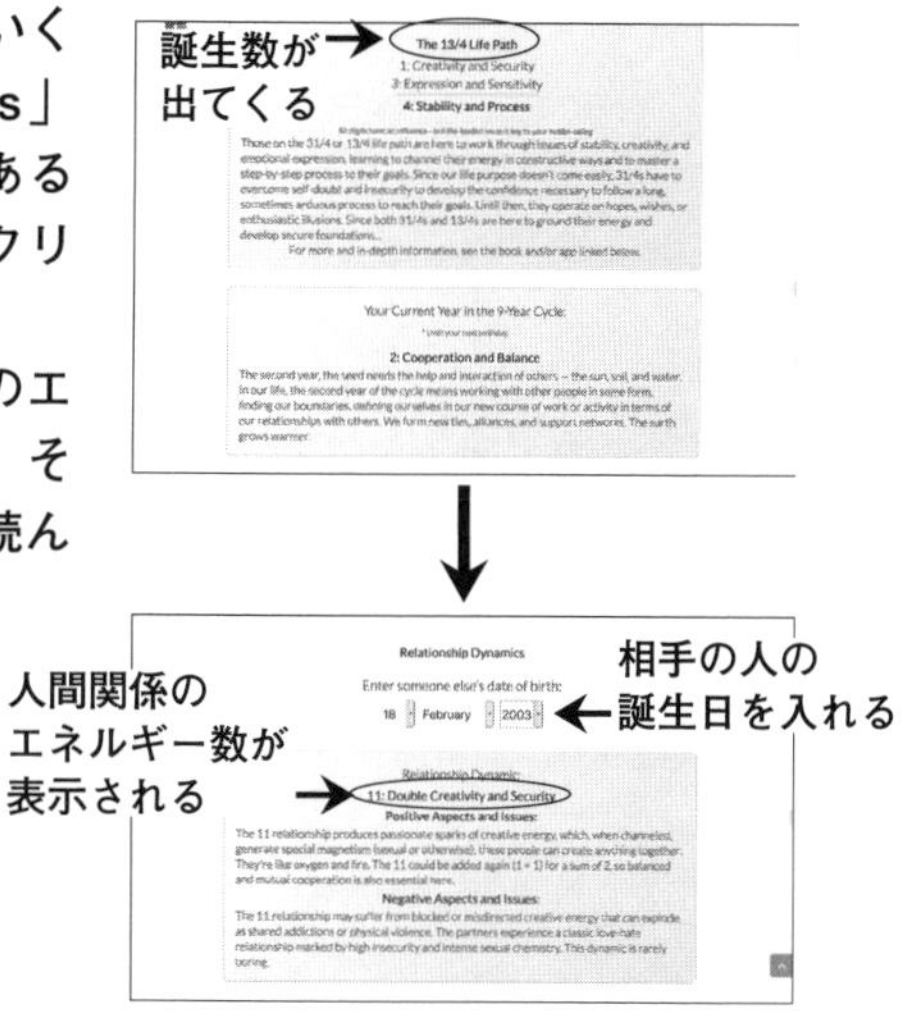

②自分で計算する

1、正確な誕生日を用いて、両者の誕生数を求めます（26〜27ページの誕生数の計算法を参照してください）。

2、両者の誕生数の下側数（／の下に書かれた数字）を合計します。

もしどちらか、あるいは両者の下側数が（37／10、29／11、39／12など）10、11、12の場合は、二桁として計算せず、次に示すように各数字をそれぞれ一桁の数字と考え、個々の数字を足します。

〔例〕

・24／6と35／8＝6＋8＝14

・34／7と28／10＝7＋1＋0＝8

・23／5と31／4＝5＋4＝9

・29／11と33／6＝1＋1＋6＝8

3、両者の下側の数字を合計した後、

①合計が12以下なら、それでおしまいです。

②合計が13以上なら、この二つの数字をもう一度足して、合計が12以下になるようにします。

この最終的な合計が、人間関係のエネルギーを表します。

〔例〕

・24／6と35／8＝6＋8＝14＝1＋4＝5

・25／7と26／8＝7＋8＝15＝1＋5＝6

面白いことに、二人の結合によって生まれるエネルギーは大抵、どちらの誕生数の下側数とも異なります。二人の協力によって、新たな方向性が生じるのです。

もっとも、結合した後も、エネルギーに変化がない場合もあります。たとえば、27／9と27／9の場合、9＋9＝18＝1＋8＝9です。一人でも二人一緒でも、この人々は高潔さと知恵の問題と取り組んでいくのです。

1から9の基本数、霊的素質の0、また二桁の11と12に内在するエネルギーをしっかりと理解すれば、二人の作り出すエネルギーが、人間関係にどのような影響を及ぼすかが分かります。

有名人の組み合わせ

キャサリン・ヘップバーン（29／11）とスペンサー・トレイシー（19／10）＝3（※結婚はしていない）

ルシール・ボール（26／8）とデジ・アーナズ（23／5）＝4

メアリー・タイラー・ムーア（34／7）とディック・バン・ダイク（24／6）＝4

ジンジャー・ロジャース（26／8）とフレッド・アステア（33／6）＝5

ビル・クリントン（38／11）とヒラリー・クリントン（30／3）＝5

ジーン・シスケル（29／11）とロジャー・エイバート（31／4）＝6

リチャード・ロジャース（29／11）とオスカー・ハマースタイン2世（33／6）＝8

P・T・バーナム（22／4）とジェームズ・A・ベイリー（31／4）＝8

ウィリアム・ギルバート（29／11）とアーサー・サリバン（25／7）＝9

ジョン・F・ケネディ（34／7）とジャクリーン・ケネディ・オナシス（38／11）＝9

チャールズ皇太子（29／11）とダイアナ元皇太子妃（25／7）＝9

エリザベス・テーラー（26／8）とリチャード・バートン（20／2）＝10

ヤーコブ・グリム（26／8）とビルヘルム・グリム（30／3）＝11

ルドルフ・ヌレエフ（32／5）とマーゴ・フォンテーン（34／7）＝12

数字だけでは、これらの人物がどうして一緒に行動するようになったか、あるいはこのコンビネーションがなぜ有名になったかを説明することはできません。ただ、確かなこととして言えるのは、彼らが関係エネルギーのマイナス面をうまく対処しただけでなく、重要な場面で関係エネルギーをプラスに働かせた、ということです。繰り返して言いますが、個人のエネルギーも、人間関係のエネルギーも、プラスにだけ、あるいはマイナスにだけ働かせるわけにはいきません。私たちはある性質のエネルギーのプラス面とマイナス面を、両方働かせます。長期にわたり、プラス、マイナス面のどちらをより活性化させるかにより、その人生や関係に大きな違いが生まれるのです。

ここに示したのは、有名人の組み合わせのほんの一部です。ドナルド・トランプとウラジーミル・プーチンのような政治家同士や、『俺たちに明日はない』のボニーとクライドのような犯罪者同士が結びつけばどうなるか、調べてみるのも面白いでしょう。

合成数の意味

二人の人間が合成する数字の場合も、そのエネルギーと意味は、個人の時と同じです。けれども、人間関係に適用する際には、新たな解釈が必要になることもあります。

これまで繰り返し述べてきたように、人生の目的は、容易に達成できるものではありません。この原則は、人間関係についても当てはまります。たとえば関係エネルギーが8になる場合は、財産や主導権をめぐる争いが生じる可能性があります。互いに実りある関係を築く過程で、もしこの障害を乗り越えられなければ、二人は決裂するかもしれません。関係エネルギーが4になる場合は、途中の段階を省《はぶ》くことなく、着実な過程をたどることについて厳しい教訓が必要です。この問題を乗り越えなければ、一緒に堅固な土台を築くことはできません。二人の合成エネルギーが5になれば、互いの関係の中に自由を見出すには、依存や独立、訓練の問題を処理しなければなりません。どの関係エネルギーにも同じような成長の過程が組み込まれていま す。つまり私たちは、エネルギーのマイナス面を克服《こくふく》し、プラスに転化する時に初めて、二人の関係の運命を実現できるのです。また、人間関係は私たちを個人として成長させる大切な訓練の場ですから、互いの人間関係を癒《いや》し、プラスに転化することは、そのまま自分自身を癒すことにつながっています。

以下に、各合成数のプラス面とマイナス面をまとめました。これは大まかな傾向で、すべての可能性を書き尽くしたわけではありませんが、それぞれの数に特有のエネルギーや問題を知る手がかりになるでしょう。それぞれの関係に内在する力学、課題、傾向、そして優先すべきこと、そしてその人間関係を通じて両者が学ぶ運命になっているテーマ、そして注意すべき罠《わな》や障害についても言及しています。

人間関係が健全に進行するか、どの程度長続きするかは、合成数が何になるかではなく、両者がどの程度、関係エネルギーをプラスに働かせているかで決まります。

関係がうまくいっていない人々は、エネルギーの多くをマイナスに働かせています。一方、幸せな関係を築く人々は、エネルギーの大部分をプラスに働かせています。個人の誕生数と同様、人間関係にもプラスとマイナスの両面があり、時折、両極端を経験します。

関係エネルギーを調べる手順

1、まず、第二部に戻って合成数の基本的なエネルギーの意味を見直してください。たとえば合成数が6の場合は、「6受容⇩理想」を、人間関係の観点から参照してください。合成数が二桁の場合は、各数字の項を見てください。たとえば「10霊的素質を備えた創造と自信」なら、「1安心⇩創造」と、「0霊的素質」を見てください。

2、次に、ここに続く「関係エネルギーのプラス面とマイナス面」の項目を読みましょう。

3、鍵となる質問に答えましょう。

4、合成数に当てはまる精神法則を見直しましょう。

関係エネルギーのプラス面とマイナス面

1は、10、11、12以外の形では現れません。

2 バランス⇩協力

●プラス面と課題

2の関係エネルギーは、相互協力、忠誠、安定、そして強さをもっています。仕事や家庭において2の関係エネルギーがプラスに作用すると、相互に協力し、力強く助け合って、相手の努力を補い合い、バランスをとります。二人の知性と感情はバランスよく調和しています。

●マイナス面と課題

エネルギーがマイナスに働くと、感情的な自閉状態に陥り、抵抗と混乱、不均衡が生じ、一方の知性と他方の感性が衝突します。それぞれの責任の限界が曖昧《あいまい》な場合もあります。個人の責任の範囲を踏み越え、過剰に協力する共依存状態から、非協力状態に移行するかもしれません。

鍵となる質問

・二人が一緒にいて楽しめるのは、どういう時でしょう?
・二人の異なるニーズの間で、どのようにバランスを見出しているでしょうか?
・責任の範囲をどのように分担しているでしょう?

【2の関係エネルギーに役立つ精神法則】

・責任の法則
・柔軟性の法則
・バランスの法則

3 感性⇩表現力

●プラス面と課題

3の関係エネルギーがプラスに働くと、互いの感情を分かち合って、深い共感の絆《きずな》を結ぶので、非常に高度な相互理解と一体感が生まれます。二人は誠実で刺激的な会話を楽しみます。3の関係エネルギーは恋人たちにロマンスを、友人間に心からの厚い友情をもたらします。

●マイナス面と課題

どちらか一方、あるいは双方に、率直な感情表現が欠けているため、愛情の飢餓《きが》感と供給不足感が生じます。また鬱積した感情は、自己憐憫《れんびん》や憂鬱《ゆううつ》となって現れます。感情を理性で制御せず、心に浮かんだ感情を相手と共有するようにしましょう。

鍵となる質問

・自己不信に打ち克《か》つために、互いにさりげなく励まし合っているでしょうか？
・各自が話すだけでなく、相手の話を聞いているでしょうか？
・互いの感情やニーズを、率直に語り合っているでしょうか？

【3の関係エネルギーに役立つ精神法則】

・バランスの法則
・誠実の法則
・選択の法則

4 プロセス⇩安定

●プラス面と課題

4の関係エネルギーは、家族や企業に強固な土台を提供し、世の中に安定感を与えます。互いに率直な意見を述べ合い、共通の目標を確実に目指します。実際に家族であるかどうかにかかわらず、両者は「家族」的共同体意識で結ばれています。

●マイナス面と課題

過剰な責任感や義務の重荷に苦しみ、家族や親類問題でもめることもあります。非現実的な野心や支離滅裂な計画が、ストレスや欲求不満、失敗を招き、頑固さや矛盾《むじゅん》した野心、不安定さが、人間関係に揺さぶりをかけます。

鍵となる質問

・二人が目指すゴールに到達するには、どのような段階的な過程を踏めばよいでしょう?
・さらに強く支え合う関係に育てるために、具体的には次にどのようなことをするべきでしょうか?
・知性と感情に同程度の価値を置いていますか?

【4の関係エネルギーに役立つ精神法則】

・プロセスの法則
・循環の法則
・パターンの法則

5 訓練⇩自由

●プラス面と課題

互いに頼り合い、共に新しい経験を求めながら、絆を深めていきます。彼らは、日常的な生活の中でも冒険を楽しむことができます。互いの関係に限界を設けず、どちらも「自分自身でいる自由」を楽しみます。

●マイナス面と課題

依存と独立への欲求のせめぎ合いと、自信のなさ、方向を見定められない不安、騙《だま》されたという意識から二人の間でさまざまな葛藤《かっとう》が生まれます。また同時に多くを求め、目標を絞り込むことができません。

鍵となる質問

・二人にとって一番優先するべき目標と、欠けている部分は何ですか?
・自分たちが新しい冒険を始めたいと思った時に、それを引き止めるものは何でしょう?
・互いに助け合って、内なる自由を感じるには、どうすればいいでしょう?

【5の関係エネルギーに役立つ精神法則】

・訓練の法則
・行動の法則
・バランスの法則

6 受容⇒理想

●プラス面と課題

6の関係エネルギーがプラスに働くと、純粋さと明快さが生まれます。6は生来、成長と進化を目指すエネルギーですから、互いのもつ最良の資質を引き出します。互いに認め合い、大らかな観点をもつ二人の生み出すエネルギーは、理想を現実に変えます。二人が共有する理想が彼らを支え、育みます。

●マイナス面と課題

失望や批判の応酬、あら探しで関係はぎくしゃくします。どちらも非現実的な理想にもとづき、互いに相手への不満をつのらせます。双方とも相手を外面的に改善しようとすることもありますが、アドバイスの中に口うるささや些少《さしょう》なことへのこだわり、相手を断罪するとげが隠されています。

鍵となる質問

・自分たちは、互いのどこが魅力的だと考えているのでしょう?
・二人に共通する目標は何でしょう?
・無条件に相手を受け入れるには、どうすればいいでしょうか?

【6の関係エネルギーに役立つ精神法則】

・完全性の法則
・柔軟性の法則
・直感の法則

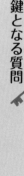

7 開放⇓信頼

●プラス面と課題

7の関係エネルギーがプラスに働くと、心からの共感と理解に基づく、深い信頼感と開放感が生まれます。どちらも内省と内面のプロセスを重視するので、関係を通して互いを成長させていくことができます。

●マイナス面と課題

誤解、感情的な苦痛や人間不信、裏切りへの恐れ、密かな羞恥《しゅうち》心や隠し事から生じる不信感に苦しみます。どちらも、自分の足りないところを補《おぎな》うために、相手に依存しようとします。

鍵となる質問

・恐れや羞恥心から、相手に隠し事をしたことはないでしょうか?
・互いの成長と関係の発展を促《うなが》すには、何をすればよいでしょう?
・どうすれば、相手に対してより深い信頼感をもつことができるでしょうか?

【7の関係エネルギーに役立つ精神法則】

・信頼の法則
・非審判の法則
・予想の法則

8 権威⇒影響力

●プラス面と課題

8の関係エネルギーがプラスに働くと、慈愛に満ちたギブ・アンド・テイクの関係が発展します。互いの利益のために力を惜しみなく与え合い、豊かさを現実のものとします。精神の調和によって、無条件の愛への道を開きます。

●マイナス面と課題

エネルギーがマイナスに働くと、支配や権威の問題が生まれます。どちらが主導権を握るかをめぐり互いに争い、要求をぶつけ合い、金銭面での不満が生じるかもしれません。自分の方は何も与えず、手に入れるために必要な行動を何一つせずに、一方的に多くを要要求します。利己主義が、真の関係の構築を阻みます。

鍵となる質問

・見返りを期待せず、相手に与えられるものは何でしょうか？
・二人のどちらかが、主導権を握ろうとしていないでしょうか？　もしそうなら、それはなぜですか？
・二人で豊かさを感じるには、どうすればいいでしょう？

【8の関係エネルギーに役立つ精神法則】

・誠実の法則
・大いなる意志の法則
・行動の法則

9 知恵⇩高潔さ

●プラス面と課題

9の関係エネルギーがプラスに働くと、共感と寛容に基づく深い絆を育みます。互いの異なる部分を尊重し合い、高潔さや人生について教え合うので、充実した内面の成長と慈しみを手に入れます。

●マイナス面と課題

疎外感や、互いの断絶感に、さびしい思いをします。中には自分自身とのつながりを見失う人もあるでしょう。人生観が全く異なるため、激しく意見が衝突し「一緒には暮らせないが、互いに相手なしでは生きていけない」という複雑な関係になるかもしれません。

鍵となる質問

・互いに自分の意見を押しつけ合っていないでしょうか？
・相手との相違点を、どのように尊重しているのでしょう？
・一般的に、私たちは、自分にとって何がよいか、ある程度分かっていても、相手にとって何がよいかを分かっているとは限りません。互いにそのことを、きちんと自覚しているでしょうか？

【9の関係エネルギーに役立つ精神法則】

・大いなる意志の法則
・非審判の法則
・直感の法則

10 霊的素質を備えた創造と自信

●プラス面と課題

10の関係エネルギーには、まるで互いを以前から知っていたかのような、兄弟姉妹的な親密さと強い絆があります。この関係がうまくいくと激しい創造エネルギーと奉仕エネルギーが湧《わ》き起こり、精神、物質両面の分野で、素晴らしい業績を挙げます。

●マイナス面と課題

このエネルギーがマイナスに働くと、言い争いが絶えず、言葉にならない態度や憶測で、互いに深く傷つきます。どちらも面目を失うのを嫌がって競い合い、鬱々《うつうつ》とした苛立ちや不安を感じます。ストレスがたまると、薬物依存などの悪癖《あくへき》に耽溺《たんでき》するかもしれません。

鍵となる質問

・二人で力を合わせれば、一人ではできないどんな才能や資質が生み出せるでしょうか？
・感情を害したり、怒りを感じた時、相手にはっきりと伝えられますか？
・相手のためにどれくらいのエネルギーを使って心配りをしているでしょうか？

【10の関係エネルギーに役立つ精神法則】

・選択の法則
・非審判の法則
・大いなる意志の法則

11 ダブルの創造と自信

●プラス面と課題

11の関係は、まるで酸素と火の関係のように、創造エネルギーの激しい火花を散らし、周囲の人を惹きつける独特の魅力を生みます。彼らが力を合わせれば、どんなものでも作り出せます。セックスの結びつきも激しいでしょう。11をもう1度足すと（1＋1）、合計が2になることで分かるように、この関係では、互いの協力が欠かせません。

●マイナス面と課題

11の関係エネルギーが、鬱積するか誤って導かれると、二人そろって悪癖に耽溺したり、身体的暴力を振るったりするかもしれません。激しい不安や狂おしいセックスといった、古典的な愛憎関係に陥《おちい》りがちです。このコンビネーションは小説も顔負けのドラマチックなものが少なくありません。

鍵となる質問

・二人の関係のどこに惹《ひ》かれているのでしょうか？
・論争に費やすエネルギーを、愛の交歓に変えるにはどうすればよいでしょうか？
・互いのエネルギーをどのように利用し、または抑制しているでしょうか？

【11の関係エネルギーに役立つ精神法則】

・選択の法則
・責任の法則
・行動の法則

12 創造的協力

●プラス面と課題

12の関係エネルギーがプラスに働くと、理想的な相互依存体制で、一人では達成できないゴールを目指す生産的なチームが生まれます。互いに慈しみ補い合い、強力に結びつき、二人の関係が一つの人格であるかのように行動します。彼らはどちらが正しいかという個人の主張ではなく、何が正しいかという普遍的な価値観を重視します。12をもう一度足すと（1＋2）、合計が3になります。従って、この関係では、素直な感情を忌憚《きたん》なく十分に、表現し合うことが大切です。

●マイナス面と課題

マイナスの場合は、利己的な争いと創造性の抑圧が生じます。12エネルギーには、「団結すれば立ち、分裂すれば倒る」という言葉が当てはまります。マイナスに働く場合は、一人ひとりが勝手に行動し、互いに自分のエネルギーを鬱積させるので、欲求不満と争いが生まれて関係は傷つきます。彼らは、駅に留まり、無為に蒸気を噴き上げる機関車のように、有り余る自己表現エネルギーを抑圧します。

鍵となる質問

・相手を支えるため、互いに何ができるでしょう？

・共同作業によって最高の仕事ができるのは、どのような時でしょうか？

・過剰に与える傾向、あるいは与えなさすぎる傾向のバランスをどのようにとっていますか？

【12の関係エネルギーに役立つ精神法則】

・責任の法則
・誠実の法則
・選択の法則

人間関係を理解するために

配偶者、恋人、パートナー、仲間、家族、仕事仲間などとの関係を、誕生数の知識に照らして見直してみましょう。それぞれの関係で、感情の絆を深めることができます。二人の間にいっそうの好意が生まれ、互いに助け合い、愛し合いたいという欲求が増え、ジョークで楽しませる余裕も生まれ、コミュニケーションの質も向上します。

誕生数は、二人の人間が協力し合う時の関係エネルギーを明らかにし、関係が直面する主要な問題を解き明かします。しかし、どのような法則やシステムも、二人の間にある「秘密の神殿」に立ち入ることはできません。互いの内部で働く力関係を理解し、活用することで、困難から教訓を学べるのは、当事者だけなのです。心の奥深く秘めた考えや感情、トラウマは、本人にしか分かりません。二人の問題の解決は、すべてを考慮した上で判断できる当事者たちにしかできないのです。

しかし、知識は力と共感をもたらします。他人が苦難と取り組み、努力する姿やその能力を理解することは、自分自身の課題を正しく認識することに役立てられます。また私たちはしばしば、自分の抱える問題をパートナーの中に映し出します。合成数6のエネルギーをもつ人の場合、パートナーが自分をすぐに批判する、と感じるかもしれません。しかし、多くの場合、彼ら自身が審判に関する課題を乗り越えるために、自分から判断や批判を投げつけるパートナーを選び出しているのです。9のエネルギーをもつ人は、パートナーが決して自説を曲げない、とこぼすかもしれません。多くの場合、自分の長所や欠点を知るには、パートナーのどこが好きか、そして嫌いかを考えるとよいのです。自分が嫌うパートナーの資質は、しばしば自分自身のもつ欠点を鏡のように映しているからです。

人間一人ひとりがもつエネルギーを認め、互いのエネルギーから生み出される関係エネルギーを学ぶと、それぞれの人間関係を通して、自分を見つめ直し、認め、成長させていくことができます。

人は、互いの欲求を満たすために関係を結びます。関係エネルギーのプラス面は双方に喜びをもたらし、マイナス面はいつかは向き合わねばならない教訓を与えます。そして私たちはこれらの教訓を学びながら、本当の自分に目覚めていくのです。

九年周期

宇宙の力学は、とかく円を描き、
万物は丸くなろうとする。
天空は丸く、そして地球も、
さざめく星たちもまた、球体らしい。
風は、力が凝縮すると竜巻となり、
鳥は丸い巣を作る。
何もかもが同じ法則に支配されている。
太陽も月も丸く、
その軌道も円を描いて昇っては沈んでいく。
季節さえ、
次々と移り変わって大きな円を描き、
元いた所へ必ず戻ってくる。
人の一生も子供時代から始まり、
再び生まれ変わって子供になる。
エネルギーが動くところ、
あらゆるものに円の原理が働く。

ブラック・エルク

「循環の法則」は、時間の輪が螺旋《らせん》のように循環し、同じパターンやリズムが際限なく繰り返されることを思い出させてくれます。宇宙は何十億年もかかるゆっくりした呼吸のリズムで膨張と収縮を繰り返します。一年ごとに季節は過ぎ、帰ってきます。水は雨として空から落ち、蒸発により上昇し、水滴に凝縮されて再び落ちてきます。この世の中の至るところに、リズムと循環が見られます。

また私たちはもっと小さな循環パターンも経験しています。普段あまり気にとめることのない日常生活の中の周期は、現れては消え、再び現れるパターンを繰り返しながら少しずつ上へ旋回《せんかい》し、私たちが人生の教訓を学ぶにつれて、さらにいっそう高く、運命の実現に向けて登っていきます。

1から9の基本数もまた、人生に影響を与える循環パターンを形成しています。人生に作用する、大きな力とリズムを知れば、それに合わせて個人の行動のタイミングを計ることができます。時間という川の流れの中で、それぞれのエネルギーが最も盛り上がる瞬間の波頭に乗り、自然の力を最大限に生かして泳ぐうちに、宇宙と調和し、一体になる至福の感覚を育てることができるでしょう。

誕生数に内在するエネルギーは、私たちの生涯を通じてかかわっていきます。そして、1から9の基本エネルギーもまた、規則的な循環パターンを構成し、人生に影響を与えます。

私たちは生まれた年に、人生の主たる目的、つまり下側数のエネルギーを経験します。次の年にはそれより一つ大きい数字のエネルギー、次はもう一つ大きい数字のエネルギー……と続き、最後に9に達すると、また1から始まる新しい循環パターンが始まります。

私たちは誕生数だけでなく、人生において九年周期の強い影響を受けています。ですから毎年毎年、新たな課題と機会が訪れるのです。

周期の各年のエネルギーは、「種蒔《たねま》き、生長、発育、収穫、そして、新しい周期に備えた畑の整備」、と考えることができます。抽象的なたとえに思えるかもしれませんが、人生のタイミングについて実に有益な情報を与えてくれます。

九年周期

1 安心⇩創造

周期の第一年は、創造、つまり種蒔きと新生の年です。自分を信頼して新たなものごとに取り組む年です。植えられた種にはまだ、地面を突き抜けて顔を出す芽が育っていません。

この年は、種蒔きと計画の時期、つまり地図を作成して今後の行き先を決定する時期です。仕事をやめて学校に戻ったり、新たな技術や能力を身につけたり、新しい場所へ引っ越すなど、何であれ何かを新規に始める年です。

時は早春、雪はまさに溶け出そうとしています。

2 バランス⇩協力

第二年を迎えた種は、周囲の助けを必要とします。太陽や土や水です。私たちの人生における周期の二年目は、何らかの形で他の人と協力し、自分の限界を見出し、周囲との関係の中で、新しい仕事や活動を決定する年です。私たちは新しい絆を形成し、協力者のネットワークを作ります。地面は次第に暖かくなってきます。

3 感性⇩表現力

第三年に、種子は地面を突き破って日光のもとに出てきます。まだ弱々しいながらも新しい活動が、形を取り始めるのです。新芽はまだ青々として無防備です。この時期は、時に感情が過敏になり、「私にできるだろうか?」と疑いが生じることもあります。しかしそのうち視界は徐々に広くなり、私たちは、より多くを見、より多くを経験するようになります。時は、晩春です。

4 プロセス⇩安定

第四年には、若い茎は次第に太くたくましくなり、地中深く根を下ろします。この年は安定を確立する、とても大切な時期です。目先の見栄《みば》えを考えたり、先に進むのではなく、自分の根の強さを確かめなくてはなりません。これまでのことを再検討し、反省して、やり残していたことをやり直し、自分がこれまで進めてきた体制を再構築し、もう一度、完全な準備ができているかどうかを確かめるのです。夏はもうすぐそこに来ています。

5 訓練⇩自由

周期の第五年には、私たちの木に花が咲き始め、鳥やミツバチや森の生き物など、多様な生命を引き寄せます。ここまで堅実に仕事をして、土地が肥《こ》えているならば、つまり、ここまでの4年間を十分に利用して、立派な基礎を作り上げてきたなら、まさに今がチャンスです。多くの選択肢と機会が開かれている時なのです。果樹園には最初の実がなります。時は今、祝福の季節。夏が来たのです。

6 受容⇩理想

第六年は、与える時です。果樹園の果実を収穫し、これまでの順調な運命を享受する者の責任と高邁《こうまい》な理想のもとに、人々と豊穣の果実を分け合うのです。この年の特徴は、寛容さと豊かさですが、同時により大きな視野で、これまでの出来事や現状、そして将来の予想を率直に受け入れ、認識する年でもあります。季節は晩夏です。

7 開放⇩信頼

第七年は、果樹園に素晴らしい収穫を与えてくれた大自然と大いなる魂《たましい》を思い出し、感謝する時です。この年は、目的に向かう足を止め、楽しみくつろぎながら、今までを振り返って内省する時期です。一年目の創造的衝動、二年目のチームワークと協力、三年目のか弱さと疑いの克服《こくふく》、四年目の再編成と地固め、五年目の収穫、六年目の分かち合い。そしてこの年は、これまでの活動のすべてがあってこそ今があることを悟り、感謝する年です。秋になりました。

8 権威⇩影響力

第八年は、これまでの7年間、意欲をもって努力を続けてきた人が、豊かな報酬と実りを受け取る時期です。どの程度収穫できるかは、これまでの努力の質によって決まります。今では木は高く、強く立ち、堂々として、枝にはたわわに実が実り、収穫されるばかりになっています。変革に向かう風が吹き始めて、秋の木の葉はこがね色や虹色に輝いてハラハラと落ち、晩秋の日々を彩ります。

9 知恵⇩高潔さ

第九年は、完結の年、解放の年、知恵を探求する静かな内省の年――ひとつの周期の終了と、新たな周期の始まりを知る年です。執着《しゅうちゃく》しても何にもなりません。すべては過ぎ去り、秋は終わりました。今は次の春、次の周期に新たな希望と活力をもって再び種を蒔けるよう、畑に肥料をまき、土地を耕《たがや》さなくてはなりません。そして過ぎ去りつつある周期の経験で手に入れた知恵によって、新しい周期をよりよいものにするのです。ほろ苦い冬は、内面の静けさや沈黙の時期をもたらします。私たちは再び光が訪れるのを待ち続けます。

今年は九年周期のどの年に当たるかを算出する

次に、あなたが、九年周期の第何年にいるかを簡単に知ることができる、二つの方法を紹介しましょう。それにより、移り変わるエネルギーの波をうまく利用するためのガイドラインが作れるでしょう。

①ウェブサイトを利用する

1、ダン・ミルマンのウェブサイト（peacefulwarrior.com.）に行く。

2、トップページに、「Life Purpose Calculator」（誕生数計算機）と出ているので、クリックしてそのページに行く。

3、「Discover Your Life Path」（あなたの誕生数を見つける）のすぐ下にある、あなたの誕生日、誕生月、誕生年を選ぶ（▼をクリックすると数字、英語表記の月、年号が出てくるので、それから選ぶ）。

するとあなたの誕生数と解説が表示される。

さらに、その解説の下を見ると、「Your Current Year in the 9-Year Cycle」（現在の年の九年周期）の欄に、1～9の数字が表示される。

これが、あなたが現在、九年周期の何年にいるかという数字です。それをメモして、本書で解説を読んでください。

※あなたの「九年周期表」を作成するときは、現在の年にその数字を書いて、そこを基準にして過去を見るときは9、8、7……と下がっていき、将来を見るときは3、4、5……と1年ごとに九年周期は加算されることになります。

②自分で計算する

1、誕生数を決定する時と同様に、自分の生まれた月と日、そして西暦を紙に書き出します。ただし西暦の部分には、生まれた年ではなく、現在の年を書いてください。

・例：私が本書（改訂新版）を書いた年は2018年です。その年のエネルギーを知るには、まず自分の誕生日を書き、生まれた年の代わりに2018を用い、2018－2－22とします。読者の皆さんは、本書を読んでいる、現在の年を書いてください。

2、誕生数と同じ方法（26〜27ページ）で、現在の年と自分の生まれた月と日を足してください。

・例では、2018－2－22ですから、2＋0＋1＋8＋2＋2＋2＝17＝1＋7＝8、となります。10は1＋0と足して1になりますから、0の霊的8の豊かさと力の年ということが分かります。つまり2018年は、私の新たな九年周期の第八年、収穫に向かう年でもあります。

＊合計が二桁になったら、もう一度足すことに注意しましょう。

あなたの九年周期とこれまでの人生

1、ここで、紙とペンを用意してください。

そこにあなたの生まれた年を書いてください（横書きで）。そのすぐ下に続けて次の年を書きます。その下に次の年を書き、さらに次の年、というように現在の年まで続けます（もしあなたが86歳なら、少し時間がかかるかもしれませんね）。

2、思い出せる限り古い記憶をたどって、思い浮かぶ人生の重要な出来事を各年の右側に書き出してください。よいことも悪いこともすべて書き留めま

現在の年の九年周期の計算①　ウェブサイトを利用する

1. ダン・ミルマンのウェブサイト（peacefulwarrior.com.）に行く。

2. トップページに、「Life Purpose Calculator」（誕生数計算機）と出ているので、クリックしてそのページに行く。

3. 「Discover Your Life Path」（あなたの誕生数を見つける）のすぐ下にある、あなたの誕生日、誕生月、誕生年を選ぶ（▼をクリックすると数字、英語表記の月、年号が出てくるので、それから選ぶ）。
すると、あなたの誕生数と解説が表示される。

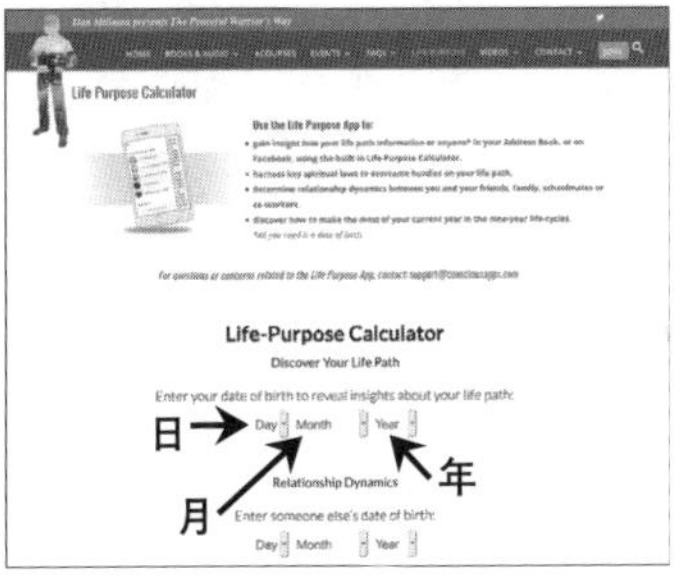

さらにその下を見ていくと、「Your Current Year in the 9-Year Cycle」（現在の年の九年周期）の欄に、1～9の数字が表示される。

これが、あなたが現在、九年周期の何年にいるかという数字です。それをメモして、本書で解説を読んでください。

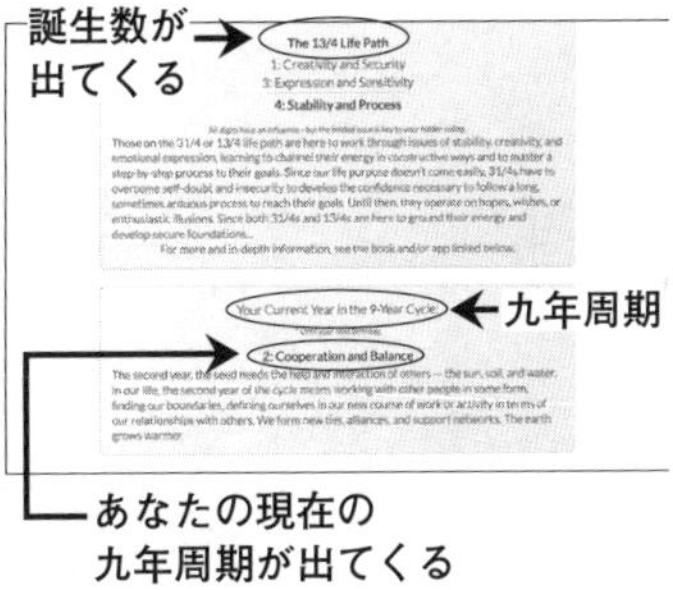

※あなたの「九年周期表」を作成するときは、現在の年に上で調べた数字を書いて、そこを基準にして過去を見るときは9、8、7……と下がっていき、将来を見るときは3、4、5……と1年ごとに九年周期は加算されることになります。

しょう。書き出す出来事が多いほど、この演習の効果が上がります。仮に少ししか書けなくても効果はありますから、頑張って続けてください。

3、生まれた年の左側に自分の人生の目的を象徴する最終数（1から12）を書きます。

たとえばあなたの誕生数が33／6ならば、生まれた年の左に6と書きます。そしてその次の年には7と書き、それから8、9、そしてまた1から始めて、2、というように、人生のすべての年を、九年周期に当てはめます。これで各年に、九年周期のどこにいたのかが、すぐに分かります。

・最終数に二桁の数字が含まれている場合（39／12など）は、二桁の数を足した数（12の場合、1＋2）から、九年周期を始めてください（この例では3）。

4、九年周期の第一年目にあたるすべての年を振り返って、どのような形で新たな周期が始まったかを確認してください。

次に二年目（バランス⇩協力）を見て、どういう場面で協力の問題が現れていたかを確かめましょう。これを第九年目まで続けましょう。

5、特によい年がありましたか？　何か繰り返し現れるパターンに気づきましたか？　第八年に、報酬や豊富さがもたらされたとすれば、第一年から第七年までの活動がどのように作用したのでしょうか？　もし九年周期が再生されず、いつまでも同じパターンが繰り返されたとすれば、その結果は今の人生にどのような影響を与えたでしょうか？

＊558〜559ページの表を利用してあなたの九年周期表を作成することもできます。

周期から学ぶ

人生の最初の年が、九年周期の第一年と合致するのは、誕生数が10／1、19／10、28／10、37／10、46／10の人だけです。

たとえば私が生まれた年（1946年）は、九年周期の八年目です。地上の人生を歩み始めたばかりの私は、自分と両親にとって、豊かさと力をもたらすエネルギーの中に生まれてきたのです。個人として独立する以前の子供は、親に多くを依存するため、彼らの誕生年のエネルギーは、両親の生活状況に影響されます。

自分の人生の九年周期を見直した時、第一年にしばしば何かが新たに始まり、九年目に、何かが終了することに気づくでしょう。それぞれの年に正確に一致しなくても、第一年や、第二年の間で共通する出来事や傾向がありませんか？　じっくりと考え、あなたの人生に流れているリズムやパターンについての理解を深めてください。そうすれば、自分が将来出合うエネルギーやチャンスについて、ある程度の予測がつけられるようになるでしょう。

周期の波に乗る

人生の周期を理解すると、自分の現在の状況を、九カ年計画のなかで正しく評価し、忍耐と洞察力をもって人生を歩めるようになるでしょう。もし、今の自分に豊かさがなくても、まだ周期の第三年にいることを知れば、前向きに人生と取り組めます。つまり、今すぐに収穫を期待するのではなく、第三年特有のエネルギーに順応し、表現と感性を最大限に生かして誠実なコミュニケーションを育てれば、八年目の実りはいっそう豊かなものになります。

春に植え、他人と協力し、疑いを克服し、同様に各年のエネルギーを最大限に利用し、積み上げていけば、この上なく豊かな収穫が手に入るでしょう。そして、古い周期を手放す時が来れば、視野を遠くに定め、来るべき周期に備えるのです。

人生の周期を見通すと、将来が楽しみになったり、来るべき年に向けて周到な準備も可能になるでしょう。周期を理解し、その底流となるエネルギーを感じた時、私たちは、人生の季節を楽しみ、その自然なリズムを上手に活用して、実りある人生を満喫できるでしょう。

西暦（年）	年齢	九年周期	あなたの人生に起こったこと
		7　開放⇨信頼	
		8　権威⇨影響力	
		9　知恵⇨高潔さ	
		1　安心⇨創造	
		2　バランス⇨協力	
		3　感性⇨表現力	
		4　プロセス⇨安定	
		5　訓練⇨自由	
		6　受容⇨理想	
		7　開放⇨信頼	
		8　権威⇨影響力	
		9　知恵⇨高潔さ	
		1　安心⇨創造	
		2　バランス⇨協力	
		3　感性⇨表現力	
		4　プロセス⇨安定	
		5　訓練⇨自由	
		6　受容⇨理想	
		7　開放⇨信頼	
		8　権威⇨影響力	
		9　知恵⇨高潔さ	
		1　安心⇨創造	
		2　バランス⇨協力	
		3　感性⇨表現力	
		4　プロセス⇨安定	
		5　訓練⇨自由	
		6　受容⇨理想	
		7　開放⇨信頼	
		8　権威⇨影響力	
		9　知恵⇨高潔さ	
		1　安心⇨創造	
		2　バランス⇨協力	
		3　感性⇨表現力	
		4　プロセス⇨安定	
		5　訓練⇨自由	
		6　受容⇨理想	

▼あなたの人生の「九年周期」を見る

西暦(年)	年齢	九年周期	あなたの人生に起こったこと
		1　安心⇒創造	
		2　バランス⇒協力	
		3　感性⇒表現力	
		4　プロセス⇒安定	
		5　訓練⇒自由	
		6　受容⇒理想	
		7　開放⇒信頼	
		8　権威⇒影響力	
		9　知恵⇒高潔さ	
		1　安心⇒創造	
		2　バランス⇒協力	
		3　感性⇒表現力	
		4　プロセス⇒安定	
		5　訓練⇒自由	
		6　受容⇒理想	
		7　開放⇒信頼	
		8　権威⇒影響力	
		9　知恵⇒高潔さ	
		1　安心⇒創造	
		2　バランス⇒協力	
		3　感性⇒表現力	
		4　プロセス⇒安定	
		5　訓練⇒自由	
		6　受容⇒理想	

↗

[表の作成方法]

まず、あなたが生まれた年が、九年周期の何年目にあたるか調べます(誕生数の最終数が１～９の人は、その数字。二桁になる人は、その数字をさらに足して一桁の数字にします)。

誕生年の九年周期が分かったら、上表のその数字が一番初めに出てくるところ(アミの部分のいずれか)に、あなたの生まれた西暦と年齢(０歳)を書き込みます。

次に、その誕生年に続けてすぐ下の欄に、西暦と年齢を書き込んでいきます。現在の年まで続けていきます。

最後に、各年齢の時に起こった、あなたの人生の出来事を書き込んで、九年周期の意味と考え合わせて、あなたの人生の周期を理解してください。

終わりに

本来の自分を取り戻すのに、
決して遅すぎることはない。

ジョージ・エリオット

本書は、何世紀もの間、秘密のベールにおおわれ、主に語り継がれることによって伝えられてきた神聖な教えの一端を明らかにするものです。

運命システムは、自己の改善というよりも、人生の改善を目指すシステムです。このシステムは誕生と同時にその人に与えられた人生の目的を明らかにはしますが、人生の旅路の途中でどうやって時機を読むか、どのような信念をもって何を究めていくかは、私たち自身に委《ゆだ》ねられています。本書を読み終えたあなたは、運命システムの活用の仕方や意味を理解していることでしょう。この知恵を応用し、人生を形成する基本的なエネルギーやパターンの相互作用を感じ、あなたの人生に現れる問題や徴候《ちょうこう》をはっきりと認識していることでしょう。自分の来た道を振り返り、行く手を仰《あお》ぎ見た時、より深く鮮明に、これからのあなたの人生の目的が見えてきたとしたら、私が本書を書いた目的は達成されました。

さて、人生には、内省すべき時と、活動すべき時があり、どちらにも重要な意味があります。新しい自分を発見するには、まず内省し、自分を知らなくてはなりません。私たちが自分の精神の洞窟を探検する時、きらめく宝石のような思想や信念やイメージを発見します。しかし、心の内面の宝石にいつまでも目を奪われていると、洞窟の中に取り残され、出口を見失います。そういう時は、洞窟の先の光を思い出しましょう。いつまでも暗がりに留まっているには及びません。内省による自己認識は、人生の旅の第一歩。すべてはこれから始まるのです。自分を深く探究できたら、次は外に出て行動しましょう。一度、自我探求の川を渡ってしまえば、もうボートに頼る必要はありません。自分のすみずみを探検し、覚醒《かくせい》の光が自分のあらゆる箇所に行き渡った時、ついに、人類すべてに輝き渡る、大いなる魂が見つかります。

本書に述べた精神法則は皆、より上位で作用する「愛の法則」の支配を受けています。決して比喩《ひゆ》的に、あるいは詩的表現として言っているのではありません。愛は宇宙のエネルギーの中で最も強く、文字通り、宇宙のすべてを支配しているのです。私たちは自分を観察する時も、ついつい「科学的」で「知性的」な分析に頼ります。もちろん分析は重要ですが、分析もまた「愛」の掌《たなごころ》の中にあることを忘れてはなりません。もし、心の知恵との結びつきを失えば、どんなに賢明な方法も役に立ちません。また逆に、私たちが愛しさえすれば、ほかには何も必要ありません。運命システムは、心の中の障害を取り除いて愛を解放します。そして、世の中全体の向上を目指す、愛情あふれる奉仕へと私たちを駆り立てるのです。

私の最大の望みは、みなさんに運命システムを活用して頂くことです。このシステムを学び、実践し、その果実を手に入れたら、後はどうぞ忘れてください。みなさんの目覚めの旅の一歩を助けられれば、このシステムの役割は十分に達せられたからです。大切なのは、永遠の「現在」という時をゆったりと感じながら、自分に与えられた最高の可能性を常に自覚していることです。人生が展開していくプロセスを信頼して、ユーモアのセンスを失わず、そして何よりも、本来の人生に立ち戻るのに遅すぎることはないことを肝《きも》に銘じて、人生を歩んでください。

[著者プロフィール]　**ダン・ミルマン**(Dan Millman)
　トランポリン元世界チャンピオン。スタンフォード大学体操競技コーチ、武道インストラクター、オバーリン大学教授。宇宙法則、永遠の知恵、精神・肉体訓練法を統合して、“やすらぎの戦士の人生”を送ることこそ人間の幸せだという独自の主張をもつ。古典的ベストセラー作品『やすらぎの戦士の道』(2006年に映画化)をはじめ、17の著作があり、世界中で出版されている。またライフスキル指導者、講演者として、世界のあらゆる立場の人々を導いている。
　ダン・ミルマンのイベント、オンラインコース、人生の目的計算アプリ(無料)へのアクセスはウェブサイトへ。
　ウェブサイト：https://peacefulwarrior.com/

[訳者プロフィール]　**東川恭子**(ひがしかわきょうこ)

　翻訳家。ヒプノセラピスト。ハワイ大学卒業、ボストン大学大学院国際関係学部修了。メタフィジカル・スピリチュアル分野の探求を経て2014年よりヒプノヒーリングサロンを開設。最先端の脳科学をベースにしたヒプノセラピー＆コーチングを行う傍ら、催眠による心身症治療、潜在意識活用法の普及に努めている。

　翻訳書は『前世ソウルリーディング』『お金も幸せも降りそそぐ超スピリチュアル・ライフ』(徳間書店)、『あなたという習慣を断つ』(ナチュラルスピリット)など多数。

　米国催眠士協会会員。米国催眠療法協会会員。

　ウェブサイト：https://hypnoscience-lab.com/

改訂新版
[魂の目的]ソウルナビゲーション
あなたは何をするために生まれてきたのか

初　刷　2020年 1 月31日

著　者　ダン・ミルマン
訳　者　東川恭子
発行者　平野健一
発行所　㈱徳間書店
〒141-8202 東京都品川区上大崎3-1-1
目黒セントラルスクエア
電話03-5403-4344(編集)
049-293-5521(販売)
振替00140-0-44392
印刷所　㈱廣済堂
製本所　ナショナル製本協同組合

ISBN978-4-19-865014-8